主題の構造と機能

TOPIC: STRUCTURAL and FUNCTIONAL ANALYSIS

徐　烈炯・劉　丹青　著

木村　裕章　訳

日中言語文化出版社

话题的结构与功能

by 徐烈炯　劉丹青

Copyright © 2017 by 上海教育出版社

First published 2017

by 上海教育出版社　上海市永福路 123 号

This Japanese edition published 2017
by J‐C Language and Culture Press, Ltd, Publishers, Osaka
by arrangement with

上海教育出版社

企画者の言葉

　一言語の記述的研究が基本的に完成し、成熟の段階に到達したのち、当該言語の研究者の視野が言語の多様性・普遍性へと向かうのは、自然な趨勢であろうと思われる。

　言語の多様性・普遍性の研究に取り組む学問には、生成文法・認知言語学・言語類型論などが挙げられる。しかしながら、生成文法と認知言語学は、英語話者を中心に開発され、発展してきたものであり、それだけに意識するしないにかかわらず、英語をベースとした研究になっていると言わざるを得ない。

　また、言語類型論についても、創立はドイツのフリードリヒ・シュレーゲルやヴィルヘルム・フンボルトに遡れるが、今日世界的に栄えている語順を中心とした研究は、アメリカのジョーゼフ・グリーンバーグの手によるものである。世界の言語からサンプルを採用しての研究であるため、論理的には特定の言語に偏ることはないが、おそらく他のどの言語よりも英語に関する体系的な知識が一番豊富かつ正確に生かされていると言えるのではなかろうか。

　学問の創始期においては、特定言語を中心に展開されることに是非は問えないが、理論的成熟を促す段階に到れば、形態的に異なる類型の言語への深い理解を取り込んだ研究が必須のプロセスとなることは、学史的に証明されていると言ってよいであろう。

　英語・日本語・中国語の三言語は、それぞれ屈折語・膠着語・孤立語の中において記述的研究の最も進んだ言語だと言うことができ、この三言語をベースとした言語類型論的研究と認知言語学的研究が日本の地においても展開されることは大きな意味を持とう。この現状に鑑み、企画者は中国語をベースとした言語類型論・認知言語学研究叢書の出版に思い至った。

　本企画では、冒頭にあげた生成文法・認知言語学・言語類型論から生成文法を外したが、これは本企画の方法論的志向が認知言語学・言語類型論にあり、かつ、生成文法に関してそのモデルの進化に企画者がついていく実力を持たないことによる。

この叢書は、当面中国人研究者の既存の業績を翻訳し紹介する形で続けていくが、近い将来、日本の研究者による新たな研究書が加わる可能性も考えられる。「翻訳叢書」ではなく「研究叢書」を企画とした理由である。

　この叢書は多くの方々のご協力によって成り立っている。惜しまぬご助力を賜った方々に心からの謝意を申し上げたい。この叢書は企画者の現時点における学問的興味のありかを示すものである。その出版が学界の発展に寄与し、研究者間の新たな対話を生む架け橋となることを祈ってやまない。

2013 年 4 月 1 日

大阪府立大学　張　麟声

中国出版社前書き

《中国当代语言学》叢書は上海教育出版社の重点出版項目の一つである。本叢書は 1990 年の春に游汝杰氏（復旦大学）、张洪明氏（アメリカ・ウィスコンシン大学マディソン校）、唐发铙氏（本出版社）によって企画され、執筆の依頼と編集作業が開始された。当初予定されていた叢書の編集趣旨は以下の通りである。

中国言語学は 1920 ～ 30 年代に伝統的な小学（文字・音韻・訓詁学の総称）の枠から抜け出し、現代言語学の新段階へ入っていった。その後半世紀余りで、中国言語学はすでに相当数の研究成果を積み上げ、特にここ十数年来、多くの領域が国内外で目覚ましい発展を遂げた。この叢書の出版は、中国現代言語学の各分野・領域の研究成果をまとめ、特に最新の研究の進展を反映して、先人の成果を集大成してその偉業を受け継ぎ、新しい分野を切り開き将来の発展に道を開いて、中国言語学の現代化を促進するものとなることを望んだものである。叢書の著者たちは国や地域の別の問わず、また派閥や学派を超え、独自の考えの優れた方々のみを求め、極力各著書が現代のその分野の最高水準に至ることができるものとした。

1992 年 6 月、執筆依頼者が叢書の編集の目的、計画、及び執筆者のリストを当時アメリカを訪問していた朱德熙氏に連絡し、本叢書の全体の序文の執筆を依頼した。朱先生は本叢書の編集目的を称賛し、執筆者も「急な選択」にしたいと考え、快く引き受けた旨を序として記された。ところがなんと、朱先生は病状が日増しに悪化し、長寿を全うされることなく、序の執筆に至る前に不幸にも逝去された。そして、本叢書の全体の序文もしばらく空白となった。

2000 年より、刘丹青氏（中国社会科学院語言研究所）、张荣氏（本出版社）も叢書の編集作業に参加し、編集委員会の仕事は游汝杰氏がリーダーとなり、編集及び出版方針にも調整がなされた。本叢書は本来五年以内にすべて出版される予定であったが、他の仕事で忙しく、計画通りに原稿が完成しなかった方や、すでに原稿を完成していても、時間をとって繰り返し修正し、完全な状態にするために、急いで原稿を提出されるのを望まれ

v

ない方がおられ、結局その願いはかなわなかった。学術的な研究につらく苦しい労力と大量の時間が必要であることを考えれば、出版までの時間を制限することは、原稿の質を保証することに不利になるであろう。また、学術的な研究の特徴は"学无止境"(学問の道に終わりはない)、"与时俱进"(時代と共に発展する)、"推陈出新"(古いものを退けて新しきを打ち出す)ということであり、本叢書の出版作業も冊数を制限せず、時間的制限を設けず、常に新しいものを出版すべきである。このように認識に基づき、我々は本叢書の出版を終える時間的制限を設けない、つまり出版を終える日は来ないということにする。我々は、社会的な反響を追い求めるのではなく、優秀な原稿が絶え間なく現れることだけを望んでいる。だから、続けて出版を行うのである。

　本叢書は長期に渡り出版される叢書となるであろう。本叢書の編集と出版方針が、学術著書の出版の仕事が健全に発展する道を歩んでいくことに少しでも貢献できることを望んでいる。

上海教育出版社

2003 年 10 月

体裁と記号について

1. 本書は多種の方言や言語の資料に言及するが、言語の種類については
   文中で説明を行う。比較などをする必要から、例文の前の＜　＞に言
   語の種類やその略称を明記する場合もある。

例：〈沪〉、〈英〉など

2. 普通話以外の言語資料に行う翻訳や解釈は‘　’内に記載する。訳文
   中の読点はすべて省略するが、「？」や「！」はそのまま残している。

　　例：〈沪〉俍拿茶吃脱。　‘你把茶喝喽’

　　　　〈沪〉俍茶吃哦？‘你喝茶吗？’

3. 音声を表記する国際音声記号は［　］内に記載する。

　　例：哦［va］

4. 本書では上海語の書面語文献中の言語資料を若干引用しているが、技
   術的に問題があるものは、それぞれ次ように処理をしている。

　　4.1 引用例の後に略称を用いて引用文献を示し、さらに頁番号などを
　　　　加え説明をしている。文献全体の名称については、巻末の参考文
　　　　献の後ろにある「例文引用書名一覧」を参照のこと。

　　4.2 引用例の方言語に用いた字は基準が不統一で、同一の語句を誤っ
　　　　て別の語句にしてしまいやすい。本書で原文を残しているものは
　　　　（　）や「＝」を同時に用いて本書で選んで用いている通用してい
　　　　る字に相当することを説明している。例えば、"吃之（＝仔）饭"は、
　　　　原著では"吃之饭"となっているが、その中の"之"は本書で選
　　　　んで用いている通用字に基づき"仔"とする。

　　4.3 文献中の上海語の文には、上海語ではない、特に普通話の語句が
　　　　混じっている場合がある。これに対し、本書で原文を残している
　　　　ものは（　）や「→」を用いて上海語でその語句に当たるものは
　　　　何かを説明している。例えば、"你（→俍）去哦？"は、原文中の
　　　　"你"が上海語では"俍"に当たることを表している。早期の文献
　　　　中の旧派上海語の語句は上海語ではない語句に属さないので、こ
　　　　のような説明はしない。

vii

4.4 早期の上海語の文献で句読点を加えていない例文について、本書では句読点を加えている。句読点の付け方は今日とは異なり（例えば、句点は"。"）であるが、一律に今日通用している句読点に改めている。

5. 言語学の術語のアルファベットについては、文中にて説明を行った。

6. 付注は各章の最後に列記した。

7. 本文の後に「参考文献」、「引用例文書名目録」と索引を列挙した。「参考文献」は「中国語の部」と「外国語の部」の二種類に分け、それぞれ国内外の現行の慣例に従い列挙した。

8. 本書が挙げた外国の学者には西欧言語での名前を使用し、中国語には訳しておらず、本文と文献目録はすべてそうなっている。海外の華人の学者や西欧言語で発表した論著の中国国内の学者については、学者として挙げる場合はその中国語名を用い、具体的な文献の作者として挙げる場合はその原署名を用い、翻訳はしない。共同論著についてもこれに準じる。例えば、学者として挙げる場合は"李讷·Thompson"とし、文献の著者として挙げる場合は"Li & Thompson（1976）"とする。

主題の構造と機能

目　　次

企画者の言葉（張麟声）

中国出版社前書き

体裁と記号について

序 ……………………………………………………………………… 1

1. 主題の概念

1.1 文献中の主題の概念と主題に関する研究 ……………………… 8

　1.1.1 一般的な言語学界における主題に関する定義 ……………… 8

　1.1.2 中国語における機能言語学的な主題の概念 ……………… 14

　1.1.3 中国語における形式言語学的な主題の観念 ……………… 18

　1.1.4 中国語構造言語学の主題研究 ……………………………… 27

1.2 主題の定義 …………………………………………………… 31

　1.2.1 主題の定義の多義現象をどのように取り扱うか ………… 31

　1.2.2 主題定義が関係する要因 …………………………………… 33

　1.2.3 主題に対しどのように統語的定義をするか ……………… 39

1.3 主題卓越言語と方言 ………………………………………… 42

2. 主題の構造的位置

2.1 主題の形成 …………………………………………………… 54

　2.1.1 移動の含意 …………………………………………………… 54

　2.1.2 島の条件 ……………………………………………………… 55

　2.1.3 空範疇がない主題文 ………………………………………… 57

　2.1.4 主題と空範疇の異なる指示 ………………………………… 60

　2.1.5 節の中の主題 ………………………………………………… 61

2.2 主主題 ………………………………………………………… 62

　2.2.1 主主題の線状的位置 ………………………………………… 62

　2.2.2 階層構造表現法 ……………………………………………… 63

2.3 主語 ……………………………………………………… 68

  2.3.1 主語の位置 ………………………………………… 68

  2.3.2 主題と主語の構造的位置の区別 ………………… 70

2.4 副主題 …………………………………………………… 74

  2.4.1 二重主題 …………………………………………… 74

  2.4.2 副主題を立てる理由 ……………………………… 77

2.5 時間詞、場所詞が主題となる ………………………… 82

  2.5.1 主題なのか連用修飾語なのか …………………… 82

2.5.2 連用修飾語か、それとも副主題か ………………… 85

2.6 節や動詞句が主題となる ……………………………… 86

  2.6.1 節が主題となる …………………………………… 86

  2.6.2 動詞句が副主題となる …………………………… 89

2.7 副副主題 ………………………………………………… 91

  2.7.1 兼語式の中の副副主題 …………………………… 91

  2.7.2 二重目的語文中の副副主題 ……………………… 92

  2.7.3 数量フレーズの前の主主題、副主題、副副主題 ……… 95

3. 主題の概念

3.1 主題マーカー概説 ……………………………………… 99

  3.1.1 主題マーカーの広義と狭義 ……………………… 99

  3.1.2 主題マーカーの専用性 …………………………… 103

  3.1.3「文中語気詞」と"提頓詞" ……………………… 109

3.2 主題、焦点と「主題焦点」……………………………… 112

  3.2.1 焦点の主題性と非構造性 ………………………… 112

  3.2.2 自然焦点 …………………………………………… 114

  3.2.3 対比焦点 …………………………………………… 115

  3.2.4 主題焦点 …………………………………………… 117

3.3 上海語"提頓词"の全体的な分析 …………………… 122

  3.3.1"提頓词"の来源 ………………………………… 123

  3.3.2"提頓词"の音律的特徴及びそのポーズとの関係 …… 125

  3.3.3"提頓词"の統語的分布 ………………………… 129

3.3.4 "提頓詞" の連用 ……………………………………………………… 138

4. 主題の意味関係及びその統語的表現

　4.1 主題構造の意味関係の類型 …………………………………………… 143

　4.2 意味役割が同一指示である主題構造と空範疇・前方照応 ……… 146

　　4.2.1 同一指示である意味役割の多様性 …………………………… 146

　　4.2.2 意味役割同一指示主題構造の統語表現：前方照応指示と痕跡 … 148

　　4.2.3 上海語の項同一指示構造の統語的特徴 …………………… 155

　4.3 言語使用域型主題 ……………………………………………………… 157

　　4.3.1 時間・場所言語使用域型主題 ……………………………… 158

　　4.3.2 属格言語使用域型主題 ……………………………………… 160

　　4.3.3 上位言語使用域型主題 ……………………………………… 163

　　4.3.4 背景言語使用域型主題 ……………………………………… 166

　4.4 コピー型主題構造 ……………………………………………………… 169

　　4.4.1 普通話におけるコピー型主題 ……………………………… 170

　　4.4.2 上海語におけるコピー型主題 ……………………………… 176

　4.5 主題に関係する意味のまとめ ……………………………………… 189

5. 主題の指示的特徴

　5.1 指示的意味の分類 ……………………………………………………… 194

　5.2 定指示の範疇と主題 …………………………………………………… 197

　　5.2.1 定・不定と非定 ……………………………………………… 197

　　5.2.2 主題の定となる傾向及び不定成分に対する排除性 ………… 199

　　5.2.3 上海語の主題の不定語句に対する排除方法 ……………… 203

　　5.2.4 不定及び非定主題の存在とその条件 ……………………… 208

　　5.2.5 副主題、副副主題と定指示の範疇 ………………………… 213

　5.3 "有指—无指" と主題 ………………………………………………… 215

　　5.3.1 "有指—无指" の含意と識別 ………………………………… 215

　　5.3.2 主題と「特定—非特定」・「指示性—非指示性」という範疇 … 218

　　5.3.3 数量語句の主題に対する影響 ……………………………… 221

　5.4 主題と総称成分 ………………………………………………………… 225

　　5.4.1 総称の含意及びその表現形式 ……………………………… 225

5.4.2 総称的成分が主題の機能となる …………………………… 228

5.5 主題と量化成分 ……………………………………………………… 231

  5.5.1 量化成分の分類 …………………………………………… 231

  5.5.2 全量成分と主題 …………………………………………… 232

  5.5.3 存在量化成分と主題 ……………………………………… 240

  5.5.4 計量成分と主題 …………………………………………… 243

6. 主題の談話機能と談話環境

6.1 主題の談話機能 …………………………………………………… 248

  6.1.1 主題のプロトタイプ的意味 ……………………………… 248

  6.1.2 主題の中心的機能 ………………………………………… 252

  6.1.3 主題機能に関するいくつかの考え方 …………………… 258

  6.1.4 主題の情報的特徴 ………………………………………… 260

6.2 主題マーカーの情報的機能 ……………………………………… 264

  6.2.1 "提頓词"の主題性を強める機能 ……………………… 264

  6.2.2 主題マーカーが主題を導入する機能の広範性 ………… 270

  6.2.3 "提頓词"の情報的機能の対立 ………………………… 271

6.3 主題の対比機能と"提頓词"としての働き …………………… 275

  6.3.1 主題焦点の語用的含意 …………………………………… 275

  6.3.2 上海語"末"の対比機能及び古代漢語"則"との比較 …… 276

  6.3.3 主題の対比機能と"末"の並列接続作用 ……………… 281

  6.3.4 その他の"提頓词"の対比作用 ………………………… 283

  6.3.5 主題マーカーの対比機能と主題の中心的機能との関係 …… 285

6.4. 分文型主題の形式的特徴と談話機能 …………………………… 287

  6.4.1 分文型主題の理論的検討 ………………………………… 287

  6.4.2 上海語の"提頓词"と分文型主題 ……………………… 294

  6.4.3 北京語と中国語史における分文型主題 ………………… 300

6.5 受動者類主題と文の機能的類別 ………………………………… 303

  6.5.1 受動者類主題の常用性及びその文型分布 ……………… 303

  6.5.2 平叙文中の主題構造：肯定と否定 ……………………… 308

  6.5.3 疑問文における主題構造：中性疑問、疑問詞疑問、反意疑問 … 313

xii

6.5.4 命令文及び願望文における主題構造 …………………… 319

6.5.5 感嘆文における主題構造 ………………………………… 321

6.5.6 まとめ：受動者項が主題となる条件と制限 …………… 322

7. 主題構造と中国語の語順類型

7.1 中国語の語順類型 …………………………………………… 328

7.1.1 二種類の対立した観点：SVO と SOV …………………… 328

7.1.2 分類の難点 ………………………………………………… 331

7.1.3 中国語の語順問題のポイント：主題構造 ……………… 333

7.2. 文法化 ………………………………………………………… 335

7.2.1 文法化の選択性 …………………………………………… 335

7.2.2 普通話及び上海語における主題の文法化 ……………… 340

7.2.3 主題と主語の文法化の比較 ……………………………… 343

7.2.4 主題の文法化の程度 ……………………………………… 348

7.2.5 文法化の異なる産物：主題構造・"把"構文・"被"構文 … 353

7.3 主題と主題卓越型言語：文法観の発展 …………………… 361

7.3.1 主述関係を基礎とする文法観 …………………………… 361

7.3.2 能格言語類型の発見と研究 ……………………………… 363

7.3.3 主語—主題類型学の提案と主題卓越型言語の深く掘り下げた研究

………………………………………………………………… 364

参考文献 ………………………………………………………………… 368

例文引用書名一覧 ……………………………………………………… 378

索　　引

述語索引 ………………………………………………………………… 379

言語索引 ………………………………………………………………… 418

附録論文

同一性主題：主題卓越言語のより典型的な属性 ………………… 423

訳者後書き ……………………………………………………………… 461

序

　"话题"（主題, topic）、または"主題"と呼ばれるものは、現代言語学の中での重要な概念である。主題の中国語文法における地位は特に重要であり、「主題」という述語が必要かどうかについては依然として慎重で態度を保留する人がいるけれども、その重要性についてはより多くの言語学者が注意するものとなってきている。

　趙元任（Chao 1968）はまず、中国語の主語と述語の関係は主題とその評言（comment）の関係であるという考えを最初に提案したが、これは最も早い（中国語の）主語・主題同等論と言うことができる。今日、このような同等論に完全に賛成する言語学者は少なくなったが、趙元任氏の考えは確かに中国語文法を研究する人々に主題の問題について関心を持たせ、注意を深めさせ、その結果中国語の主題研究の発展を促した。

　その後さらに人々の関心を中国語の主題の問題に向けさせたのは、李纳・Thompson 両氏の「主語－主題」類型学である（Li & Thompson 1976,1981）。この一般類型学的意味を持つ理論において、中国語は「主題卓越」（topic-prominent、つまり主題を重視する）言語に分類され、英語のような「主語卓越」（subject-prominent、つまり主語を重視する）言語とは区別された。彼らのこのような新しい類型分類法について、人々の見方は完全に一致していなかったが、その後、普遍的な傾向として主題と主語を区別して取り扱い、少なくとも中国語の中では、主題と主語は様々な部分で同等というわけではないことは否定されなかった。同時に、主題の研究にとっても新たな隆盛期に入った。一方では、主題は次第に中国語文法の基本的な問題の一つとなり、全体から中国語文法体系の問題を論じる際には主題の問題に言及されることがほとんどで、钱乃荣主編（1990）が主語と区別する"话题语"（主題語）を専用に設置したように、主題の概念は大学での中国語教材の内容となることさえあった。また一方では、中国語の主題の問題についての研究は人類言語の普遍的な文法理論と普遍的な類型学の問題との密接な関係を生み出し、中国語の主題についての問題が持つ意味はすでに言語学的な範囲を超えて、それは世界の言語学界が共通し

て関心を寄せるテーマとなったのである。

　主題の問題が重要なのは、それが中国語文法学や普遍文法理論や類型学理論といった一連の重要な問題と関係があるからである。

　主題の問題は中国語の基本構造をどのように取り扱い、どのように分析するかということに関係してくる。伝統的な考えでは、文中の最も基本となる関係は主述関係である。生成文法の古典的理論（Classical Theory）では、文はまず一つの NP（名詞句）と VP（動詞句）に分けられるが、両者の関係は基本的に伝統文法における主述関係に相当する。主題の概念が導入されてから、少なくとも中国語については、文の基本的な統語関係は何か、やはり主述関係なのか（あるいは主述関係だけしかないのか）、どの成分とどの成分の間が主述関係なのか、文（または文法構造）中の主語をどのように確定するのか、という質問がなされるようになった。これらの問題はすべて文法体系の基礎と関係しており、中国語の文法体系を打ち立てるあらゆる努力はこれらの主題に関する問題に直面しなければならないのである。

　多くの現代中国語理論および各種の中国語文法体系や構想は、生成文法、広義の句構造文法、格文法、結合価による文法、意味役割による文法など、程度の差はあるが、みな動詞中心説に基づいている。主題の概念が導入されて以降、これらの概念や分析方法はすべて、主題がみな中心語動詞の項／格／価なのか、という根本的な問題に直面しなければならなくなった。

　主題の問題は文中の構造と機能の関係に及ぶ。構造と機能の関係自身は現代文法理論が注目するホットな話題であり、統語構造の研究を言語の意味から相対的に独立させ、統語構造を伝達機能、認知機能などと密接に結びつけて研究を行い、また現代における言語学の形式主義と機能主義という二大学派を形成している。主題はちょうど構造と機能の合流点であり、それは文中の一つの構成要素あるいは少なくとも文構造と密接な関係がある成分であるが、その名称自身（主題、topic）はまた明らかに機能面から来たもので、特定の主題機能を明示していることは、多くの人が認めるところである。従って、形式学派であろうと機能学派であろうと、みな主題の研究を重視するのである。彼らが共通して関心を持つ問題とは、主題は

文構造自体の内部成分なのか、それとも文構造以外に加えられた語用的成分なのか、主題は文に基底生成される成分なのか、それともある特定の文法成分が変換または移動された成分なのか、ということである。面白いことに、これらの問題には、必ず形式学派と機能学派の視点が交差する現象が見られるが、形式派と機能派に見解が非常に近い学者がいる一方で、それぞれの学派に属する学者が異なる見方をすることがあり、中国語の文法学界でも類似した問題が起こっている。例えば、主題・主語同等説では、主題は文の構成要素で、主語と同じであり（趙元任のように）、比較的最近のものには主題は主語と同等であるという考えを肯定するものがあり、他の学者の頭の中にある主題と主語が共存する文を依然として「主述述語文」と呼んでいる。「三つのレベル（統語・意味・語用）の学説（"三个平面学説"）」の提唱者の多くが、主題は彼らが言うところの語用レベル（おおよそ国際言語学での談話レベルに相当する）に属し、統語レベルの主語のような構成要素と同じレベルにはない、と考えている。要するに、主題に対する見方はある文法理論の基本的枠組みに重大な影響を与えるであろうし、同時に同一学派内部でかなり異なる意見が生じることになる可能性もある。

　主題の問題は、中国語文法の中の基本語順の問題、つまり中国語が果たして SVO（主語−動詞−目的語）型言語なのか、あるいはどの程度そうなのか、という問題に言及している。

　　　1. 烈性酒他不喝。　　強い酒は、彼は飲まない。
　　　2. 他烈性酒不喝。　　彼は、強い酒は飲まない。

　これらの文の主語はそれぞれどの成分であろうか。"烈性酒"［強い酒］は、例 1 では主語なのであろうか主題なのであろうか。例 2 では「小主語」なのであろうか「小主題」なのであろうか。主題または「小主題」の"烈性酒"は、依然として目的語と言えるのであろうか。もしこのような文が中国語や中国語の方言において登場頻度の高い文であるならば、そのような言語や方言は SVO 型と言えるのであろうか。

　さらに言えば、主題の問題は S・V・O という三つの成分の相対的位置に基づく世界言語の類型区分（すなわち Greenberg（1963）以来多くの人

がすでに、あるいは現在行っている作業）が、有効に普遍的に適用できる分類法であるのか、ということにも関わってくる。もし主語卓越型と区別される主題卓越型言語が確かに存在し、さらにそれらの言語の中での主題の重要度が少なくとも主語に劣っていないのであれば、主語を考慮し主題を考慮しないことに基づく語順分類は明らかにその意味を失ってしまう。もしある主題卓越型言語で主題のみが固定された位置にあり、主語の位置が比較的自由であるならば、この種の分類法を行うことがまったく難しくさえなってしまう。

　主題の問題は現代言語学が関心を示す一連の概念と密接な関係にある。これらの概念には、同一指示・前方照応・空範疇・成分の繰り上げ・移動・「定－不定」・「特定－非特定」・「旧情報－新情報」・焦点・接続などがある。これらの問題についての研究は、すべて主題の問題の研究と切り離すことはできない。もちろん、主題の研究もこれらの概念の研究成果の助けを借りて進めなければならない。

　以上大まかに述べたことは、基本的にはすべて主題と文法理論、中国語文法、及びその他の重要な分野との関係である。そして主題は、特に中国語の主題は、主題の実質とは何か、主題の特性にはどのようなものがあるのか、主題を担うことができる成分にはどのようなものがあるのか、一つの文には一つの主題しかないのかなど、それ自身も深く掘り下げて検討すべき多くの問題を有しているのである。

　ここ十数年、中国国外の主題に関する著作は多いが、中国語の主題問題は常にそれらよりも主題理論を検討する重要な対象となり、さらに中国語の主題問題をテーマとした博士論文もある。なぜならば、中国語は李纳・Thompson の類型学によって主題卓越型言語の典型的な代表と見なされたからである。中国国内でもここ十数年来、主題に関する検討と著作が多くある。しかし、主題について集中的に討論されたもの、特に中国語の主題の専門書は、いくつかの海外で書かれた博士論文を除いて、国内外ともに見受けられず、中国語の主題領域の言語事実について全面的に系統立って記述や分析をした著作はまだ少ない。

　中国語の主題の問題が日増しに明らかにする重要性と専門書の少なさと

いう現実に直面し、本書は、国際的に（中国国内を含む）主題に関する一般性理論および中国語の主題に関する討論を背景として、中国語およびその方言の関連した言語事実を基礎とし、専門的に中国語の主題についての全面的な事実分析と理論的検討を行い、主題の構造を研究するとともに、主題の機能についても研究するものである。我々は、国内外の主題問題に対する様々な考えを交流させることで、主題問題（特に上の文で挙げた構造と機能の問題や基本的な語順の問題など）に対する深く掘り下げた理解を追求し、中国語の主題の研究の普遍的な文法理論に対する価値や貢献を探求することを希望している。

　一般の中国語文法の記述や理論分析の著作とは異なり、本書は"普通話"（共通語、以下「普通話」と呼ぶ）について中国語の主題や関連した問題を検討するだけではなく、呉方言や上海語の言語資料に大量に言及し、さらには上海語を主要な分析対象とさえする場合もある。同時に、中国語の主題の現象と一般的な意味での主題卓越言語に対する全面的な理解を望むために、上海語と普通話、広東語などの中国語の方言との比較に注意しながら、必要な場合には中国語以外の材料も引用することもある。

　では、なぜ上海語を主要な言語資料に選ぶのであろうか。著者である二人が上海語に詳しいことは二次的な原因に過ぎず、最も重要な要因は、上海語には普通話と比べて主題に関係するより豊富な言語現象があり、主題の問題を検討する言語資料として用いるのに適しているからである。李纳・Thompson 氏らの類型学はすでに中国語（実際には普通話）を主題卓越型言語の最も典型的な代表としているが、我々の上海語の資料に対する研究と普通話との比較によれば、上海語は普通話よりもさらに主題卓越型言語の代表としての資格を有しているのである。李纳・Thompson 氏らが定めた基準によれば、上海語は普通話よりもさらに主題卓越型の特徴に符号しているはずであり、さらに上海語には彼らが取り上げなかった別の主題卓越の表現があり、そのことは特に主題類型の多様性と主題構造の常用性という面に表れている。もちろん、上海語自身も呉方言の一つに過ぎず、その他の呉方言、特に上海語がある北部呉方言はこの点でほとんどすべてが上海語の状況に近い。その外に、他の中国語方言にも普通話よりもさらに

主題を重要視する状況がある可能性がある。なぜならば、普通話は中国語の共通語であり最も権威がある変異体であり、文法的にこの百年来、他の方言よりも多くの変化を経ており、特にその中の比較的正式な文体は英語などのいくつかの印欧言語の影響を大きく受けているが、これらの印欧言語は李纳・Thompson 氏らの分類法によればほとんどが主語卓越型に属するものとされるので、普通話の主題卓越という特徴はそれらがうまく理解される他の方言には及ばないからである。例えば、范継淹（1988）は実際の言語資料の中から集めた相当数の「不定主語文」の例を列挙しており、朱暁農（1988）が指摘しているように、范氏の例文はほとんどが西洋化が著しい書面語体、特に西洋化が最も著しい新聞の文体からのものとなっている。このような文は中国語の主題卓越型としての特徴とはまったく一致せず、それらは方言の資料の中にはほとんど現れないため、容認することさえ難しい。このことから、少なくとも主題問題の研究においては、中国語の普通話は中国語の特徴の最も理想的な代表というわけではないということが分かる。我々が上海語を主要な言語資料とし分析対象とするのは、つまりその出所が相対的により純粋であり、主題卓越型言語の類型的特徴およびその理論的意味をよりはっきりと見出すことができるからである。

　本文で漢字を用いて上海語を書き写すのは、文法研究のためである。従って本字（旧字体）の精密で正確な選択にはこだわらず、例文にも発音表記を付けておらず、最初に現れた主題標識などの重要な成分にのみ国際音声記号を用いた。方言の語句解釈は具体的な状況を柔軟に把握し、すべてを一字一句普通話に翻訳したわけではないが、文全体の訳以外に余分な解釈を加えた場合もある。

　共通語ではない方言を主要言語材料として中国語や一般的な文法の理論的問題を研究することは、国内ではまだ一つの試みである。国際的には、言語 / 方言のコミュニケーション機能における権威性を言語 / 方言の理論的価値と関連付ける見方はないようであるが、中国国内の中国語学界では、文法理論の問題を議論することは普通話研究の専売特許のようであり、このような状況はあまり正常ではない。しかし、上海語に詳しくない読者によりよく理解してもらい、さらに本書のいくつかの理論的観点をより多く

の言語や方言を用いて検証できるようにするために、本書の中では上海語と普通話および広東語などのその他の方言の状況を常に注意しながら比較し、必要な時にはその他の言語の状況にもついても検討を行うことにする。

本書は香港研究経費交付委員会（Research Grant Council）が 1995 － 1996年に承諾した研究特別支出金（Competitive Earmarked Research Grant）項目である「中国語の三種類の方言である広東語と上海語と普通話のパラメータの変化」という研究で得られた成果である。また、本書の中で使用した部分的な言語材料はそのプロジェクトグループが作ったコーパスによるものである。

1. 主題の概念

1.1 文献中の主題の概念と主題に関する研究

1.1.1 一般的な言語学界における主題に関する定義

　人々の関心を引く多くの言語学の概念と同じように、主題に関する概念にも一般的な言語学界で多種多様の定義が現れた。主題とは何かについて議論するには、まずこれまでにある主題に関する概念を見てみる必要がある。主題について論じた著書は非常に多く、また比較的大規模な理論書は、すべてこれまでの主題の観念についての評論から始まる。本書はすでにある主題に関する様々な考えを再度詳細に論じるつもりはなく、まずは比較的近い時期の代表的な評論文章である Schlobinski & Schütze-Coburn（1992）を紹介したい。この論文は、一般的な言語学界のこれまでの主題に関する定義についてかなり全面的に検討しているが、中国国内の読者はこの文章を目にすることが難しいので、ここで簡単に記述をする。この文の結論は、みなさんに「主題」という述語を用いないように忠告しており、彼らは、主題をどのように定義しても、必ず避けることができない欠点があるという説明を試みている。彼ら二人以外にも、Szwedeh（1990）のように、主題の概念に否定的な態度を抱く人がいる。もちろん、我々は彼らの忠告を完全に受け入れてはいない（それを受け入れれば、本書の書名もなくなってしまう）が、彼らの文章を見ると、確かにこのような定義における問題の所在をおおよそ理解することができる。

　第一の観点は、主題を既知情報と見なすことである。しかし、既知情報自体にも異なった見方が存在するため、主題の定義に影響を与える。Chafe（1976: 28）の定義によれば、既知情報とは「聞き手が話を聞く時に意識していると話し手が思う知識」である。後にまたある人が、情報をおおまかに既知情報と新情報という二つの対立するグループに分けた。Copeland & Davis（1983）、Lambrecht（1988）はどちらも［±意識］と［±指示対象の認識］といった特徴により、程度の異なる既知情報に分けている。おおよそ聞き手の頭の中にあり、その指示対象を認識できるものは、すべて既知情報であり、聞き手の頭の中になく、その指示対象を認識でき

1.1 文献中の主題の概念と主題に関する研究

ないものは、新情報である。そして、そのときには頭の中にないが、必要なときにその指示対象を認識できるものは、復元可能な情報に属する。その特徴が多いほど、区別がより細かくなるので、当然、程度が異なる既知に分ける必要がある。

　もし、主題を既知情報と定義し、既知情報にさらに程度の違いがあるのであれば、人々は当然、どの程度「既知」であれば、主題となることができるのであろうか、という疑問を抱くであろう。

　また、別の問題として、もし指示対象を認識できることも主題を確定する一つの基準となるのであれば、指示対象を認識できる対象であれば主題となることができ、反対に、指示対象を認識できなければ、主題となることができないことを意味しているのであろうか。もし、本当にそうであるなら、明確な結果として、名詞句以外の成分はすべて主題の外に排除されることになる。なぜならば、それらは指示対象を認識することができないからである。しかし、主題や主題化に関する討論では、主題成分には明らかに、動詞句やさらには節のような名詞句以外の成分が含まれるのである。

　第二の観点は、主題は一つの（談話の、あるいは情報の）起点（出発点）、または文の基本的な参照点を表していると考えることである。プラーグ学派の学者や現代機能主義学派の学者の中にはこの観点を持つ人がいる。このように理解される主題は、基本的には機能主義的な情報構造における主部（theme）と述部（rheme）という考えに相当する。この観点のもう一つの特徴は、主語の位置は文頭に限定されるということである。

　Schlobinski & Schutze-Coburn（1992: 96）は、Chomsky の主題に対する見方もこの類に属すると考えるが、彼らはプラーグ学派や機能主義者のように心理的なものから出発しているのではなく、文の構造から出発していると考えている。彼らは、Chomsky（1965: 211）の中の「文の主題は、表層構造における S を直接 C- 統御する最も左側の NP であると定義できる」という表現を引用している。最も左側の成分とは、文の出発点である。もちろん、これは Chomsky の早期における表現である。

　主題を談話の起点と見なし文頭に位置させることは、最初の成分以外の成分が主題となる可能性を排除する一方、語感的に主題であると感じない

9

1. 主題の概念

多くの成分を主題と認識させる。例えば、いくつかの種類、あるいはいくつかの条件における主語や、さらには明らかに呼びかけ語に属する成分がある。極端な例としては、"这……我可说不好"［それは……私はうまく言えない］の中の"这"のように、文頭の重複する語句でさえも、主題と見なされるかもしれない。

　第三の観点は、主題は文について述べたいことであるということである。Gundel（1985; 85）は、「大多数の著者はほとんどが、（主題の）主な機能は談話との関係を作り上げることであることに賛成している」と考えている。この観点のポイントは、「について（"关于"）」（aboutness）であるが、「～について」自体はあいまいな概念であり、統語法、類型学、談話分析などではすべてこの概念が用いられる。Reinhart（1981）は、「～について」に対する様々な異なる理解が主題に対する異なる定義を生み、もし「～について」を語用的な理解により定義するならば、そこでされた定義の用途は狭く、主題を正確に識別する手助けをすることはできないと指摘している。

　ここまでで、Schlobinski & Schutze-Coburn（1992: 96）はなんと一節を増やし、Li & Thompson（1976、1981）を基礎とし、中国語の主題構造について専門的に検討をしている。（彼らの観点については、以下で再度述べる。）Schlobinski & Schutze-Coburn 氏らは李讷氏らの分析を紹介した後、いわゆる主題という概念は実は必要なものではないという点から、中国語は英語やドイツ語とそれほど違わないと述べている。彼らは、次の文中の"那棵树"［その木］は名詞句が連体修飾語（modifier、中国語では"定语"であるが、以下「連体修飾語」とする）となったもので、主語ではなく、連体修飾語の後の"的"が省略されているという分析を提案している。

　　1. 那棵树，叶子很大。

　　　その木は、葉が大きい。

李讷·Thompson 氏ら は、"那棵树"と"叶子"［葉］の間に"的"があるかないかで、構造が異なり、意味も異なると考えているが（実際、陈承泽（1922）以来、中国語の文法学界では基本的にそのように考えられている）、Schlobinski & Schutze-Coburn 氏ら はそう信じていない。このような批判、及び"的"を省略したという考え方は、もちろん中国語が理解でき

ない外国の学者により提出されたものである。彼らは、中国語には例 1 の
ような文のほかに、さらにより複雑な例 2 のような文があることを知らな
い。例 2 のタイプの文中の"那棵树"の後でも"的"が省略されていると
言えるであろうか。

　　2. 那棵树，人们只见树干，不见叶子。

　　　　その木は、人々はただ幹だけを見て、葉を見ない。

　第四の観点は、主題はコミュニケーション力学（communicative dynamism）
の起点であると考える。主題を起点とすることでコミュニケーションを推
し進めるのである。文中の様々な成分はコミュニケーションを推し進める
能力が異なり、その働きが大きなものもあれば、小さなものもある。いわ
ゆる主題とはコミュニケーション的価値が最も低い成分である。この観点
を持つ人は、往々にして主題の選択と意味機能には関連があると考える。
彼らの研究では、動作主はその他の意味機能と比べ、主題となる機会がよ
り多いか、それとも少ないか、ということが問題となる。この学派の術語
については、みなあまり馴染みがないので、影響はそれほど大きくはない。
このような思考による中国語の主題の研究には陈平（1994）がある。陈氏
は中国国内でも論文を発表しているので、彼の観点は国内である程度理解
されている。

　Schlobinski & Schutze-Coburn は、自分たちが人々に「主題」という述語
を捨てるよう忠告しているけれども、人々はその提案を受け入れることが
できないと認識している。よって、彼らはまた、従来通りに主題の研究を
行うとも言っているが、異なる言語間の比較はこれ以上不可能であると考
えている。

　上述の二名以外にも、多くの人が「主題」という述語に異なる理解があ
ることに注意しており、その中で挙げるべきものには Schiffrin（1992）が
ある。この論文は上述の二名の論文と同じ言語学誌に発表されている。早
くは 1980 年代末に Schiffrin（1992）はすでに、主題に対して行う定義は
二つの原因により異なっていると指摘している。主題を研究する人はほと
んどが主題の言語コミュニケーションにおける働きに注目しているが、個
人的な重点はそれぞれ異なる。Brown & Yule（1983）に「話し手の主題」

1. 主題の概念

という表現があるように、話し手を起点として主題を定義する人たちもいれば、Keenan & Schieffelin（1976）のように、主題の定義に対して話し手と聞き手の両者を共に配慮しなければならないと考える人たちもおり、さらに、重点を置くのはコミュニケーションの内容であり、関係者ではないとする人たちもおり、それが主題に対する理解の違いを生む原因の一つである。コミュニケーションの内容に重点を置く人たちは、さらに考え方に違いがあり、それが主題に対する理解が異なるもう一つの原因となっている。このような考え方の違いは、主に主題が言語のどの階層に位置するかによるものであり、最も一般的な観点は主題を名詞性の単位のレベル（NP）に限定している。つまり、いわゆる主題とは次の文で言及する人、物、思想……等であるとし、このような狭義の主題には一定の統語的・意味的表現がある。例えば、ある人は、主題は往々にして文頭に位置し、形態的なマーカーを持つこともあり、主語を兼ねることができ、その意味役割は通常動作主であり、受動者や道具などではないと考える。またある人は、主題を節のレベル（VP は成分が省略された節であると見なすことができる）まで拡大し、このような理解による主題は命題全体を含むことができると考える。このような広義の主題は、文法形式上やはり文頭に位置する。意味的には、このような主題を「背景（となる出来事）」と称し、「前景（となる出来事）」とは区別されるが、この二つの術語は Tomlin（1985）に見られる。さらにある人は、主題を全文のレベルまで拡大し、このような「全文主題（text topic）」は文章全体の主題であるとする。このような理解による主題には van Dijk（1977）などがある。Schiffrin（1992）は、主題の様々な定義について検討した後、人々がこの述語を捨てることは提案していないが、彼女自身も偏った意見を持っており、談話分析の角度から主題を研究することは最も成果があると考えている。

Lambrecht（1994）は文の形式的な構造とコミュニケーション環境の間の関係を研究した著書であり、その中の第 4 章で主題について専門的に検討しており、主題の定義・主題と主語の身分・主題の設定・主題と指示対象に対する話し手と聞き手の心理的な表現・主題の語順における位置などについて、系統立った説明を行っている。Lambrecht 氏は、主題の情報伝達

における作用を強調する一方で、主題の文法的な特徴の研究にも力を入れている。彼は、文法には統語的な音声システム以外にさらに構造とコミュニケーションの関係を専門的に処理する部門（「情報構造」部門と呼ぶ）を設けるべきであり、多くの文法的特徴は実際にはすべて情報構造を表すのに用いられると考えている。彼は主題の理解と分析に対してもこのような認識を基礎としている。主題関係とは、つまりある命題の談話中における関係である。主題として用いられる課題は談話の時間の中に存在するはずであり、聞き手がその指示対象を認知できなければならず、談話においてある程度積極的な働きをしなければならない。主題を表すのに用いられる命題は情報に関することを提供し、聞き手の主題に対する理解を深めなければならない。彼によれば、主題とはつまり談話的な概念であると同時に、文法的な概念でもある。主題には統語的な標識はないが、ある程度形式的な標識を持っており、次のような英語の例文がある。

    3. The children went to school.

      その子どもたちは学校に行った。

これは主述文であるが、主題－評言構造であるとは限らない。文中の主語 the children［その子どもたち］がもし主題を兼ねるならば、上の文で述べた主題は情報構造における必要条件を満たさなければならない。つまり、談話を交わす双方（話し手と聞き手）は、それがどの子どもたちか知らなければならず、彼らに対して関心や興味を抱いていなければならず、この話をした後、話し手はこれらの子どもたちに対しさらに理解を深めなければならない。同じ文が多くの異なった場合に話されるが、すべての場合に上の条件を満たしているとは限らない。例えば、次の三種類の異なる場合を考えた場合、三つの質問文はすべて例 3 を答えとするが、例 4a に答える場合のみ、その答えの文である例 3 は主題－評言構造となる。

    4a. What did the children do next?

      b. Who went to school?

      c. What happened?

  例 3 で上の三つの質問に答える場合、その読み方が異なる。Lambrecht 氏は以下の方法で異なる読み方を表している。

1. 主題の概念

5a. The children went to SCHOOL.

b. The CHILDREN went to school.

c. The CHILDREN went to SCHOOL.

例 5a の音声上のストレスは school［学校］にあり、children は特に低い調子で読まれる。そのために、非主題文とははっきりと区別される。このような区別は語構成法や統語法によって具現化されるわけではなく、音声によって具現化されるので、やはり形式的な標識となる。Lambrecht 氏の観点は主題卓越型ではない言語を基に提出されたもので、中国語のような主題卓越言語では主題を認識することが容易なので、もし彼の観点を受け入れるならば、中国語の主題は当然、より文法的なカテゴリーに属する成分であると見なすべきである。

1.1.2 中国語における機能言語学的な主題の概念

機能主義の立場から中国語の主題の研究を行った代表的な論文・著書としては、まず前にすでに挙げた Li & Thompson（1976）に言及しなければならない。この二人の著者は主題に関する一般的な類型学の最初の提唱者でもあり、中国語機能文法の研究者でもあるので、彼らの理論は一般言語学界や中国語学界にかなり大きな影響を与えた。彼らは主題［±主題の卓越性］を重視するか、主語［±主語の卓越性］を重視するかどうか、という二つの特徴により一種の文法類型学を打ち立て、四分法を考え出した。言語には、主題を重視する［＋主題の卓越性，－主語の卓越性］ものもあれば、主語を重視する［－主題の卓越性，＋主語の卓越性］ものもあれば、両方を重視する［＋主題の卓越性，＋主語の卓越性］ものもあれば、どちらも重視しない［－主題の卓越性，－主語の卓越性］ものもある。中国語は第一類、すなわち主題が卓越した言語の典型的な代表に挙げられる。

伝統的な、また現代の各種文法理論は、基本的にすべて文の基本構造は主語に述語を加えると仮定しているので、Li & Thompson は、中国語などは主題卓越型言語であるという説明に焦点を置き、主語卓越型言語との違いを明示し、この種の言語のいくつかの特徴を列挙した。例えば、主題には専門的な文法特徴があるが、主語にはそれがなく、中国語では、主題は

14

文頭に位置するが、主語は必ずしも文頭には位置しない。主題卓越言語では、受動構造の使用が少なく、目的語を強調する場合、基本文中の目的語を主題に変えるだけで、動詞は受動態を用いる必要はない。主題が卓越し主語を重視しない言語は、英語の it のような形式主語を用いて主語が必ず現れなければならないという要求を満たす必要はない。主題卓越言語では次のようないわゆる二重主語文、伝統文法で言うところの主述述語文（中国語では"主谓谓语句"）を常用する。

6. 象鼻子长。　ゾウは鼻が長い。

7. 这棵树叶子大。　この木は葉が大きい。

　主題卓越言語では、ふつう主題が先行詞となり、それ以下の文の人称代名詞や空範疇との同一指示（coreference）関係を形成するが、この関係は継続・重複し、いわゆる主題連鎖（topic chain）を構成する。

　Li & Thompson（1981）はさらに、主題と主語を次のように系統的に対比している。主題とは、文が関係する（about）ものであり、主語とは動詞が述べるものである。主題は不定や総称であってはならないが、主語は不定であってもよい。主題は文頭に位置しなければならないが、主語は文中に位置してもよい。主題は文の他の成分との間に常にポーズを置く。

　Li & Thompson（1981）が発表される前に、曹逢甫（Tsao 1979）は、Li & Thompson らは主語や主題をどのように弁別するのか、また両者にどのような違いがあるのかを説明しておらず、さらにこの二つの概念の文法学における働きについても詳細に検討していない、と指摘した。曹氏はさらに、李讷・Thompson 氏らも主題が談話の概念であると意識しているが、彼らの検討は基本的に文の範囲内に限られると指摘した。曹氏は、主題と主語の大きな違いとして、主題は常にその意味範疇を単文以外にまで拡大するが、主語はこの特徴を持たない、と考えている。曹氏は論文の中で李讷・Thompson 氏らが述べた主題の特徴を列挙し、それに続けてさらに最も重要であると考える六つの特徴を提出している。その中のほとんどは李讷・Thompson 氏らがすでに検討したものであるが、曹氏はより具体的な取り上げ方をしている。

　①主題は主題連鎖における最初の文の頭に永遠に位置する。

1. 主題の概念

　　②主題の後ろに"啊、呢、末、吧"という四つの不変化詞を用いて、
　　　文の他の部分と分けることができる。
　　③主題は常に定や総称の名詞句である。
　　④主題は談話レベルの概念であり、意味的には常に文を超えている。
　　⑤主題は談話連鎖の中の代名詞の指示や省略を制御する。
　　⑥主題が主語を兼ねない場合、再帰構造・受動構造・同語省略構造・
　　　連動式・命令文では作用をしない。

曹氏の結論によれば、中国語は談話を重視した言語であり、英語のような
文を重視した言語とは異なるとしている。この結論は李讷・Thompson 氏
らの観点を基礎として、さらにそれを発展、拡大させたものであると言う
ことができる。

　近年、機能文法の観点から中国語の主題を研究した著書には許余龙（Xu
1995）がある。許氏はこの博士論文の中で二つの中国語の主題を弁別する
原則を制定している。第一の原則は、中国語の文というユニットにおいて、
あらゆる動詞に前置する名詞句は、動作プロセスの参与者でさえあれば、
具体的な参与者であろうが、抽象的な参与者であろうが、すべて主題であ
る。この定義によれば、一つの文が複数の主題を持つことができる。第二
の原則は、許氏が言うところの「無標の主題」に関するものである。無標
の主題とは、即ち典型的な主題のことである。氏の原則では、もし文中に
一つの主題しかないならば、それは自動的に無標の主題となるが、もし一
つの主題にとどまらないならば、最も動詞に近いものが無標の主題となる。
許氏はさらに、無標の主題とは主語であると述べている。例えば、"象鼻
子长"［ゾウは鼻が長い］という文で、"象"［ゾウ］と"鼻子"［鼻］はど
ちらも主題であるが、"鼻子"はさらに主語を兼ねているのである。また
例えば、次の二つの文で、例 8 の主語は"有些人"［ある人たち］であるが、
例 9 の主語は"螃蟹"［カニ］である。

　　8. 螃蟹，有些人不吃。
　　　カニは、ある人たちは食べない。
　　9. 有些人螃蟹不吃。
　　　ある人たちはカニは食べない。

許氏は主題を上述の人たちよりも緩く定義しているため、主題を担うことができる語も比較的多い。許氏は機能的な角度から主題を新しいものと古いものの二種類に分けており、新しいものをさらに、真新しいものと使ったことがあるものと導き出すことができるものに分け、古いものをさらに、棚上げにしたものと目の前にあるものに分けている。このような分類はそれ以前と比べ、主題について提出される定性の要求や既知性の要求が詳細になっている。

最近になって、中国国内にも機能文法の考えにより主題に関係する問題を研究する研究者が現れ、その代表的なものには張伯江・方梅（1994）や方梅（1994）がある。張・方両氏の研究は中国語の口語を対象として、実際の北京語のコーパスを多く用いており、そこに反映される主題構造の多様性は他の研究者を抜き出ている。張・方（1994）は、中国語は機能を重視した言語であり（曹逢甫氏の「談話を重視した」よりもさらに一歩進んでいる）、統語的制約力が比較的弱いので、SVO・SOVなどの統語的語順類型の中国語に対する用途は小さく、呂叔湘氏が提出した中国語は「知っているものから知らないものへ」という主語・述語の語順（「既知情報から新情報へ」に相当し、趙元任氏の「主題主語」などの言い方に近い）、李訥・Thompson氏らの主題—評言というフレームは、中国語については比較的有効であるが、中国語の事実を明示するには不十分なので、彼らはプラーグ学派の「主部—述部」（中国語では"主位－述位"）というフレームを修正して、文の前方にある成分を「主部構造」としてまとめている、と考えている。彼らはHallidayの「意念成分・コミュニケーション成分・談話（ディスコース）成分」という分類を参考にして「主部構造」を三つの部分に分けているが、その基本的な語順規則は「談話主部＞コミュニケーション主部＞主題主部」であると考えた。彼らの主題主部は一般的に言う主題に相当し、名詞句、時間・場所名詞、介詞句、事物化された動詞句によって担われ、前の二種類の主部はふつう、関連性連用修飾語（中国語では"状語"と呼ばれる）や挿入語などと分析される。張・方氏らの主張の主な特徴としては、口語中のポーズや文中の語気助詞は主部構造の形式的なマーカーであり、「語気詞の位置はちょうど主部と述部の境界部分」であり、「副

1. 主題の概念

次情報と主要情報との境界線」なので、焦点成分の中には決して現れないと考え、また、語気詞は主部の終わりを表すと同時に、実は述部の始まりを表していると考えている。以下は、彼らの例文の一つで、その中の語気助詞の場所は主部と述部の境界となっている。

10. 她不想拆散老师的家庭，而且不想让她爱的人哪陷入苦恼，所以她一直啊没有把这一片痴情啊告诉老师，但又无法从心灵深处呢抹掉这个人。

彼女は先生の家庭を壊したくなく、また彼女が愛した人を苦悩に陥らせたくはなかったので、彼女はずっとこの一途な想いを先生に話さなかったが、心の奥底からこの人を消し去ることもできなかった。

方梅（1994）は、文中の語気助詞が主部構造を表す場合の働きについてより具体的に分析を行った。その枠組みは純粋な口語を基礎とし、ポーズと文中の語気助詞を拠り所としているが、これらのマーカーのない文については分析が難しく、書面語体ではさらに適用が難しい。そこで文に対して動態分析法を行うことを提案されているのは、外的なマーカーが存在しない場合、その場の状況や分析者の理解によって分析することができることを暗示しており、実際に同様の文に対して異なった分析結果を許している。

1.1.3 中国語における形式言語学的な主題の観念

中国語の形式言語学は主題の問題について早い時期から関心を持っており、形式言語学の範囲内の研究における中国語の主題構造に関する文章には Xu & Langendoen（1985）などがある。徐烈炯氏らのこの文章も中国語の主題構造に対して系統的な描写と分析を行っているが、その主な内容はやはり中国語の主題現象と Chomsky の形式言語学理論の関係について詳細に研究したものである。その具体的な目的は次の二つの問題の検討である。

1) 中国語の主題構造は Chomsky 理論の疑問詞移動（wh-movement）が作り出したものであるのか。

2) 中国語の主題構造に現れる空位（痕跡）は、すべて Chomsky が定義
している四つの空範疇の中の変項（variable）であるのか。

これらの検討が焦点を当てる対象は Huang（1982）である。

黄正徳氏はこの博士論文の中で、中国語の主題構造は英語の疑問詞構造
に類似しており、どちらも移動により形成され、またこの二つの構造が移
動の過程で受ける条件的制約は同じで、移動が形成する痕跡が意味解釈の
面で受ける制限も同じであり、このような痕跡は論理形式における変項に
相当するという考えを提出している。これに対し徐烈炯氏らは、黄正徳氏
の論証が信用できないと考えている。移動であるか移動でないかというこ
とに関するこの論争は、Chomsky 理論の枠組みにおいてのみ意義があるも
のである。次の文を例としてみよう。

　　11. 那本书，我看过。

　　　　その本は、私は読んだことがある。

　前後の文がない環境では、例 11 の意味はふつう例 12 と同じであると考
えられる。

　　12. 我读过那本书。

　　　　私はその本を読んだことがある。

　また、みなさんが同意されるように、北京語では、例 12 は例 11 よりも
基本的な形式である。もしも、そのことから例 11 は例 12 を基礎として移
動によって派生したものであると考えるならば、おそらく反対はされない
であろう。問題は、これは必ずしも Chomsky の言う疑問詞移動であると
は限らないということである。Chomsky は疑問詞移動にいくつかの順守す
べき条件を列挙し、それらの条件に合うものは疑問詞移動であり、合わな
いものは疑問詞移動ではないと考えた。従って、中国語の主題構造が疑問
詞移動に属するかどうかは、その移動がこれらの条件の制限を受けている
かどうかを見なければならない。例 8 のような簡単な構造では、それらの
条件を検出することはできないので、Xu & Langendoen（1985）は多くの
比較的複雑な中国語主題文の構造を用いてテストを行い、その結果から、
中国語の多くの主題構造は Chomsky のそれらの条件に符合しないと説明
している。よって、彼らのこの論文の結論としては、Chomsky の疑問詞移

1. 主題の概念

動条件がまったく存在しないか、中国語の主題構造は黄正徳氏が考える疑問詞移動によって作られたものであるわけではないと考えられる。言い換えれば、Chomsky の条件を受け入れることもできなければ、中国語の主題文はすべて移動によると考えることもできないのである。もし、Chomskyの理論を捨て、例 11 と 12 が「文型交換」や「移動」などの具現化であるとするならば、おそらく大きな議論を呼ぶこととなるであろう。その外に、彼らの文章は Chafe（1976）の考え方により、いくつかの移動では説明が難しく、英語などの言語の主題化とは異なる主題化現象を中国語型の主題化（topicalization, Chinese-style）と呼んでいるが、これは、機能言語学で中国語を英語などとは類型的に異なるとする観点と近い部分がある。

　徐烈炯（Xu 1986）にも中国語の主題構造を専門的に論じた節があり、そこでの主なテーマは、主題構造に現れない成分はどの空範疇に属するかということである。黄正徳氏は、このような成分は変項でしかないが、徐烈炯氏は主題構造における空範疇はその他の構造における空範疇とは本質的に違いはなく、みな統語レベルでは確かに Chomsky が挙げる四種類の空範疇のいずれでもなく、自由空範疇（free empty category）と呼んでも差し支えない、と考えている。この問題についての研究はまた、空主題の仮説や空主題を設定する必要があるかどうかをめぐる論争を引き起こしている。

　黄正徳（Huang 1982, 1987, 1991）及び後の李艶惠との合作論文（Huang & Li 1996）は、すべて例 13 に類似した文を主題文と分析している。

　　13. 张三说李四不认识 [　　　]。
　　　　張三は李四は知らないと言っている。

　黄氏は例 13 の意味は次の例 14 に相当し、構造的には例 15 により近いと考えている。

　　14. 张三说李四不认识王五。
　　　　張三は、李四は王五を知らないと言っている。

　　15. 王五，张三说李四不认识 [　　　]。
　　　　王五は、張三は李四は知らないと言っている。

　例 13 と例 15 の違いは、例 15 には主題が現れているが、例 13 には無形

の主題しかないという点である。例 13 は次のように書き換えてもよい。

16. ［　　］张三说李四不认识［　　　　］。

黄氏は例 16 の中の無形の主題を空演算子（empty operator）と呼んでいるが、演算子とは論理学の術語で、それを借用して無形の主題と、後ろの痕跡が同一の指示対象であることを表している。

では、なぜ空主題という非常に抽象的な概念の助けを借りなければならないのであろうか。黄氏の考えでは、主題を加えると以下の事実を処理できるとしている。つまり、例 16 の "不认识" の目的語は "李四" でなくてもよく、"张三" でなくてもよく、おそらく "王五" や別の誰かである。さらにまとめると、およそ従属節の目的語の省略であれば、省略された目的語はすべて主節の主語を指すことはできない。もし従属節中の省略された目的語が主節の主語を指すならば、例 16 は次の例 17 に相当するはずである。

17. ＊张三，张三说李四不认识［　　　　］。

このように、文中の主題や主文の主語や従属節の空目的語はみな同一人物を指すが、英語などの他の言語ではそれは許されず、例えば英語では次のようにはできない。

18. ＊ Johni, hei said you would not help ei.

19. ＊ Whoi hei said you would not help ei.

例 18、19 の中の 'e' は空の目的語を表しており、三か所の下付き記号の 'i' はすべて同一指示対象であることを表している。例 16 に空主題を加える働きは、例 16 の中の "李四" が知らないのは "王五" のような別の誰かであり、"张三" ではあり得ないことをはっきりと説明している。

徐烈炯氏は、このような空主題の仮説は不必要な煩雑さを生み、また言語事実に合わないと考えた。その設定の出発点は、従属節の中の空目的語は必ず主節の主語を指すことができないということであり、これは事実というわけではない。Xu（1986）が用いた例は次のものである。

20. 小孩以为妈妈要骂了［　　　］。

　　子どもはお母さんが罵ると思った。

21. 小偷以为没人看见［　　　］。

1. 主題の概念

　　　　　泥棒は誰も見ていないと思った。

　この二つの文中の空目的語はそれぞれ主語である“小孩”［子ども］と“小偷”［泥棒］を指している。この空主題の仮説が説明しようとする事実自体が存在しない以上、さらに説明に労を費やす必要はないであろう。

　黄氏は後のいくつかの文章での論争で、例21の中の空欄は実は目的語ではなく、例えば“偷东西”［物を盗む］のようなVPであると述べている。しかし、このような論争はその根拠に欠けており、例20には適用できない。なぜならば、“看见”［見かける］の後にはVPをつなげることができる（NPでも可能であるが）が、“骂”［罵る］の後にはNPしかくることができないからである。中国語を話す人はみな、その文の中の“妈妈”［お母さん］が罵るのはきっと“小孩”［子ども］以外の別の人であるとは思わないであろう。

　徐烈炯（1994）はさらに一歩進んで、上述の空主題の仮説は語感による誤解の基礎の上に打ち立てられたものであると説明している。黄氏が挙げるものは少数の例文に限られている。氏が常用する例文は例13であるが、確かにこの中の従属節の目的語が“张三”を指す可能性は低いと思われる。しかし、その原因は文法とは無関係であり、前後の文が欠けた状況では、例13の空目的語はあらゆる人、場所、事物を指すことができ、それぞれの対象が指示される確率は非常に低いので、空目的語が主語である“张三”を指す確率は、例えばフランス大統領やイギリス女王を指すように、実はいかなる他の対象を指す確率よりも少しも低くはない。“张三”を指す確率は他のあらゆる対象を指す確率の和と比べると、明らかに低いが、そのような比較は合理的ではない。実際、従属節の空目的語が主語を指す可能性が一体どれくらいなのかは、文法的な制約をまったく受けないのである。以下の文はちょうどその反対側に位置する例である。

　　22. 皇帝要他的大臣朝见［　　　］。

　　　　　皇帝は彼の大臣を朝見させようとした。

　この中の空目的語の指示対象はおそらく主語である“皇帝”自身である。このように理解されるのは文法的な要因ではなく、すべての君主国の大臣はみなその国の皇帝にしか朝見せず、すべての君主国には皇帝は一人しか

いないという社会背景によるものである。もし、例 13 のタイプの文の前に空主題を加えるのであれば、例 22 の文の前に加えなければならないのであろうか。もし、すべての文の前に一つの主題を加えるならば、それは原則的には問題ないが、従属節に空目的語が含まれるそれらの文のみに加えるべきではない。

　刘凤梅（Liu 1986）は、Xu & Langendoen（1985）の「中国語の統語構造には Chomsky が言うような疑問詞移動は存在しない」という意見に賛成しているが、徐烈炯氏の空範疇を一つの自由空範疇に統合するという主張には賛成していない。刘凤梅氏は下位レベルの主題から上位レベルの主題への移動という方法を用いて複雑な主題文を処理することを提案している。

　蒋自新（liu 1986）は、Xu & Langendoen（1985）の中国語の主題構造に対する分析は主題の後の部分自身が文法に適っていなければならないことだけを述べ、主題化が受ける語彙―構造の制限には言及していない。評言の部分が文法に適っているのは、主題構造が成立する必要条件に過ぎず、十分条件ではなく、さらに他の条件を満たす必要がある。例えば、動詞の後に節となる主題構造の出現が許されるものと、許されないものがある。

　23. 张三相信王五，李四去看了。

　　　張三は、王五は、李四が会いに行ったと信じている。

　24.＊张三喜欢王五，李四去看了。

　　　（張三は、王五は、李四が会いに行ったのが好きだ。）

　この二つの文の表層構造には違いはなく、蒋自新氏は、"相信"の後の節と"喜欢"の後の節は、構造的に少し異なるために二つの文の適格性に違いが生じていると考えている。[1]

　主題移動説に正面から反対しているのは Huang（1992）である。黄居仁氏は Chomsky の枠組みを用いずに、Bresnan の語彙機能文法（Lexical functional grammar, LFG）の枠組みを用いている。黄氏は徐烈炯氏などと同じように、英語の疑問構造のような文法制限は中国語の主題構造には存在しないと考えている。そしてさらに、これらの様々な現象は語彙機能文法を用いれば十分に説明が可能であり、それ以外にも Xu & Langendoen（1985）

1. 主題の概念

が言及しなかった、あるいは処理できなかったいくつかの事実をも説明することができると考えている。例えば、次の例 25 と 26 の中の a の中の節や節中の埋め込み成分は主題の位置に現れることができるが、b の類する成分はそれができない。

25a. 你已经毕业了，我知道。

あなたがすでに卒業したことは、私は知っている。

b. *你已经毕业了，我以前认为。

（あなたがすでに卒業したことは、私は以前思った。）

26a. 王五，我听说答应明天来。

王五は、私は明日来ることを承知したと聞いている。

b. *李四，我劝明天来。

（李四は、私は明日来るように勧めた。）

語彙機能文法は自ら体系を成し、独特の概念や述語や符号を持っており、主題構造を処理する時に空範疇を用いる必要はないが、ここでは詳細な紹介はしない。

黄正徳氏の移動の観点を継承するものに Ning（1993）がある。宁春岩氏のこの博士論文は大部分が関係構造におけるいくつかの問題について検討しているが、そのごく一部で主題構造に言及している。黄正徳氏と同様、宁氏は主題を A 移動（A-movement）の結果であると分析している。しかし、宁氏は 1990 年代の Chomsky 理論の新発展に基づき、移動を処理する技術に改良を行った。氏は黄正徳氏の中国語の関係構造と主題構造を同等に処理するという伝統を捨て、主題構造に対し少し異なる分析を行い、主題構造については演算子（operator）に言及する必要がないと提案した。

中国語機能言語学において、比較的早期の Li & Thompson は主題の概念を主に文の内部に用いているが、その少し後の曹逢甫氏は主題の意味範囲は文の範囲を超えることができると考えている。中国語形式言語学においてもこれとパラレルな発展が見られる。比較的早期の Xu & Langendoen も主題構造を文の範囲に限っており、彼らの討論の範囲は幾重にも重なった、構造がかなり複雑な文に及んでいるが、結局のところ一つの文に過ぎない。これに対し、Shi（1992）は主題の構造を拡大させている。石定栩氏はこ

24

1.1 文献中の主題の概念と主題に関する研究

の博士論文で、一つの主題連鎖が統轄する範囲は、すべて一つの主題構造であると見なすことができると考えている。このように理解される主題構造は文を超え、通常言われる主述複合文、ひいては並列複合文を超えることができ、一つの主題を共用するひと連なりの文は、すべて一つの大きな主題構造であると見なされる。また一方で、主題項に対し石氏も移動の観念を持っており、すべての主題は必ずその後の文に何らかの位置が存在し、時にはすべて話し終わらなければ、主題の占めるべき位置が分からないと考えている。例えば、"那场大伙，幸亏消防队来得快"［その大火事は、幸いにも消防隊が来るのが早かった］という文は、主題構造の半分でしかなく、後半の文は"……才没有造成损失"［損害を免れた］であり、主題構造を拡大しさえすれば、いつでも主題を回復させることができる。しかし、どのように主題を拡大させるかについては、形式化された規則がないようで、下で検討する袁毓林の考えも同様の問題に直面している。

　さらに、別の主題について検討している博士論文は shyu（1995）では、"连……都 / 也……"の文頭と文中で焦点となる用法について重点的に研究をしている。この論文の作者は、中国語の主題と焦点は談話の概念であるだけでなく、統語的にも具現化されると考え、主題と焦点の統語レベルにおける共通点と相違点について詳細に検討を行っている。

　中国国内で発表されたものには、形式文法の角度から主題を研究した著作が少ないが、袁毓林（1996）の主題と主題化についての検討では、いくつかの形式言語学の問題に言及している。袁氏は中国語のいくつかの構造は「語用論的に見て」明らかな「主題—説明」構造を持っていることを認め、また中国語には広く主題化現象が存在することも認めている。しかし袁氏は、Li & Thompson が中国語と英語を主題卓越言語と主語卓越言語に分けた観点には賛成しておらず、主題という概念は中国語の統語レベルから言えば必要ないものであり、語用論や談話のレベルの分析においてはじめて必要なもので（このことは国内の「三つのレベル」（"三个平面"）の学説に近いようである）、統語レベルでは、主題化された成分は主語であり、主語の中の一類である（このことはまた「三つのレベル」の学説と完全に対立している）としている。彼の検討と形式統語論の関係した部分は、あ

25

らゆる主題化成分はすべて文の「環境成分」（時間、場所などの成分）や異なったレベルの項（すなわち意味役割）が昇格（raise）すると同時に、主語の位置に移動して形成され、英語の主題化された成分と異ならないと考えている。従って彼は、Chafe（1976）や Xu & Langendoen（1985）が言う「中国語型主題化」の存在を否定しているのである。しかし、彼が主題の意味役割の性質を明示するために行った論証には形式言語学が要求する操作のプロセスや規則があるわけではなく、往々にして文脈や常識の助けを借りて多くの「削除」された成分を補わなければならず（これは石定栩氏の「拡大主題構造」の方法と類似している）、これらの「削除」された成分については彼自身もあまり明確でない場合もある。例えば、次のものは石氏も検討したことがある主題構造であるが、袁毓林氏が自分で考えた「削除」された節全体には a,b 二種類の合計四種類があり、さらに石氏のものを加えれば五種類となる。実際には、さらに多くの種類を考え出すことができるが、石氏は主題である"那場火"［その火事］がこれらの削除された節の中のある述語の項が昇格して移動したものであると考えている。

27. 那場火，幸亏消防队来的快。

その火事は、幸い消防隊が来るのが早かった。

　　　［否則，a. 不定烧成什么样子 / 早把什么都烧光了……

　　でなければ、a. どのように焼けていたか分からない

　　　　　　　/ とっくにすべて焼けていた……

　　　　　　b.［造成的］后果不堪设想 / 损失可就大了……]

　　　　　　b. その後の結果は想像できない

　　　　　　　/ 損失は大きかっただろう……

このことから、石氏が言う「移動」とは、生成文法などの形式言語学の中で英語の主題化を処理するのに用いる移動であり、その概念と操作はどちらも同じではないことが分かる。もしも中国語の中の主題化が本当にこのような「移動」によって構成され、英語の主題化が Chomsky らが言う「移動」により構成されるのであれば、その結論としては、二種類の言語は主題化において異なるべきであり、石氏が言うような同じものではないことになる。いわゆる「英語式主題」と「中国語式主題」はこの点において違

いがあるのである。また、彼は名詞の「価（動詞が項をとる数、中国語では"价"）」という成分を借りて主題の意味役割性を説明しているが、多くの名詞の価の認定については、現在まだ形式的な証拠に欠けている。

　要するに、石定栩氏と袁毓林氏はどちらも個人的にかなり自由な「拡大」や「補助」というプロセスの助けを借りているので、中国語の主題が本当に文中の成分が昇格したり移動したりして形成されたことを証明するには十分ではないのである。

1.1.4 中国語構造言語学の主題研究

　多くの中国語学者、特に中国国内の学者たちは、いくつかの構造主義、特にアメリカ記述学派の色彩を帯びた発展した方法で中国語文法を研究しており、その中で主題の問題の探索にも言及している。近年来、一部の学者が提出した「三つのレベル」学説は国内での影響が大きく、それは構造主義や記号学や機能主義のいくつかの特徴と結びついており、その中での主題の問題は彼らの重点的な検討対象の一つである。次に、それぞれについて説明を行う。

　早期の中国語の構造文法は主題・主語同等説をとっており、この観点は趙元任（Chao 1968）を代表としている。趙氏は、中国語の主語と述語の意味関係は弱く、つまり主題と評言の関係であり、主語と述語の間には形式的にポーズや語気助詞などを置くことができると考えている。このような観点は、主に動作主を主語とする中国語の伝統文法とは大きく異なる。これは中国語文法学が正式に主題を取り上げた始まりでもある。趙氏はさらに、主題と関係した別の考えを持っている。彼は、中国語の完全な文は一問一答になった二つのばらばらの文の組み合わせであり、主題（＝主語）は問いの文のようであり、評言（＝述語）は答えの文のようであるとしている。

　　28a. 二人の対話：饭呐（＝呢）？都吃完了。食事は？もう食べ終わった。

　　　b. 自問自答：饭呐，都吃完了。食事は、もう食べ終わった。

　　　c. 一つの完全な文：饭都吃完了。食事はもう食べ終わった。

　これらの例から、例28のaは典型的な問答型の対話で、cは一つの完全

1. 主題の概念

な単文であり、bは両者の間に位置し、"饭呐"［食事は］はaの問いの文
から来ているとも、cの主題や主語がその源であるとも考えられる。この
観点は、後の国外の理論界で提案された、分文と主題は共通の性質を持つ
とするいくつかの考え（Haiman（1978: 297）など）に近い部分がある。（詳
細は6.4を参照）

　主題・主語同等説は長期にわたって中国語構造言語学の主要な観点と
なってきた。例えば、朱徳熙（1982: 96）では、「話し手が選んで主語にす
るものは自分が最も興味がある主題であり、述語は選んだ主題に対する陳
述である」と述べている。朱氏の主語（＝主題）の形式的特徴と意味的特
徴に対する考え方もChao（1968）に近い。李临定（1985）もやはり主題・
主語同等説をとっている。李氏は、主語は「文の前方に位置し主題の働き
をする名詞や名詞に相当する成分である」と述べている。その外に李氏は、
中国語は主語と述語の間の関係が弱く、また形式的な特徴が乏しいので、
そこから得られる結論としては、中国語の主語の文法における位置は重要
でなく、「重要視し過ぎる必要はない」ということである。

　主語・主題同等説の背景には、主述関係がその意味がなくなるほど極端
に弱い必要があり、それに加えて主語に定性を与えるに十分な形式的な手
段が見つかっておらず、主語の文法的地位が重要でないという推測はすで
に真実となっている。また、主語に対して立てられた述語の概念や主述関
係全体の文法システムにおける地位も問題であり、このことが引き起こす
ことはすでに主語の問題にとどまらなくなっている。まず、主語の概念が
主語に「始まり」、最後に主語の概念が主題に「終わる」ことは、主題・
主語が同等であるという考えがきわめて自然で、さらには必然的な論理プ
ロセスであるようである。もちろん、中国語の主語が重要でないという李
氏の観点は、一見李讷・Thompson氏らの中国語は主語を重要視しないと
いう観点と近い部分があるが、李氏の主語は主語と主題の統一体であるの
で、Li & Thompsonの中国語は主題が卓越しているという観点とは実際に
はやはり異なっている。

　主語の中国語文法システムにおける地位を保つには、主題の概念と主語
の概念のある種の分業を引き出す必要があるであろう。

1.1 文献中の主題の概念と主題に関する研究

　胡裕樹・范暁（1985）は文法研究の三つのレベルの観念を最も早く正式に提唱した重要な論文であるが、主語と主題（彼らは“主題”と呼んでいる）の区分はその中の重要な内容の一つであるとしている。彼らは、主語は統語レベルに属するが、主題は語用レベルに属すると考え、同時に主題を統語成分として分析する時に特殊な成分名称を提案した。統語レベルでは、「主題は主語と、あるいは重なる、あるいはある種の特殊な文成分である」と述べている。例えば、“鸡，我不吃了”[ニワトリは、私はもう食べない]は、一つの主述文であり（多くの人は「主述述語文」と呼ぶ）、主語は“我”で、“鸡”[ニワトリ]は統語レベルでは一種の特殊な成分「提示語」であり、語用レベルでは「“鸡”が主題で、“我不吃了”[私はもう食べない]が評言である」。胡裕樹・范暁（1992）が三つのレベル理論を継続して検討する場合、さらに主題は一般的に既知情報（または旧情報と呼ばれる）であり、評言は一般的に未知情報（または新情報と呼ばれる）であると言及している。范暁（1996: 384）では、やはり「語用レベル」で「主題文」（主題＋評言）と「無主題文」（評言のみ、または主題・評言に分けられない）の二種類の“句类”（「統語レベル」と「意味レベル」の文の類型をそれぞれ“句型”[文型]と“句模”[意味構造]と呼ぶ）に分けている。国内で比較的早く主題と主語を区別したものに范开泰(1985)がある。胡裕樹・范暁氏と同様、彼も主題を文の語用分析の対象であると考えている。語用の角度から出発し、彼はさらに主題を談話主題、構造主題（文の主題）に分け、同時に構造主題と主語との関係について重点的に分析をし、両者はレベルが異なり、一致することもあれば、一致しないこともあると考えている。中国語の主語形式の特徴が不明瞭であるという点に対応するために、彼は、印欧語は統語主語、意味主語（広義の動作主）、語用主語（主題）の三者鼎立であるとすることができるが、中国語は意味主語と語用主語の対立があるのみで、統語的な基準の主語の定義に欠けていると考えた。

　陆俭明（1986）は国内で構造文法に近い枠組で比較的早く主題と主語を区分した論文である。全体指示的主語文（“周遍性主语句”）について検討したこの文章は、最後の二節で主題と主語との関係について専門的に検討を行っている。陆氏は、赵元任氏と朱德熙氏の主題・主語同等説に言及し

29

1. 主題の概念

た後に、「中国語について言えば、主語は必ずしも主題ではなく、主題も必ずしも主語ではない」という異なった意見を提出し、同時に前者は統語論の概念で、後者は語用論の概念であると考えている。この論文のもう一つの貢献は、国内で初めて中国語の中の（主語とは異なる）主題の形式的な標識に対して詳細に検討・研究し、次の三つの基準を提案したことである。

① 文の自然ストレスが置かれない。

② その後に"是不是"で形成される反復疑問文を加えることができる。

③ その後に前置接続詞を挿入し、文を複文の中の一つの分文とすることができる。

　この三つの基準に基づき、陆氏は全体指示的主語は主題ではないと考えている。これらの基準は定説とはなっていないが、国内で最も早く中国語の主題に一定の操作可能性を持った形式基準を提出した論述である。

　実際に、胡裕樹、范晓、范开泰、陆俭明氏らの論文の主な働きは、趙元任氏以来の主題・主語同等説の観念に対し、「レベル」的に主題と主語を区分したことである。これらの論文はみな主題を専門的に論じたものではないので、挙げられている例は少数の典型的な例に限られ、主題と関係がある一連の理論的問題と具体的な言語資料（コーパス）の分析に対する問題については、まだ系統立った言及がされていない。彼らの共通点は、両者がどこでも重なり合うわけではないことを強調すると同時に、語用論的な主題と統語論的な主語が文中でよく重なり合うことを認めていることである。

　国内でより詳細に、より専門的に主題と主語に関する問題を検討したのは史有為（1995）である。この論文はまず、主題の情報的な特徴について検討をし、主題は双方が臨時に設定し認可した一種の「先覚情報」であり、一種の説明や陳述の対象であり、情報の焦点ではないと考えている。その後、形式的な特徴（主にポーズや語気助詞）に重点を置いて主題と主語の関係について検討を行っている。史氏は主語に対して国内の構造主義の広義的な理解をし、氏が言うところの「議論がある主語」を含めており、そうなると主題は基本的にすべて主語であり、どの主題が主語でないという

問題は存在しなくなるので、主に主語にポーズがあるかどうか、ポーズを置けるかどうかによって、どの主語が主題であるか、あるいは主題である可能性があるか、どの主語が主題でないかについて、例を追って検討をしている。この論文のもう一つの特徴は、中国語の文は二つ、あるいはさらに多くのレベルの地位が異なる主題を持つことができると考えている点である。従って、一つの文には一つの主題しか存在せず、主題は必ず文頭に位置するという考えとは区別される。これは作者が主題マーカーの働きを重視していることと関係がある。なぜならば、これらのマーカーは文中に現れることができ、それは一つの成分にとどまらないからである。

1.2 主題の定義

1.2.1 主題の定義の多義現象をどのように取り扱うか

　主題に関する数多くの異なった考えに対すると、この概念には明確な定義がなく、はっきりと一致した定義を得ることが難しいと懸念する人が多いので、主題という概念には「実質的な意味はなく」、現在の研究は時期尚早であると考える人もおり、さらにはこの未成熟な概念を完全に捨て去った方がよいと考える人さえいる。しかし我々は、そのような態度はとるべきではないと考える。

　「明確な定義がない」と言われるのは、実際には「一致して受け入れられる定義がない」ということを指している。伝統言語学から現代言語学に至るまで、一致した定義の概念に欠けているのは主題だけにとどまらないが、このように多くの概念があるために捨て去られるということはなかった。主題と関係が最も密接な主語という概念の状況を見てみてもよいであろう。文献の中ですでに現れた定義の種類は正確に計算することは難しく、今でもすでに統一した定義があると言うことはできず、また言語間の違いを考慮すると、理想的で統一された定義を望むことはおそらく難しいであろう（Keenan（1976）、Comrie（1981: 98））が、主語という概念やその代用品をまったく用いないですむ文法理論はほとんどないのである。

　定義の不一致としては、実際には二つの状況があり、再び主語を例とする。まず一つの状況は、各種言語の主語の状況が非常に異なり、統一した

1. 主題の概念

定義が難しいことである。主語が「格」や一致関係などの形式的なマーカーで確定される言語においては、当然形式で主語を定義することが最も理想的であり、最も容易に統一した意見を得ることができる。しかし、このような定義を中国語のような主語の形式的なマーカーが乏しい言語に「移植」することは明らかに難しいことである。従って、これらの異なった言語の主語に一致した定義を持たせることは非常に難しく、特に能格言語（ergative languages）の存在を考慮すると、この基礎の上に言語を超えた統一した主語の定義を作り上げることはさらに難しい。能格言語では、自動詞の唯一の項（対格言語では通常主語となる）は他動詞の受動者の後に来て、動作主が同様の格を表すことはない。もう一つの状況は、同じ種類の言語の主語の理解も同じではなく、統一した定義を形成することが難しいことである。中国語の"台上坐着主席団"［壇上に主席団が座っている］という文の主語は何なのかについて、すでに数十年も論争されているが、今なお意見が異なっていることは、このような状況の典型的な反映である。

　主題という概念の不一致にも、このような二種類の状況がある。従って、統一した定義がないからといって、主題という概念を捨て去るという理由はない。

　「明確な定義がない」ということは、形式化された定義に欠けていると理解することもできる。この点は伝統文法について言えば、大きな問題ではない。人々はいつも明確な形式化された定義がない状況でこのような概念を使用して研究を行っている。例えば、「主述述語文」（"主谓谓语句"）は文の形式化の定義に欠けてもいるし、主語・述語の形式化の定義にも欠けている状況の下で、研究者らの中で広く用いられている。現代言語学について言えば、我々はまだすべての概念に対して共通で一致した明確な定義を行うことは難しいが、論争がある概念を使用する場合には、それぞれの学者はできるだけ明確な（形式化されたものの方がよいが）定義を行うべきである。

　よって、主題について言えば、それぞれの研究者は自分が使用する「主題」を明確に定義すべきである。多くの学者が主題は役に立つ概念であると思っているが、異なった言語での主題が必ずしも一致していない以上、

各人が自分の理論体系によって理解した主題の概念も全部が全部同じではなく、統一することはできないので、誰が正しくて、誰が間違っているという問題は存在しないのである。しかしながら、他の学者の研究を論評するとき、まず相手の主題の概念がどのようなものであるかに注意しなければならない。時に、自分の主題の定義によって内容が実は異なる他人の主題の研究を論評してしまうと、その論評は明らかに事実とはかけ離れたものとなってしまうというような状況になるかもしれず、それは極力避けなければならない。主題だけでなく、他の問題についても同様である。例えば、Chomsky の「変換」や「移動」などの理論を論評するためには、まずそれらの概念の Chomsky における定義、用法、与えられた各種条件・制限を明確にすべきである。もしも、論評するものが Chomsky がこれらの概念を用いて行った研究ではあるが、自分の異なった理解により、「変換」や「移動」などの条件・制限を緩め、その内包を縮小し、その使用範囲を拡大して、これらの元の形を失った「変換」や「移動」についての論評を提出するならば、それを行うのは簡単だが、意味がないものとなってしまうであろう。

1.2.2 主題定義が関係する要因

　前の部分で、我々はすでに学者らを手がかりとして主題に関する観念の様々な考え方を簡単に紹介した。本書が下す主題の定義を外に出す前に、我々は再度、それらの要素を手がかりとして現有の主題（特に中国語の主題）の定義を分析した方がよいであろう。現有の主題の定義が含む要素は意味（主の意統語的意味）、統語（統語形式と統語構造）、語用（談話的な背景など）の各方面と関係している。次に挙げる要素は、すべて一部の学者の意見を代表しているだけで、主題を研究しているすべての学者の一致した意見であるとは限らず、またそれぞれの間には矛盾があるかもしれない。いくつかのものは、"主位"（主部）を術語として選択した学者が提案した"主位"の性質であり、それがここにも加わっている。必要な場合には、我々も簡単な説明や論評を加える。

　主題について挙げられる意味的性質には次のものがある。

　1) 主題は後ろの評言部分が関わる対象であり、意味的要素とはその述

べる所、即ち通常「～について」（aboutness）である。このような認識は国内の中国語学界でよく見られる主語の定義に相当するので、主題・主語同等説は国内ではやはりある程度の影響がある。

2) 主題と文の主要動詞句（VP）との関係は、動作主や受動者あるいはその他の関係する項でもあってもよいし、時間や場所など文内容の環境的な要素でもあってもよい。

Mallinson & Blake（1981: 108）は、主題は主語や目的語であってもよいが、意味的な埋め込み成分であってはならないと考えているが、それでは明らかに中国語の状況を概括することはできず、Xu & Langendoen（1985）には多くの中国語の埋め込み成分が主題となる例がある。

　　1. 曹禺我喜欢他的剧本。

　　　曹禺は、私は彼の脚本が好きだ。

Gundel（1988: 217 - 218）は、朝鮮語でも主題マーカーを時間や場所成分のほか、文中のいかなる名詞性成分（動詞的ではない項を含む）にも加えることができると指摘している。

中国語では、主題は文の主要 VP やその他の VP と直接の項関係や埋め込み関係を持たなくてもよく、常識や背景知識が文内容と関係を持つ成分に基づくだけもよい。

　　2. 那场火，幸亏消防队来得快。

　　　その火事は、幸い消防隊が来るのが早かった。

1) 主題の統語的性質

① 文頭に位置する。

　　Mallinson & Blake（1981: 100）は、対格言語（非能格言語）で文頭に置くことは主題化の通常の手段であると考えている。主題が文頭にあるという考えは、一つの文（節）には一つの主題しかないという考え方と関係がある。なぜならば、もし一つの文に二つ以上の主題の出現が許されるならば、それらの主題がすべて文頭にあることはできないからである。文頭の位置については、②を参照していただきたい。

② 前置（評言の前に位置する）。

前置は当然文頭の位置を含むが、文頭の位置に限らず、実際には評言の前のその他の位置に現れることも許される。よって、「文頭に位置する」ことは前置の性質の「強形式」（strong form）と見なされる一方、ここでのポイントはその「弱形式」（weak form）である。弱形式の前置の性質は文中にいくつかの主題の存在を許す。

　主題の前置、さらには「強形式」の前置（文頭の位置）は言語においてかなり普遍的な現象であり、Tomlin（1986: 37-72）が提案した「主題第一原則」（The Theme First Principle）も類似した考えを持っている。しかし、言語の共通性として、この点もいくつかの理論と言語事実の挑戦に直面している。Givón（1988: 243-284）は、主語や主題の位置は、どちらもその成分の「指示距離」（reference distance）や情報の重要度と関係があると指摘している。指示距離が遠いために予測可能性（predictability）が低い主語や主題、及び重要度が高い主語や主題は前置したり文頭に位置する傾向があるが、それとは反対に、ユトゥ語（Ute）の状況のように、後置する傾向もある。従って、Givón は実際には、前置は部分的な主題に過ぎず、すべての主題の位置ではないと考えている。张伯江・方梅（1996: 29 － 35,52 － 70）は中国語の「口語文中における語順は、基本的には“主位”（主部）が前、“述位”（述部）が後を原則とする」ことを認めると同時に、“主位”が後置されるという、一種の異常な現象」についても詳細に検討を行い、その中には少なくともいわゆる「主題“主位”」の後置は、“太自私了他”［あまりにも勝手だ、彼は］のように、実際に中国語の中の主題後置現象を反映している。彼らは、後置された“主位”は常に全文の最も副次的な情報であると考えている。

③ 省略可能である。

　Givón（1988: 252）は、いくつかの言語では、主題の予測可能性が最も高い場合、ゼロ主題（評言しかない）文、即ち主題の省略として表すことができると提案している。范晓（1996: 384）は、文は「語用レベル」で「主題文」（主題＋評言）と「無主題文」（評言のみ、

あるいは主題と評言に分けられない）の二種類の「文型」に分けることができるが、「無評言文」はないと考えている。これは、主題―評言構造では主題のみが省略できることを承認しているに等しい（Givón のシステムの中には、評言がなく主題のみが残った文も存在する）。しかし、これらの主題省略の分析は、すべて具体的な言語に焦点を当てており、言語の共通性として提出されたものではない。主題が同じ後続文では、主題が省略できることについては、人々の考えはより一致しているかもしれない。

④ 主題の後にポーズを置くことができる。

　　これは主に中国語研究者が提案してもので、张伯江・方梅（1994）はこれを"主位"の主なマーカーの一つとしているが、これを主語の形式マーカーとする人もいる。どうであろうと、ポーズを置けることは主題の性質の一つに過ぎないが、特徴ではなく、非主題成分の後にもポーズを置くことが可能である。

3. 他慢慢地、慢慢地走了。

　　彼はゆっくりと、ゆっくりと立ち去った。

⑤ 主題マーカーを伴う。

　　これも一部の言語（特にいわゆる主題卓越型言語や主語・主題がともに重要な言語）の特徴として提案されたものである。よく目にするものは、後方付加成分であり、日本語、韓国・朝鮮語、傈僳語［リス語］などにはすべて専用の主題後方付加成分があるのは、これらの言語の多くが OV 型言語であることと関係があるようである。VO 型のタガログ語は前置付加成分を主題マーカーとしている。中国語の文中語気助詞は、主題と主語が同等であるとする Chao（1968）、朱德熙（1982）などでは主語マーカーと見なされている。主語と主題が分けられた後は、それらは主題や"主位"のマーカーと見なされるべきである。张伯江・方梅（1994）は、文中語気助詞を最も重要な"主位"マーカーと見なしている。しかし中国語では、たとえ専用の主題マーカーを伴うことができるものがすべて主題であるとしても、主題マーカーを伴わないもの

は主題ではないとすることは難しい。ある方言では、文中語気助詞の作用はまた主題を表すだけに限らない。よって、この類のマーカーはやはり主題であると判断する十分条件とは成り得ないかもしれない。

⑥ 主題、少なくとも文中の成分から昇格したと考えられる主題は、文中の元の位置に同一指示成分が現れることができる。

　　例えば、前出の例1の中の"他"は主題である"曹禺"の同一指示成分である。もちろん、すべての主題に文中の同一指示成分がすでにあったり、あってもよいというわけではない。

⑦ 主題は文の自然ストレスの所在点とはなり得ない。

　　これは陆俭明（1986）が提案したものであるが、陆氏は主題が焦点ストレスを伴えるかどうかについては説明をしていない。一方、张伯江・方梅（1994）は、"主位"は焦点の所在点とはなり得ないと考えている。これは、主題があらゆるストレスを伴うことができないということを意味しているのであろうか。また、言語事実はどうなっているのであるか。これらの問題については、さらに検討をする必要がある。

⑧ いくつかの文、さらには段落全体で、一つの主題を共用できる。

2) 主題の談話機能的性質

① 主題は定の成分でなければならず、不定や総称の成分であってはならない。

　　これは、多くの人によって強調されており、いくつかの主題定義の主要素となっている。このことは主題の意味的性質と見なすこともでき、下に述べるいくつかの点とも密接に関連しているので、いっしょにここに置いた。主題は定や総称であってもよいが、その他の指示的意味であってはならないと考える人もいる。本書は第5章で、定の成分は主題の中で絶対的優勢を占めるけれども、不定の成分がある一定の条件の下で主題となる可能性があることを説明している。その他の指示的意味が主題となる問題については、第5章でもさらに検討を行う。

1. 主題の概念

② 主題は既知情報である。

　　主題を検討する場合、既知情報に言及するものは限定性に言及するものよりも多い。この両者は確かに大きく交差しているが完全に重なり合っているわけではない。

③ 主題は聞き手と話し手双方が共有する情報（shared information）である。

　　ふつう既知情報について述べる場合、ほとんどが聞き手と話し手の双方をともに考慮しており、聞き手・話し手双方の既知情報を含み、実際には双方が共有する情報である。よって、この点は上の点の別の表現であると見なすこともできる。

④ 主題はすでに活性化された情報（activated information）である。

　　この意味は、主題成分の指示対象はあまり遠くない前文の中で言及されるべきであるということである。これは「すでに指示された情報」（"已指信息"）の強形式であると見なされる。

⑤ 主題は話し手が意識して聞き手を注意の中心に引き入れるものである。

　　Tomlin（1986: 39 － 40）は「主部」（"主位"）という概念についてこの点を提案している。Tomlin 氏は、「主部」は共有する情報とは等しくないことを強調している。共有している性質は理解（認知）における指示の性質に関係するのみで、主に定・不定の問題で、聞き手の心理的注意力に対する話し手の積極的な導入と境界の決定を具現化している。彼が特に挙げているいくつかの言語では、定の成分や共有情報は、話し手が聞き手の注意の中心を希望しているのではないので、「主部」の位置をとっているわけではないのである。従って、Tomlin 氏は実際には、単に定や共有といった類の性質で主題を定義することはかなり一面的であると考えている。

⑥ 主題は焦点と相対するので、焦点となることはできない。Sgall et al.（1986: 175, 216）は文を主題（topic）と焦点（focus）の二つの部分に分け、焦点を主題と相対する成分としている。もちろん、彼らの主題―焦点構造は「主部―述部」（"主位―述位"）構造に相当

し、この種の体系においては、「述部」の焦点は当然主題の中に現れることはできない。しかし、この考え方は言語学界の共通認識というわけではない。一般に、焦点の重要な特徴の一つは対比であると考えられ、焦点ストレス（focus stress）または対比ストレス（contrast stress）と呼ばれる。一方、Gundel（1988: 217）は、いつくかの言語の主題マーカーは主に新しい主題や他の主題と顕著な対比を構成する主題に用いられると指摘している。顕著な対比成分を構成するとは、焦点の作用を備えているというべきである。従って、いっそのこと焦点であるかどうかで主題を分類しようとする言語学者もいる。例えば、Ernst & Wang（1995: 239）は Gundel（1988）と Culicover（1992）に基づき、主題を談話主題と焦点主題の二種類に分け、後者の作用は他の成分と対比を構成する主題要素を導入することであると考えている[2]。本書の第 3 章では、中国語およびその方言において、主題には焦点成分を含むものがあるが、主題焦点は確かに他の種類の焦点とは明らかな違いがあることを説明する（詳細は 3.2 を参照）。

1.2.3 主題に対しどのように統語的定義をするか

我々は主題を一つの統語構造的概念であると見なしている。主題とは次のものを指す。

1) 統語構造におけるある特定の位置

2) その位置に現れる語句。

その他の統語的概念、例えば主語などにも、同様に二つのレベルの含意があり、構造的位置を指すこともでき、その位置にある語句を指すこともできる。本書では、主題は一律に主題の位置に現れる語句の指示対象を指すのには用いない。例えば、1.2.2 における主題は固有名詞である "曹禺" であり、現代の劇作家である曹禺氏ではない。Lambrecht（1994: 127）では、主題語句（topic expression）は前者を指し、主題指示対象（topic reference）は後者を指す。

主題に形式化された定義をする前に、我々はまず、いかにして主語に対

1. 主題の概念

し明確に形式化された定義をするかを見てみる。比較的早期の生成文法では、主語を文（S）に支配される名詞句（NP）（図4のNP$_1$）であると定義している。

4.

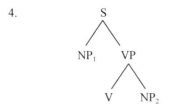

そして、目的語は動詞句（VP）に支配される名詞句（図5のNP$_2$）であると定義できる。現在の生成文法はSが文を表すものとしてはあまり用いられない。Chomsky（1996）が英語の文について描いた樹形図は次のようになっている。

5.

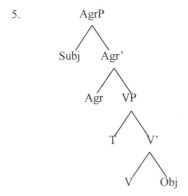

用いられている符号が異なり、樹形図の描き方も異なるが、基本的な理屈は変わらない。いかなる構造位置であってもすべて枝分かれの一つの節点であり、みなその上のレベルの節点やそれと同等の節点および/あるいはそれに支配される節点を挙げることを通してその位置が確定できる。例5によれば、主語はAgrPに支配されAgr'と同レベルの節点であると定義できる。

我々は同様の方法で類似した次の例6の中の主題を定義することができる。

6. 这个人啊，我讨厌。
　　この人はね、私は嫌いだ。

40

いくつかの検討と関係がない成分を削除して、樹形図を用いると次のようになる。

7.
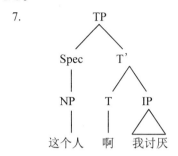

　図7では、我々の通常観念の中の主題である"这个人啊"は二つの位置を占めている。名詞句"这个人"はSpecの位置を占め、主題表記"啊"はTの位置を占めている。もし我々が通常言うところの主題である"这个人啊"に定義を下すならば、それはTP内のIP（屈折要素）を除いた成分であると言うことができる。

　本節では、多くの読者たちに我々の意図を簡単には理解していただけないかもしれない。なぜならば、第一に、一つの基準となる構造体がいくつかのレベルに分かれ、どのような成分があるかなどについて、まだ説明を行っておらず、第二に、構造体を構成する各成分、およびそれらの成分を表示するのに用いる符号について、まだ紹介していないからである。また、中国語の主題が構造において占める位置は一つにとどまらないことに言及しておらず、また図7でも不十分なのである。これらについては、第2章で順次紹介し、その後に構造の樹形図を描き、図中のどの位置が主題の位置なのかを指摘する。我々は構造上から主題を定義するけれども、依然として我々が定義する統語的概念に主題が持つ意味的・談話的機能の性質をできるだけ反映させようとするものである。Chomsky（1957）も、意味的事実が文法の優劣を評価する基準の一つであることに反映され得るかどうかを考え、次のように述べている。

　　我々が形式理論を評価する場合、これらの理論が文を使用し理解する面における各種事実を説明し明らかにする能力があるかどうかを見ることもできる。我々は、文法によって提出され反映された言語の統

1. 主題の概念

語的枠組みが意味的描写を支持することができることを望み、この要
求によりよく到達できる形式化された構造理論に対しては、我々の評
価は自然とより高いものとなるはずである。

1.3 主題卓越言語と方言

主題が卓越していることは、Li & Thompson が提出した言語類型のパラ
メータである。このパラメータによれば、彼らの四分法の外に、我々は広
義と狭義の二種類の主題卓越型言語に分けることができる。狭義の主題卓
越型言語とは主題を重視するのみで主語を重視しない言語であり、広義の
主題卓越型言語は主題を重視し主語も重視する言語をも含む。本書では特
に明記した場合を除き、すべて主題卓越型の広義の方を用いる。

Li & Thompson らの類型分類法の前提は、主語と主題を分けることであ
るが、それらをどのように分けるかについては一致した意見はまだないの
で、彼らがこれらの類型を区別する具体的な基準と分類の結果に対して異
なった意見を持つ人もいるが、それは理解できる。一部の人はこのような
類型分類法にはまったく根拠がないとしている。しかし、言語事実から見
ると、特に中国語およびその方言の事実から見ると、ある言語では主語を
比較的重視しているのに対し、別の言語では主題をより重視していること
は、客観的に存在する事実である。彼らが提出した基準の中で、少なくと
も一部の基準はすでに、次のようなある程度の操作可能性を持っている。

1) 形態論（morphology，膠着性の機能語（中国語では"虚词"と呼ばれ
る）の使用を含む）では、ある言語は主語と関係がある「格」（case）
の標識が顕著であるか、または主題の標識が顕著であるかである。例
えば、中国語には格標記がないが、"提顿词"（文中の語気助詞）のよ
うに主題標識があり、英語では少なくとも一部の代名詞に格があるが、
専用の主題標識はない。

2) 主語卓越言語は、主述関係を文の基本構造関係としており、主述関
係の最大の特徴は主語と動詞に語彙的な選択関係があることである。
一方、主題卓越言語は、主題—評言関係を文の基本構造関係としてお
り、主題と評言の間には必ずしも語彙的な選択関係があるとは限らな

い。"那场火，幸亏消防队来得快"のようにまったく語彙的選択関係
がない文の基本構造は、主題が卓越した言語にしか現れない。

3) 主語卓越言語は、例えば英語の中の be に動詞の過去分詞を加えて構
成される受動文のように、常に明確な形式標示である受動文を使用す
るが、主題が卓越した言語はこの種の文の使用が少ないか、あるいは
使用する場合には明らかな付帯的意味を持つ。中国語、特に口語には、
専門の受動文を使用せずに意味的な受動関係を表す状況が大量に存在
するが、形式的なマーカーがある受動文はこれまでずっと明らかな
「（被害を）受ける、意に反する」のような付帯意味を伴ってきた（西
欧言語や翻訳作品の影響における中国語受動文の用法の拡張を考慮し
ない）。

この外に、中国語の代表である普通話は英語のような言語と比べると、
明らかに一種の主題を非常に重視する言語であるが、中国内部について言
えば、普通話は最も突出した主題型言語ではなく、少なくとも上海語の方
が普通話よりも突出したより典型的な主題卓越型方言であると思われる。
普通話と上海語の研究から、我々は主題卓越型言語にさらに幾つかの特徴
を加えることができ、そうすることによって、主語卓越型言語とはさらに
大きな違いが現れる。これらの特徴を詳細に提示しつくすには、本書での
以下の検討を待たねばならず、ここではまず、いくつかの重要な特徴が主
題卓越型言語を確定する補足的な特徴であることを要点をまとめて提案す
る。

1) 主題卓越型言語では、主題成分の文法化の程度（degree of grammaticalization）
が比較的高く、一種の無標の（unmarked）成分となり有標の（marked）成
分としては出現しない [3]。

類型学的意味における文法化とは、意味論や語用論的な内容を形態
論的な範疇や統語論的な範疇として固定し、文法システムの固有な要
素となることである。例えば、サンスクリット語や古代ロシア語など
の言語の偶数範疇は別の言語における「二」という意味要素を一種の
形態論的な範疇へと文法化したもので、英語の冠詞システムは定・不
定という語用論と関係がある意味論的な範疇の文法である [4]。主題

1. 主題の概念

卓越型言語では、主題はすでに統語的に固有の構造成分であり、その無標性は強く、有標性は弱い。例えば上海語では、中性疑問文と否定文の受動者項や既知で定の受動者項は、一般にすべて動詞に前置し主題や副主題（subtopic）を担い[5]、TSV あるいは STV という文型を構成するが[6]、このような文型はすでに頻度的に同類の SVO 文型の無標の文型を超えており、特別な文であるという感覚はない。一方、主語卓越型言語では、主語と区別される主題成分や主題現象もあるが、主題成分は明らかに一種の臨時の語用的需要による語用的成分であり、形成されるこのような文型には明らかな有標性の傾向があり、統語構造に対する分析に影響しない。例えば、英語にも TSV という主題化文があるが、Steele（1978: 592,593）は、このような語順は一種の高度に有標な語順（highly marked word order）であり、英語のネイティブとして、彼女自身、一種の非常に特別な語順（a very special word order）だと感じているために、英語の基本語順以外の語順の変異体（word order variation）を考慮する場合、このような語順を考慮する必要はないとさえ考えている。言い換えれば、英語におけるこのような文型の文法化の程度は上海語における TSV 文型には遠く及ばないのである。

　プラーグ学派が提案する「主部─述部」という分け方は、純粋な談話レベルの分け方である。中国語及びその方言のような言語類型について言えば、主題現象が高度に文法化されているために、主題構造はすでに一種の統語構造となっている。中国語では、主題構造は常に伝統的に述部や評言の範囲に分けられるいくつかの節中に現れるが、これもある面から中国語の主題構造の文法化を証明している。例えば、次のような普通話の文における主題構造である"这封邀请信王先生应该拒绝"［この招待状は王さんは断るべきだ］は、目的語となる節の中に現れる。

　　1. 他一本正经地建议这封邀请信王先生应该拒绝。

　　　　彼は真顔でこの招待状は王さんは断るべきだと提案した。

2) 主題卓越型言語では、主題構造は構造における基本成分であり、付

加成分ではない。

Li & Thompson（1976）は、主題を類型学の一つの基準とすることを提案しているが、これは独創的な見解である。しかしながら、この考えを受け入れると、多くの問題も残る。その中で特に際立った問題は、中国語のような主題卓越型言語をSVO言語と見なすか、それともSOV言語と見なすかということである。文法学者たちはそれぞれが自分の意見を主張するため、一貫した定説の存在は難しく、李纳・Thompson氏らもこの討論における主な関係者側の一組となっている。我々は、この問題の難しい点は李纳氏らの立場が徹底していないことであると考える。彼らは、一方では、まず主題卓越言語が主題卓越言語とは異なり、前者は主題を文の基本成分の一つであると提案しているが、また一方では、言語の語順類型を分ける時に、実際にはV・S・Oのみが統語構造の基本成分であり、類型の分類に用いることができることを「黙認」しており、事実上、主題を統語的な基本成分から排除しているのである。このようにすると、「主題卓越—主語卓越」と「SVO—SOV—VSO」という二種類の類型分類法の間に矛盾を作り出すことになってしまう。

さらに革新的な精神を持った考え方としては、主題卓越言語には、V・S・O・Tという四つの基本成分があるとすべきである。普通話の基本類型はTSVOであるが、上海語を代表とする一部の方言の基本類型はSTVO、さらにはTSTVOである。二度Tを用いる必要がある言語／方言は主題卓越の程度がより高い言語／方言となる。

Tを基本成分と見なす理論では、「主題卓越型言語における主題構造は移動によって形成する必要がない」という基本定理を導き出すことができる。TとS、TとOは共存でき、その共存は基本的なものであり、その中の一つを省略することが許される。一方、主語卓越型言語の基本構造にはTが欠けており、移動によってのみTを得ることができる。次の章でこの問題について詳細に検討する。

3) 主題卓越型の言語や方言では、主題化現象はより大きな普遍性と多様性を持つ。

1. 主題の概念

　　いくつかの言語では、主題化現象がかなり広範であり、主題化が形成する統語形式も非常に多様である。例えば普通話では、主題化される成分としての品詞の範囲はとても広く、名詞句（NP）が主題化されるだけでなく、動詞句（VP）や節までもが主題化できる。例えば、次の三つの文の主題は、それぞれ NP、VP、節である。（以下、例 2 －10 までの傍線は訳者による）

　　2. 中国菜他最喜欢做宫保鸡丁。

　　　　中華料理は、彼は角切りトリ肉の辛味あんかけが一番好きだ。

　　3. 请客他最喜欢做宫保鸡丁。

　　　　おごるのは、彼は角切りトリ肉の辛味あんかけが一番好きだ。

　　4. 你请客他听得最高兴。

　　　　あなたがおごるのは、彼は一番喜ぶ。

VP が主題となる場合、評言中の VP は別の動詞であってもよいし、主題の中の VP と同形、あるいは部分的に同形であってもよく、多様な文型が形成される。

　　5. 开会他肯定辩论不过我。

　　　　会議では彼はきっと討論では我々に及ばない。

　　6. 辩论他肯定辩论不过我。

　　　　討論では彼はきっと我々に及ばない。

　　7. 辨他肯定辩论不过我。

　　8. 辩论他肯定辨不过我。

我々は第 4 章で、上海語の中の多様化された主題化の文型を見てみる。これらの主題化文は、非主題卓越型の言語ではその対応する形式を見つけるのが難しく、例えば、英語では上述の文を直訳することはできない。

4）主題卓越言語や方言では、主題には多層的な表現があり得る。

　　李纳・Thompson 氏らの類型学と Chomsky 氏の早期の主題の定義は、どちらも主題の位置を文頭に限定したものであった。事実上、いくつかの言語の中において、同一の節内では、主題は一つにとどまらないので、主題はすべて文頭の位置にくることはできない。同一の節の異

なる主題は異なる構造レベルにあるので、主題の多層化という現象が現れることとなる。研究者の中には、理論的な必要性から、極力多層主題の存在を否定し、それらを並列主題と見なしたり、いくつかの主題の間の関係を領属関係と分析したりしようとするが、中国語の中に確かに大量に存在する多層主題の現象を説明することは難しい。

9. 老王，三个女儿，最小的钱最多。

　　王さんは、三人の娘は、一番小さい子のお金が最も多い。

この文では、"钱"［お金］は"最多"［最も多い］の主語であるという理解ができる以外に、その前の三つの名詞はすべて主題—レベルが左から右へと順に降下する異なる主題—であると分析できる。明らかに、"老王"［王さん］、"三个女儿"［三人の娘］、"最小的"［一番小さい子］を三つの並列成分と見なすことはできない。また、"三个女儿"、"最小的"の前に"以前"のような連用修飾語（中国語では"状语"）を加えることができ、そうすることで領属関係を乱し、領属性を排除する。従って、主題は大小異なるレベルで現れることができる以上、比較的低いレベルにも現れることができると想定することができる。

10. 他零钱用完了。

　　　彼は小銭は使い終わった。

"零钱"［小銭］は主題であり、主語である"他"の後に現れる。このように、少なくとも主題卓越言語では、主題は文頭の位置を占める必要はないのである（上の例1のような目的語となる節の中の主題は絶対に文頭に現れることができない）。主題を文頭に限定することは、実際にはやはり主題を一つの談話的成分であり、統語的成分ではないとするものである。もし、それが無標のもので基本的な統語成分であると認めるならば、文の異なるレベルに現れることは至って正常なこととなる。本書の2.2—2.4節で説明するように、中国語における文の主題（我々は"主话题"［主主題］と呼ぶ）自身が大きなレベルであり、その内部にはいくつもの小さなレベルがあり、"主话题"以外に、さらにより低いレベルの"次话题"［副主題］や"次次话题"［副副主題］がある。これは主語卓越言語には存在し得ないものである。

1. 主題の概念

5) 主題卓越言語には、主題構造の形態化という現象が存在するであろう。

　　いくつかの言語や方言には、主題構造は統語構造に影響するだけでなく、さらにそこからいくつかの性質的により形態に近い現象へと派生する。統語から形態へとは、実際には一種のさらに進んだ文法化である。このような類型は、主語卓越言語では、それに対応するものを見つけることができない。例えば、次の二つの上海語の例を見てみる。

11. 伊走也走脱勒。　‘他早就走了’

　　彼はとっくに行ってしまった。

12. 小王开是开心得来。　‘小王可真是高兴死啦’

　　王さんは本当に楽しかった。

この二つの文は、普通話では主題構造を含む文で訳することが難しくても、二つの文に重複して現れる“走”［行く］や“开（心)”［楽しい］は意味や主題機能において明らかな主題構造の特徴はなく、語のある種の形態により近いが、その中で例12の前の“开”にはすでに語としての地位や意味はなく、後に現れる“开心”の部分的な繰り返し形式として文の前方に現れているだけである。しかし、それらは確かに主題構造から一歩進んで形態現象へと発展したものである。本書第4章及び第7章では、このような特殊な形態現象及びその形態化のプロセスについてより詳細に説明と分析を行う。近代中国語、普通話及び中国語のその他の方言にも、例11, 12の形態化の程度よりもやや低い同類の現象が存在する。

13.〈近代中国語〉小则小，心肠儿到狡猾，显出些情杂。(张相1979：“则”条)

　　　　　　　　小物ではあるが、性格はずる賢く、明らかに気が多い。

14.〈普通話〉漂亮是很漂亮，就是太贵了。

　　　　　　きれいはきれいだが、ただ値段が高すぎる。

15.〈普通話〉我提都提不起来了，还说不重？

　　　　　　私は話を持ち出すことができない、

16.〈香港粤語〉

　　　A：你敢唔敢睇恐怖片啊？　‘你敢不敢看恐怖片？’

　　　あなたはホラー映画を見られますか。

1.3 主題卓越言語と方言

　　　B：敢就敢，想就唔想啦。　'敢是敢的，可并不想看'

　　　　見られるのは見られるけど、あまり見たくはありません。

　英語訳：　A：Do you dare watch horror film?

　　　　あなたはホラー映画を見られますか。

　　　　B：I dare, but I don't want to.

　　　　見られますが、見たくはありません。

17.〈香港粤語〉A：你够唔够钱用啊？（你钱够不够用啊？）

　　　　あなたはお金は足りますか。

　　　　B：够就唔系几够……（说够也不是很够……）

　　　　足りますが、それほど十分ではありません。

　英語訳：　A：Do you have enough money?

　　　　B：Well, it's not quite enough…

　近代中国語と普通話の中の類似した現象に対して、現在国内の文法体系は往々にして説明が足りずに意を尽くしておらず、描写するだけで、分類をせず、性質を定めようとしないものもある。粤語の例、及びその英語訳はすべて Matthews & Yip（1994: 76）からのものである（例文の原文はローマ字ピンインを用いているが、本書では漢字に直している）。この二つの例はどちらもその本の 4.2.4「動詞の主題化」（verb topicalization）に見られ、彼らはそれら（Bの返答）をすべて動詞の主題化に分類しているが、このような観察は非常に合理的である。また同時に、ここでは、英語の訳の中には、主題化の形跡が見受けられないだけでなく、元々重複して現れていた動詞（敢……敢、想……想、够……够）もすべて一度しか現れないということに注意しなければならない。このことから、これらの主題化によって重複して現れた動詞は、実際には一つの動詞に相当するだけで、すでに形態化されているが、その形態化の程度が前の上海語の例には及ばないだけであることが分かる。

　中国語及びその方言には、さらにいくつかの主題マーカーが同時に重要な語構成成分となり、いくつかの複合語を形成するのに用いられるが、そのほとんどが文法機能語である。これらの語はその語源が主

49

1. 主題の概念

題現象と関係があるだけでなく、その意味にも主題マーカーと関係が
あることが見出せる。これは主題構造の形態化のもう一つの重要な現
れである。普通話の中にはこのような語は多くないが、"那么、要么"
のように、いくつか見つけることができる。上海語の中のこれらの語
はより多く、関係する主題マーカーもより多い。

上の簡単な記述から見ると、確かにある言語ではより主題を重視し、別
の言語ではより主語を重視することを否定することは難しく、また中国語
に主語卓越型言語の性質や特徴とかなり異なる主題構造が存在することを
否定することも難しい。

最後に我々は、Kiss（1994）の主題卓越言語と主語卓越言語に対する見
方を少し取り上げる。Kiss 氏は李纳・Thompson 氏らが提出したこの二つ
の名詞を借用し、新しい解釈を与えている。彼女の主題に下す定義によ
ると、文頭の名詞句は、往々にして主語でもあり主題でもあるが、それ
らの主題は主語に先立ち、両者が併存し重なり合わない文は、我々が見
たところ典型的な主題文であるが、彼女は逆に典型的ではないと考えてい
る。その原因は、東南アジアのいくつかの言語の中にだけこのような文型
があるからである。彼女は、主題卓越言語と主語卓越言語の区別は Li &
Thompson（1976）で取り上げられたものではなく、その違いは主に統語
構造が文の論理―意味構造にいかに反映しているかにあると考えている。
大事なのは、categorical judgment（複合判断）と thetic judgment（単純判断）
をいかに処理するかである。この二つの名称は元々論理学の術語で、理解
しにくく、さらに翻訳しにくいが、その境界ははっきりしている。前者に
は二つの機能があり、まず一つの対象を"主词"として確立し、そのあと
にその対象と関係がある述語に肯定や否定を加える。後者には一つの機能
しかなく、肯定または否定である。言い換えれば、両者は前者がまず主題
を確立して、はじめて叙述できるのに対し、後者は主題を明示する必要が
ないのである。Kiss 氏は、およそ統語構造が二種類の異なる論理―意味述
語構造を直接反映する言語は主題卓越言語であり、およそ統語構造が論理
―意味述語構造を考慮しない言語は主語卓越言語である、と考えている。
彼女の定義は明らかに我々が上で用いたものとかなり異なるので、各種言

語について類型学的な分類を行って得られた結果もかなり異なる。李纳・
Thompson 氏らや我々の分類によれば、多くのヨーロッパ言語は主語卓越
言語であるが、Kiss 氏の分類によれば、彼女の考察した 35 種類のヨーロッ
パ言語の中で、アイルランド語、スコットランド語、ウェールズ語などの
VSO 言語を除いて、他はすべて主題卓越言語であり、英語でさえもそうで
あるとしている。本書の以降の章・節ではすべて、Kiss の観点を採用しな
いが、彼女の観点はヨーロッパの学者の中で影響があるので、ここで少し
説明を行った。

注

[1] 実際には、"相信" と "喜欢" という二種類の動詞が形成する構造
は、中国国内の文法学界では通常異なる分析をする。"相信" の後は
節が目的語となっているので、節の規則によって変化するが、"喜欢"
の後は兼語構造なので、"张三喜欢李四老实" のように、"喜欢" の後
に直接受動者（兼語）が続き、その後に形容詞類の成分が続くことが
要求される。しかし、"张三喜欢李四去看王五" のように、後に行為
性の VP が続く状況については、中国国内ではあまり言及がされてい
ないので、それ自身の文法的適格性については疑いがある。

[2] 彼らがこのような分類をする目的は、普通話の中の OSV 中の O は
談話主題であるが、SOV 中の O は焦点主題であることを証明するた
めである。この分析については、本書の以下で検討を行う（2.4.2 を
参照）。

[3] 本書では、あえて、marked、unmarked という組の術語を "有标记的"、
"无标记的" と訳さずに、それぞれ "常规的"、"特殊的" と訳す。な
ぜならば、本書では、普通話の "啊" や上海語の "末" や日本語の「は」
のような主題を表す形態素を指すのに、文法形式として "话题标记"
（topic marker、主題マーカー）という述語を頻繁に使用するので、こ
の意味での "标记" と上述のこの組での "标记" の意味が大きく異な
り、同時に使用すると混乱するためである。

1. 主題の概念

[4]　歴史言語学における文法化とは、例えば、動詞"把"が目的格介詞
に変化したり、動詞"了"がアスペクト標識に変化するように、主に
語彙的成分が文法的要素に発展することを指す。文法化については、
7.2 にてさらに詳細に検討する。

[5]　本書 2.4 節にて「副主題」についてさらに定義をする。

[6]　T は「主題」を表す。この場面で我々が OSV、SOV を用いないのは、
主語の前や主語と述語の間の主題成分を主題の目的語を兼ねると分析
しないからである（次章及び第 7 章を参照）。

2. 主題の構造的位置

　中国語の主題の統語構造における地位について、我々の基本的な観点は次の通りである。主題卓越型言語の一種としての中国語の主題は、統語構造において主語や目的語と同様に重要な地位を占めている。階層分析の角度から見ると、主題はまさに主語や目的語がある位置を占めるように、文の階層構造の中で一つの特定の位置を占める。これはつまり、主題は主語と同じ位置ではなく、目的語とも同じ位置ではないということである。以下のいくつかの節において、我々は樹形図を描き、主題の構造的位置を確定することにする。我々は中国語の主題が作る構造の処理について、他の主題卓越型言語（主題・主語同等重視型言語を含む）の状況に適合できなければならない。なぜならば、我々の構造体系の中で、同様に主語や目的語にあるべき位置を与えるからである。

　成分分析の角度から見ると、主題は主語・目的語と同様に文の基本成分である。主題は省略することができるが、主語・目的語も省略することができる。中国語の文構造の中には一つの主題の位置があるが、この位置は必ずしもすべての文である成分によって占められておらず、この位置がある成分に占められる時には、その文は主題構造であり、主題の位置に成分を挿入するプロセスを主題化（topicalization）と称する。

　主題とはある構造的位置の名称であり、この位置にある語句は常にある意味や情報機能面の特徴を持っていると考えられる。しかし、これらはみな必要条件ではなく、十分条件でもない。主語と目的語にもいくつかの意味的、情報機能的特徴がある。例えば、動作主が主語となる機会は多いが、受動者が主語となる機会は少なく、定の成分が主語となる機会は多く、不定の成分が目的語となる機会は多い。主題は往々にして旧情報であり、対比（対照）の特質を持つので、主題を談話レベル専用の概念であると主張する人もいる。もし、このような観点を堅持し自ら体系を乱さないのであれば、彼らは主語と目的語も意味あるいは談話レベルの概念とし、その後に別にいくつかの名詞を作り出して我々が言うところの主題・主語・目的語などの統語的位置の名称で呼ぶべきである。彼らが定義を明確にし自ら

2. 主題の構造的位置

システムを形成しさえすれば、まったく問題はない。我々の体系の中では、主題は統語的概念なのである。

2.1 主題の形成

2.1.1 移動の含意

主題構造が主題を担う成分の位置の変換・移動によって形成されるのであるかどうかについては、前文の 1.1.3 ですでに述べたが、本節でもさらに検討を行う。

いわゆる移動とは、もちろん一種の比喩的表現であり、物理学的な意味での移動ではあり得ず、さらには心理学的意味での移動でもない。早くは 1960 年代の心理言語学ではすでに実験によって、文法モデルの中で言われる移動が真に心理的プロセスを持ったものではないということが証明されている。もしも、ある文法構造が移動を経て形成されているのであれば、理論的な価値がなければならない。移動説と非移動説を比較すると、前者は常に後者のように簡単ではない。もし、前者が説明できる事実が後者より少ないならば、移動説をとる理由はないのである。読者のみなさんには、我々が言う「移動」が中国語文法学界で常用される「変換（変形）」と同じであると考えないでいただきたい。一つの簡単な例を挙げよう。

　　1. 他读过这本书。

　　　彼はこの本を読んだことがある。

　　2. 这本书，他读过。

　　　この本は、彼は読んだことがある。

生成文法を研究する人の中には、例2は例1を基礎として、ある成分が移動して形成されたものであると考える人もいるが、彼らは例1が例2を基礎として移動を経て構成されたとは考えていない。我々はこのような考えに反対であり、以下の文でその反対の理由について詳細に説明を行う。変換を用いて文と文の間の関係を処理することに慣れている文法学者たちは、例2は例1から変換されたものであると言うかもしれないし、例1は例2から変換されたものであると言うかもしれない。変換は両者の間のある種の関係を表すだけで、その原因や条件などを説明する必要はない。我々

は次に、移動説に反対する理由を提案するが、必ずしもすべてが変換分析に反対するのに用いられるとは限らない。

2.1.2 島の条件

1980 年代初期の生成文法の領域で、中国語の主題構造における移動の問題が論争を引き起こしたことがある。論争の一方は Huang（1982）を代表とする、主題構造が移動によって構成されるという考え方で、もう一方は Xu & Langendoen（1985）を代表とする、主題構造は文法の基本部分で発生し、移動により派生するものではないという考え方である。この論争は生成文法の理論問題にまで及び、また中国語の言語事実の問題にも及んだ。

黄正徳氏は、中国語の主題構造である例 2 の文が生じるメカニズムは英語の疑問文構造である次の例 3 が生じるメカニズムと同じであると考えた。

    3. Which book did he read?

      彼はどの本を読んだのか。

黄氏は、中国語の主題構造の中にも英語の which book のような疑問詞に類似したものがあり、動詞の後の目的語の位置から文頭の主題の位置に移動するのだと仮定している。この場合の疑問詞は一種の目に見えない抽象的な成分であり、このような抽象的成分の移動は疑問詞移動（wh-movement）と呼ばれる。中国語の主題構造にはふつう疑問詞はないが、なぜ生成文法では中国語の主題構造にも疑問詞移動があると説明されるのか、その理由はここにあるのである。

移動する成分は目に見えないのに、我々はどうしてその存在を知り、さらにそれが移動していることが分かるのであろうか。当時の Chomsky の統率と束縛理論（Government and Binding Theory、略称は「GB 理論」）、後のいわゆる原則とパラメータの理論（Principle-and-Parameter Theory）に基づき、我々は疑問詞移動の基準がいわゆる島の条件（island condition）にあるのかどうかを判断しているのである。島の条件とは何であるか。簡単に言えば、ある構造が一つの閉鎖された区域を形成するので、それはちょうど離れ島のようであり、閉鎖区域内に位置する語句はその外へ移動でき

2. 主題の構造的位置

ないとするものである。例えば、関係節（relative clause、つまり連体修飾
語となる節）は、一つの閉鎖区域であり、関係節内の語句はその外へ移動
することができない。例を挙げると、英語の平叙文である例4を疑問文で
ある例5に変えることはできない。なぜならば、その中の関係節内のbook
［本］を文頭に移動することができないからである。

4. I met many people [who had read this book].

　　私はこの本を読んだことがある多くの人たちに会った。

5. * Which book did you meet many people [who had read].

当時、疑問詞移動はすべて島の条件を守らなければならないと考えられ
ていた。反対に、もしある言語現象が島の条件に違反するならば、その現象
は疑問詞移動により作り出されたものと考えることはできないのである。

黄正徳氏と徐烈炯氏の論争の出発点はここにある。黄氏は、中国語の主
題構造は英語の疑問詞構造と同じで、島の条件に従うと考えた。次の文が
成立しないのは、連体修飾語である節が島であり、島の中の成分である"这
本书"がその外へ移動できないからであるとしている[1]。

6. *这本书，读过［　　］的人来了。

　　（この本は、読んだことがある人が来た。）

一方徐氏は、中国語の主題構造は島の条件に従うわけではないとし、次
の例を挙げている。

7. 这本书，读过［　　］的人不多。

　　この本は、読んだことがある人が多い。

この二つの文の構造は同じであるが、なぜ例7の"这本书"は主題となれ
るのに、例6の"这本书"は主題となれないのかについては、他の原因が
あるはずであり、島の条件とは関係がない。連体修飾語を伴う名詞句は
すべて指示的であり、節の中の成分を外に移動させるのは難しいようである。

Xu & Langendoen（1985）はさらに読者に次の二つの文の比較をさせている。

8. *那个强盗，我想抓到的人得了奖。

　　（その強盗は、私は捕まえた人は賞金をもらったと思う。）

9. 那个强盗，我想抓到的人应该得奖。

　　その強盗は、私は捕まえた人は賞金をもらうべきだと思う。

その後、我々は多くの人に尋ねてみたが、みな例8と例9の容認度は異なると考えている。この二つの文中の"那个强盗"［その強盗］はどちらも島から移動したものである。例8の"人"には指示対象があるが、例9の"人"には指示対象がないのである。

このような文を取り巻き10年間論争されたが、移動説を主張するLi（1990）、Shi（1992）、Huang & Li（1996）はみな、なぜ例7が成立するのかを何とかして説明しようとした。彼らは、主題が無生物を表す場合、島からの移動が可能であると考えた。中国語における無生物は一般に名詞では代用できないので、例7は次のように言うことはできない。

　　　10.＊这本书，读过它的人不多。

　　　　　（この本は、それを読んだことがある人は多い。）

よって、空範疇の出現が許されないのである。しかし、彼らは例8と例9の違いについては誰も言及していない。ここでの主題"那个强盗"は無生物の事物を表しているわけではない。黄正徳氏と李艳惠氏は、次の例11を挙げ、人物を表す名詞は島の外へ移動できないと説明している。

　　　11.＊张三，我认识很多批评［　　　］的人。

　　　　　（張三は、私は多くの批判する人を知っている。）

例11と例8－10の違いは、例8－10の中の節が主語の連体修飾語であるのに対し、例11の中の節が目的語の連体修飾語であるという点にある。両者の違いは、主語─目的語非対称（subject-object asymmetry）を反映していると考えられる。実際、よく考えてみると、例11と同じ構造で、人物を表す名詞が島の外へ移動する例を作り出すことは難しくはない。

　　　12.这么顽皮的孩子，我找不到愿意收养［　　　］的人。

　　　　　こんなに腕白な子は、引き取って育てたいと思う人を見つけられない。

このことから、このタイプの主題が成立するかどうかは島の条件とは無関係であることが分かる。いくつかの文が成立しないのは、移動の裏付けとなれるわけではないのである。

2.1.3 空範疇がない主題文

生成文法の理論面の原因により引き起こされる論争はさておき、中国語

2. 主題の構造的位置

の主題文には英語やその他多くの言語の主題文と比べると、さらに別の特徴がある。英語の主題構造には次の二種類の形式しかない。

13. John, I didn't like.

ジョンは、私は好きではなかった。

14. John, I didn't like him/the man.

ジョンは、私は彼が / その男が好きではなかった。

例 13 では動詞の後の目的語が欠けており、例 14 では目的語の位置に代名詞 him や完全な名詞句 the man を補っており、補われた成分が指すものも john である。中国語には例 13, 14 に相当する形式である例 15, 16 以外に、さらに英語にはない形式である例 17 がある。

15. 小张，我不喜欢。

小張は、私は好きではない。

16. 小张，我不喜欢他。

小張は、私は彼が好きではない。

17. 水果，我最喜欢苹果。

果物は、私はリンゴが一番好きだ。

例 13 と 15 は移動の方法で最も簡単に処理される。例 14 と 16 は移動で処理するには、少し手間がかかる。例 17 は Chafe（1976）が言うところの中国語式主題であり、移動で処理することは難しい。1970 年代、Thompson（1973）は例 17 のような文は次の例 18 のような深層構造を持つと提案した。

18. *我最喜欢苹果水果。

早期の深層文法では深層構造に対する制限が厳しくなく、このような仮説に酌量の余地があったが、その後さらにこのような方法で処理することは、明らかにその根拠に欠けていた。

そこで、移動説を堅持する人たちは別の方法を考えた。典型的な例は Shi（1992）の提案である。彼らは、たとえ例 19 のような文であっても、移動によって生成されると考えた。

19. 那场火，幸亏消防队来得快。

その火事は、幸いに消防隊が来るのが早かった。

その理由は、この文がもし"幸亏"［幸いに］を削除すれば、受け入れられないからである。より明確にするには、後にさらに次の文を加えればよい。

20.……，所以［　　］才没有造成损失。

……、だからこそ損失を生じなかった。

このようにすれば、"那场火"は自然に［　　］の位置から移動したものであると見なすことできる。このように成分を補い論証する目的は、主題にはその後ろに必ず痕跡を残す位置がなければならないことを証明することである。袁毓林（1996）は同じ例の論証として基本的に Shi（1992）の増補法を繰り返している。

　ここで我々は、これらの論証に道理があるかどうか、説得力があるかどうかについて考えてみる。もし、例 20 の後に任意に文を補うならば、ある空白の位置を補い、"那场火"をそこに戻して入れることは当然難しくないが、また同様に次のような別の方法で補うこともできる。

21. 那场火，消防队来得快，居民才没有遭受损失。

　　　　　　その火事は、消防隊が来るのが早く、住民は損失を受けなかった。

このように言えば、その意味は非常に整っており、言を尽くしていない感じもなく、誰でも受け入れることができる。但し、このように補うと、"那场火"を文中に戻すことが難しくなる。しかし、これはまだ対応可能であり、彼らはさらに、述語である"遭受损失"が主節の中にまだ現れていない原因を表す「結合価」を伴うことができ、これが前の"那场火"なのであると説明することができる。このように補うことは、実は、主題は常に後ろの目に見える、あるいは目に見えない成分と関係があるということを説明しているのである。いわゆる主題とは本来その意味であり、この点を否定する人はいない。問題のポイントは、このような処理方法は統語的な移動との距離が遠いということである。

　我々はさらに次のように考えることができる。ある文章のタイトルが文中に現れないことがあるが、その場合、我々は文章を押し広げ、言を尽くしていない部分を加えさえすれば、タイトルをはめ込むことができる。このことはおそらく、すべての人が受け入れられるであろう。しかし、それはまた何らかの文法的な問題を説明しているのではないだろうか。

2. 主題の構造的位置

2.1.4 主題と空範疇の異なる指示

　主題移動説にはさらに一つの難しい部分がある。Xu（1986）は、たとえ例2に類似した構造であっても、後ろの痕跡は主題と共通指示（同一指示）であるとは限らない、と述べている。もし、本を読む場合にその序だけを読めば、その人は次のように言うことができる。

　　22. 那本书，我读过序言，这本书，我也读过 ［　　　］。

　　　　　　その本は、私は序文を読んだことがあり、この本も、読んだことがある。

　読んだものは本のすべてではなく、序文の部分だけであってもよい。この場合、［　　　］は文頭の主題と共通指示ではなく、文中の"序言"［序文］と共通指示である。また、"我家有三套茶具，没有一套是齐全的。每套都缺了一个杯子。红的那套，让爸爸打碎了一个杯子，白的那套，让哥哥打碎了一个杯子"（私の家には茶器が三セットあるが、全部そろっているものはない。それぞれ湯呑が一つ欠けている。赤いセットは、父に湯呑を一つ割られ、白いセットは、兄に湯呑を一つ割られた）と言うことができ、それに続けて次のように言うことができる。

　　　　23. 蓝的那套，让我打碎了。　　青いセットは、私に割られた。
"我"［私］が割ったのは、文頭の成分が表すセットになった茶器ではなく、その中の一つのカップだけである。ある一定の前後の文があってはじめて、そのような解釈を得られると言う人もあり、英語の文に同様の前後の文を与えても構わない。もし、上の文をすべて英語に訳せば、最後の文は次のようにすべきである。

　　　　24. The blue tea set, I broke.　　青いセットは、私が割った。

　同様の前後の文の中では、やはり例24を「私」が青い茶器の中の一つのカップを割ったと解釈することはできず、「私」がそのセットになった茶器を割ったとしか解釈できない。このことから、中国語は英語とは異なることが分かる。中国語の中の省略は、英語よりずっと自由で、英語では、もし移動しなければ、自動詞の後に痕跡を残す位置が現れることは許されないが、中国語では、移動をしなければ空位になれないとは限らないのである。結局、中国語は主題卓越言語であるので、例17，19のような主題が文中のいかなる成分とも共通指示とならない文の出現を許し、中国語に

おける省略は英語よりも自由であり、例17, 19が基礎においてある成分が省略された場合、主題と共通指示であることが要求されないのである。

　　25. 真该感谢我们的消防队。这场大火，幸亏［　　　］到得早，我们
　　　　才没有遭受损失。

　　　　　我々の消防隊に本当に感謝しなければならない。この火事は、
　　　　幸い到着が早かったために、我々は損害を受けなかった。

　もしも移動説が成立するのであれば、例25の中の［　　　］は"这场大火"が文頭に移動した後の痕跡でしかあり得ないことになり、このような解釈は明らかにつじつまが合わない。

　結論としては、中国語の主題文には空範疇があるとは限らず、空範疇があっても、主題と共通指示であるとは限らないということである。もし、移動説を堅持するのであれば、せいぜい、中国語の中には移動により構成されると見なせる主題文がある、と言えるだけである。例えば、Shyu (1995) は異なる主題に別の名称を付けている。彼女は、例2の文頭の成分は真の主題であり、後ろから移動したものであるが、例17の主題は最初から文頭にあり、「大主語（major subject）」と呼ぶように改めるべきである、と考えているが、すべての主題が移動によって形成されると言い張るのであれば、どうしてもつじつまが合わなくなってしまう。別々に処理をするといくらかよいのであろうが、そうするよりも、主題を移動によって形成されるものではないと統一して処理する方がよいと考えるので、本書では主題移動説を採用しないこととする。

2.1.5 節の中の主題

　節（従属性成分を担う節）に主題が現れる時にはいくつかの制限を受けるということを提案する人もいるが、さらに節の中には主題構造は現れないと考える人もいる。以下の文はFu (1994)、Shyu (1995) からのものである。

　　26.＊请在［那本书，他看完的］时候来找他。

　　　　（その本は、彼が読み終わった時、彼を訪ねて来てください。）

　例26の［　　　］の中は連体修飾語節である。もし、独立した文に改めれば、完全に容認される。

2. 主題の構造的位置

27. 那本书，他看完了。

その本は、彼は読み終わった。

しかし、連体修飾語節になると、容認が難しいようである。

実際には、従属節に主題構造が現れることは、中国ではよく見られる現象であり、この種の例は枚挙にいとまがない。

28. 我估计 [这些书，他都没有看完]。

私は、この本は、彼は読んでいないと思う。

従って、従属節は主題構造を担うことができないという結論をどうしても導き出すことができず、連体修飾語でさえも主題構造を排除できないのである。以下の二つの文の構造は例 26 と同じであるが、容認度はずっと高くなる。

29. 请不要在 [那些事，他还没有处理完的] 时候就去找他。

これらの事は、彼がまだ処理を終えていない時に、彼を訪ねて来ないでください。

30. 请不要在 [许多事情，我们还没有弄清的] 时候就下结论。

多くの事は、我々がまだはっきりしていない時に、結論を出さないでください。

この種の文の容認度には問題がないはずであり、口語ではそれらは独立した文の主題構造ほどは見受けられない。なぜならば、連体修飾節を伴う構造は元々西洋言語化した形式であるためであり、連体修飾語節が主題構造を含むからではない。どのような状況で主題構造が制限を受けるかについては、さらに検討する必要があるが、必ずしも構造的な原因が多いということではないであろう。

2.2 主主題

本書では、主題を主主題（main topic）・副主題（subtopic）・副副主題（sub-subtopic）の三種類に分類する。

2.2.1 主主題の線状的位置

主主題とは、文頭に位置する主題、すなわち文全体の主題を指し、主語

と動詞句の間の副主題とは異なり、動詞の後の副副主題とも異なる。より厳密に言えば、主主題はすべての非主題成分の前に位置する主題である。一つの文にはいくつかの主題があり得る。

  1. TOP$_1$，TOP$_2$、……, TOP$_n$，X

この中の TOP$_1$ だけが真に文頭に位置し、TOP$_2$ から TOP$_n$ までは、文頭にないけれども、すべて最初の非主題成分 X の前にあるので、文全体の主題、すなわち主主題である。簡単にするために、誤解が生じない状況では、我々はやはり「主題」を用いて主主題や副主題を指すことにし、この節と次の節で述べる主題はすべて主主題を指す。

2.2.2 階層構造表現法

Xu & Langendoen（1985）では、次の規則で主題文を表している。

  2. $\bar{S} \rightarrow$ TOP S

Chomsky（1986）以来、$\bar{S}$ や S のような符号の使用はすでに少なくなっており、現在用いられている構造図は以下のようなものである。

  3.

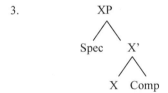

これは一つの完全な構造体であり[2]、三つの階層に分かれている。それぞれの著書でやや異なった方法を用いて三つの階層を表している。例えば、X の左上の隅にそれぞれ数字の 0, 1, 2 を標示するものもあれば、X の上に 1 本バー、2 本バーを加えるものもある。印字と印刷のことを考慮し、現在では多くの人が X, X', X" を用いている。一番上の層である XP の中の P はフレーズ（phrase、中国語では"短语"または"词组"と訳される）で、X は変項で、XP は NP（名詞句）、VP（動詞句）などフレーズの総称であり、文も一種のフレーズと見なされる。[3] 一番下の層には中心語（head）、すなわち名詞句の中の主要部名詞（N）、動詞句の中の主要部動詞（V）などが来る。両者の間にある階層は X' で表し、X と並列する Comp は補語（complement）を表し、X' と並列する Spec は指定辞（specifier）を表す。

2. 主題の構造的位置

このような構造体系における「中心語」、「補語」、「指定辞」などはすべて
伝統的な概念とは異なる。しかし、名詞、動詞などの内容語は主要語にな
ることができ、いくつかの統語的機能を持つ成分も主要部と見なすことが
できる。英語の例では次のようになる。

    4. John knows that Mary worked hard.

       ジョンは、メリーが忙しく働いたことを知っている。

  Chomsky（1996）などの分析では、knows の中の主語と述語の一致関係
（agreement）を表す成分である -s は主要部であり、Agr と記され、worked
の中の時制（tense を指し、時態、すなわち aspect を指すものではない）
を表す -ed も主要部であり、T と記される。節の標識の that は補文標識
（complimentizer）であり、C と記される。これらの成分を主要部とする完
全な構造はそれぞれ AgrP、TP、CP（補文標識句）であり、完全な構造体
の中にはすべて補部があり、例えば、CP の主要部である that の補部は that
以外の節全体である Mary worked hard である。これはつまり、伝統的な概
念における文であり、Chomsky は当面の体系の中で IP と記している。that
を主要部と見なし、通常言われる文（節）を that の補部と見なすことは、
伝統的な分析とは大きく異なっている。このような機能的な成分を主要部
にする見方は道理がないわけではない。いわゆる主要語とは、統語構造の
主要部であり、その成分の性質を決定する成分であり、意味的な主要成分
ではない。このことから類推すると、中国語の"的"は連体修飾語の主要
部であり、また"的"構造の主要部でもあり、"上"、"里"などは方位フレー
ズの主要部ということになる。钱乃荣（1990）が、介詞（前置詞）フレーズ、
方位フレーズなどをすべて内心的構造と見なし、その中の介詞、方位詞な
どの機能語を主要部としているのも、同様の処理である。

  このようにすべての完全な構造が三つの階層に分かれる表現法を用いれ
ば、一般的な文は次のように図示することができる。

5.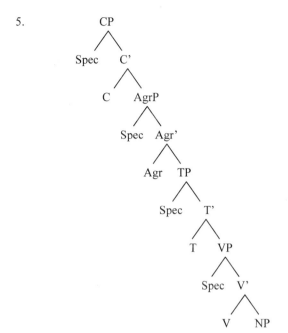

　この樹形図はまだ完成しておらず、中間にさらに他の成分を挿入することができる。例えば Chomsky（1996）は AgrP を二つに分け、一つを TP の上に置き、動詞と主語の一致関係を表し、もう一つを TP の下に置き、動詞と目的語の一致関係を表すようにしている。しかし、これは中国語の主題構造とはあまり関係がないので、ここでは省略している。

　機能的な成分が主要部になる傾向も名詞句に対する処理にまで拡大している。英語の次の文を見ていただきたい。

　　6. The destruction of the city［この街の壊滅］

伝統的な分析法では、名詞 destruction［壊滅］を名詞句全体の主要部と見なし、of the city［この街の］を destruction の補部と見なし、冠詞 the を名詞句の標識と見なす。The は名詞句の標識のみに用いられ、他の構造に用いることはできないので、名詞句の標識である。Abney（1987）以来、多くの人が機能的な成分である the を例 6 の主要部と分析している。名詞句の内部構造の分析は主題構造の研究とはあまり関係がないため、本書では例 6 を名詞句と呼び、「限定フレーズ（determiner phrase, DP）」という表

65

2. 主題の構造的位置

現を用いない。

　ここで我々は、これらの記号や術語で中国語の主題構造を描写することができるかどうかについて考えてみる。中国語には主語と述語の一致関係を表すのに用いる Agr はなく、時制を表す T もなく、また that に相当する成分もない。CP を省略し、AgrP を TP に代えて主題文を表すように簡略化しても構わない。Shi（1992: 138）は主題文の TP の構造を次のような樹形図にしている。

7.
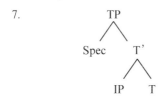

　石定栩氏のここでの Spec は、文の後ろの部分から前置された主題を置くのに用いられ、おそらく次の文における"这种人"［この種の人］を指す。

8. 这种人，我可不喜欢。

　　　この種の人は、私は本当に嫌いだ。

　IP の中の I も機能的な成分であり、印欧語では通常屈折成分（Inflection）である。IP はふつう言われる「文」を指し、例 2 の中の S に相当する。ここでの IP は明らかに"我不喜欢"を指し、T はおそらく主題標識の"啊"である。石氏は Li（1985）の考えを採用し、中国語の主要部はすべて最後の位置にあると考えているので、T を IP の後ろに描いているが、このような描き方はもちろん中国語の実際の語順とは符合しない。また、Casde & Paul（1994）のように、T を IP の前に置く人たちもいる。

9.
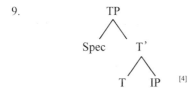
[4]

　石氏の表記法であろうと、Casde & Paul の表記法であろうと、どちらも例 7 の中の"这种人"を主題の指定辞と見なし[5]、"啊"を主題と見なしている。"啊"は往々にして省略することができるので、主題文にはいつも主題がなく、主題の指定辞しかない。このような処理方法は人々の直感

66

2.2 主主題

とはあまり一致しない。普通の人は、"这种人"が主題で、"啊"が主題標識である、つまり、標識がある主題文もあれば、標識がない主題文もあるが、主題文にはすべて主題がある、と思うはずである。しかし、もしあくまでも Spec は T' と同じ階層にあり、T や IP よりも一つ上の階層にあると主張し、T が主題を表し、Spec が主題指定辞を表すと主張するならば、このような樹形図を描き出すことはできない。考えられる表記法は全部で四種類あり、上の二種類以外に、次の二種類がある。

10.

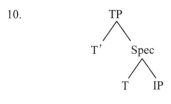

11.

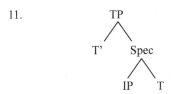

4種類の表記法には T − Spec − IP という順序のものはない。従って、もしも我々が現在流行している三つの階層の構造分析を採用するならば、"啊"が主題で、"这种人"が主題指定辞（specifier）であるとしか考えられない。本書の以降の章・節では、特別な注記がない限り、我々はやはり慣例に従い、"这种人"や"这种人啊"を主題と呼び、"啊"を主題標識（marker）と呼ぶことにする。我々が現在の生成文法における構造階層の術語として用いる場合には、"IP の Spec"のような記号を用い、混乱を避けるため、中国語には訳さない。

さらに、これとは別の分析方法がある。主題を一つの完成した構造の主要部とは見なさなくてもよく、単一の成分として処理をし、付加（adjunction）という方法を通して文である IP につなげることができる。

12.

2. 主題の構造的位置

　付加法の特徴は、下の層にIPがあるが、上の層にもIPがあり、付加された成分は付加語の位置に置かれる。通常、副詞や介詞フレーズである連用修飾語（中国語では"状语"という）を付加成分として処理する。

13.

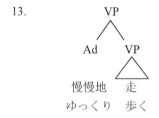

　付加法には便利なところがあり、一連の成分を上につなげることができる。

14.

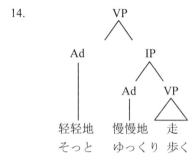

　このようにすると、多層主題構造の処理に便利なのである。多くの人が他の言語の主題構造を研究する場合、主題や主題に類似した成分は付加成分を通して生じたと主張している。最も早期の記載は、Baltin（1982）に見られ、付加法を用いて中国語の主題構造を処理したものには、Ernst & Wang（1995）、Shyu（1995）などがある。しかし、Chomsky（1996）は第4章で、理論的な要求を除き、できるだけ付加を用いないと考えている。我々の体系全体では主題の重要性を強調しているので、付加での処理は採用しない。

2.3 主語

2.3.1 主語の位置

　主題と主語をどのように分けるかは、伝統文法ではずっと論争が止まない問題である。もしも、ある人たちが提案しているように、主題と主語を

異なるレベルでの成分と見なすならば、統語レベルの主語は談話レベルの主題なのか、あるいはどんな時に主題を兼ねるのか、といった問題にすぐに直面してしまう。主題と主語をどちらもある構造的な位置の名称と見なすならば、区分するのは簡単である。つまり、主題は主題、主語は主語であり、それらは異なる統語成分なのである。ここではやはり前の文を用いて検討を行ってみよう。

 1. 这种人啊，我可不喜欢。
   この種の人は、私は本当に嫌いだ。

現在の生成文法の構造的な階層関係による分析によれば、主題はTPの中、IPの外に位置するのに対し、主語はIPの中、VPの外に位置し、"这种人"はTPのSpecの位置にある。一般的に、主語"我"はIPのSpec 上に位置する。

 2.

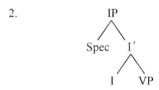

主語は、最初はVPのSpecの位置にあり、その後IPのSpecの位置に移動すると考える人もいる。最も早くこの考えを提出したものにはKuroda（1991）、Kitagawa（1986）などがあり、最近の研究にはKoopman & Sportiche（1991）などがあり、その後もこの方法を借りて中国語の主語を処理する人もいる。

 3.

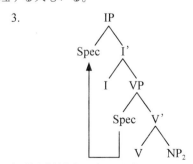

この仮説を採用すべきかどうかについては、本書で扱う問題とはあまり関係がないので、ここでは検討をしない。

2.3.2 主題と主語の構造的位置の区別

　中国語の中の一つの文には、主題があって主語もあってもよいし、主語だけがあり主題がなくてもよいし、主題だけがあり主語がなくてもよいし、さらに主題がなく主語もなくてもよい。

　　4a. 小张啊，他不来了。　小張はね、彼は来なくなった
　　　b. 小张啊，[　]不来了。　小張はね、来なくなった。
　　　c. [　]，他不来了。　彼は来なくなった。
　　　d. [　]，[　]不来了。　来なくなった。

　この四種類の構造は、次の樹形図で表すことができ、図中の0は痕跡を表す。注意していただきたいのは、我々が樹形図の下に語句を加えた時には、Spec を用いず、語の品詞名を用いるようにした。このいくつかの文中のSpecはすべて名詞句によって担われているので、NPと表記する。しかし、我々は依然としてこれらのNPをTPの下のSpec、IPの下のSpecなどと呼ぶ。

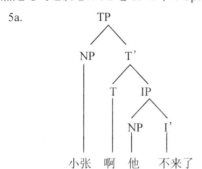

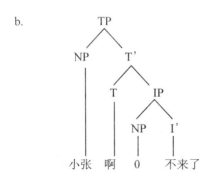

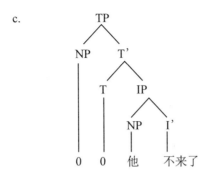

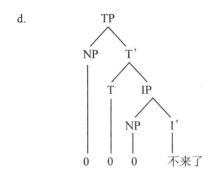

　我々は主題移動説を採用しないので、5bの中の"小张"がIPの中のSpecの位置からTPのSpecの位置に移動したとは考えない。Chomsky (1996)の言い方を使えば、主題は主語と同じであり、一般化された変換 (generalized transformation) を通して、適当な成分を構造の中に挿入する。いわゆる「一般化された変換」の意味とは、語彙目録（辞書）の中からある語を選択して用い、ある文法構造の要求に従いそれらをフレーズに組み合わせ、その後フレーズ全体をある位置に置き、他の成分をより大きな構造体へと結合する（marge）ということである。これがすなわち主題化である。

　ここで、次のような疑問を持つ人がいるであろう。このようにすれば、本当に主題と主語をはっきりと分けることができるのであろうかと。例えば、4bの中の"小张"が主題であるのは、わざと後ろに"啊"を加え、読点を付けた後に、さらに［　　］で痕跡を表しているからである。もし、読点や"啊"がなく、実際に話すときに明らかなポーズがなければ、以下

71

のような文となる。

6. 小张不来了。　　小張は来なくなった。

この場合、我々はどうして主題と主語をはっきりと分けることができたと言うことができるであろうか。

　我々がここで行っているのは統語分析であり、ある種の慣用的な表現で話し手の語感を描いている。ここで表したいのは文の抽象的な構造であり、ある一つの場面を描く場合にある人が例 6 の中の五つの文字で言い表す一文というわけではない。中国語の統語学は主題と主語を分ける必要があるのであろうか。その必要はある、でなければ例 5a の中の"小张"と"他"という二つの成分をうまく処理することができない。我々の構造の描写は両者の区別をはっきりと指摘することができるであろうか。それは可能である、例 5a はすでにそのことをはっきりと表している。例 6 の中の"小张"は主題であろうか主語であろうか。統語法について言えば、主題であってもよく、主語であってもよい。方法を換えて言えば、例 6 は統語的両義文（syntactically ambiguous sentence）である。ある人はまた、例 6 の"小张"を主題と分析しようと主語と分析しようと、実際に文が指すことは同じであり、それがどうして両義的であると言えるであろうか、と言うかもしれない。しかし実は、統語的両義性とは必ずしも指示が異なる結果を招くというわけではないのである。中国語の次の例 7 は、どのような文法フレームを用いようと、統語的両義文であるが、それが表す意味は異なるわけではない。

7. 我跟他交谈过。

　　　私と彼は / 私は彼と　言葉を交わしたことがある。

例 7 は主題の問題を考慮せずに、二種類の統語構造に分けることができる。一つは、主語を並列（等位）構造の名詞句"我跟他"［私と彼］とし、もう一つは、主語を"我"とし、VP の前に介詞句（PP）"跟他"［彼と］があり連用修飾語を担う。簡単な樹形図を用いて、両者をそれぞれ次のように表すことができる。

8a.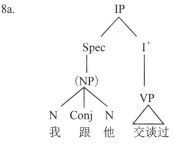

b.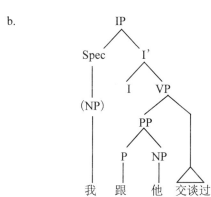

しかし、この二種類の統語構造が表す意味は同じである。さらに主題とも関係がある次の例を見てみる。

 9. 他母亲病了。

   彼は母親が病気になった。

中国語の主題の問題を検討する人はみな、この文が"他"を主題とする文であると認め、より伝統的な分析ではこれを「主述述語文」あるいは「二重主語文」と呼ぶが、誰もこの文にはさらに同様に明らかな別の種類の可能性、つまり"母亲"が名詞句として主語を担うという可能性が存在することを否定するはずはなく、この二種類の構造分析は文の指す理解には影響しない。従って、統語学の任務は、例6, 7, 9などの文がどのような種類の構造として分析できるかを指摘することである。つまり、ある人がある日にちにある場所で例7のような文を言ったならば、それはいったい8aと分析した方がよいのか、それとも8bと分析した方がよいのかについては、すでに統語論の問題ではないのである。本書で具体的な文を分析する際、

動作主や当事者などのように動詞の前で主語の原型的意味に合い、またポーズや"提頓词"などの形式の成分に対して、それらが主語であると仮定するが、特定の文脈中では主題と分析できなことを意味するわけではない。

2.4 副主題

2.4.1 二重主題

我々は、例1の"烈性酒"を主主題と呼び、例2の"烈性酒"を副主題と呼ぶ。

　　1. 烈性酒 ， 我从来不喝。

　　　強い酒は、私はこれまで飲んだことがない。

　　2. 我烈性酒从来不喝。

　　　私は強い酒はこれまで飲んだことがない。

2.2.1節ですでに、主主題はIP外の主題であり、副主題はIP内の主題であると定義をした。「主主題」と「副主題」はどちらも構造的な概念であり、以下では副主題の構造的な位置について検討を行う。構造的な概念である以上、それぞれ文の主題と動詞句の主題、または述語の主題と呼ぶこともできる。我々が「主主題」と「副主題」という用語を用いるのは、そのように言う方が簡単で便利であり、両者が対称的となるからである。

副主題という概念の必要性については、人によって考えが異なるが、なぜ必ずしも必要ではないのであろうか。まず、中国語の主題文のいくつかの状況について考えてみる。

第一に、文中に主題のみが現れ、主語が現れなくてもよい。例えば、2.3節の中の例4bを見てみる。

　　3. 小张啊，［　　］不来了。（＝ 2.3 の例4b）

　　　小張はね、来なくなった。

もし、この文で"啊"、読点、［　　］を省略し、"小张"が主題なのか主語なのかの判断が難しいならば、次の文は、主語が現れなくてもよいことをよりはっきりと示している。

　　4. 小张，我想不会来了。

　　　小張は、私は来ないだろうと思う。

2.4 副主題

　　第二に、中国語では、主主題の出現は一つにとどまらず、次の例5は節を含む複式構造であり、文中に二つの主主題（"小张"と"这件事"）があることをはっきりと表して2いる。

　　　5.小张，这件事，我认为［　］办不了［　］。
　　　　小張は、この事は、私はできないと思う。
　このような二重主題は以下の図で表すことができる。

　　　6.

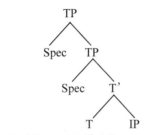

　例5の中の"小张"と"这件事"はそれぞれ一つのSpecの位置を占めることができる。もし、二つ以上の主題があっても、そこから類推するだけでよい。さらに、他の二重主題を処理する方法がある。いくつかの状況では、二つの主題を並列構造と処理することができ、一つのSpecの下を二つの並列成分に分ける。二つの成分が、例えば"小李"と"小张"、"这件事"と"那件事"のように同類の場合に限り、このような処理が適切とされる。また、TPを循環させ、例6を例7のように変えることもできる。

　　　7.

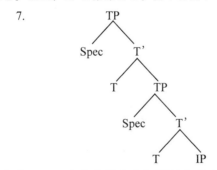

　しかし、このような描き方に反対する人がいるかもしれない。もし、Chomskyのミニマリスト・プログラム（Minimalist Program）を採用すれば、それぞれの類の最大投射はふつう一度しか出現しない。しかしながら、ほとんどの人がVPが循環を繰り返すことができることを公認している以上、

75

2. 主題の構造的位置

主題卓越型言語においてTPが循環を繰り返すことを許さない理由はないようである。では、例6と例7のどちらがよりよいのであろうか。二重主題構造における二つの主題はどちらも"提頓詞"を伴うことができるが、このような状況は上海語によく見られ、普通話の口語にはほとんど見られない。例7には二つのTの位置があるが、例6には一つしかない。このように見ると、例7は例6よりもこのような状況をより処理しやすいということになる。

第三に、文中に二つの主題が現れる場合、両者の語順には厳格なルールはなく、必ずしも先が動作主で後が受動者、あるいは逆である必要はない。例えば、次の例8は例5と意味的に違いはない。

8. 这件事，小张，我认为［　　］办不了［　　］。

　　この事は、小張は、私はできないと思う。

上述の三つの項をつなげて考えると、我々が例2の構造を確定することは難しい。もし、例2の中の"我"を主語と分析せず、それを主主題と見なすならば、"烈性酒"も主主題と見なすことができる。この文は、次のように二つの主題を持ち、主語がない文であると分析できる。

9.
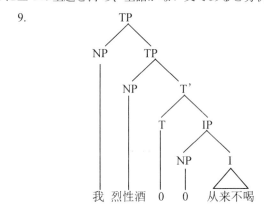

このようにすれば、副主題の概念を立てる必要がないのである。

ここでついでに少し触れておくが、中国語には多重主題の出現は許されないと考える人がいる。彼らの提示法は理論的な必要から生じているが、言語事実について言えば、多重主題を否定することは難しい。

10. 早餐，面包，他只吃一片。

朝食は、パンは、彼は一枚しか食べない。

　　11. 这件事，有些人，我故意不告诉。

　　　　この事は、何人かの人は、私はわざと言わない。

"早餐"［朝食］、"面包"［パン］を「大主語」と言うのであれば、それら
は主題と認められず、また言語事実を変えることはできない。主題を伴う
が容認できない文を見つけ出すことは、もちろん難しくない。

　　Shyu（1995: 111）には次のような例がある。

　　12. *给李四，从美国，张三寄了一本书。

　　　　　李四には、アメリカからは、張三は本を一冊送った。

前後の文がなく、強い対照の必要を見出せない場合、人々は多重主題をあ
まり用いないが、次のような言語環境を仮定することは可能である。つま
り、「張三の両親が、張三が奥さんだけに物を送って、両親には送らない
と不平を言い、また張三が何もアメリカから送っていないと言っている」
ような場合である。この場合、張三を次のように弁護することができる。

　　13. 给父母，从美国，他确实没寄去什么；可是从其他地方，他寄去
　　　　过不少东西。

　　　　　両親には、アメリカからは、彼は確かに何も送っていないが、
　　　　　別の場所からは、彼はたくさんの物を送った。

このような文は完全に容認できる。多重主題が存在しないことを論証する
のであれば、例 10 － 13 のような文がすべて成立しないことを証明しなけ
ればならず、二つの主題を伴う文が成立しないことだけを指摘することは
できないのである。

2.4.2 副主題を立てる理由

　別の角度から見れば、我々は次のように問う必要がある。副主題と主主
題が異なることを証明する証拠はあるのであろうか。もし、両者が明らか
に異なるのであれば、我々はやはり主主題と副主題の違いを採用しなけれ
ばならない。Ernst & Wang（1995）はこの問題について詳細に検討し、い
くつかの規則を観察するに至っており、それらは我々の検討と密接な関係
がある。

2. 主題の構造的位置

　第一に、中国語の副詞には、主語の前に現れたり、後に現れたりすることができるものがある一方、主語の後にしか現れることができず、主語の前に現れることができないものもある。例えば、次の文中の"一直"［ずっと］と"已经"［すでに］はどちらも主語の前に来ることはできない。

　　　14a. 他们显然不同意。　　彼は明らかに賛成していない。
　　　　b. 显然他们不同意。　　明らかに彼は賛成していない。
　　　15a. 小兰一直不看电影。　　小蘭はずっと映画を見ていない。
　　　　b.＊一直小兰不看电影。
　　　16a. 他已经穿好了大衣。　　彼はすでにコートを羽織った。
　　　　b.＊已经他穿好了大衣。

主語の前に来ることができないこれらの副詞は、VP の上につながるが、主語の前に来れる副詞は IP の上につなぐことができ、Ad で副詞が連体修飾語となることを表すと、その樹形図は以下のようになる。

　　17.

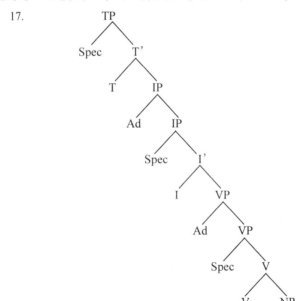

図の Ad の位置は副詞が現れることができるいくつかの位置であるが、Ernst & Wang（1995:238）は現在の言語学理論では少なくとも三種類の方法で副詞の前の位置を微調整することができることに言及している。例え

ば、例14の中の"顕然"を主語の後に出現させることができる場合、次のように描くことができる。

18.
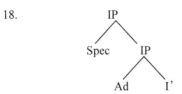

そしてその後、さらに前に移動したのである。

では次に、副主題がある文を見てみよう。

19. 小兰一直电影都不看。
　　小蘭はずっと映画さえ見ていない。

20. 他已经大衣也穿好了。
　　彼はすでにコートも羽織った。

この二つの文中の"一直"と"已经"はそれぞれ"电影"[映画]と"大衣"[コート]の前に位置している。もし"电影"と"大衣"がどちらも主主題であるならば、この二つの文は成立しないはずである。なぜならば、主主題は主語の前にあるので、"一直"、"已经"のようなVPに接する副詞は主語の後に来なければならず、当然、主主題の後になければならないからである。一方、もし主語の後、VPの前に位置する副主題を設定し、"电影"と"大衣"を副主題と見なせば、例19と例20がなぜ成立できるかを説明することができる。

第二に、Ernst氏らが指摘しているように、副主題には往々にして動詞の前に"都"、"也"のような強調語気の成分が現れたり、あるいは副主題を用いて対比（対照）の作用を担わせる。もし、例15、16の中の"都"を省略するならば、文の容認度は明らかに低下する。

21. ?小兰一直电影不看。

22. ?他已经大衣穿好了。

しかし、主主題にはそのような制限がなく、例21、22の中の"电影"、"大衣"を文頭に置き、例23、24のように言って、"都"、"也"を用いなくても、文の容認度に問題はない。

23. 电影, 小兰一直不看

2. 主題の構造的位置

24. 大衣，他已经穿好了。

第三に、Ernst 氏らは、副主題を含む文構造は連体修飾語となることは
できるが、主主題を含む文構造は連体修飾語となることはできないことに
注意している。

25. 请在［他那本书读完］的时候来找他。

彼がその本を読み終わった時に訪ねてきてください。

26. *请在［那本书他读完］的时候来找他。

例 25 の"那本书"は副主題であるが、例 26 の"那本书"は主主題である。
もし、主主題と副主題の境界線をなくせば、例 25 と例 26 の適格性の違い
を説明することができなくなる。

第四に、彼らは、主主題はふつう状態語（この場合は助動詞）の前に位
置し、副主題は状態語の後に位置するべきであるとしている。

27. 你不能饭也不吃，水也不吃。

あなたはごはんも食べず、水も飲まないのではいけない。

28. 小兰不会连这本书也不买。

小蘭はこの本さえも買わないはずはない。

もし、副主題と主主題を区別しないならば、どうして"你"と"小兰"
は状態語の前に来なければならず、主題である"饭"と"这本书"が状態
詞の後に来なければならないのか説明できない。しかし、彼らは、中国語
の状態語の位置は比較的複雑で、状態語の特殊性は強いが、共通性は不明
確であることに注意している。この規則だけによるのは十分な証明とはな
らないのである。しかし、副主題と主主題が明らかに異なる構造的位置を
占めることを基本的に確定できる理由も多くある。

Ernst & Wang 氏の論証は基本的に信じられるが、彼らは移動説を採用し
ており、副主題は移動によって形成されると考えている。さらに、例えば
Shyu（1995）は、いくつかの副主題は移動によって形成されるが、すべて
の副主題が移動によって生まれるとは限らないと考えている。我々が 2.1
で提案した主主題移動説に反対する各項目の論点も、副主題に適用される
ので、移動説は採用しない。

ここで、我々は樹形図を用いて主主題と副主題の構造的位置を確定する

ことができる。記号 Tm、Ts はそれぞれ主主題、副主題を表すものとする。

29.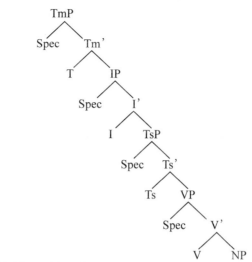

次に、樹形図を用いて例 30 を 31 として表す。

30. 小张啊，他那本书麼已经看完了一半。
    小張はね、彼はその本はね、すでに半分読んだ。

31.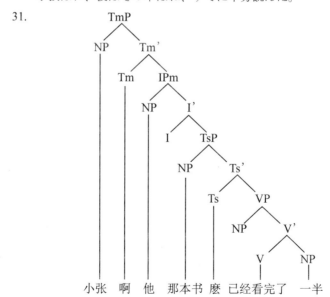

2.5 時間詞、場所詞が主題となる

2.5.1 主題なのか連用修飾語なのか

では、どのような語句が主題となり得るのであろうか。もっともよく見られるのは、もちろん名詞句が主題となる場合である。人々がこれまで関心を持ってきた問題は、時間や場所を表す語句が主題となり得るかということである。もし、我々の考えを受け入れ、語句 e が主題となり得るかどうかを問うということは、実際には、e が TP の下の Spec の位置に現れることができるかどうかを 問うことである。例1の"明天"［明日］と例2の"礼堂里"［講堂の中］がこの位置を占めることは容易に説明できる。

1. 明天，你应该穿西服、系领带。

   明日は、あなたはスーツを着て、ネクタイを締めなければならない。

2. 礼堂里，你不可以抽烟。

   講堂の中では、あなたはタバコを吸ってはいけない。

しかし、"明天"と"礼堂里"が必ず TP の下の Spec の位置にあり、主語の前の別の位置にないと、なぜ分かるのであろうか。なぜ、それらは主語の前の連体修飾語（中国語では副詞的な成分である"状语"）に違いないと言わないのであろうか。これらの時間や場所を表す語句が主題であると言うのであれば、それらが主題の位置に現れ得ることをはっきりと表す以外に、それらが主題の持ついくつかの意味的、あるいは談話的特徴を持っていることを証明できた方がよいであろう。

主題の重要な特徴の一つは、通常言われるところの「文中語気詞」を伴うことができることである。我々は、このような成分を"提顿词"と呼び、第3章では"提顿词"について詳細に研究を行う。例1と例2の文頭の時間や場所を表す語句の後には"提顿词"を加えることができる。

3. 明天麽，你应该穿西服、系领带。

4. 礼堂里麽，你不可以抽烟。

"提顿词"を加えた後、これらの語句は明らかに対比の作用を果たす。例1の含意はおそらく「今日は少し気楽な服装でよい」ということで、例4の含意は「廊下や建物の外では、タバコを吸ってもよい」ということである。このような対比作用は主題によく見られる特徴である。

主題のもう一つの特徴は、それが必ず後の部分と叙述関係にあり、またそうであってもよいが、必ずしもその後のある一つの成分と意味関係があるわけではないということである。いわゆる関係とは、同一指示（coreference）であってもよいが、そうであるとも限らない。まず、以下の文を見てみると、それぞれの文ではすべて一つの人あるいは物を表す名詞が主題となっている。

5a. 小张，我不相信。　　小張は、私は信じない。

  b. 小张，我不相信他。　　小張は、私は彼を信じない。

  c. 小张，我不相信这个人。　　小張は、私はこの人を信じない。

  d. 水果，我最喜欢苹果。　　果物は、私はリンゴが一番好きだ。

  e. 这场大火，幸亏消防队来得快。

　　　　この大火事は、幸いにも消防隊が来るのが早かった。

我々は、例 5a の動詞の後は空範疇が目的語となっており、主題 "小张" はみんなが "小张" と呼ぶある人物と同一指示である、と考えることができる。例 5b と 5c は文法的ないわゆる「転位」（dislocation）現象であり、人称代名詞 "他" と名詞句 "这个人" は、それぞれ主題と同一指示である。例 5d の主題には同一指示成分はない。"水果" と "苹果" の間は意味関係があり、リンゴは果物の中の一種で、両者の間には全体集合と部分集合の関係がある。まさにこのような関係があるために、両者の位置は倒置できず、例 5d を次のように言うことはできない。

6. *苹果，我最喜欢水果。

これも主題の一つの大きな特徴である。

　例 5e の中の主題 "这场大火" は文の後ろの部分とも意味関係があるが、その中のある特定の成分と関係しているというわけではない。

　時間、場所を表す語句が文頭に位置する場合、やはり類似した主題の特徴があるのであろうか。次の例文を見ていただきたい。

7a. 半山上的那座白房子，我就在那儿度过童年。

　　　山の中腹のあの白い家は、私はそこで幼児期を過ごした。

  b. 半山上的那座白房子，我就在那地方度过童年。

　　　山の中腹のあの白い家は、私はその場所で幼児期を過ごした。

2. 主題の構造的位置

例 7a の"那儿"[そこ]は場所代詞であり、文頭の場所成分"半山上的那座白房子"[山の中腹のあの白い家]と同一指示である。例 7b の名詞句"那地方"[その場所]も文頭の場所成分と同一指示である。例 7a、7b の文頭の場所を表す成分と後ろの代詞や名詞句との間の意味関係は、例 5a、5c における主題と後ろの成分の間との関係と一致している。また、時間を表す語句にも類似した用法がある。

8. 1971 年 8 月 24 日，她在那一天出生。

　1971 年 8 月 24 日、彼女はその日に生まれた。

9. 去年夏天，他那时在海滨度假。

　去年の夏は、彼はその時に海辺で休暇を過ごした。

　時間や場所を表す語句が主題となる場合でも、それと後ろの成分の間との関係も同一指示関係であるとは限らない。

10. 明天下午，我三点钟在办公室等你。

　明日の午後、私は三時に事務室であなたを待っている。

11. 火车上，乘客可以在餐车里用膳。

　汽車の中では、乗客は食堂車で食事をすることができる。

"三点钟"[三時]は"明天下午"[明日の午後]の部分であり、"餐车"[食堂車]は"火车"[汽車]の一部分である。それらの間の関係は例 5d の中のリンゴと果物の関係と類似している。我々は反対に次のように言うことはできない。

12. *三点钟，我明天下午在办公室等你。

13. *餐车里，乘客可以在火车上用餐。

　多くの人は、時間や場所を表す語句が文頭に置かれる場合、その前には介詞を付ける必要はないが、それらが文中に位置する時には往々にして介詞を用いて導入されることに気が付くであろう。

14a. 花园里，许多老人在打太极拳。

　花園の中では、多くの老人が太極拳をしている。

b. 许多老人在花园里在打太极拳。

　多くの老人が花園の中で太極拳をしている。

例 14a の"花园里"[花園の中]は主題であり、いろいろな品詞が主題に

84

なることができ、名詞句が特に主題になるのに適しているので、介詞を用いずに導入される。例14bの"花园里"は連用修飾語（中国語では"状语"）で、介詞句が連体修飾語になるのは名詞句よりもよく見られ、連体修飾語の位置に介詞を用いるのはごく自然である。

中国語の時間語は、総体的に介詞を加えるかどうかがかなり自由であり、主語の前であろうと後であろうと、介詞を加えないのが普通である。この条件の下では、もし介詞を加えたならば、場所語と類似した傾向も存在する。例15では、a，b，cの三つの文はみなよく目にする中国語の文であるが、dの容認度はわずかに劣る。その原因は、文頭の時間語に介詞を加えているからだけである。

15a. 晚上十点钟，电影结束了。　夜十時には、映画は終わった。
　　b. 电影晚上十点钟结束了。　映画は夜十時に終わった。
　　c. 电影在晚上十点钟结束了。　映画は夜十時に終わった。
　　d.?在晚上十点钟，电影结束了。　夜十時には、映画は終わった。

従って、統語分析では、場所や時間を表す語句が連用修飾語となる時、その構造的位置はVPの中となる。

16.
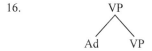

例16では、我々はAdで付加成分（adjunct）を表しているが、PP（prepositional Phrase）で介詞が時間・場所名詞といった品詞を加えることを明記することもでき、その構造は次のようになる。

17.

図から見ると、AdとPPはどちらもVPに付加されている。

2.5.2 連用修飾語か、それとも副主題か

前節では、時間や場所を表す語句が主語の後や動詞の前に現れる時には、その前に介詞を伴うことが多いことに言及した。しかし、それらはこのような位置でも常に介詞から離れられないとは限らない。例えば、以下の文

2. 主題の構造的位置

も容認可能である。

18. 这个怪人厨房里睡觉。

この変な人は台所では寝る。

このように言う時、「寝室では寝ない」という含意がある。もしも、このような意味をはっきりと述べるのであれば、文の容認度はさらに高くなり、その場合には次のように介詞を加えない方がより自然である。

19. 这个怪人厨房里睡觉，卧室里做饭。

この変な人は台所では寝て、寝室では食事を作る。

なぜならば、話し手が二つの場所を対比したい時、"厨房里"［台所の中］と"卧室里"［寝室の中］が副主題となり、名詞句は特に主題になるのに適しているからである。我々は、さらに"厨房里"と"卧室里"の後に"提頓词"を加え、主題性をより明確にすることができる。

20. 这个怪人厨房里呢，睡觉，卧室里呢，吃饭。

この変な人は、台所ではね、寝て、寝室ではね、ご飯を食べる。

この場合、介詞を加えると明らかに余計な表現となる。

2.6 節や動詞句が主題となる

2.6.1 節が主題となる

本節では、時間・場所名詞を含む名詞句以外に、さらにどのような品詞が主題を担うことができるかについて検討を行う。2.5.1で述べたが、ある語句eが主題となるかどうかは、①eがTPの下のSpecの位置に入ることができるかどうか、②eが主題によく見られる意味的、談話的性質を持っているか、を見なければならない。我々は、名詞性成分が主題となる次の例を前に挙げた。

1a. 小张，我不相信。

　b. 小张，我不相信他。

　c. 小张，我不相信这个人。

　d. 水果，我最喜欢苹果。

　e. 这场大火，幸亏消防队来得快。

これらの例文の文頭の名詞はすべて主題が占める構造的地位にあり、主

題の典型的な意味的、談話的機能を持っている。

　ここで、我々は次の組の例文を見て、上の例文を比較してみる。

　　2a. 小张骗老婆，我不相信。

　　　　小張が奥さんをだましたことは、私は信じない。

　　b. 小张骗老婆，我不相信这件事。

　　　　小張が奥さんをだましたことは、私はこの事を信じない。

　　c. 小张骗老婆，我不相信他会这么做。

　　　　小張が奥さんをだましたことは、私は彼がそんなことをすると
　　　　は信じない。

　　d. 小张会骗人麼，我想他只好骗骗老婆。

　　　　小張が人をだますとはね、私は彼が奥さんをだますしかなかっ
　　　　たのだと思う。

　　e. 小张会骗人，幸亏同事们早有警惕。

　　　　小張が人をだますであろうことは、幸いに同僚たちは早くから
　　　　警戒していた。

　動詞“相信”［信じる］は名詞句とくっついてもよいし、節とくっつい
てもよい。名詞性目的語であろうと節性目的語であろうと、すべて文頭の
主題の位置に現れることができる。例2aは節が文頭に置かれ主題となっ
た例である。中国語には節を指示代詞とする専用の代詞がないが、あるフ
レーズを用いて節や動詞句の指示代詞とすることができる。例2bの“这
件事”の意味は、前の文の“小张骗老婆”を指しており、その働きは例1c
の中の“这个人”が“小张”を指しているのに似ている。2cの“这么做”
は英語のdo soに相当し、その意味は前の文の動詞句“骗老婆”［奥さんを
だます］を指している。例2dの“小张会骗人”と“只好骗骗老婆”の関
係は一般と特殊の間の関係であり、“水果”と“苹果”の間の関係に類似
している。例2dの中の二つの節の位置を入れ換えて次のように言うこと
はできない。

　　3.＊小张会骗老婆，我相信只好骗人。

　例2eの中の最も前の節は明らかにその意味が後ろの節と関係があるが、
その中のある一つの具体的な成分と関係が生じているわけではない。上の

2. 主題の構造的位置

分析から、例1と例2の二組の文はかなり対称的で、多くの共通点がある。中国語には形態的なマーカーがあまりないので、他の可能な分析法を排除することはできないが、例2の各文の前の節を主題と見なすことは可能なようである。これに対し、上海語では、主題となるのに用いる節には次のように常に"提頓詞"（ここでは"末"）を伴う。

  4. 小張会得騙老婆末，我是勿大相信个。
    小張が奥さんをだますのは、私はあまり信じられない。

これは、節主題と他の主題との対称をよりはっきりさせており、事実、それらの意味的・談話的機能における一致性も明らかに普通話よりも高く、これらについては本書の以下の文でさらに詳細に検討を行う。上海語の状況によれば、節が文の主題を担うことができると考えるにより十分な理由が存在するのである。

もしも、現行の生成文法の構造標示法を用いるならば、このような節が主題となる構造は樹形図5で表すことができ、その中のSpecの位置には文法範疇記号IPを代入する。

  5.

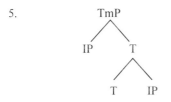

節が担う主題と名詞句が担う主題は主題構造において同一の位置を占めるのであろうか、それとも異なる位置をしめるのであろうか。この問題に答えるためには、我々は次のような検討をしなければならない。両者が共に存在する時には、それらの順序は固定されているのであろうか。もし、節が主題となる場合には必ず名詞性主題の前になければならない、あるいは名詞性主題は必ず節主題の前になければならないのであれば、構造図において二つの位置を区別しなければならない可能性がある。この時、ある他の成分が必ず両者の間に位置するかどうかについてはさらに検討しなければならない。

  6a. 毎个会員，明天的会議延期，我都通知过了。
    すべての会員には、明日の会議の延期は、私はすでに通知した。

b. 明天的会议延期，每个会员，我都通知过了。

　　明日の会議の延期は、すべての会員には、私はすでに通知した。

例6のa，bはどちらも成立し、aの出現頻度はbよりも低いようであるが、構造的にはそれほど明確な違いはない。そうである以上、この二種類の主題について性質が異なる位置を準備する必要はなく、実際に出現する状況によって構造の中でそれらの語順を反映する必要があるだけのようである。このような二重主題の構造は、名詞性主題が文頭にある時には例7のように図示され、節主題が文頭にある時には例8のように図示される。

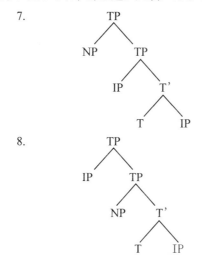

2.6.2 動詞句が副主題となる

ここでは、動詞句が副主題を担う状況について見てみる。このような状況は上海語の中ではかなり一般的で、典型的な例としては以下のものがある。

9. 伊讲闲话末，讲勿来。

　　彼は話をしても、話せない。

10. 伊做事体末，总归做得一塌糊涂。

　　彼は何をやるにも、いつもめちゃくちゃだ。

同一の動詞を含む二つの動詞句が前後に現れる状況は多くの中国語学者の関心を集め、このような状況は動詞コピー構造（verb-copying construction）と呼ばれ、Hsieh（1992）などのように、研究者らの関心と興味は動詞のアスペクトの特徴にある。我々がその中の前の動詞句を副主題と見なすのは、次の原因による。

① 上海語などの方言には前の動詞句の後に常に主題マーカーや"提頓詞"が現れる。

② 後ろの動詞句は指示代詞的なフレーズであってもよい。

以下は普通話の例である。

　　　11. 他处理重要问题常常这样做。

　　　　　　彼が重要な問題を処理するのは、いつもこのようにやる。

前の文ですでに述べたが、"这样做"［このようにやる］などは中国語では動詞句の指示代詞に用いられる専門用語であり、2.6.1 節の 2c と比較していただきたい。

③ 後ろの動詞句は別の動詞を用いることもできるが、両者の関係は必ず、前の動詞が一般的な概念を表し、後の動詞が具体的な概念を表して、両者には「属種」関係（二つの概念の間の意味関係で、一方の概念が属である時、他方の概念が種となるもの）があり、両者の位置も逆にはできない。

　　　12. 他烧菜不过炒鸡蛋、煮白菜而已。

　　　　　　彼は料理はスクランブルエッグと白菜の煮物しかできない。

　　　13. *他炒鸡蛋、煮白菜不过烧菜而已。

我々はすでに、名詞が主題を担う時や、さらに節が主題を担う時にも、類似の現象が現れることを発見している。動詞句が副主題を担う構造の特徴と機能的な特徴、及び上海語の中の動詞句が副主題となる豊富な現象に至っては、本書の後半部で詳細に検討する。

Matthews & Yip（1994）で、広東語において前後に現れる二つの動詞句が形成する構造を分析する場合にも、前の動詞性成分は主題と見なされており、我々の考えに近い。彼らの例文の一つは次のようなものである。

　　　14. 望就咁望啦。

　　　　　　見るなら見なさい。

動詞句が副主題となる構造は以下の樹形図で表すことができる。

15.

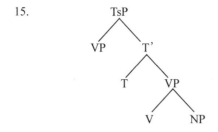

2.7 副副主題

　本章を終える前に、我々はさらに比較的特殊な文頭にない主題について言及しておく。この種の主題構造は 2.4 で検討した副主題よりもさらに低いレベルであり、これを副副主題（sub-subtopic）と呼んでもよいであろう。それは主語の後に位置するだけでなく、文の主要動詞の後に位置する。副副主題は主に兼語式と二重目的語構造の中に現れる。

2.7.1 兼語式の中の副副主題

　次の文は典型的な兼語構造である。

　　1. 我请小张负责业务工作。
　　　私は小張に業務の責任を負ってもらう。

ここで、"小张"の後に"提頓詞"を加えてみると次のようになる。

　　2. 我请小张麼，负责业务工作。
　　　私は小張には、業務の責任を持ってもらう。

このような文は単独で現れると、あまり耳慣れないが、さらに文を続ければ、次のように言える。

　　3. 我请小张麼，负责业务工作，小李麼，负责行政事务。
　　　私は小張には、業務の責任を負ってもらい、小李には、行政事務の責任を負ってもらう。

このような文は普通話では言うことができるが、よく使うとは限らないのに対し、上海語ではごく普通の文である。この場合、"小张"は"小李"と対比されており、ちょうど主題の典型的な性質に合っている。

　我々は、主主題と副主題のように代詞を用いて調べるのと同じ方法で、

2. 主題の構造的位置

副副主題にも主題が後ろの代名詞と同一指示であるという特徴があるかどうかを調べることはできない。次の文は成立しない。

  4. *我请小张，他负责业务工作。

それは、"请"が生成文法で言うところの制御動詞（control verb）であるからである。いわゆる兼語とは、動詞の後の"小张"が"请"の目的語と節"小张负责业务工作"の中の主語を兼ねることを意味する。主文（主節）の目的語と節の主語は同時に現れることができず、その中の一つは空範疇でしかあり得ない。この文を樹形図で表すと次のようになる（Tss は副副主題を表す）。

  5.

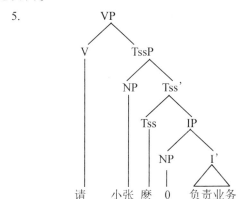

2.7.2 二重目的語文中の副副主題

 少なくとも上海語の中には、一部の二重目的語文に副副主題の現象が見られる。次に、まず一般的な二重目的語文が、普通話の類似した文の構造と同じであることを見てみる。

  6. 伊拨仔儿子一幢房子。　'他给了儿子一幢房子'
   彼は息子に家を一軒あげた。

ここで、前の文で用いた方法で、"儿子"の後に"提顿词"を加え、下の文を補ってみる。

  7. 伊拨仔儿子末一幢房子，拨仔囡儿末一只钻戒。
   彼は、息子には家を一軒あげて、娘にはダイヤの指輪をあげた。

この種の構造は普通話に訳すと耳慣れたものになるとは限らないが、上海

語ではごく自然で一般的である。ここでは、前に位置する人間を指す間接目的語が主題—副副主題となる。

注意すべきことは、上海語で授与を表す二重目的語文には、別の語順が存在し、次のように、物を指す直接目的語を、人を指す間接目的語の前に置くことができる。

8. 伊拨仔一幢房子伊。

彼はその人に家を一軒あげた。

しかし、このような二重目的語構造の中の前の目的語は、どのような前後の文を補っても、主題となることはできない。

9. *伊拨仔一幢房子末伊。

さらに粤語を見てみると、粤語で授与を表す二重目的語は一般に上海語の後者の語順しかなく、物を指す直接目的語を、人を指す間接目的語の前に置き、普通話とは逆の語順となる。例 10 のように粤語でもよく“提頓词”を使用して主題を表すが、構造が等しい上海語の例 8 と同様、例 11 のように、粤語の二重目的語文は直接目的語の後に“提頓词”を加えて主題を構成することができない。

10. 我啊,畀五百文你,佢啊,畀一千文你。 ‘我呢,给你五百元,他呢,给你一千元’

私は、あなたに五百元あげて、彼は、あなたに千元あげる。

11. *我畀五百文啊，*你，佢畀一千文啊，你。

なぜ主題構造は二重目的語構造の二種類の目的語に対して選択性があり、語順によって完全には決まらないのであろうか。多くの文法学者は、このような二つの目的語を主述構造の節であり、間接目的語がその主語で、直接目的語がその述語であると分析している。間接目的語と直接目的語の意味関係は一種の占有された主述関係と見なすことができる。最も早く節の分析法を提案したものには、Goldsmith（1980）、Kayne（1983）がある。最近の作品の中で節中の二つの成分に主述関係が存在することを研究したものには、Bowers（1993）、Stowell（1995）及び Cardinaletti & Guasti（1995）など多くの論文がある。また、多くの人がこの方法を用いて中国語の二重目的語構造を処理している。我々はこれらの意見を全面的に受け入れ、あ

2. 主題の構造的位置

らゆる二重目的語を主述節と分析するわけではないけれども、これらの考えは少なくとも、この二つの目的語の間にある程度主述構造に類似した関係が存在していることを説明しているが、性質的に主語に接近しているその目的語がある一定の文法プロセスを経て副副主題となることは、容易に受け入れられる。これに基づけば、例 7 の前の部分の構造を次のように描くことができる。

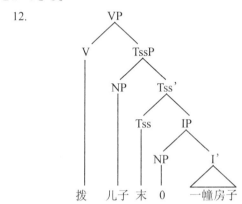

副副主題構造における節指定辞も必ずしも空であるとは限らない。例えば、例 13 のように言うことができるので、例 14 の樹形図で表すことができる。

13. 拨儿子一家末，一人一样礼物。

　　息子一家にあげたのは、それぞれ同じプレゼントだ。

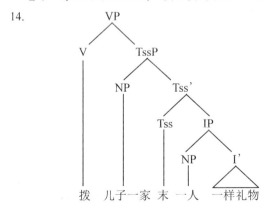

また、例 8 を 9 のように言うことができないことも、この樹形構造が例
8 と 9 に適していないことを意味している。これは、例 8 の中の間接目的
語に直接目的語を加える構造に主述関係が存在しておらず、節に類似した
成分を構成できないからである。我々の主題構造の中では、主題が現れる
ことができる位置は多いけれども、主題の後には述語性を持った成分が現
れなければならず、完全に述語性を持たない成分であってはならず、何も
現れないことはさらに許されない。その外に、類型学者たちも人類の言語
には人を指す間接目的語はふつう物を指す直接目的語よりも強い主題性を
持つことに注意しており（Mallinson & Blake 1981: 161）、このことは二種
類の目的語の「有生性（animacy）」の違いとも関係がある。従って、言語
の共通性と言語機能の角度から見ると、人を指す間接目的語は副副主題に
なれるが、直接目的語にはなれないことも、理解できることである。

2.7.3 数量フレーズの前の主主題、副主題、副副主題

数量フレーズは、中国語ではそれ自身が名詞よりも強い述語性を持って
おり、ある構造の中では、数量フレーズの述語性は次のように潜在的なも
のから現実的なものへと変わる。

　　15. 这袋苹果三斤半。　　この袋のリンゴは三斤半だ。

　　16. 一斤苹果吧才两三个。　　一斤のリンゴは二・三個しかない。

従って、数量フレーズの前に主題成分が現れるのはとても自然である。
数量フレーズの前の副副主題について検討する前に、我々はついでにまず、
数量フレーズの前の主主題と副主題について検討する。例 15, 16 はどち
らも "提顿词" を加え明らかな主題構造にすることができる。

　　17. 这袋苹果啊，三斤半。　　この袋のリンゴは、三斤半だ。

　　18. 一斤苹果吧，才两三个。　　一斤のリンゴは、二・三個しかない。

例 17, 18 の中の主題は当然、主主題でなければならないが、数量構造の
前に副主題が現れることもよく見られる。

　　19. 苹果一斤啊，两块五。

　　　　リンゴ一斤は、二元五角だ。

例 19 の文には動詞が現れていないので、文頭の "苹果" を主主題と見な

2. 主題の構造的位置

すこともできそうであるが、そうすると、その後ろにくっついた"一斤"も主題であるとすることができ、副主題であるとする必要はない。なぜならば、副主題は主語のようなある非主題成分の後に現れるべきであるからである（2.2.1 を参照）。しかし、構造的な特徴から見ると、我々は"一斤"のような成分を副主題と見なす傾向にある。なぜならば、前に行った主主題と副主題の区分の検討によれば、いくつかの副詞は主語の前に現れることができないが、副主題の前の位置に現れることができるからである。次のように、"已经"は"苹果"の前に現れることができないが、"一斤"の前に現れることができる。

20. *已经苹果一斤两块五了。

（すでにリンゴは一斤二元五角になった。）

21. 苹果已经一斤两块五了。

リンゴはすでに一斤二元五角になった。

このことから、"苹果"は主語の特徴に符合しているが、"一斤"は副主題の特徴に符合していることが分かる。

以下の二種類の状況では、数量成分の前に現れるものは副副主題である。

第一に、それらは動作の回数を表す補語や時間量を表す補語の目的語で、"提顿词"を加え主題成分にすることができるが、その成分は文の主要動詞の後にあるので、副副主題であるとすべきである。これもおそらく、上海語でより典型的であるので、我々は次に上海語の例文を挙げることにする。

22. 我看见过美国总统末三趟，英国女王末两趟。

私は、アメリカ大統領は三回、イギリス女王は二回、見たことがある。

23. 我今朝下半天读外语末两个钟头，打篮球末一个钟头。

私は今日の午後、外国語の学習は二時間、バスケットは一時間やる。

中国語の動作の回数を表す補語や時間量を表す補語は、本来比較的強い述語性を持つので、その前に動詞"有"を加えることができる。以下は普通話の例である。

24. 我碰到他有三趟了。

私は彼に出くわしたことが三回ある。

このような成分の前に主題成分が現れることは、当然とても自然なことである。

第二に、名詞句目的語の後で名詞に対してカウントを行う数量フレーズである。この種の成分は伝統的には後置された数量連体修飾語であると分析されるが、実際には強い述語性を持っている。Tang（1992）はこの種の文を専門に分析している。

 25. 他买了笔十支。

   彼はペンを十本買った。

Tang 氏は、"十支"［十本］を"笔"［ペン］の述語と見なすことができ、"笔十支"は主述構造の節に類似していると考えている。この種の構造における名詞に後には"提頓词"を加え副副主題にすることができる。

 26. 他买了笔呢，十支，纸呢，才五张。

   彼はペンは、十本、紙は、五枚だけ買った。

おもしろいのは、上海語の口語では、基本的に例 25 のような構造を使用しないが、"提頓词"を加えた例 26 のような構造は、ごく一般的で自然である。つまり、元となる名詞目的語が明確な主題の性質を取得する状況においてのみ、本来の目的語名詞の後に述語性の数量フレーズを用いることができるのである。

 27a. ?? 伊买仔笔十支。

  b. 伊买仔笔末十支，纸头末五张。

   彼はペンは十本買って、紙は五枚買った。

注

[1] 叙述に便利なように、移動説を論じる時には、"移出"、"移位"なども用いる。

[2] 最大投射（maximal projection）と呼ばれる専門の名称があり、その意味は、「X がある程度拡大するとそれ以上拡大できない」ということで、さらに大きくなると X の構造ではなくなり、他の構造となる。

[3] 現代言語学の統語分析における名詞句 NP、動詞句 VP などはみな、

2. 主題の構造的位置

"跑快"が一つのVPで、"跑"も一つのVPであるように、一つの語だけで構成される状況を含む。本書で言うところの名詞句、動詞句とNP、VPなどは、すべて単独の語の状況を含む。その他に、中国語の形容詞は統語性質上、動詞との共通性が大きいので、統語的には動詞と一つの類に合わせることもでき、そうであれば、本書で言うところの動詞句やVPは形容詞句、即ち国内でよく言われる述語性フレーズも含むことになる。

[4]　Gasde & Paul が用いる記号は少し異なり、彼らはTPを用いずに、TopPに改め、IPの位置はVoicePと記している。

[5]　ここでは、我々は"标志语"と"标记"を注意して区別する。生成文法の術語を採用する場合には、我々はSpecを"标志语"と訳し、一般化された論述をする場合には、通常言うところの「文中の語気詞」などの形式手段を"主題標记"（topic marker）と呼ぶ。

3. 主題の概念

3.1 主題マーカー概説
3.1.1 主題マーカーの広義と狭義

　主題は一種の文法成分として、通常言語形式面でのある種の表現を持っており、特に主題卓越言語ではそうである。主題機能を具現化するのに用いられる言語形式は主題マーカー（topic marker）と呼ぶことができる[1]。広義の主題マーカーは各種の分節音素成分、超分節音素成分（または韻律成分と呼ばれる）、及び成分の配列順序である語順を含む。たとえ主語卓越言語であっても、語順という広義の主題マーカーが存在するかもしれない。例えば、英語は主語卓越言語であるが、次のように語順とポーズを用いて主題現象を表すこともある。

　　1. This movie, I've seen twice.

　　　　この映画は、私は二回見たことがある。

　狭義の主題マーカーとは、即ち言語単位の主題機能を表すのに用いるある種の分節音素的成分であり、文法的に形態や付属性の機能語（中国語では"虚词"と呼ばれる）に属する。この種の狭義の主題マーカーは、現在の生成文法の構造分析では、主題自身であると見なされ、主題の内容語（中国語では"实词"と呼ばれる）の部分は、主題の指定辞（specifier）と見なされる。このような処理は、これらの主題マーカーの統語的地位をより突出させる。言語の実際において、我々は、一種の形式手段にとどまらず、主題マーカーを同時に用いる状況をよく目にするはずである。

　語順は最もよく取り上げられる広義の主題マーカーの一種である。一般に、主題には前置性（強い前置である文頭の位置を含む）があると考えられる。これはおそらく、人類言語の共通の傾向であるが、アメリカのオジブワ語（Ojibwa）のように、主題が後置される言語もある。また、主題に固定した統語的位置がなく、主に形態により主題性を表す言語もある。スラブ語族のロシア語、チェコ語のような、いわゆる「自由語順」の言語では、統語的な一致関係がかなり厳格で、主語や目的語などはほとんど語の形態によって表され、語順の割り振りは往々にして主題の選択によって決まる。

3. 主題の概念

ロシア語の例では次のようになる。

2a. Гуля　　　／ поехал　　к　　　　　Днепру.
　　グリア　　　　行った　　　へ　　　　ドニプロ
　　グリアはドニプロへ行った。

b. К　　Днепру　поехал／ Гуля.
　　へ　　ドニプロ　　行った　グリア

c. Поехал　　Гуля／　　　к　　　　　Днепру.
　　行った　　　グリア　　　　　　へ　　　　ドニプロ

　2a、b、c 三つの文が用いている単語は同じであり、みな「グリアはド二プロへ行った」ということを表しているが、語順が異なっている。王福祥（1981: 37）の分析によれば、a の文は「グリアが何をしたか」という問いに答えており、「グリア（Гуля）」を主題としているので、「グリア」を文頭に置いている。b の文は「誰がドニプロへ行ったのか」という問いに答えており、「ドニプロへ行った」を主題としているので、「ドニプロ（Днепру.）」と「行った（поехал）」を前に置き、「ドニプロ」を評言として文末に置いている。c の文は「グリアはどこに行ったのか」という問いに答えており、「グリアが行った」を主題としているので、「行った」と「グリア」を前に置いている（従って、「グリア」のみを主題にした a の文とは区別される）。厳密に言えば、これらの言語でのいわゆる「自由語順」とは、主語、目的語、連用修飾語（中国語では"状语"と呼ばれる）などの成分の位置が比較的自由であることを指し、主題成分について言えば、かなり固定されており、主題に選ばれた成分は文頭や文の前方の位置を占めなければならず、当然、これらの言語の主題は純粋な主題成分と見なすことができ、中国語における統語的な主題の性質とすべて異なるとは限らない。中国語は格の形態と一致関係がまったくないが、英語よりもずっと語順が自由であり、朱徳熙（1985: 2 − 3）は、語順に一定の融通性があることを中国語の特徴の一つであるとしている。従って、中国語の語順が広義の主題マーカーとなることも理解が難しくない。中国語の語順の主題構造における働きについては、2.1 ですでに専門的に検討を行ったので、ここではさらに述べない。

100

3.1 主題マーカー概説

　ポーズは主題でよく取り上げられるマーカーである。最も典型的な例は、
鄭恒雄（1991: 105）が述べている台湾高山族の布農語［ブヌン語］(Bunun,
"布农语"は鄭氏の書物の原文であり、大陸地区では多く"布嫩语"と称し、
壮侗語［チワン・トン語］族の"布依语"と区別をする）の状況である。
この種の言語には主語と明確に区別される主題が存在し、そのマーカーの
一つがポーズなのである。すべての主題の後には必ず一つのポーズがあり、
文の後半部分と隔てられるが、主語の後にはこの種のポーズはない。この
ような状況では、ポーズは明らかに主題を識別する重要なマーカーになる
ことができる。ポーズは中国語の主題でよく取り上げられるマーカーであ
るが、その作用は布農語のように明確ではない。赵元任、朱德熙氏らは、ポー
ズを置けることを彼らの「主題—主語」統一体の重要な特徴とした。陆剑
明氏はポーズが置けることを主題であり主語ではないマーカーとした。中
国語では、ポーズの作用は"提顿词"（即ち、いわゆる文中語気助詞）に近く、
語順とは分業を行っている。ポーズは主題を表す外に、"提顿词"のよう
な（主題中の）焦点を突出させる働きがある。例えば、文頭の時間・場所
を表す語句は、中国語ではすべて主題と分析することができるが、どの主
題がより突出させられているかは、次のようにポーズと関係がある。

　　　3. 昨天晚上我们家后院跳进来一个人。

　　　　昨夜私たちの家の裏庭に一人の人が飛び込んできた。

　　　4. 昨天晚上，我们家后院跳进来一个人。

　　　　昨夜、私たちの家の裏庭に一人の人が飛び込んできた。

　　　5. 昨天晚上我们家后院，跳进来一个人。

　　　　昨夜私たちの家の裏庭に、一人の人が飛び込んできた。

　　　6. 昨天晚上，我们家后院，跳进来一个人。

　　　　昨夜、私たちの家の裏庭に、一人の人が飛び込んできた。

　例3－6の中の動詞の前にある二つの時間・場所 NP はみな主題であり、
それぞれ出来事の時間的背景と空間的背景を表している。例3の二つの
NP はどちらも主題の働きを持つが、どちらも突出されてはいない。例4
の主題の焦点はポーズの前の"昨天晚上"［昨夜］である。例5の主題の
焦点はポーズの前の"我们家后院"［私たちの家の裏庭］である。例6では、

3. 主題の概念

二つの NP がどちらも突出された主題、即ち主題の焦点となっている。このことから、主題の焦点は常にポーズの前の成分にあることが分かる。しかし、ポーズは焦点マーカーでしかなく、主題のマーカーでないと言うこともできない。従って、我々は、ポーズは同時に文中の主題となれ、ポーズを伴わない成分の主題性を弱めさせるということが分かる。ポーズの中国語主題構造における標識作用については、3.3.2 にて"提頓詞"の機能と合わせてさらに分析を行うことにする。その外に、主語卓越型言語に属する英語では、主題の位置に格上げされた成分は、例 1 のように、通常ポーズで文のその他の部分と隔てられることもある。よって、主題は常にいわゆる「左方転移」（left-dislocation）の状態にあることになる。

　陆剑明（1986）は、主題は文の自然ストレスのある場所ではないと提案している。自然ストレスとは、我々の理解によれば、文に焦点ストレス（対比ストレス）がない状態で、他の音節よりも強く読む成分である。もし、彼の規則が成立するならば、韻律面の主題マーカーにも属する。陆剑明氏の論文のテーマは、全体指示的主語文を検討するもので、氏はこの特徴を用いて、全体指示的主語の主題性を否定している。なぜならば、この種の主語は通常、次のように自然ストレスを伴うからである。

　　7. 每个人都有自己的想法。

　　　　それぞれの人はみな自分の考え方を持っている。

"每个人"［それぞれの人］はたとえ強調されなくても、ストレスを伴う。しかし我々は、このようなストレスの特徴を主題マーカーの現象と見なすことは不利であることが分かる。普通話の中のいわゆる不定主語文（范继淹 1985）は、一般にその中の主語は主題には属さないと考えられるが、このような主語が文の自然ストレスを伴うことがないこともある。当然、論理的に言えば、主題が自然ストレスを伴わないことは、自然ストレスを伴わないものはすべて主題であるということではない。問題の複雑さは、正常の状況においては、不定主語文の音声的強度は主題を担うであろう定主語よりも弱いようであるということにある。

　　8. 一个警察抓住了一个小偷。

　　　　一人の警官が一人のこそ泥を捕まえた。

9. 这个警察抓住了一个小偷。

　　この警官は一人のこそ泥を捕まえた。

10. 个个警察都抓住了一个小偷。

　　どの警官もみな一人のこそ泥を捕まえた。

　これら三つの文の主語は自然ストレスの強さが次第に増加しており、ちょうど真ん中の文が主題である可能性が最も高い。このことから、自然ストレスの強度によって主題を確定することは、少なくとも操作可能性が強くはなく、さらには、文の自然ストレス自身は正確に把握することが難しい概念である、ということが分かる。

　狭義の主題マーカーは、主題の前や後に加え、その主題的な分節音素的成分を具現化するものである。本章で検討する主題マーカーは、主にその狭義の立場を取るので、以下の文ではこの種の主題マーカーについて集中的に検討する。中国語及び上海語について言えば、我々の主な検討対象は"提顿词"である。

3.1.2 主題マーカーの専用性

　狭義の主題マーカーには、さらに専用と兼用の違いがあるであろう。専用とはつまり、そのマーカーの働きが付加されている内容語的な成分を表すものが文の主題成分であるものであり、兼用とはつまり、そのマーカーが他の意味的、あるいは談話的機能を表すと同時に、おそらく主題の作用を表すことも兼ねているものである。専用の主題マーカーを持つことは、主題卓越言語の一つの重要な表現であるかもしれない。しかし、言語横断的には、主題マーカーには専用と兼用の二極が存在していると言うよりも、専用性の程度に違いがあると言った方がよいことは、はっきりしている。ここではまず、主題マーカーの専用性の違いについて見てみる。

　最も典型的な専用の主題マーカーの例としては、傈僳語［リス語］方言を挙げることができる。Li & thompson（1976：472 − 473）によると、傈僳語（彼らが指すのは、Hope が調査したタイ国境内の傈僳族［リス族］集団が使用する傈僳語方言である）は、一種の非常に典型的な主題卓越型言語であり、その表れの一つに専用の主題マーカーの使用がある。

3. 主題の概念

　この種の傈僳方言の文は、主に動詞の前の名詞に動作主と受動者（または「格」と言う）を区別する手段がないが、すべての文にはみな文頭の名詞の後に主題マーカー nya を加えなければならない。動作主と受動者の区別は主に常識や背景知識による。

　　11. lathyu　　　　nya　　　　　ana　　　khu-a.
　　　　人　　　　主題マーカー　　　犬　　　かむ－陳述の語気詞
　　　'人啊,咬了狗 ／ 人啊,狗咬了'［人は、犬をかんだ ／ 人は、犬がかんだ］

　　12. ana　　　nya　　　　lathyu　　　khu-a.
　　　　犬　　主題マーカー　　　人　　　かむ－陳述の語気詞
　　　'狗啊, 咬了人 ／ 狗啊, 人咬了'［犬は、人をかんだ　／　犬は、人がかんだ］

以上の例文は、原著では英語で説明と訳がされており、我々はそれを中国語に改め、またポーズと“啊”を用いてその主題の地位を明示した。理論的には、この二つの文はどちらも両義文（多義文）であるが、実際の生活においては、人々は「犬が人をかむ」という意味で理解することを優先するはずである[2]。Nya のような主題マーカーの使用は強制的であり、すべての主題成分に加えなければならず、またそれは主題を表す以外に他の意味や機能を持たないようである。従って、これは非常に程度が高い主題マーカーである。

　郑恒雄 (1977) によれば、台湾の布農語［ブヌン語］にも専用の主題マーカーがあり、さらに前方付加の maqa、maq もあれば、後方付加の qai、ka（例文中に a として多く現れるが、ka の弱化形式であると思われる）もある。両者はふつう主題の前後に現れ、枠組みとなった一種のマーカーを形成しているが、これは最も強化されたマーカーの形式であると言える。これに対し、主語には専用のマーカーがないが、述語が屈折可能な状況では述語の格の屈折を引き起こすことができる。タイの傈僳語方言と比べると、布農語は主語・目的語が区別できる。主題成分と主語が同一である時、残ったものは主題マーカーを伴うことができる主題であるが、主語は強制的に「削除」(deletion) または「代名詞化」(pronominalization) される。別の異なる点は、そのような傈僳方言の主題マーカーは強制的であるが、布農語の主題はマーカーを伴うこともできれば、伴わなくてもよく、使用の強制度から見れば、その専用の程度は傈僳方言よりも少し低いということになる。

ある言語が専用の格標識も持っており、専用の主題マーカーも持っている場合、それらは主語と主題がともに重要な言語である。例えば、日本語や韓国・朝鮮語では、どちらも主語は主格マーカー（後方付加性の助詞）で表示され、主題は主題マーカー（やはり後方付加性の助詞）で標示される。日本語では、主語を表す助詞は「が（ga）」、主題を表す助詞は「は（wa）」で代表され、類似の働きのものに「も（mo）」もある。伝統文法では主題マーカーを"提示系助詞"（提示系の助詞）と呼び、また主題マーカーを伴う成分を連用修飾語（中国語では"状語"という）の一種と見なしてもいる。理論言語学界では、多くがそれを主題マーカーと見なしている。日本語の主格マーカーと主題マーカーは異なるけれども、主語にも主題マーカー「は」を加えることができ、その場合には主語の後の「が（ga）」は現れない。また、ある成分は主題マーカーを加えた後、元々あった格標識が依然として残る（Nagashima 1988: 88-92）。以下の例文を比較してみる。

13. わたし が 太郎 の 父 です。'我，（并且只有我，）是太郎的父亲'
14. わたし は 太郎 の 父 です。'我是太郎的父亲'
15. パン は ぼく が 食べ た。'面包我吃了'

例 13 の主語は主格マーカー「が」を伴い、例 14 の主語は主題マーカー「は」を伴うが、主格マーカー「が」を伴うことはない。例 15 は目的語が文頭に上がって主題となり、主題マーカー「は」を伴い、目的語マーカーを伴うことはないが、同じ文の主語は依然として主格マーカー「が」を伴っている。表層構造から見ると、日本語では主題マーカーを加えた主語はすでに主題に昇格し、主語の位置はすでに空になっており、主語マーカーの強制的な削除はこのような分析を支持している。目的語の状況も同様で、主題に昇格した後、目的語の位置も空となる。その外に、例 13 の文全体の中国語訳の中の（　）の部分は、日本語の主語が無主語の状況では非常に強い対比焦点の作用を持ち、強調に用いられることを明示しているが、同一の成分が例 14 で主題になると逆に中性的になり、強調の意味はない。この対比は、日本語の文で主語以外の成分が「は」を伴い主題となる状況では、ふつう主題マーカーとしての使用が優先され、主語マーカーではないことを明示しており、また、主題があり主語がない状態が優先して選択

され、特に強調したい場合にのみ、主語があり主題がない状態が選択される、とも言えるのである[3]。その外に、日本語の主題マーカー「は」なども文中の他の成分の後ろに付いて「提示」の働きをするが、この時、それらは主題マーカーではなく、一つの文にいくつかの「は」を伴う成分が連用される場合、最初の「は」は主題マーカーであり、後ろの「は」は主題マーカーではなく、対比の作用をすると考える研究者もいる（徐昌平（1990：66）を参照）。しかし、後方の「は」を伴う成分を小主題（mini-topic）と見なす研究者もおり、この考えは我々の副主題と副副主題の考えに近い。前章の2.4で中国語の副主題は強い対比性を持っていることに言及したが、日本語の小主題が強い対比性を持っていることも不思議なことではない。韓国・朝鮮語の主題マーカーの用法は日本語とほとんど同じで、例えば、主語以外の成分が主題となる場合には、主語マーカーではなく主題マーカーが優先して使用され、主題マーカーは主語の後ろの成分の後に現れることもできるのである。

　これらの言語の例を挙げることで、我々の主題マーカーについての視野を広げる以外に、それを背景として中国語及び他の方言が狭義の主題マーカーを持っていると言えるのか、あるいはどの程度そうであると言えるのかについて検討することができる。

　方梅（1994）は、北京語の中の「文中語気詞」はすべて主題マーカーと見なすことはできず[4]、その理由は、これらの語気助詞が主題と見なすことができない成分の後に付けることができるからであると考えている。

　16. 他最喜欢啊，吃冰糖葫芦。
　　　彼が一番好きなのは、"冰糖葫芦" を食べることだ。

"反正呀……"、"一直啊……"、"比如吧……"、"说到底啊……" のように、接続詞、副詞、介詞、文章をつなぐ働きをするフレーズの後に加えられるものもある。しかし彼女は、並列項の後の語気詞以外の「文中語気詞」は、基本的にすべて主部（"主位"）標識か準主部標識である、と考えている。また、ある主部標識は同時に主題を表す働きも持ち、それらには転移主題や対比性を表す主題などを含むとも言及している。方梅氏の分析の下に、我々はさらに一歩進んだ検討を行わなければならない。彼女の意見によれ

ば、北京語の「文中語気詞」はせいぜい兼用の主題マーカーであり、専用の主題マーカーではないとしか推測できない。

　我々が言う主題とは一種の統語構造の成分であるので、主に構造的な角度からであるが、それと同時に機能と結びつけて主題マーカーの専用性を考察しなければならない。方梅氏が描く北京語の状況から見ると、「文中語気詞」は確かに主題に入れるのが難しい成分の後、例えば例 16 のような動詞・目的語の間の位置に現れることもできるが、大部分の状況では明らかに主題となれる（副主題や副副主題を含む）成分の後に付く。従って、"提頓詞" は基本的に北京語における専用の主題マーカーの一種であり、いくつかの類推された、あるいは一般化された用法に過ぎないと考えてもよいであろう。この点に関しては、各方言の状況はすべて同じであるというわけではない。上海語では、"提頓詞" は専用の主題マーカーにより近い。北京語の中の非典型的な主題の後に "提頓詞" を加える場所には、上海語では "提頓詞" を加えることができないものもある。

　　17. 伊末，頂欢喜吃冰糖葫芦。
　　　　彼は、"冰糖葫芦" を食べるのが一番好きだ。
　　18. *伊頂欢喜末，吃冰糖葫芦。
　　　　（彼が一番好きなのは、"冰糖葫芦" を食べることだ。）

　さらに、上海語で最もよく使う主題マーカー "末" は、方梅氏が挙げた "反正、一直、比方" などの副詞性成分の後に付けることもできないが、ある関連性のある成分の後では、"所以末"［だから］、"一則末……，二則末……"［第一には……、第二には……］のように、上海語でも "提頓詞" を用いることができる。これらの位置に "提頓詞" が現れる原因は主題マーカーの身分と基本的には一致し、本書の以下で検討を行う。談話機能から見て重要なことは、この種のマーカーに主題の機能があるかどうかということである。主題の機能がありさえすれば、たとえそれが主題を表すと同時にさらに他の主題性に関する意味、あるいは談話機能を兼ね備えていても、専用の主題マーカーに分類すべきである。上海語の "提頓" 助詞はほとんどが対比性を持った主題焦点を表す作用を持っているので、それが専用の主題マーカーと見なされても少しも構わない。先ほど言及した専用の

3. 主題の概念

主題マーカーを持った言語から見ると、ある言語の専用の主題マーカーは往々にして同時に上海語の"提頓"助詞に類似した意味と機能、特に対比の機能を持っている。例えば、Gundel（1988：289）によると、日本語と韓国・朝鮮語の専用の主題マーカーはすべて新しい主題を導入する時に用いられる。郑恒雄（1977：110）によると、布農語の主題マーカーは主に新しく導入された主題や対比性を持つ主題を表す（6.3 を参照）。従って、主題焦点を表す談話的機能は、上海語の"提頓詞"が専用の主題マーカーになることに影響しない。张伯江・方梅両氏は、"提頓詞"の作用は主部を表し、いわゆる「主部（"主位"）」というのも談話の概念であり、統語構造の概念ではないが、機能について言えば、それは主題の機能とは矛盾していないと考えている。従って、北京語の"提頓詞"の談話機能面における特徴も、それらを主題マーカーと見なして差し支えないのである。

　最後に次のような補足が必要である。主題卓越型言語の特徴の一つとしての専用主題マーカーは、統語的な一種の成分標識であり、文の主題マーカーを担うと同時にその他の構造成分の標識となることはできない。なぜならば、主題卓越言語では、主題は一種の統語的成分であり、従って、それは同時に他の文法成分であってはならないからである。実際、専用の主題マーカーの使用が格形態言語の格標識に類似しているか、またはそれに近いことは、よく見かける無標の文型に合った構造標識であり、たまたま見かけた特殊な文型だけに用いられる成分ではない。以上検討した各種の言語の中の一定の専用性を持った主題マーカーは、普通話（口語）におけるいわゆる文中語気詞や上海語における"提頓詞"を含んでおり、どちらも他の統語的成分のマーカーではなく、無標の文型でよく見られる構造マーカーである。これらを英語における as for のような成分と比較してもよい。談話機能的には、as for のような成分も専用の主題マーカーであると言うことができる。しかしながら、英語における as for は前置詞性成分であり、その統語的作用はその導入された成分が構造的に文の連用修飾語であることを明示することであり、これは上で述べた統語的な専用の主題マーカーの性質とは合わない。事実、この種の機能語（中国語では"虚詞"）は主題がある統語構造的成分であることを明示できないだけでなく、逆に

談話における主題を統語的な連用修飾語と確定する。言い換えれば、主題が統語的な成分として存在する可能性を排除するのである。また、英語における as for のような主題マーカーは常用されるわけではなく、この種のマーカーを使用した文は明らかに無標の文型ではない。従って、この種のマーカーは我々が言うところの専用の主題マーカーではなく、それらの存在は、そこにある言語が主題卓越型言語ではないことを説明していることになるのである。

3.1.3「文中語気詞」と"提頓詞"

　中国語及びその方言で主題マーカーの機能を持つ単位は主にいわゆる「文中語気詞」である。この名称は長いだけでなく、あまり正確ではなく、特に方言、少なくとも呉語の実際には適応できないので、本書では呉語の文法研究ですでに用いられている"提頓"助詞の名称に基づいて、"提頓詞"と簡略化して呼ぶこととする。これは述語の問題だけではなく、我々のこの種のマーカーに対する異なる認識を反映している。

　「語気詞」が言う語気とは、主に話し手の話す内容に対する態度を指す。それはおおよそ言語学の術語の中の mood に近く、事実、国内でもいつも"语气"で mood を訳し、"式"の同意語としているが、ただ、語気は一種の文法範疇としては必ずしも語の形態を用いて表す必要がなく、機能語という半分析的な手段で表すこともできる。形態的な語気としては、常に文の主要動詞に加えられるが、その意味と機能から見れば、語気は実は文全体に加えるものである。なぜならば、動詞は文の主要部なので、動詞に加えて全文の語気を表すことは理にかなっていると言える。また、中国語が語気を文の末尾に用いることは理解しやすい。なぜならば、語気が体現するものは話し手の文全体に対する態度だからである。

　そして、「文中語気詞」は文の中間のポーズの箇所に用いられるが、その場合、文の内容はまだ表示されておらず、さらに文の主要部である動詞はほとんどがまだ現れていないので、まだ話し手の態度を述べるには至っておらず、語気の問題も存在しないのである。実際に、方梅（1994）も、「文中語気詞」が「主部マーカー」として用いられる時には、すでに語気の意

3. 主題の概念

味を持っていないと考えており、語気の意味を持つ「文中語気詞」は、その前の部分や働きが節、あるいは自問自答の疑問文に相当すると考えている。言い換えれば、すべて clause（節）の間に加えられる機能語ではない。このことから、真の「文中語気詞」とは語気がないもので、「語気詞」と呼ぶのは誤解を与えやすいかもしれない。

また、いわゆる"提頓詞"については、"提"という字がその機能を表し、主題が文中の引き立てる働きをすることを反映しており、またちょうど日本語の文法における「提示の助詞」を主題マーカーと呼ぶのと同じである。"頓"はその構造的特徴、即ちポーズの機能を表す。なぜならば、多くの人が、それが一種のポーズのマーカーであることを認めているからである（方梅1994；さらに本書 3.3.2 を参照）。

名前がその実際を伴わないという理由以外に、さらに一つの重要な理由により、我々は「文中語気詞」を放棄して"提頓詞"に改めなければならない。方梅（1994）は、「歴史的な起源から見ると、現代口語の中の文中語気詞はすべて文末語気詞から発展してきたものである」と述べている。ここで言っている現代口語とは実は北京口語を指す。その外に、北京語ではそれらは通常同時に文末語気詞の機能を兼ねる。一方、上海語における"提頓詞"はすべて文末語気詞によるものとは限らない。常用性と重要性が"末"にわずかに劣る"提頓詞"の"是"は関係動詞（繋辞）によるものであり、文法化の程度が少し低い"提頓詞"の"倒、也"は副詞（リズム的には前方付加性から後方付加性へと発展する）によるものであり、それらにはすべて語気助詞の用法はない。次にいくつかの用例を見てみる。

19. 箇椿事体是，我也无没办法。
　　この事は、私もどうしようもない。

20. 箇种办法倒，阿拉也可以试一试。
　　このような方法は、我々は試してもよいかもしれない。

21. 伊箇种事体也，一眼想勿着。
　　彼／彼女のそんなことは、少しも思い至らない。

現代上海語には、さらに二つのまだ注意をされていない常用の二音節主題マーカーである"是哦"、"对哦"がある、それらの語源ははっきりして

おり、同時にさらに非疑問節として使用されているので、語気詞でもない。
それらの語源となる意味は、次のように"是吗"[そうですか]、"对吧"[そ
うでしょう]である。

22. 小张是大学生，小王是哦？

   小張は大学生ですが、小王もでしょう？

23. 我也应当去一趟，侬讲是哦？

   私も行かなければならない、でしょう？

24. 我搭侬讲过个，对哦？

   私はあなたに言った、でしょう？

これらの"是哦"、"对哦"はどちらも疑問の意味で、強調する場合には強
く発音することができる。さらに機能語化した用法としては、次のように
口語の中の意味を持たない挿入語となり、考えながら言う場合の談話の空
白を補うのに用いられる。

25. 辦桩事体末，是哦，阿拉要慢慢叫来。

   この事は、そう、私たちはゆっくりとやりましょう。

26. 老王辦个人，对哦，我一向顶顶相信伊勒。

   王さんという人は、そう、私はずっと信頼できる。

例25，26の中の"是哦"、"对哦"にはすでに疑問の意味はまったくない。
25の"是哦"の前の成分はすでに主題であり、さらに主題マーカーの"末"
があり、26の"对哦"の前もはっきりとした主題であり、どちらも主題性
のポーズと関係がある。しかし、"是哦"、"对哦"は音声的には主題とつ
ながっておらず、構造的にはやはり挿入語に属している。現代上海語の実
際の談話においてよく見受けられる"是哦"、"对哦"の前にはポーズがまっ
たくないが、それらの後にはやはり必ずポーズがある。このような"是哦"、
"对哦"は強く読むことができないだけでなく、軽く発音して弱化させる
傾向がある。また、次のように音声的にもさらに機能語化しており、意味
的に前の成分が主題であることを明示する以外に、すでにその他の意味と
機能はなくなっており、明確な主題マーカーとなっている。

27. 辦桩事体是哦，我也呒没办法。（例19と同義）

   この事は、私もどうしようもない。

111

3. 主題の概念

28. 老王対哎，我还哝没通知勒。

　　王さんは、私はまだ連絡していない。

29. 足球赛是哎，守门员老重要个。

　　サッカーの試合は、ゴールキーパーが<u>重要</u>だ。

　この二つの主題マーカーは常に主主題に用いられるだけでなく、副主題にも用いられ、まれに副副主題にも用いることができる。

30. 老王昨日上半日対哎，搭我讲勒一桩事体。

　　王さんは昨日午前中には、私にある事を話してくれた。

31. 阿拉儿子数学是哎，考得一直勿大理想。

　　私の息子は数学は、成績があまり思わしくない。

32. 我送拨伊是哎，一束老漂亮个花。

　　私が彼／彼女に贈ったのは、一束のとてもきれいな花だ。

　従って、これらの来源が異なる成分、特に機能語化がまだ徹底していない、あるいは語気詞であったことがない語をすべて語気詞と呼ぶのは、妥当ではないと言える。よって、本書の以下では、これらを一律に"提頓詞"と呼ぶことにする。

3.2 主題、焦点と「主題焦点」

　前に述べたように、上海語の"提頓詞"には主題の中の焦点を表す機能がある。しかし、多くの学者は焦点を主題の範囲外へ排除し、さらには焦点を主題と相対する評言と同等の概念と見なしている。従って、上海語の"提頓"助詞の主題作用について述べる前に、まず主題と焦点という二つの概念の関係を理論的にはっきりさせる必要がある。

3.2.1 焦点の主題性と非構造性

　主題とは統語構造の概念であり、異なる言語においてその文法化の程度がそれぞれ異なるが、すべて統語構造における一つの成分であると見なすことができる。主題卓越言語では、主題は文中のいかなる他の統語成分や痕跡成分と同一指示関係はなく、ただ文の主題となるだけである。さらにいくつかの主題（昇格や移動によると見られる主題）は他の統語成分や痕

跡と同一指示関係があるが、それが一旦主題になると、本来の統語成分ではなくなり、ただ元の位置に痕跡として残るだけとなる。例1のように、この痕跡も代名詞類の成分によって補うこともでき、英語の例2、上海語の例3も同様であるが、例4のようにさらに他の成分で補わなければならない場合もある。

1. 老王麽，我从前见过［　　　］。

　　王さんは、私は以前会ったことがある。

2. This man, I hate［　him　］.

　　この人は、私は［彼が］嫌いだ。

3. 门外头个人，侬去叫［　伊　］进来。

　　ドアの外の人は、あなたは［彼を］呼び入れなさい。

4. 曹禺，我很喜欢［　他的　］剧本。

　　曹禺は、私は［彼の］シナリオが好きだ。

　焦点（focus）は、本質的には談話機能の概念であり、それは話し手が聞き手に最も注意してほしい部分である。文の内部において、焦点は話し手が情報を付与する強さが最も高い部分であり、文のその他の部分と相対し、「突出」（prominence）を用いてその機能を概括できる。談話においては、焦点は常に対比の作用を持ち、文脈や聞き手の心の中のある対象と対比しており、「対比」（contrastive）でその機能を概括できる。理論的に言えば、焦点は文のいかなる部位にも存在することができるので、構造成分ではないのである。

　焦点は背景（background）に対して存在するものである。背景は形式により、二つに分けることができる。一つは談話成分であり、即ち談話におけるある部分である。もう一つは認知成分であり、即ち談話の中にはあまり現れない、話し手の共有意識の中に存在する対象に過ぎない。背景と焦点の位置関係によると、焦点に対する背景も二種類に分けることができる。一つはその文における他の成分であり、もう一つは前後の文や共有知識の中のある対象や内容である。

　我々は背景や焦点の位置関係に基づいて、［±突出］と［±対比］という二つの組の特徴を用いて焦点の機能を描くことができる。「突出」とは、

3. 主題の概念

焦点がその文の他の内容を背景とし、焦点がその文中の最も突出した情報
となることである。「対比」とは、その文以外の主題成分や共有知識を背
景とし、その文以外の成分に相対して、焦点は最も突出した情報である。
この二組の特徴により、焦点を三種類に分けることができ、人々が通常論
じる焦点を、自然焦点と対比焦点の二種類に大きく分けることができるが、
本文で述べる主題焦点とは、この二種類には属さず、それ以外の第三のタ
イプとなる。以下、それぞれについて分析を行う。

3.2.2 自然焦点

文の自然焦点はまた、無標の焦点・中性焦点・非対比性焦点などと呼ぶ
ことができる。その特徴は以下のようになる。

　　　5. 自然焦点：［＋突出］，［－対比］

具体的には、ある文法成分に対比性焦点が存在しない前提では、自然に文
の情報焦点が突出した対象となり、同時にそこは往々にして文の自然スト
レスの所在でもあり、その背景は文のその他の部分である。例えば、多く
の SOV 型言語では、文末動詞の前に隣接した成分が自然焦点の所在であ
る（Kim 1988）が、SOV を主とするものから SVO を主とするものへ発展
したポルトガル語では自然焦点の位置が依然として SOV と一致している
（Harling & Bardovi-Harlig 1988）。中国語では、文の末尾は通常、文の自然
焦点の位置であり、以下は刘丹青（1995）が挙げている二組の例で、後ろ
の（　）の中が自然焦点の成分となっている。

　　　6. 他三十年来一直住在芜湖。（芜湖）
　　　　　彼は三十年来ずっと蕪湖に住んでいる。

　　　7. 他在芜湖一直住了三十年。（三十年）
　　　　　彼は蕪湖にずっと三十年住んでいる。

　　　8. 经济在缓慢地增长。（增长）
　　　　　経済はゆっくりと成長している。

　　　9. 经济增长得缓慢。（缓慢）
　　　　　経済の成長はゆっくりだ。

上の二組の例は、対比の文脈や意図がない場合、自然に文末に位置する成

分が重要な部分と自然ストレスの所在を表す。以上の説明から、自然焦点は明らかに語順との関係がかなり密接であるが、専用の統語的特性を備えている必要は特にない。例えば、上の四つの例文では、自然焦点はすべて文末にあるが、統語的にはそれらはそれぞれ場所補語、時間的な量を表す補語、述語動詞、状態補語であり、実際にはさらに他の文末に位置することが許される統語成分がある。動詞の前に隣接した成分を自然焦点とするSOV型言語では、自然焦点となる成分は目的語でも、主語でも、他の付加成分でもよく（Kim 1988）、統一した統語的特性というものはなく、"提頓词"に類似した文法標識もない。このことは、自然焦点が統語構造の成分ではないことを十分に説明している。

3.2.3 対比焦点

対比焦点は無標焦点とは異なり、その特徴は以下のように表される。

10. 対比焦点：[＋突出]，[＋対比]

対比焦点には二重の背景がある。それはその文における最も突出した情報でもあり、文の残りの部分を背景としているので、[突出] の特徴を持つ。また、前後の文や共有知識の中（特に聞き手の前提の中）に存在する特定の対象やあらゆる他の同類の対象に対応するために特に突出させるもので、文外の背景となる対象と対比する作用があるので、[対比] の特徴も持つ。常に言語の中のいくつかの特定の手段の助けを借りて表され、その中のいつくかのものは統語構造に影響を与えない。例えば、ストレスを加える（焦点を表す方式で本来の統語構造に影響を与えず、焦点ストレス（focus stress）、または対比ストレス（contrastive stress）と呼ばれる統語成分を伴い、同様の成分がストレスを伴わない時の統語的性質は同じである）ことなどがある。例 11a と b の焦点ストレス（前に " ' " を付けて表す）の位置は異なるが、二つの文の統語構造には少しも違いがない。

11a.' 老王上午借了老李一笔钱。

王さんは午前中李さんにお金を借りた。

b. 老王上午借了 ' 老李一笔钱。

また、いつくかの焦点を表す手段は統語構造に影響を与えるが、この時、

3. 主題の概念

焦点はすでにある程度文法化されている。しかし、文法化された焦点は統一した統語的性質を備えているわけではなく、その統語的性質はやはり統語構造によって決定され、焦点であるかどうかとは関係がない。例えば、英語の中の焦点を表す分裂文（cleft-sentence）は文法化された焦点表現形式の一種である。中国語の中で機能がそれに相当する表現形式には二種類がある。その中の一種は英語の形式に近いが異なる部分もあり（ある本では擬似分裂文と呼んでいる）、もう一種は大きく異なっている。中国語の中では、同様に焦点を表示するこの二種類の主題は、統語的性質も異なっており、焦点が所在する成分の統語的地位も完全に同じではない。

  12. It was yesterday afternoon that he entered the town.

   彼がその町に入ったのは昨日の午後だ。

  13. 他是昨天下午进的城。

   彼は昨日の午後に町に入ったのだ。

  14. 他昨天下午进的城。

 例 12 と 13 の共通点は、焦点（yesterday afternoon, "昨天下午"［昨日の午後］）の前に関係動詞（繋辞、英語の場合は be 動詞、中国語の場合は "是"）が加えられていることである。違いは、英語では文頭に形式主語（dummy subject）を加える必要があり、焦点は関係動詞の叙述詞（be 動詞の補語）となっているのに対し、中国語では "是" を主語と焦点の間に挟み、文の基本構造は変えず、同時に後ろにそれに呼応した焦点マーカー "的" を加えるが、焦点は "是" の叙述詞（判断動詞 "是" が支配する名詞）とはなっていない。例 14 は単純に焦点マーカー "的" で表示しており、"的" は焦点と直接の統語的関係はまったくなく、焦点の統語的地位も少しも変わっていない。よって、文法化された焦点は、もとより必ずある種の統語成分であるが、"焦点" と呼ばれる統語成分ではなく、主題は "話題" と呼ばれる統語成分なのである。

 その外に補足説明が必要なことは、焦点と相対する背景成分は、その文の中で背景の働きをするだけで、前後の他の文の中での自然焦点や対比焦点であってもよいことを意味してはいない。

3.2.4 主題焦点

　以上の二種類の焦点は、どちらも普段焦点の研究が主に重要視している対象である。これに対し、我々が言うところの主題焦点は、実際の性質が非常に独特である。主題に対比の作用があるであろうことにすでに注意をした人たちや、さらには焦点を用いてそれを描写した（Chafe 1976のように）人たちもいたが、残念ながらそれらはみなこの種の焦点と上述の二種類の焦点を区別しておらず、主題焦点を対比焦点と混同しているのが普通である。

　主題焦点は、上で述べた自然焦点（[＋突出] [－対比]）でもなければ、一般的な意味での対比焦点（[＋突出] [＋対比]）でもなく、次のようにただ対比のみで突出しない焦点である。

　　　15. 主題焦点：[－突出] [＋対比]

つまり、主題焦点とは、文外のある談話成分や認知成分を背景として、その文の中で突出し、その文の他の成分を背景とすることができないのである。たとえ主題焦点が文の他の成分よりも突出しなくても、文には別に突出した部分があり得る。主題焦点の強調作用は文外の成分との対比にのみ表れる。主題焦点を伴う文の全体的な表現の重点は依然として主題の後の成分であり、そこは比較される主題の具体的な対比内容の所在である。その他、[対比] の意味はまさに上で述べたように、その文の中である文外の成分を背景としており、その背景成分が別の文で焦点になれないことを意味しているわけではない。主題焦点について言えば、背景となる成分には別の文では主題焦点になる可能性もあり、ある状況では、パラレルな文は互いに相手の主題焦点を背景としており、そうして真の対比を構成する。以下、我々は上海語を例として少し説明をする。

　上海語の"末"は主題マーカーを担うと同時に常に主題焦点を表し、即ち文脈における別の主題（あるいは主題焦点でもある）や聞き手の頭の中の共通理解された主題と対比されるが、それはその文の中の他の成分よりもさらに強調されるわけではない。

　　　16. 礼拝天末，人老轧个。
　　　　　日曜日は、人がとても多い。

3. 主題の概念

　この文の主題は明らかに日曜日ではない平日に対するものである。この比べられる対象（上海語の中の"平常日脚"）は背景知識の中に含まれており、次のように言うこともできる。

　　　17. 平常日脚，人倒勿多；礼拜天末，人老轧个。
　　　　　　普段の日は、人は多くないが、日曜日は、人が多い。
しかし、文の内部では、"礼拜天"［日曜日］の情報の強さは後ろの"人老轧个"［人がとても多い］には及ばず、この後ろの部分は、例18のように、とても強調された形式を用いたり、例19のように、焦点ストレスを伴う。

　　　18. 礼拜天末，人轧得俉气也透勿转。
　　　　　　日曜日は、息ができないほど人が多い。
　　　19. 礼拜天末，小明顶欢喜到'动物园去字相。
　　　　　　日曜日は、明君は動物園に遊びに行くのが一番好きだ。
　一方、対比焦点は文の後ろにあるとは限らず、統語的な主語も対比性焦点になることができるが、主題焦点はこの種の対比性焦点となる主語とは明らかに異なる。

　　　20. 老张末，当过海军个。張さんは、海軍兵を務めたことがある。
　　　21.'老张当过海军个。　張さんが海軍兵を務めたことがある。
　例20は主題焦点を伴う文で、その主題は対比性のものなので、その前の文や背景は例22であってよいが、その表現の重点はやはり後部の"海军"にあり、例22の"空军"と相対している。よって、誰かがすでに例23と言ったり、例23のように考えたりした状況では決して使用することができない。例21は主語が対比性焦点を伴った文で、その文全体が表す重点は"老张"であり、後ろの部分が"海军"などを含むのは、すでに言及した副次的情報なので、その前の文は誰かが例23と言ったり、あるいは前提が誰かが例23のように考えたということであってもよいが、例22を前の文とすることはできない。

　　　22. 老王当过空军个。
　　　23. 老王当过海军个。
　「主題焦点」と対比焦点とはさらに一つの重要な違いがある。対比焦点は、主語となる対比焦点を含み、一般にみな文脈や背景知識の支持の下で文の

他の残った部分を省略できるが、主題焦点はどのように対比しても、その後の部分を省略できない。なぜならば、主題焦点文の文内の表現重点は、次のように主題の後のある成分にあるからである。

  24. A ：老王当过空军个。

    B$_1$：*老张末 。

    B$_2$：老张。

  25. A ：老王当过海军个。

    B$_1$：'老张！

    B$_2$：是老张！

 もちろん、我々が主題焦点には「突出」の特徴がないと指摘するのは、文全体についてである。もし、一つの文にいくつかの主題があれば、主題焦点は焦点の特徴を伴わない主題よりもさらに突出した成分である。

  26. 礼拜天末，淮海路浪，人老轧个。

    日曜日は、淮海路は、人がとても多い。

  27. 礼拜天，淮海路浪末，人老轧个。

    日曜日、淮海路は、人がとても多い．

二つの主題の中で、例26は"礼拜天"を突出させ、その文には平日と対比する含意があり、例27は"淮海路浪"［淮海路は］を突出させ、その文には他の通りと対比する含意がある。しかし、文全体のレベルでは、主題焦点は突出された対象というわけではなく、この点は前の分析を通してすでに十分に明らかにした。

 以上の主題焦点の観念を用いると、普通話の"連"主題文及びそれに対応する方言の文型を分析するのに特に便利である。"連"は前方付加性の主題マーカーであり、それが伴う成分は主題焦点であり、明らかな対比性を持っているが、このことは文のVP部分が文の重要な情報を表すことを妨げない。

  28. 连老王都忍受不下去了。

    王さんさえ我慢できない。

  29. 他连自己的妻子也瞒得紧紧的。

    彼は自分の妻さえしっかりとだました。

3. 主題の概念

例 28 では動作主の"老王"が主題焦点を担っており、他の人と対比され
ているが、文の情報の重点は"忍受不下去"［我慢できない］であり、例
29 では受動者の"妻子"［妻］が主題焦点（構造的には副主題）を担い、
他の人と対比されているが、文の意味の重点は"瞞得緊緊的"［しっかり
とだました］である。"連"を用いず、後ろの副詞"也、都"のみに頼っ
ても、同様の働きがある。

　　30. 老王都忍受不下去了。

　　　　王さんさえ我慢できない。

　　31. 他自己的妻子也瞞得緊緊的。

　　　　彼は自分の妻さえしっかりとだました。

"都、也"の位置は主題焦点の後ろにあるので、それらは実際に後方付加
の主題マーカーの作用も持っているが、ただそれらが本来副詞として強い
前方付加性を持っているので、真の後方付加の主題マーカーへと発展して
いないのである。しかし、我々は 3.3.1 ですぐに見るが、上海語では、少
なくとも"也"はすでに真の主題焦点を表す専用の後置性主題マーカーへ
と変化しているのである。

　省略という角度から見ると、"連"焦点文も対比焦点文とは異なるが、
他の主題焦点文とは同じである。たとえどのような文脈が与えられても、
それはみな"連"が伴う成分に対して陳述を行う部分を省略することはで
きない。なぜならば、それは"連"構文の意味の中心の所在であるが、"連"
の前の成分は省略できるからである。

　　32a. 我（連）鴕鳥肉都吃過。　私はダチョウの肉でさえ食べたことがある。

　　　b.（連）鴕鳥肉都吃過。　ダチョウの肉でさえ食べたことがある。

　　　c. *我（連）鴕鳥肉。

　　　d. *（連）鴕鳥肉。

以前のいくつかの研究では、本節で述べた三つの焦点を区別しなかった
ために、概念と解釈における混乱の出現が避けられなかった。それらの混
乱は、特に焦点、主題、"連"構文などに現れた。例えば、徐杰、李英哲（1993）
が提出した中国語の「焦点選択システム」はこのような問題を際立てて反
映している。そのシステムとは次のものである。

120

　　　　　　　　　　　　　　　　　　　　　　　　3.2 主題、焦点と「主題焦点」

　　“是”で強調される成分 → “連／就／才”で強調される成分 →「数詞＋
量詞」成分 → “把”の目的語 → その他の修飾成分 → 中心成分 → 主題
　この序列では、明らかに主題焦点に属する“連”の強調成分を序列の二番目
に置き、一定の主題性を持つ“把”の目的語を四番目に、またすべての主題を
最後尾に置いており、さらに「主題成分が焦点成分になる可能性はゼロに近い」
と明確に説明しているが、明らかな矛盾が生じている。その文が焦点を確定
する根拠となる基準はJackendoff（1972）の定めた境界であるが、Jackendoff が
定めた境界は明らかに対比焦点だけである。序列の中のあるものは、「数詞＋
量詞」成分のように明らかな自然焦点であるが、序列に入れても問題はない。
なぜならば、それらは対比ストレスを加え対比焦点に変わる可能性があるか
らである。この序列は主題を末尾に並べてもよいが、実際には序列の外に置
くべきである。なぜならば、主題が対比焦点を担う可能性はゼロに近いので
はなく、まったくのゼロだからである。しかし、彼らは明らかに、また“連”
の強烈な焦点作用を感じているので、種類を分けずにそれをこの序列に入れ
たため、このシステムの内部の一致性を大きく壊すこととなっている。この
ような混乱の影響はもちろん抽象的な序列だけにあるのではなく、必然的に
具体的な現象の分析にも影響を与えている。例えば、彼らは疑問焦点と否定
焦点との相関性に気づいており、疑問焦点を探し間違えれば、否定文の答え
が問いかけと異なるものとなってしまうことは正しいが、疑問焦点と否定焦
点はどちらも対比焦点であり、主題焦点であってはならない（“連”構文を含め）。
しかし、彼らが規則の説明に用いているために挙げている例文には、まずい
ことに“連”構文が含まれており、その結果明らかな分析の間違いが生じて
いる。以下の二組の対話では、彼らは、Bは疑問焦点に対して否定をしていな
いので、Aが正しくBが間違いであると考えている。下線部や疑問文の後のダッ
シュ及びその後の説明はすべて原文に基づくが、それらは焦点を選択する規
則を説明している（例文番号は本書に基づき付けたものである）。
　　33. 問い：你是去年夏天来美国的吗？—“是”が強調する成分
　　　　　　あなたは去年の夏にアメリカに来たのか。
　　　答え：A. 不，我是前年夏天来美国的。
　　　　　　　いいえ、私はおととしの夏にアメリカに来たのだ。

121

3. 主題の概念

B．？不，他是去年夏天来美国的。

いいえ、彼は去年の夏にアメリカに来たのだ。

34. 問い：你连小刘都不认识？——“连”が強調する成分

あなたは劉君さえ知らないのか。

答え：A．不，我连小王都不认识。

いいえ、私は王君さえ知らない。

B．？不，我连小刘都不喜欢。

いいえ、私は劉君さえ好きではない。

　彼らは、否定文は疑問文中の焦点を否定しなければならないと考えており、彼らの選択規則によれば、“是”、“连”の後は疑問焦点であるべきなので、否定文はこれらの焦点、即ち例33の“去年夏天”［去年の夏］、34の“小刘”［劉君］を否定すべきである。我々は、何人かの人にこれらの文を判断してもらったが、その回答はすべてその答えの文が「問いかけとは異なる答えである」ということで、さらには印刷に間違いがあるのではと疑う人もいた。そして、彼らが適格であるとした否定文はすべて次のものであった。

35. 答え：不，我认识小刘。／不，小刘我认识。

いいえ、私は劉君を知っている。／いいえ、劉君は私は知っている。

　この正確な答えの文は、我々の次の結論を証明している。つまり、主題焦点の意味の重点は依然として主題の後の成分であり、“连”について言えば、文の後部の“连”が伴う成分に対してコメントを行う部分であり、例34では“不认识”がそうである。“不认识”を否定してはじめて、その問いの答えとなるのである。このことから、主題焦点と対比焦点を分けることが必要であることが分かる。

　以下の文で我々が用いる「主題焦点」の概念は、本節で説明するこのような意味で使用するものとする。

3.3 上海語“提顿词”の全体的な分析

　後方付加性の“提顿”（提示を表しポーズを伴う）助詞は上海語で最も重要な主題マーカーであり、おそらく普通話の“提顿词”よりもさらに典型的な主題マーカーである。従って、上海語の“提顿词”の詳細な分析に

3.3 上海語"提頓词"の全体的な分析

よって、我々の中国語の主題現象に対する認識を深めることができるかもしれない。この節ではまず一つの類を成す上海語の"提頓词"に対して全般的な考察と分析を行い、次の節でさらにそれぞれの"提頓词"が主題マーカーとして用いられる際の異なる特徴と機能について分析する。

3.3.1 "提頓词"の来源

"提頓词"は後方付加語に属する。上海語の中で主題マーカーとなる"提頓词"には次のものがある。

末 [məʔ]

呢 [nəʔ]

是 [zʅ]

倒 [tɔ]

也 [a/aʔ]

对哎 [tɛ^{34} vaʔ]

是哎 [zʅ$^{12\text{-}22}$ vaʔ]

方梅（1994）によれば、北京語の"提頓词"はすべて文末語気詞であるが、上海語の"提頓词"はすべてが語気詞から生まれたものではなく、いくつかのものはその文法化の程度がそれぞれ異なっているので、まずそれらの来源について簡単に分析する必要がある。

"末"は"么、麼"とすることもでき、"末"は清代以降、呉語の小説や上海語のテキストなどで最もよく使われる字形である。それは完全に機能語化された"提頓词"であり、文末語気詞として用いることもでき、普通話の"么"（"嚜"、"嘿"などともできるが、本書では iao と発音する"幺"（異体字は"么"である）と区別するために"麼"とする）とは同源である。しかし、上海語では、"末"の"提頓词"用法は語気詞の用法よりもずっとよく見られ、また両者には意味的な関係が見出せない。

"呢"も"提頓词"と語気詞を同時に兼ねる機能語で、用法は普通話の"呢"に相当するが、上海語では普通語のように常用されない。

"是"の"提頓词"としての用法は普通話にはなく、それは上海語では今でも"提頓词"の用法しかなく、語気詞の用法はないので、「語気詞」

123

と呼ぶべきではない。それは関係動詞（繋辞）から発展したものである。例1は"提頓词"と関係動詞の間で仲介する用法と見なすことができる。なぜならば、ちょうど文末にある"个"（的）が"是"と呼応しており、普通話の"是……的"形式に類似している。例2はよりはっきりとした"提頓词"用法ではあるが、呉語に語感がない人は依然として例2の中の"是"が関係動詞であると誤解する可能性があるけれども、すでに普通語の類似した文型で訳すことができない。例3の中の"是"はおそらく関係動詞と見なす人はいないであろう。なぜならば、それはすでに仮定節の中に用いられているからである。上海語では、すべての"提頓词"はみな仮定条件を表す分文（節）の中に用いることができる。なぜならば、それらは上海語では一種の主題にも属しているからである（詳細については6.4を参照）。

　　1. 我是，勿相信有搿种事体个。
　　　　私は、この事を信じられない。

　　2. 搿桩事体是，我一眼印象也呒没哉。
　　　　この事は、私は少しも印象がなくなった。

　　3. 伊勿答应是，阿拉桩事体办勿成功个。
　　　　彼が承知しないならば、我々の事は成功しない。

　"倒"と"也"はちょうど前方付加性の副詞から後方付加性の"提頓词"への発展過程にある。"提頓词"として用いられる時、それらの意味はやはりその副詞用法と関係があり、また、いくつかの文中では前方付加・後方付加の両方が可能であるが、意味が近く、次のように後方付加の時にだけ、前の名詞の主題の性質がよりはっきりする。

　　4a. 老王倒，本事蛮大个。
　　　　王さんはまあ、大した腕前だ。

　　b. 老王，倒本事蛮大个。

　　5a. 老王也，听勿下去哉。
　　　　王さんも、話を聞かない。

　　b. 老王，也听勿下去哉。

　おおまかに言えば、"倒"を用いた文には予期された状況とは異なるという含意があり、"也"を用いた文は"连"による強調文に近い文型であり、

主題焦点を表し、"連"構文と同じように、いつも副主題や文頭にない主主題の中に用いられる。

　　6. 我现在介大个字也，一眼看勿清爽哉。

　　　私の今のこんなに大きな字さえ、はっきり見えなくなった。

　　7. 老张是，个能介事体也，做勿落主。

　　　張さんは、こんな事も自分で決められない。

　但し、"也"主題文にはこのような"連"構文の含意を持たないものがあり、その中の主題成分は明らかに上の"也"主題文よりも軽く読まれ、その中の"也"は"啊"であるべきであり、普通話の"提頓词"である"啊"と同源である。

　　8. 老王啊，要退休快哉。

　　　王さんは、もうすぐ退職だ。

　しかし、現代の語気詞兼"提頓词"である"啊"は、古代中国語の語気詞兼"提頓词"である"也"であり、上海語でもちょうど副詞兼"提頓词"である"也"と同音であり、"提頓词"を"也"と書いてもまったく問題ない。普通話の"啊"と"也"の表記が異なるのが当然なのは、それらが同音ではないからである[5]。

　"对哦"、"事哦"が疑問節によるものであることは、3.1.3 ですでに分析を行った。

3.3.2 "提頓词"の音律的特徴及びそのポーズとの関係

　後方付加の機能語として、"提頓词"は言語のひと区切りの始まりに現れることはできず、常にある言語単位の末尾に用いられ、同時に後ろにさらに他の成分が現れなければならず、全文や談話の終了部分に用いることはできない。これは、"提頓词"が語気詞と区別される顕著な特徴である。主題マーカーとしては、これは当たり前なことである。中国語及びその方言において、主題は必ずしも文頭の成分ではないが、主題は絶対に文や談話の最後の成分であってはならない。主題の後には主題に対してコメントをする成分がなければならない。それ自身は後方付加性であるが、その後にはまた他の成分が現れなければならないので、"提頓词"は常に「文中」

3. 主題の概念

の位置に置かれることとなる。

単音節の"提頓词"は、上海語には単音節声調がないので、常に軽声で読まれ、二音節の"提頓词"は単音節声調で読むことができるが、主題マーカーとなる場合には、実際にはやはり弱化して軽声となる。呉語の中のその他の後方付加の軽声音節と同じように、"提頓词"は常に前の語と一つの多音節声調の組み合わせ（即ち、呉語の中の一種の緊密な音声組み合わせユニット）を構成し、それ自身がさらに多音節声調組み合わせの末字となり一定の声調の値を伴うが（実は、北京語の軽声も前の字によって声調が決まる声調値を伴う）、たとえ"提頓词"の後にはっきりとしたポーズがなくても、後ろの語句とは連続変調の関係が生じない。次の上海語の例9と10を比較してみる。

9. 　　　　　　　　　　开　　水　　　　　热　　个。　　［お湯は熱い］
　　　　単音節声調　　53　　34　　　　　12　　0
　　　　多音節声調　　55　　21　　　　　11　　12
10. 　　　　　　　　　开　　水　　末　　热　　个。　　［お湯は、熱い］
　　　　　　　　　　　　　　　　　・
　　　　単音節声調　　53　　34　　　　　12　　0
　　　　多音節声調　　55　　33　　21　　11　　12

例9では、"开水"と"热个"は二つの多音節声調の組み合わせを構成している。"末"を挿入した後、"开水末"は一つの多音節声調の組み合わせとなるので、"水"の声調は9の21から33へと変わり、これは"阴平"（現代漢語共通語の第1声）で始まる三字の組み合わせの二番目の字の規則によるものであり、"热个"の声調は変化が生じない。

"提頓词"は韻律的には一種の強化されたポーズ標識である。ポーズとは本来一種の韻律的特徴であり、実際には「無」即ち「ゼロ」を手段とする消極的な特徴である。"提頓词"の韻律的作用とはポーズを一種の分節音素的特徴に変化させることで、同時に一種の積極的な文法標識へと強化させる。

具体的に言えば、あらゆる"提頓词"のすぐ後に一つのポーズを置くことができ、書面語では読点で表されるが、このポーズははっきりと現れなくても、その作用はなお存在し、また、統語構造を少しも変えずにいつで

もポーズを挿入することができる。よって、上海語の書き言葉の資料では、"提頓词"の後に傍点を付けなくてよく（上の例10及び下の11のように）、また、句読点を付けても付けなくても自由である（例12）。

11. 今天天气旱来,日日做空阵头,雨末一点也落勿出。(《蒲课》273 頁)
　　今日は雨が降らず、毎日にわか雨の気配もなく、雨は少しも降らない。

12. 我有两个媳妇（→新妇）；大媳妇末蛮会做人个，小媳妇末，一眼勿懂啥，只晓得字相。(《蒲课》50 頁)
　　　私には二人の息子の嫁がおり、上の息子の嫁は人づきあいがよいが、下の息子の嫁は、少しも分かっておらず、遊ぶことしか知らない。

"提頓词"の後にポーズ、あるいは書き言葉での句読点があるかないかは、節の中の"末"の前後の成分の長さと一定の関係がある。主題成分が短い場合（例11の"雨"のように）や、評言の部分が短い場合（例12の"蛮会做人个"）は、ポーズが現れないようにする。しかし、これはあくまでも一種の傾向であり、"提頓词"の後のポーズが自由に隠れたり現れたりするという根本的な性質を変えることはできない[6]。

　我々が、"提頓词"がポーズの具体化であると説明するのは、いくつかの文の主題は"提頓词"を加えない時にはポーズがなければならないからであり、もし"提頓词"を加えれば、ポーズを置かなくてもよい。

13a. 老张，老王请哦？（「王さんがおごる」という理解、以下同様）
　　　張さんは、王さんがおごるでしょう？

　b. *老张老王请哦？

　c. 老张末老王请哦？

14a. 西瓜，北方个比南方个好吃。
　　　スイカは、北の方が南よりおいしい。

　b.? 西瓜北方个比南方个好吃。

　c. 西瓜末北方个比南方个好吃。

しかし、"提頓词"はポーズの代替物に過ぎず、それは実際にはポーズの文法作用をさらに強め、同時に積極的な文法標識となる。3.1.1 で例 3－6 を用いてポーズには主題焦点を表す働きがあることを説明したのは、主

3. 主題の概念

にポーズを置くか置かないかの比較を通して見出したものである。ここで、我々はさらに上海語の文でポーズと"提頓词"を加える二種類の手段が主題焦点を表す類似した作用を比較する。

15. 昨日夜里向，阿拉屋里向倒，蛮暖热个。

　　昨日の夜、我々の家はとても暖かかった。

（前提となるのは「その他の場所は寒かった」ということ）

16. 昨日夜里向倒，阿拉屋里向，蛮暖热个。

　　昨日の夜について言えば、我々の家はとても暖かかった。

（前提となるのは「その他の時間は暖かいとは限らなかった」ということ）

例 15 の突出した主題である主題焦点は"阿拉屋里向"［我々の家］で、例 16 の主題焦点は"昨日夜里向"［昨日の夜］で、どちらも"提頓词"の"倒"を伴う成分にある（"末、是、呢"に置き換えても同様である）。たとえ"提頓词"を伴う主題の後にポーズを置かなくても、状況はやはり同様である（ポーズがないと"倒"は副詞と理解されやすくなるので、"提頓词"を"末"に換えて用いる）。

17. 昨日夜里向，阿拉屋里向末蛮暖热个。

18. 昨日夜里向末阿拉屋里向，蛮暖热个。

このことから、"提頓词"はポーズよりも強い主題焦点マーカーであることが分かる。一方、ポーズと比べると、"提頓词"もより専門的な主題マーカーの一種である。なぜならば、上海語の"提頓词"は単純なポーズよりも適用範囲が狭く、いくつかのポーズを置ける文中の位置の前の成分は主題性を持っておらず、その位置には"提頓词"を加えることができないからである。

19. 依要耐心眼，脱伊讲讲清爽。

　　あなたは我慢して、彼 / 彼女とはっきり話して。

20. *依要耐心眼末，脱伊讲讲清爽。

これは"提頓词"を全体として述べたもので、それぞれの具体的な"提頓词"に至っては、さらに自分で特定したその主題性と関係がある専用の意味があり、それはさらにポーズが代替できないものである。最も重要なのは、韻律的特徴の標識はさらに成分の談話的特性と関係が密接であるが、分節音素標識はそのより多くが統語的手段になってしまうということである。

128

従って、上海語の"提頓词"はポーズと比べるとより専用性が高く、より統語化された主題マーカーなのである。

3.3.3 "提頓词"の統語的分布

語彙範疇から見ると、"提頓词"を伴うことができる成分はかなり広範で、純粋な副詞性成分以外に、他の内容語及びフレーズはすべて"提頓词"を伴うことができる。一般の名詞及びフレーズ、時間・場所を表す語句が"提頓词"を伴う用法については、すでにご存じの通りで、わざわざ例を挙げる必要はないであろう。そこで以下では、いくつかの注意を要する状況について説明をする。

あらゆる介詞フレーズはみな"提頓词"を伴うことができる。介詞は一種の深層構造における格成分の標識であり、格文法理論によれば、ある格が表層構造で主格として選ばれた時、伴う介詞を削除しなければならない。もちろん削除というのは一種の比喩的な言い方でもあるが、削除という観念を用いようが用いまいが、実際にはほとんどすべての文法理論では介詞句が主語となることを認めない。しかし、主題の状況はすべて同じとは限らない。深層格が主題（主主題や副主題）を担うことは自然であるが、主題は介詞削除規則を守る必要はない。また、主題は本来介詞句が担うことができ、それと呼応して、我々は介詞句が"提頓词"を伴う状況をよく目にする[7]。時間・場所・方向などを表す介詞句は言うまでもなく、その他の受動者マーカー"拿……"（把）、動作主マーカー"拨……"（被）、対象マーカー"対……"などは、上海語ではすべて"提頓词"を伴うことができ、また"提頓词"を伴うことが多く、もちろん前方付加性の主題マーカーである"至于……"も含んでいる。

21. 辣人家屋里向末，伊一声口也勿敢开个。
    その人の家の中ではね、彼はひと言も声を出すことができない。

22. 老王今朝拿小张是，训得来头也拾勿起。
    王さんは今朝張さんをさ、顔も挙げられないほどしかった。

23. 我今朝拨小偷末，冲脱一笔大钞票。
    私は今朝どろぼうにね、金をごっそり盗まれた。

3. 主題の概念

24. 对年纪大个人倒，侬是要多照顾一眼个。

　　年配の人にはね、あなたはもっと面倒をみてあげないと。

　以上のいくつかの文を普通話に訳した場合、"啊"やポーズを加えると、あまり自然でなくなるが、それはおそらく、介詞句が主題化することは、上海語では北京語よりもよく見られる現象であるからであろう。

　"提頓词"は述語性成分の後に加え、主主題や副主題を構成することができる。

25. 烧菜末，伊只会得炒鸡蛋。

　　炒め物は、彼はスクランブルエッグしかできない。

26. 吹牛三是，老王本事顶大。

　　うそをつくのなら、王さんが得意だ。

27. 小张得鱼倒，蛮会得拣地方个。

　　小張は魚を取るなら、場所を選ぶのがうまい。

28. 认真末，大家侪蛮认真个。

　　まじめは、みなとてもまじめだ。

29. 勿开心末，就麭参加。

　　気が進まないなら、参加しなくていいよ。

　"提頓词"を伴う述語の中には、その働きがすでに節のようなものがあるが、実は本当の節でも"提頓词"を伴うことができる。

30. 侬勿去末，我自家去。

　　あなたが行かないなら、私は自分で行く。

31. 衣裳忒小是，我穿勿进个。

　　服が小さすぎて、私には着られない。

32. 侬想去也，我勿让侬去。

　　あなたが行きたくても、私はあなたを行かせない。

33. 身体勿好末，就蹲辣屋里休息休息。

　　体調が悪いなら、部屋で休みなさい。

　上海語の中の"提頓词"を伴うこの種の節は、確かに後の成分との間に一種の複文型の意味関係があるが、構造的には、それらはやはり主題の一種であるので、我々はこれを主題節と呼ぶ。それらの主題の性質については、2.6

130

ですでに説明をした。その意味と機能については、6.4 でさらに検討を行う。

　純粋な副詞性成分とその他の"虚词"（統語的な機能語）は、上海語では"提顿词"を伴うことができない。以下の例は、"提顿词"が文中のかなり異なる成分の後に用いることができる一方で、それらは依然として副詞性の修飾成分の後に用いることができないことを説明している。（例えば、例 34i, j, k がそうである）

34a. 为仔调查方言，小张今朝早浪向辣茶馆店里向用小录音机偷偷叛叛拿人家讲个闲话一眼一眼统统录下来。

　　方言を調査するために、小張は今日の朝喫茶店で小さな録音機を使ってこっそりとほかの人の話を少しずつ全部録音した。

b. 为仔调查方言末，小张今朝早浪向辣茶馆店里向用小录音机偷偷叛叛拿人家讲个闲话一眼一眼统统录下来。

c. 为仔调查方言，小张末，今朝早浪向辣茶馆店里向用小录音机偷偷叛叛拿人家讲个闲话一眼一眼统统录下来。

d. 为仔调查方言，小张今朝末，早浪向辣茶馆店里向用小录音机偷偷叛叛拿人家讲个闲话一眼一眼统统录下来。

e. 为仔调查方言，小张今朝早浪向末，辣茶馆店里向用小录音机偷偷叛叛拿人家讲个闲话一眼一眼统统录下来。

f. 为仔调查方言，小张今朝早浪向辣茶馆店里向末，用小录音机偷偷叛叛拿人家讲个闲话一眼一眼统统录下来。

g. 为仔调查方言，小张今朝早浪向辣茶馆店里向用小录音机末，偷偷叛叛拿人家讲个闲话一眼一眼统统录下来。

h. 为仔调查方言，小张今朝早浪向辣茶馆店里向用小录音机偷偷叛叛拿人家讲个闲话末，一眼一眼统统录下来。

i. ? 为仔调查方言，小张今朝早浪向辣茶馆店里向用小录音机偷偷叛叛拿人家讲个闲话一眼一眼末，统统录下来。

j. *为仔调查方言，小张今朝早浪向辣茶馆店里向用小录音机偷偷叛叛末，拿人家讲个闲话一眼一眼统统录下来。

k. *为仔调查方言，小张今朝早浪向辣茶馆店里向用小录音机偷偷叛叛末拿人家讲个闲话一眼一眼统统末，录下来。

131

3. 主題の概念

以上は、文法範疇の角度から考察をしている。次に統語的位置の角度から"提頓詞"の統語分布を考察する。上の例 34 の各文は実際にはすでに"提頓詞"の統語分布面の部分的な状況を同時に明示している。つまり、主主題（a, b）や副主題（c－h）を含み、文の主要動詞の前の各種内容語成分を主題にさせることができる。その外に、次の二点の補足説明が必要である。

(1) 主題は統語成分の一種であり、統語的再帰性の原理により、文中の埋め込み文はすべて主文と同じように主題成分を持つことができる。実際にもそうであり、上海語の中のこれらの成分の後には"提頓詞"を伴うことができ、それらの成分には目的語（二重目的語を含む）節、補語節などの主文の述語の後の節主題成分（関係節、すなわち連体修飾節を除く、以下を参照）を含む。

35. 我希望侬末快点跑脱。
    私はあなたには早く行ってほしい。

36. 老王告诉我小菜末，伊已经买好哉。
    王さんは私に食材を買うように言ったが、彼はすでに買っていた。

37. 伊讲故事讲得大家末，侪困着哉。
    彼がみんなに話をするとね、みんな寝てしまった。

38. 小张一跤跌得来眼镜也，全部碎脱。
    小張は転んでしまって眼鏡を、全部割ってしまった。

(2) 各種の副副主題の後には、すべて"提頓詞"を用いることができる。文の主要動詞の後に類似した主述関係を持ついくつかの成分の間にも、主題構造を形成することについては、2.7 ですでにこれらの副副主題の構造的性質と具体的な分類について分析したので、ここでは詳細に述べない。上海語のこれらの副副主題の後にはすべて"提頓詞"を用いることができる。次の例は 2.7 で挙げたものもあれば、ここで補足したものもある。

39. 我请小张末，负责业务工作。
    私は小張にお願いし、業務を担当させる。

40. 我劝王军末报文科，劝李霞末报医科。

私は王軍には文系の受験を勧め、李霞には医学部の受験を勧める。

41. 伊拨仔儿子末一幢房子，拨仔囡儿末一只钻戒。

彼は息子に家を一軒あげ、娘にダイヤモンドの指輪をあげた。

42. 小囡叫我末，爷叔，叫阿拉兄弟倒，老伯伯。

子どもが私を呼ぶには、"叔叔"、私の弟を呼ぶには、"伯伯"。

43. 我看见过美国总统末三趟，英国女王末两趟。

私はアメリカの大統領は三回、イギリスの女王は二回見たことがある。

44. 我今朝下半天读外语末两个钟头，打篮球末一个钟头。

私は今日の午後、外国語の勉強は二時間、バスケットは一時間行う。

45. 伊买仔笔末，十支，纸头末，五张。

彼はペンは十本、紙は五枚買った。

"提顿词"を加えることができない統語的位置には次のものがある。

①文の主要動詞（述語動詞）の後で、文末の動詞（その形態成分も合わせて）の後、動詞とその目的語や補語との間、VP 全体の後を含む。

北京語の"提顿词"はすべて文末語気詞によるもので、あらゆる"提顿词"にはいまだに文末語気詞の用法があるので、この規則ははっきりとした検証をすることはできないが、上海語の"提顿词"である"是、倒、也"などは語気詞による成分というわけではないので、この規則が特にはっきりと表れる。

46. *我吃过末。（私が食べたのは）

47. *张阿姨要买末，两张票。

（張おばさんが買いたいのは、二枚のチケットだ）

48. *小王等仔是，半个钟头。（小王が待ったのは、二時間だ）

49. *伊到过交关国家倒。（彼が多くの国に行ったことがあるのは）

我々は確かに、次のように少数の動詞とその目的語となる節の間に"提顿词"を加えることができ、上述の規則の例外となるようなものを見つけた。

50. 我希望末，大家一道去。

私が望むのは、みんないっしょに行くことだ。

51. 我听说末，老王勿是自愿辞职个。

私が聞いたのは、王さんは自分から辞職したのではないということだ。

3. 主題の概念

この種の動詞は普通の主文の主要動詞ではないようで、慣用の程度が比較的高い一種の節である。なぜならば、たとえ普通の拡張であっても、"提頓詞"を加えると拡張を進めることが難しくなる。

52. 我一直／老／真心／希望大家一道去。

　　私は　ずっと／いつも／心から　みんなが一緒に行くことを望んでいる。

53. ? 我一直／老／真心／希望末，大家一道去。

従って、主題の性質によれば、それらは前に挙げた主題節に類似した性質を持たなければならず、また一般の主題節よりもイディオム化されている。Matthews & Yip（1994:341）は粵語の主題助詞に言及する際、例 54 の中の"重有"［さらに］（俗語では"仲有"という）のように、やはり主題マーカーの前のこの種のイディオム化された節を主題と見なしている。

54. 重有 wo，你記住帯鎖匙啊。

　　それから wo さん、あなたは鍵を持っているのを覚えていますか。

字面と来源から見ると、"重有"は後ろの文を目的語となる節としているようでもあるが、彼らはやはり"重有"を主題と見なしており、このことは我々の考えと一致している。

②関係節（連体修飾語節）の中の各種成分。

　　以下の各例では、a は節が連体修飾語となる状況で、b は節が"提頓詞"を伴い連体修飾語となる状況で、c は同様の節が"提頓詞"を伴う単独使用の状況であり、b のみが容認されないことから、関係節の位置は節内の成分が"提頓詞"を伴うことを妨げる主要因であることが分かる。

55a. 伊看中个人［彼が気に入った人］

　b. *伊末看中个人

　c. 伊末看中一个人。彼は、ある人が気に入った。

56a. 我昨日夜到买个衬衫［私が昨日の夜買ったシャツ］

　b. *我昨日夜到末，买个衬衫

　c. 我昨日夜到末，买仔一件衬衫。私は昨日の夜は、シャツを一着買った。

57a. 老张酒勿吃个晨光［張さんが酒を飲まない時］

　b. *老张酒末勿吃个晨光

　c. 老张酒末勿吃。　張さんは酒は飲まない。

58a. 一斤六块洋钿个鱼［一斤六元の魚］

b. *一斤末六块洋钿个鱼

c. 鱼一斤末六块洋钿。 魚一斤は六元だ。

③名詞句の中の修飾成分（即ち連体修飾語の位置にあるすべての単語や
フレーズ）。

　以下のaは名詞句で、bは同一のフレーズが修飾語の後に"提頓词"
を伴う形式で、cは連体修飾語マーカーである"个"の後に"提頓词"
を伴う形式である。

59a. 阿拉阿哥［私の兄］

b. *阿拉末阿哥

60a. 新装修个房间［新しく改装した部屋］

b. *新装修末个房间

c. *新装修个末房间

④述語フレーズの中の形容詞性修飾成分、即ち連用修飾語（中国語では
"状语"）となる形容詞。

　この小節の前ですでに副詞の連用修飾語は"提頓词"を伴うことが
できないことに言及したが、実際には同様の位置の形容詞も"提頓词"
を伴うことができない。例34jは、"偷偷叛叛"の後に"末"を加える
ことができないのは、この語が本来形容詞でもあることを明示してい
る。この規則は、動詞の前に確かに"提頓词"を伴う形容詞が現れる
という現象により混乱が生じやすい。例61は三十数年前の宣伝スロー
ガンであるが、原文は"舒舒服服学不了大庆，轻轻松松赶不了大寨"
であり、上海語に訳された時に、"末"が加えられたのはごく自然で、
その文中の形容詞と動詞との間には本来修飾関係が存在せず、"提頓
词"を伴う形容詞は主題節の働きと一致するものである。言い換えれ
ば、動詞と修飾関係を持たない形容詞であってはじめて、動詞の前に
"提頓词"を加えることができるのである。

61. 舒舒服服末学勿好大庆，轻轻松松末追勿上大寨。

　気楽にやっていては大慶に学べず、のんびりやっていては大寨
に追いつけない。

3. 主題の概念

　　この"末"を伴う制限はあらゆる動詞の修飾成分がみな"提頓词"を
　　伴わずに主題となるところまでは拡張できない。なぜならば、介詞句
　　はすべて"提頓词"を伴うことができるが、介詞句は動詞の前では伝
　　統的に連用修飾語と見なされるからである。

　結論として、"提頓词"が現れることができる位置は次のようにまとめ
られる。

　(1) 文の述語動詞の前の副詞性の連用修飾語と形容詞性の連用修飾語以
　　　外の各種成分の後で、ここでの文とは主節と関係節以外の他の節を
　　　含む。

　(2) 文の述語動詞の後の陳述関係にある二つの成分の間。最も重要なの
　　　は、"提頓词"の後には必ずそれに陳述を行う部分がなければならない。
一方、"提頓词"を加えることができない位置は、主に後ろにそれに対す
る陳述を行う成分がないものである。また、連体修飾関係節中の主題構造
も"提頓词"を排除するが、この現象にはさらに別の面からの説明が必要
である。

　"提頓词"の統語的分布は、ある面から上海語の主題が統語構造の一種
であり談話レベルの成分にとどまらないことも実証している。张伯江・方
梅（1994）は、北京語の文中の語気詞は主部と述部の境界線であると考え
ている。プラーグ学派及びその継承者の談話実際切り分け（actual division
of the sentence）理論によれば、談話の中では、主部と述部の境界が文のあ
らゆる二つの成分を切り分けることができ、談話環境や新・旧情報の割り
当てがこのような切り分けを支持しさえすれば、例えば、下の対話の答え
の文の中で、主部と述部の境界は動詞と目的語の間、つまり縦線の位置に
あるとすることができる。

　　62. 甲：侬每天看啥个报纸？　　あなたは毎日どの新聞を読みますか。

　　　　乙：我每天看 |《新民晚报》。　　私は毎日『新民晚報』を読みます。
しかし、上海語の"提頓词"の統語的制約は、すでに文の主要動詞が主題
になり得ないことを決定しているので、"提頓词"は縦線を加えた動詞と目
的語の間に用いることはできない。このことから、上海語の主題及びその
形式標識である"提頓词"は、すべてすでに統語構造の一部であり、統語

規則に支配されており、談話現象だけにとどまらないということが分かる。

　"提頓詞"の使用は当然、意味関係と談話機能という環境面の制約を受け、この問題については、第4・5・6各章で検討を行う。しかし、一点については既に文法化された談話制約と関係があるために、先にここで述べてもよいであろう。

　もしも、文中に"是"（"提頓詞"の"是"ではない）とその後に隣接するストレスを付けた読みを用いて表す対比焦点を伴うならば、"提頓詞"は対比焦点の前にしか現れることができず、この種の対比焦点の後に現れることは絶対にない。また、もし文頭の成分がこのような焦点となるならば、その文全体は"提頓詞"を伴うことができない。しかし実際には、"是"を用いずに対比ストレスのみを用いれば、結果はやはり同様で、"是"を加えるのはよりはっきりとしたテスト標識を提供するためである。次の例63の各文の"提頓詞"はすべて対比焦点の前にあるので、文は成立し、例64は対比焦点が文頭にあるので、文はやはり成立するが、例65の各文の"提頓詞"はすべて対比焦点の後にあるので、文はすべて成立しない。

63a. 昨日末，伊拉是＇辣文化馆里搭外国人比赛围棋。

　　　昨日は、彼らは文化館で外国人と囲碁の試合をした。

　b. 昨日末，伊拉辣文化馆里是＇搭外国人比赛围棋。

　c. 昨日末，是＇伊拉辣文化馆里搭外国人比赛围棋。

　d. 昨日末，伊拉辣文化馆里搭外国人是＇比赛围棋。

　e. 昨日伊拉末，是＇辣文化馆里搭外国人比赛围棋。

　f. 昨日伊拉末辣文化馆里，是＇搭外国人比赛围棋。

　g. 昨日伊拉辣文化馆里末，是＇搭外国人比赛围棋。

　h. 昨日伊拉辣文化馆里搭外国人末是＇比赛围棋。

64. 是＇昨日伊拉辣文化馆里搭外国人比赛围棋。

65a. *是＇昨日末，伊拉辣文化馆里搭外国人比赛围棋。

　b. *是＇昨日伊拉末，辣文化馆里搭外国人比赛围棋。

　c. *是＇昨日伊拉辣文化馆里末，搭外国人比赛围棋。

　d. *昨日是＇伊拉辣文化馆里末，搭外国人比赛围棋。

　e. *昨日是＇伊拉辣文化馆里搭外国人末，比赛围棋。

3. 主題の概念

  f. *昨日伊拉是＇辣文化馆里末，搭外国人比赛围棋。

  g. *昨日伊拉辣文化馆里是＇搭外国人末，比赛围棋。

この規則は"提頓词"を伴うあらゆる文に適合される。例 66 の"提頓词"は目的語となる節の中に現れるので、その前の部分は、主文の中のあらゆる部分を含み、すべてさらに対比焦点を伴うことはできない。

  66.阿拉一家门侪真心希望侬末能够考上大学。

    私たち一家はみな、あなたが大学に合格できることを心から望んでいる。

この規則も主題焦点と対比焦点との明確な違いを再度説明している。

3.3.4 "提頓词"の連用

 主題は統語成分の一種として同じ文の中に数個現れることができる。数個の主題はおそらくそれぞれ文の主主題や副主題であり、同じように主主題に属したり、副主題に属したりする。それと呼応して、主題マーカーとしての"提頓词"も同じ文中に数回使用することができる。もちろん、"提頓词"には強弱の違いがある主題焦点の作用があるので、多すぎる成分が同一の階層（レベル）に存在し主題焦点となることはできない。よって、我々がよく見かけるのは"提頓词"を伴う二つの主題が同じ文の中に相次いで現れる状況であるが、その文中の主題の数は二つだけとは限らない。例 67 － 70 は主主題の中で"提頓词"が連続使用される状況である。例 68 には三つの主題があり、その中の第一と第三の二つの主題は"提頓词"を用いているが、一方、例 70 では三つの主題すべてに"提頓词"が用いられており、このような状況はあまり見かけず、また多く異なった"提頓词"が用いられる。

  67.我末，今朝上半天末，要去看一个朋友。

    私は、今日の午前中は、友達に会いに行くつもりだ。

  68.迭个歌星末，现在报纸浪，照片是，天天登得老老大。

    このアイドルは、今新聞で、写真が、毎日大きく載っている。

  69.辩桩事体末，小王是，两三日天办勿好个。

    このことは、小王は、二三日ではやれない。

  70.阿拉学堂个大会堂末，开会是，两三千个人也，笃定坐得落。

    我々の学校の大講堂は、会議をすると、二、三千人でもきっと座れる。

3.3 上海語"提頓词"の全体的な分析

以下は、副主題の中で"提頓词"が連用される状況である。

71. 俫两家头明朝子末，房间里向末，先灰尘咾啥末掸掸清爽。

　　あなたたち二人は、明日まず部屋の中のほこりなどをはたいて
　　きれいにしなさい。

72. 我已经开会个通知末，一家一家末侪发到哉。

　　私はすでに会議の連絡を各家庭に出しました。

以下は、主主題と副主題が"提頓词"を同時に使用する状況である。

73. 迭个人末，我辣迭爿新店里倒，用得着伊个。

　　この人は、私はこの新しい店で役に立つ。

　我々が述べる"提頓词"の連用とは、一つの単文内の範囲について言う
もので、いくつかの節やいくつかの文では、対比や新主題の導入などに対
してパラレルな"提頓词"が連用されることはごく普通のことである。例
74 で取り上げた上海語の口語教材の実例にはちょうど二種類の状況がどち
らもそろっている。節 b は二つの"末"を伴う主題を連用しており、c, d
の二つの節は一つの"末"を用いて b の最初の"末"を伴う主題と対比さ
せており、b の二つめの"末"を伴う主題（"起头田末"［最初の畑は］）は
同じ主題に属し対比の作用はないので、c, d では現れないが、e は新しい
主題を導入するので、さらにもう一度"末"を用いている。

74a. 今年车花生意好来。

　　今年は綿花畑に水を撒く商売がよい。

b. 机器车花末，起头田末，要八角洋钱一亩。

　　機械の水撒きなら、最初の畑は、１ムー８角だ。

c. 牛车末，一块二角洋钱一亩。

　　牛車なら、１ムー１元２角だ。

d. 脚踏车末，一块半洋钱一亩。

　　自転車なら、１ムー１元半だ。

e. 连吃末，总要算到两块洋钱一亩。（蒲课 275 頁）

　　食事まで含めると、１ムー２元になる。

　"提頓词"の連用の状況にも、その理論的意味がある。张伯江・方梅は、
北京語の「文中」語気詞は文の主部標識であり、主部（旧情報、副次的情報）

139

と述部（新情報、主要な情報）の間の境界線であると考え、また同時に「主部マーカーは主部を標示するというというよりも、述部を標示する、つまり、文中語気詞はもとより副次的情報の終わりを標示するが、重要な情報の始まりの方をより標示しているとも言える。語気詞は信号であると言うことができ、話し手はそれを利用して聞き手の後半の文（重要な情報）に対する注意を引き起こしている」と考えている。しかし、上海語の"提頓词"の連用の事実は、逆に"提頓词"を彼らの心の中の主部と述部の境界であると簡単に見なすことは難しく（一つの文には一か所の境界しかあり得ない）、さらに後半の文が重要な情報であることを意味しているとは限らないと説明している。なぜならば、"提頓词"を伴う一つの成分の後に現れるものは、おそらく"提頓词"を伴う別の成分であり、文の重要な情報はいくつかの"提頓词"を伴う成分の後にはじめて現れるからである。また、北京語にも同様にこのような"提頓词"の連用の状況が存在する。彼らが主部マーカーを検討する際に挙げた最初の例（即ち1.1.2の例文10）には二つの"提頓词"を連用している節を含んでいる。

　　　75.……所以她一直啊没有把这一片痴情啊告诉老师，……

　　　　　……だから、彼女はずっとね、この一途な想いを先生に打ち明けなかった……

また、以下は俞敏（1957）で挙げた普通話口語や北京語の例である。

　　　76. 昨日晌午呀，德胜门外头哇，一个老头儿啊，钓上来了一条十斤的鱼。

　　　　　昨日の午後ね、徳勝門の外でね、一人の老人がね、十斤の魚を釣り上げた。

"提頓词"の連用は、主題成分の後に陳述性成分がなければならないという原則には違反し得ない。いくら多くの"提頓词"を伴う成分が出現しようが、少なくとも最後に一つの陳述性成分が現れなければならず、"提頓词"を伴う成分で一つの文や談話を終えることはできないのである。

注

[1]　我々は再度読者の注意を喚起するが、本章で述べる"主題标记"（「主

題標記」）は、前の章の構造分析で述べた主題の"标志语"（「指定辞」）（Spec）というわけではない。

[2] 徐琳ら（1986）によれば、中国国内の傈僳語には助詞で明示する目的語標識と主語標識の区別があり、どちらも後方付加成分である。その中の主語を表す助詞は選択可能なものであり、主語の区別が明らかな場合には省略できる。また、目的語を表す助詞は強制的なものであり、目的語が現れる文には必ず用いなければならない。この状況はタイ国内の傈僳語方言とは大きく異なる。

[3] このことから、日本語は主語マーカーと主題マーカーが同時に存在するので、主語と主題がともに重要な言語に分類されるけれども、統語的にはやはり主題がより卓越しているのは明らかである。主題文は意味的により無標（unmarked）であり、主語文はより有標（marked）であることは、主題が直接生成されたものであり、主語が転化したものではないことを明示している。なぜならば、意味的により無標な成分が逆により有標な成分から転化したと仮定することは難しいからである。

[4] 方梅は、主題を談話機能の概念として用いており、ここから 3.1.3 節まで、我々は彼女の考えを取り上げる際には、彼女が用いる"话题"［主題］の原義を残している。

[5] 副詞"也"が北部呉語で"提顿词"に用いられるのはごく一般的であり、その発音には [a] と [ia] の二種類がある。上海語や蘇州語のように、[a] と発音されるものは、"啊"と違いはなく、無錫語や常熟語のように、[ia] と発音されるものは、"啊"とは音が異なる。副詞の"也"を [ia] と読むものも、すべて"提顿词"の用法を持っている。語源から言えば、現代副詞の"也"の本字はおそらく"亦"で、現代語の語気詞と"提顿词"を兼ねる本字は"也"であり、現在我々が副詞を"也"と書くのも、普通話の現有の規範に従うものである。

[6] 普通話の書面語の"提顿词"の後には必ずポーズを表す標点（句読点）を伴うが、これは一見上海語の書面語のデータとは大きく異なる。しかし、张伯江・方梅（1994）には、"提顿词"の後に句読点がない北京口語の例文が若干見受けられる。例えば、次の文の中の"哪"と"啊"が

3. 主題の概念

そうである。

我们女人哪就是倔，我年轻那会儿啊也有这种情况。

私たち女性はどうしても不愛想で、私が若い時にもそのようなことがあった。

全体的に、上海語で"提頓词"の後にポーズを置かないのは北京語よりずっと自由である。例えば、次の二つの文は、上海語ではポーズがあってもなくても、文の容認度に違いはないが、北京語ではポーズがない場合、文の容認度はポーズがある時よりも明らかに弱い。

（上海語）依末快点跑吧！　＝依末，快点跑吧！

（北京語）你呢快点走吧！　＜你呢，快点走吧！
　　　　　あなたは速く歩きなさい！

しかし、たとえ"提頓词"の後にポーズを置かなくても、"提頓词"は軽声字の付着性であるため、実際にはやはり主題とその後の成分の間に韻律的な「谷間」を形成し、ポーズが作る「断裂」と韻律的な表れでは近い部分がある。

[7]　原則的に、主題は介詞削除規則に従う必要はないが、主主題が介詞を削除する状況は、少なくとも副主題よりもよく見られる。

4. 主題の意味関係及びその統語的表現

　意味の角度から主題を研究するには、二つの面の検討すべき課題がある。一つは、主題の関係する意味、即ち主題と文中のその他の成分との意味関係である。具体的には、主題とその後の評言や評言の中のある部分との間の意味関係である。もう一つは、主題の指示的意味、即ち主題がどのような形式で外部の世界における対象と関係を生じているかであり、具体的には、主題の指示的・非指示的、定・不定、特定的・非特定的などの面における特徴である。指示的意味は現代の学術規範においては意味論の範囲にも属するが、談話機能（中国内では「語用レベル」と呼ばれる）との関係が非常に密接であり、主題について言えば特にそうである。我々は本章で主題の関係的意味のみを検討するが、上海語を含む現代語を主な対象とし、主題の指示的意味については第5章にて検討を行う。

4.1 主題構造の意味関係の類型

　主題がその後の評言と形作る構造を主題構造とする。英語のような主語卓越言語では、主題を担うことができる成分は意味関係において非常に制約を受け、一般にその評言（等しく主述構造である）の中のある成分や空範疇と同一指示であるので、主題構造内部の意味関係はかなり緊密である。これに対し、中国語のような主題卓越言語では、主題を担うことができる成分はかなり多く、文内の他の成分等と明らかに同一指示関係である成分はもちろん主題となりやすいが、その他の成分であっても主題となる場合が多い。全体的に、主題が受ける意味的制約は小さく、主題を担うことができるかどうかは往々にして環境や認知などの多くの言語外の要因と関係がある。また、主題構造は同じ文の多くのレベル（階層）に存在し得る。そして、主題の後は、必ずしも主述構造であるとは限らず、一つの名詞性成分や動詞性成分、あるいは別の主題構造である可能性もある。このように、主題構造内部の意味関係はかなり緩く、同一指示関係を探し出すことは難しい。

　もちろん、意味関係が緩いことは、完全に関係がない、あるいは意味関

143

4. 主題の意味関係及びその統語的表現

係にまったく規律がないということではない。2.5.1 ですでに指摘したように、主題は評言の中のある成分と常にある関係を持ち、そこには同一指示関係、全体集合と部分集合の関係などを含む。主題と評言や評言の構成部分との意味関係に基づき、我々は主題を項及び擬似項同一指示性主題、言語使用域型主題、コピー型主題、分文型主題の四種類に分ける。

①項同一指示性主題（普遍的主題）および擬似項同一指示性主題

　　項同一指示性主題は、文（主文や節）の主要動詞のある項や関係する空範疇の指示対象と同じであり、他と比較すると、これは最も緊密な一種の主題—評言間の意味関係である。Xu & Langendoen（1985）の 1 ～ 5 節では、主にこの種の主題構造について検討している。このタイプの主題は言語普遍的な主題構造を最も具体的に現してもおり、人類言語の中に広く存在し、主語卓越言語であってもこのタイプの主題が必ず存在するはずである。しかし、中国語及びその方言の中には、さらに主題が疑似項と同一指示である状況が存在する。いわゆる疑似項とは、統語的には部分的な意味役割の特徴を持っているけれども、実際には真の意味役割ではないものである。このタイプの主題は、すでに中国語の特徴を持っており、他の言語には必ずしも存在していない。4.2 節では Xu & Langendoen（1985）がこれらの主題構造の中国語及び上海語におけるいくつかの特徴について簡単に分析しているものを参考にする。

②言語使用域型主題（中国語型主題）

　　このタイプの主題は、評言に一種の時間・空間・個体レベルの範囲とフレームを提供するものである。この種の主題は総体的に評言との意味関係が緩いが、内部の差も大きい。その中のある主題は文の意味役割でない成分や空範疇と同一指示関係があり、これに基づきいくつかの下位範疇に分けることができる。また、あるものは関係が非常に緩く、その意味関係は主に環境や認知などの非言語的条件によって形成される。典型的なものとして、Li & Thompson（1976）以来何度も検討されている"这场火，幸亏消防队来得快"［この火事は、幸いに消防隊が来るのが早かった］のような文も、Chafe（1976）と Xu &

Langendoen（1985）が呼ぶところの中国語型主題構造であり、それら
は中国語や主題卓越言語の特徴をより多く具現化している。4.3 節で
は普通話を例としてこの種の中国語型主題の特徴を重点的に検討す
る。

③コピー型主題（呉語型主題）

　このタイプの主題の評言との意味関係は非常に緊密で、この場合の
主題はつまり、評言の中のある重要な成分が主題の位置において全部
または部分的に複製（copy）されたものであり、さらに複製された成
分は主に他の言語では主題化されることがほとんどない述語動詞であ
る。このタイプは上のタイプよりも主題卓越言語の特殊な部分をより
際立たせて具現化していると言える。このタイプの主題は普通話や北
京語では少数存在しているが、上海語及び呉語でははるかに常用され、
多様化している。よって、上のタイプの中国語各方言に共有される「中
国語型主題」に対して、我々はこの種のものを「呉語型主題」と呼ぶ
ことができる。なぜならば、"复制"（複製）ともう一つ別の述語 "复指"
［前方照応的指示］とは発音が近く、"复制関係" と "复指関係" は口
頭で区別するのに不便であるので、我々は copy の音訳語である "拷贝"
を用いて「コピー」関係と称することにする。コピー関係の主題構造
はこれまで記載や検討が最も少なかったので、我々はこれを本章の重
要点として 4.4 節で詳細に分析を行う。

④分文型関係（呉語型主題）

　このタイプの主題は主題マーカーを伴う節形式であり、評言との間
には複文間の論理関係や道理を表す関係がある。しかし、それらはま
た明確な主題マーカーを持っており、さらに意味関係では他の主題構
造とも共通した部分があるので、主題構造に分類しなければならない。
2.6.1 ですでに構造と意味からこの種の節主題の性質について初歩的な
論証を行った。以下では、上海語に関する記述に対してその主題的地
位をさらに分析する。しかしながら、このタイプの主題構造の意味関
係は談話機能との関係が密接であるため、我々は第 6 章において主題
の談話機能を検討する際にさらに詳細に検討するので、本章の以下の

4. 主題の意味関係及びその統語的表現

部分では取り上げない。このタイプも呉語の中では普通話よりもよく見られ、重要であるので、「呉語型主題」と呼んでも差し支えないであろう。

4.2 意味役割が同一指示である主題構造と空範疇・前方照応

4.2.1 同一指示である意味役割の多様性

評言中の意味役割を持つ項や相応する空範疇と同一指示関係がある成分は、主題成分に最もなりやすい。上で説明したように、この項は統語的意味においては文の主要動詞（述語動詞）と関係がある成分である。よって、意味役割を持つ項が同一指示である主題は意味的には通常、動作主、当事者、道具、受動者、対象などと、統語的には主語、目的語（間接目的語を含む）などと表現され、項が占める統語的位置には空範疇や前方照応成分が存在する。以下の例文には Xu & Langendoen（1985）で挙げられたもの（本書では若干修正を行っている）や本書で新たに加えたものがある。また、例文中の ［　］内の成分は主題の評言における同一指示成分を表すが、それが出現せずに空範疇になっていてもよい。

1. 吴先生，［他］认识我。　　呉氏は、［彼は］私を知っている。
2. 吴先生，我认识［他］。　　呉氏は、私は［彼を］知っている。
3. 吴先生，我给了［他］两本书。　　呉氏は、私は［彼に］２冊の本をあげた。
4. 我这把刀啊，［它］砍倒过一棵大树。　　私はこのナイフは、［それで］大きな木を切り倒したことがある。

意味役割を持つ項と同一指示である主題は普遍性を最も伴うタイプの主題であるが、主題卓越型言語としての中国語には、それ自身の特徴がある。中国語では、主題と同一指示になれる成分はより自由で多様性があり、受ける制限は小さい。

一つめの特徴は、主題と同一指示の成分は主文の述語動詞の項である成分に限らず、例5,6のように、埋め込み文（節）の中の述語動詞の項であってもよく、例7,8のように、埋め込みの階層が比較的多い関係節の中の項を含み、さらには例9のように、いわゆる「島の条件」の制約下にある関係節中の項でもある。（2.1.2を参照）。

146

4.2 意味役割が同一指示である主題構造と空範疇・前方照応

5. 这个人，他们说吴先生见过［他］。

　　この人は、彼らは呉氏が［彼（＝この人）に］会ったことがある
　　と言っている。

6. 这个人，他们说［他］见过吴先生。

　　この人は、彼らは［彼（＝この人）が］呉氏に会ったことがある
　　と言っている。

7. 这本书，我不记得你说过他已经读完了［它］。

　　この本は、私はあなたが彼はすでに［それを］読み終わったと言っ
　　たのを覚えていない。

8. 小明的婚事，我觉得老王暗示过［这件事］不合适。

　　明君の結婚の事は、私は王さんが［この事は］ふさわしくないと
　　ほのめかしたことがあると思う。

9. 这本书，读过［它］的人不多。

　　この本は、［それを］読んだことがある人は多くない。

　　二つめの特徴は、主題は NP に限らず、VP であってもよく、この場合、
主題と同一指示の項は事柄や状態を表す指示代名詞性の語句である。

10. 赚大钱，我可不指望［这样的事儿］。

　　大金を稼ぐのは、私は［そんな事を］まったくあてにしていない。

11. 小张骗老婆，我不相信［这件事］。

　　張君が奥さんをだましたことは、私は［そのことを］信じない。

　　三つめの特徴は、主題は動詞の疑似項とも同一指示になれる。関係動詞
“是”とその後ろの叙述詞との関係や、能願助動詞（“能、会、可以”など
の可能・願望・要求・意志などを表す助動詞）とその後ろの VP との関係
は、文法理論においては厳格な意味での動詞—項の関係というわけではな
く、統語的にはせいぜい動詞—目的語（中国語では“动宾”）の関係に近
い。中国語では、この種の組み合わせと動詞—目的語との共通点は英語の
ような言語よりも多いので、中国語の文法学では“是”と叙述詞との関係
を動詞—目的語関係であると処理し、朱德熙（1982: 61）のように、能願
動詞とその後ろの動詞との関係をも動詞—目的語関係であると処理する学
者も、少数であるがいる。中国語の主題化においては、この種の疑似項構

147

4. 主題の意味関係及びその統語的表現

造はすべて普通の動詞―意味役割関係に基づき統語的に処理し、主題をこの種の構造の中の疑似項と同一指示にさせることができるが、それらは他の言語では主題を構成することは少ない。

12. 主治医師，他几年前就是［这个职务］了。

主治医は、彼は数年前から［その仕事］だ。

13. 半夜単独出去，我敢［这样做］。

夜中に一人で出かけるのは、私は［そうするのが］怖い。

14. 在家照顾生病的孩子，你当然应该［这样做］。

家で病気になった子供の面倒を見るのは、あなたは当然［そのように］やるべきだ。

4.2.2 意味役割同一指示主題構造の統語表現：前方照応指示と痕跡

ここでは、意味的な同一指示関係の統語的な表現、即ち同一指示的主題の表現における痕跡と前方照応指示について検討を行う。上の例1－14はすべて、最もよく現れる主題と同一指示の主語、目的語あるいは目的語に類似した成分である。これらの例文では、［　］を用いて評言中の主題と同一指示の成分を表している。さらに指摘すべき点は、これらの［　］で表された同一指示成分は表に現れない痕跡であってもよい。もし、同一指示成分が評言の中で主文または節の主語や目的語の位置にあるならば、痕跡の出現はかなり自由であるが、同一指示は一定の制限を受ける。その制限は主に主題成分の意味的なカテゴリーによる。人を指す主題は、比較的自由に"他"を同一指示とするが、人を指さない主題、特に無生物である場合、"它"を同一指示とすることは不自然である。従って、例4, 7, 9の中で"刀"、"书"と同一指示で用いられている"它"は、実際にはそれらを言わない方がより自然な文である。抽象的な意味の名詞句、動詞句及び節は"这件事"、"这样做"などの指示詞を伴う名詞句で同一指示とすることができるが、実際の言語では空範疇で現れることが多い。以上の関係した例文では、大部分の［　］内の成分が実際には現れないのが普通であり、より自然である。英語の中の空範疇を制約する規則を用いて中国語の主題構造中の痕跡を処理しようと考える人もいるが、中国語の事実から見ると、

その考えは実現が難しい。中国語で制約を受けるのは空範疇ではなく、実際に存在している語句なので、空範疇の存在は同一指示成分の存在よりもずっと自由なのである。

　また、文頭名詞と同一指示である成分は必ずしも主題の同一指示成分というわけではない。文頭のNPの後にポーズがない状況では、同一指示成分は文頭のNPと緊密な同格フレーズを構成するが、このフレーズは共同して一つの統語成分を担い、二つの統語成分と分析されるわけではない。

　　15. 小王这个人就是粗心。

　　　　王君という人は、そそっかしい。

　　16. 钱这东西有好有坏。

　　　　お金というものは、良くも悪くもある。

　しかし、主要動詞の統語的投射（projection）の中では、項は主語と目的語の位置に現れる以外に、さらに他の統語的位置に現れることもできるが、上で述べた痕跡が同一指示よりも自由である状況は、主語や目的語以外の統語的位置にも適合しているとは限らない。以下、それぞれについて検討をする。

　中国語の動詞の項は「介詞＋目的語」構造の連用修飾語（中国語では"状语"と言う）の中に現れる場合もある。もしも主題がこの構造の連用修飾語の項と同一指示であるならば、中国語の統語規則によれば、介詞の目的語の位置は空であってはならず、必ず同一指示成分がなければならない。例17aの"把"の後の"他们"は同一指示成分であり、17bの"把"の後は空であるので、不適格文であるが、例17cは介詞の"把"と一緒になって現れないので、適格文である。なぜならば、その文の痕跡は目的語の後に現れることができ、元々介詞フレーズが存在しないからである。同様の状況である例18cは、主題の同一指示成分である痕跡を目的語の位置に出現させることができないので、不適格文である。これに対し、19cは痕跡を目的語の後に出現させ、意味関係はすでに変わっており、19aの意味関係とは違っているが、19dの意味関係とは同じである。

　　17a. 那些客人，你把他们带到哪儿去了？

　　　　それらの客は、あなたは彼ら（＝それらの客）をどこに連れて行ったのか。

4. 主題の意味関係及びその統語的表現

    b.*那些客人，你把［　　］带到哪儿去了？

    c. 那些客人，你带［　　］到哪儿去了？

  18a. 吴先生，我除了他就不认识别的人。

      呉氏は、私は彼（＝呉氏）以外に別の人を知らない。

    b.*吴先生，我除了［　　］就不认识别的人。

    c.*吴先生，我就不认识别的人。

  19a. 吴先生，我被他骂得很厉害。

      呉氏は、私は彼（＝呉氏）にひどく罵られた。

    b.*吴先生，我被［　　］骂得很厉害。

    c. 吴先生，我骂［　　］得很厉害。（＝ d, ≠ a）

      呉氏は、私は（呉氏を）ひどく罵った。

    d. 吴先生，我把他骂得很厉害。

      呉氏は、私は彼（＝呉氏）をひどく罵った。

　しかし、これらの制約において、介詞の後に痕跡があってはならないことは真の統語的制約であり、介詞句全体が出現するかどうかは、主としてやはり意味的制約なのである。もし、意味的に許されるならば、介詞句全体が現れなくてもよく、その場合、文の主題はおそらくすでに真の同一指示主題ではなくなっており、言語環境や背景知識によって確立された第二のタイプの主題、即ち言語使用域的な主題となっているのである。例えば、例 20a の介詞句を省略すると 20c となる。

  20a. 姓张的，我对他很不满。

      張というやつは、私は彼にとても不満だ。

    b.*姓张的，我对［　　］很不满。

    c. 姓张的，我很不满。

      張という奴は、私はとても不満だ。

　少し特殊で面白い同一指示の現象としては、動作主に主題を担わせた後、受動文中の動作主マーカー"被"や"给"を用いて同一指示主題である代名詞を引き出すことである。文中に受動文のマーカーがあるが、被動作主に主語や主題を担わせるわけではなく、被動作主がまったく存在しない場合さえある。この種の文は介詞句を完全に削除することができ、そうして

も文の意味関係は少しも影響を受けず、文頭の成分はより典型的な動作主主語であるが、その実際の構造は実はすでに変わっているのである。

21. 小王，倒给他中了个头奖。（小王＝他）

　　王君は、なんと彼に一等が当たった。

22. 这个小偷，昨天被他逃跑了。（小偷＝他）

　　このこそ泥は、昨日彼（＝このこそ泥）に逃げられた。

　表面的には、この種の文は普通の動作主主語文が挿入された同一指示主語の介詞フレーズであり、次の文によるものである。

23. 小王中了个头奖。

　　王君は一等が当たった。

24. 这个小偷逃跑了。

　　このこそ泥は逃げた。

　しかし、実際の状況はそうではない。例21と22のような文と最も直接関連がある文は例23、24のような動作主主語文ではなく、明代・清代の白話以来中国語の口語にずっと存在する一種の無主語の受動文であり、形式受動文と呼んでも差し支えないであろう。

25. 被这个畜生正不知害了多少人性命。（《水浒传》百回本第23回）

　　この畜生にどれだけの命が損なわれたか知れない。

　よって、例21、22と最も直接関連がある文は例25と同類の次の例26と27である。

26. 倒给小王中了个头奖。

　　なんと王君に一等が当たった。

27. 昨天被这个小偷逃跑了。

　　昨日このこそ泥に逃げられた。

　例21, 22は例26と27の中の動作主に形式受動文の主題を担わせ、その後さらに受動文の動作主標識の後に代名詞を用いて主題と同一指示にしているのである。形式受動文には特殊な意味的・語用的条件制約がある。つまり、文は動作者が利益を得る（同時にもう一方が損をするかもしれない）行為を表し、同時にそれは意外な事柄なのである。しかし、すべての動作主主語が受動文の形式を変えられるわけではない。

4. 主題の意味関係及びその統語的表現

28a. 小王做了今天的作业。

　　王君は今日の宿題をやった。

　b.＊被小王做了今天的作业。

また、受動標識を用いて同一指示成分を引き出した主題文は、すべて形式的な受動文の意味的・語用的要求にかなっているので、我々はこの種の文の文頭の動作主を主題としか分析できず、それは普通の動作主主語ではなく、同一指示成分を含む介詞句であり、あってもなくてもよい成分ではなくなっている。この介詞句を省略しても、もちろん文の意味関係は変わらないが、本来の形式的な受動文の特殊な語用的意味は変わってしまい、また、構造的には主主題を伴う形式的な受動文を普通の動作主主語文に変えてしまうのである。

　しかしながら、以上述べた介詞句の後に痕跡があってはならないという制約は、普通話の中では個別の例外も認められる。少なくとも一つの介詞を持つ目的語は同一指示である主題の後に痕跡を持つことができる。それはつまり、道具格の介詞"用"である。しかし、"用"の後には必ず助詞的な"来"や文語の機能語"以"、"于"を用いなければならない。このような用法はおそらく、"用"にかなり強い動詞性が残っていることと関係があり、さらに"用来"、"用以"、"用于"は現代中国語では実際にはすでに固定した語に近いものとなっているのである。

29a. 这支笔，我用它来写大字。　このペンは、私はそれで大きな字を書く。

　b. 这支笔，我用[　]来写大字。　このペンは、私は大きな字を書くのに使う。

　c. 这支笔，我用［　］以写大字。

　d. 这支笔，我用［　］于写大字。

　中国語の兼語構造の中の兼語は、動詞の項でもあり、また意味的に二つの動詞の項となり、この統語的位置自身が空範疇を避ける傾向が強い。よって、もし主題と同一指示であるものが兼語であるならば、ふつう痕跡であってはならない。

30a. 小张，我让他去送一封信。　張君は、私は彼に手紙を送らせた。

　b.＊小张，我让［　］去送一封信。

31a. 小张，我们想提拔他当副主任。

張君は、私たちは彼を副主任に抜擢したい。

b.？小张，我们想提拔［　］当副主任。

少数の兼語動詞に兼語が現れないことを許すならば、主題構造においても痕跡として表現されることを許す。例えば「許容する」意味を表す"让"は、例30で使役の意味を表す"让"とは異なり、32aのようにそれ自身に兼語が現れなくてもよいし、32bのように主題と同一指示の兼語を痕跡にさせる。

32a.他爸爸不让［　］吃巧克力。

彼のお父さんはチョコレートを食べさせない。

b.这个孩子，他爸爸不让［　］吃巧克力。

この子どもは、彼のお父さんはチョコレートを食べさせない。

これらの状況は北京語やいくつかの方言における特殊な習慣的用法であると見なすことができ、上海語のように他の方言ではこのように"让"の後に痕跡が現れることはできない。

補語を導く助詞"得"の後にも動詞の項が現れることがあり、例33aの"这些听众"［この聴衆たち］のように"得"の後の節の中の動詞の項である場合もあるが、34bの"小张"のように主文と節の二つの動詞の項を兼ねる場合もある。このような位置にある共通指示成分は、一般に同一指示成分を用い、痕跡をあまり用いない傾向もある。

33a.我说得这些听众笑起来了。

私は話をしてこの聴衆たちを笑わせた。

b.这些听众，我说得他们笑起来了。

この聴衆たちは、私が話をして彼らを笑わせた。

c.？这些听众，我说得［　］笑起来了。

34a.老王骂得小张抬不起头了。

王さんは張君を顔を上げられないほど罵った。

b.小张啊，老王骂得他抬不起头了。

張君は、王さんに彼が顔を上げられないほど罵られた。

c.＊小张啊，老王骂得［　］抬不起头了。

"得"の後に痕跡の出現を避けるのは、おそらくこの位置が一般的な統語構造では"得"の前の動詞の主語の痕跡として優先的に用いられるから

4. 主題の意味関係及びその統語的表現

であろう。例えば、例35a はふつう例35b と同義と理解され、例35c と同義とは理解されない。

35a. 我说得 [　] 笑起来了。　私は話をして笑い出した。

　　b. 我说得自己笑起来了。　私は話をして自分で笑い出した。

　　c. 我说得别人笑起来了。　私は話をして別の人を笑わせた。

以上検討したいくつかの制限は、主題と後ろの構造中の成分の同一指示面に対する制限と見なすべきではない。これらはすべて空範疇の使用に対する制限であり、主題とは無関係なのである。中国語の介詞目的語、兼語及び"得"の前の動詞の主語は、みな空範疇によって担うことができない。我々は、例 17b, 18b, 30b, 34c を少し修正して、それらの文中の主題となる語句を上の文の別の文の中に出現させることもできる。

36. 我们在找那些客人呢。　*你把 [　] 带到哪儿去了？

　　私たちはそれらの客を探している。

37. 那天茶话会我只和吴先生一个人说话。　*我除了 [　] 就不认识别的人。

　　その日の茶話会では私は呉さん一人だけと話をした。

38. 你在找小张吗？　*我让 [　] 去送一封信，还没有回来。

　　あなたは張君を探しているのか。

39. 小张这下可惨了。　*老王骂得 [　] 抬不起头了。

　　張君は今回とてもかわいそうだった。

[　] の位置にある成分の指示するものは、上の文ではっきりと説明しているように、中国語の統語法ではこの位置に痕跡が現れることを許さない。これらの文はすべて主題構造ではないことから、これらの位置に痕跡が現れる制限は主題とは無関係であることが分かる。Xu & Langendoen（1985）が指摘するように、中国語の主題構造が成立する前提条件は、評言自身が成立することなのである。この点において、中国語は英語とは異なる。英語の主題構造自身は成立しないことがよくあり、主題を評言の中に入れなければ成立しない。例えば、主題文 Three things, I will not take. の中の"I will not take"だけでは成立せず、もし主題文を用いなければ、I will not take these things. と言わなければならない。

次に我々は、上述の制限が主題構造に対する制限ではないことを別の角

度から証明する。例 17b, 18b, 30b, 34b は別の方法で書き換えて主題構造を保持することができるが、後ろの痕跡には他の語を補わなければならない。

40. 那些客人，你把一部分人带到另一间屋子里去吧。
　　それらの客は、あなたは一部の人たちを別の部屋へ連れて行きなさい。

41. 那些客人，我除了吴先生不认识别的人。
　　それらの客は、私は呉氏を除いて他の人は知らない。

42. 小张，我让这小伙子去送一封信，还没有回来。
　　張君は、私はこの若者に手紙を送らせたが、まだ戻ってこない。

43. 那几个人啊，老王骂得他们抬不起头了。
　　その数人の人たちは、王さんが彼らを顔を上げられないほど罵った。

　これらの文はすべて成立することから、文中の主題と後ろの名詞句には意味的な関係が存在し得ることが分かる[1]。

4.2.3 上海語の項同一指示構造の統語的特徴

　上海語の項同一指示性主題構造は、普通話の状況とほぼ同じであるが、照応成分を優先的に選択するのが痕跡である点で、上海語自体の特徴がある。総体的に、上海語の同一指示性主題は、普通語よりも照応形式をずっと多く採用し、特に三人称単数の代名詞"伊"［彼・彼女］を用いて、人を指したり、事物などを指すものを含む、各種主題と照応する。例 44 － 47 は普通話でも"他／它"を用いて主題と照応するが、明らかに痕跡形式ほどは多く話されない。一方、上海語では、"伊"を用いた照応が絶対的に優勢な形式であり、痕跡だけしかないのは明らかに口になじまず、例 46 から"伊"を取り去るとまったく言えなくなってしまう。

44. 瓣杯酒侬总归要吃脱伊。　'这杯酒你总得喝了［它］'
　　この酒はあなたはいつもそれを飲む。

45. 迭只坏牙齿我一定要拔脱伊。（独脚 166 頁）'这颗坏牙我一定得拔了［它］'
　　この虫歯は私は必ずそれを抜かなければならない。

46. 迭个赤佬我从今以后认得伊。　'这个家伙我从今以后算认识［他］了'
　　こいつは私は今後彼を知っていることにする。

4. 主題の意味関係及びその統語的表現

47. 老王我去年碰着过伊个。　‘老王我去年碰到过［他］的’
　　　王さんは私は去年彼に出会った。

ここでの“伊”は専用の前方照応的指示代名詞（proform）で、形式的には上海語の三人称単数代名詞と同じであるが、一般的な人称代名詞と見なすことはできない。主題が複数の意味の人を指さない名詞句である時、後ろの前方照応的指示成分はやはり“伊”であり、複数の“伊拉”［彼ら］に変えることはできない。次の例 48 の a と b を比較してみる。

48a. 迭几只坏齿我一定要拔脱伊。
　　　　この数本の虫歯は私は必ずそれらを抜かなければならない。

　　b.＊迭几只坏牙齿我一定要拔脱伊拉。

前方照応的指示形式を最もよく使用するのは命令文や願望文である。主題構造の命令文では、たとえ主題成分が複数であろうと、目的語の位置の同一指示成分はほとんどいつもこの“伊”という前方照応的指示形式をとる。しかし、この種の文は普通話で主題構造に用いられることはすでに少なくなっており、容認可能ではあるが、“它”を用いて主題と前方照応させるのは明らかに不自然である。従って、この種の文型は上海語の日常の言葉が普通話と区別される一つの大きな特徴であり、主題─照応文型の上海語での全体の比率を高くしている。

49. 地板侬去拖拖伊。
　　‘你去拖一下地板’/‘地板你去拖一下’/?‘地板你去拖拖它’
　　床板はあなたはちょっと引っ張って。
50. 侬反正吥没啥事体，书去看看伊哎。
　　‘你反正没什么事儿，去看看书么’/?‘……书去看看它么’
　　あなたはどっちみち何も用事がないなら、本を読みに行ったら。
51. 辫眼衣裳我现在酒汰脱伊。
　　‘我现在就把这些衣服洗了’/?‘这些衣服我现在就洗掉它’
　　これらの服は私は今すぐ洗う。

同一指示成分の上海語における別の常用される位置は、普通話の“把”、“拿”の目的語に相当し、命令文に類した文中に多く見られる。これらの文は普通話では受動成分を直接“把”の目的語にさせる傾向が強い。

52. 老酒拿伊吃脱。

'把酒喝了'/?'酒把它喝了'

お酒を飲んだ。

53. 迭眼肉丝拿伊炒一炒。

'把这些肉丝炒一下'/?'这些肉丝把它炒一下'

これらの肉の千切りをちょっと炒めて。

また、前に触れた主題を伴う形式受動文は、おそらく上海語での用例が普通話よりも多いであろう。例えば、下の例54, 55が表すものは上海語でよく用いられる例で、普通話でも言うことができるが、別の文型を用いて表す傾向が強い。

54. 小王末，今朝拨伊钓着交关鱼。

'小王啊，今天被他钓到不少鱼'/'小王呀，今天钓到不少鱼'

王君は、今日彼はたくさんの魚を釣った。

55. 我也，总算拨我寻着一个欢喜集邮的朋友哉。

'我呀，总算被我找到一个喜欢集邮的朋友了'/'我呀，总算找到一个……'

私は、やっと切手収集が好きな友達が見つかった。

以上の状況は、"伊"が上海語の中ですでに主題照応専用の成分を持っていることを示している以外に、さらに上海語の主題構造の使用が普通話や北京語よりも普遍的であることも説明しており、上海語のより鮮明な主題卓越の特徴を示している。その外に、上海語も他の成分や指示代名詞成分のNPを用いて主題と照応させることができるが、この状況は語彙的な違いを除けば普通話と実質的な違いはないので、詳細には述べない。

4.3 言語使用域型主題

このタイプの主題は評言に関係する範囲（domain, Chafe（1976）の用語）や枠組み（framework, Haiman（1978）の用語）を提供するので、我々はこれを「言語使用域」（"语域"）主題と総称する。実際には、これは主題の最も基本となる共通の談話機能であり、上で述べた項同一指示性主題と次に述べる主題のタイプにもこのような談話機能がある。ただその他の主題

4. 主題の意味関係及びその統語的表現

は評言中の成分とさらに別の緊密な関係があるが、このタイプの主題と評言との関係は比較的緩く、主に談話の範囲や枠組みであるので、「言語使用域」をこの類の主題の専用の名称とする。もちろん、細かく分けると、このタイプの内部はまたかなり複雑で、評言の意味関係にも強弱の違いがあるので、いくつかの下位分類をすることができる。次にその下位分類についてそれぞれ検討を行う。

4.3.1 時間・場所言語使用域型主題

　主題が評言に時間・場所に関する言語使用域を提供することは、中国語の主題によく見られる意味的類別である。主語の前や無主語文の文頭の時間・場所語は一般にすべてこの種の主題である。主語の後の述語動詞の前の時間・場所語は、ポーズや"提頓詞"などの標識がある状況では、この類型の副主題であり、この種の標識がない状況では、連用修飾語（中国語では"状語"）と見なすことができる。

　時間・場所語は述語動詞に対しては意味役割を表す項ではない。それらは動詞が必要な時に現れる成分ではなく、動詞とは選択関係はなく、項となる成分と比べると、それらの述語動詞との関係は緩い。しかし、意味的には、それは述語動詞と修飾・限定関係があるので、格文法では、時間・場所成分であっても意味格の地位を占める。従って、単純に言語外の要素で構成された言語使用域型主題構造と比べると、時間・場所主題は評言との関係が明らかに緊密であり、項同一指示型主題とその他の言語使用域主題との間にある。それらと項同一指示性主題との共通点は、やはり同一指示の現象が存在することである。

　述語動詞の修飾成分としては、時間・場所語の通常の位置は主語と動詞の間で、少数は動詞の後に現れることができる。時間・場所成分が文頭に現れる場合、主語と述語の間にはやはり痕跡が存在すると考えることができる。なぜならば、我々はこの痕跡の位置でも照応成分を使用できるからである。例えば、以下の文で、a は文頭に時間・場所語の照応成分があり、b は同様の位置に一つの文頭の時間・場所語と同一指示である痕跡を持つと考えることができる。

1a. 1947 年，我在那一年出生了。　　1947 年、私はその年に生まれた。

　b. 1947 年，我 [　] 出生了。　　1947 年、私は生まれた。

2a. 河东的密林中，猎人们经常在那儿打到野猪。

　　河東の密林の中では、狩人たちはいつもそこでイノシシを狩る。

　b. 河东的密林中，猎人们经常 [　] 打到野猪。

　　河東の密林の中では、狩人たちはいつもイノシシを狩る。

3a. 光华仪表厂里，我有不少朋友在那儿。

　　光華計器工場には、私は多くの友人がそこにいる。

　b. 光华仪表厂里，我有不少朋友 [　]。

　　光華計器工場には、私は多くの友人がいる。

　中国語には主に時間・場所語を主題とする文型があるが、通常は主語がない。従って、この種の主題は伝統文法や構造文法の分析では、他の文頭の時間・場所語よりも主語と分析される資格を持つ傾向がある。最も重要なのは、存在・出現・消失を表す文、即ち中国語文法学界でよく討論される存現目的語文である。

4. 桌子上放着一盆花。

　　机の上には花が一鉢置いてある。

5. 大门口站满了看热闹的人。

　　表玄関は野次馬でいっぱいだ。

6. 明朝时，出过一个大清官叫海瑞。

　　明朝時代に、海瑞という清廉な役人が出た。

7. 树丛里，跳出来一只大老虎。

　　林の茂みの中から、一匹の大きなトラが飛び出してきた。

8. 前几天，走了一位贵客。

　　数日前、一人の賓客が去った。

　存現文では、動詞の真の項は目的語の位置に現れる。その中には、例 4 のように受動者であるものや、例 5, 7, 8 のように動作主であるものや、例 6 のように一価動詞で、動作主と受動者の区別がないものもある。この種の文では、動作者・受動者などの意味役割の区別はすでにある程度中和されており、話し手は例 4 や例 5 の意味関係にどのような違いがあるかを意

識しない。なぜならば、この時、動詞の動作の意味はすでに一種の存在・出現・消失などの方式へと転化しており、具体的な動作や行為を表さないからである。

中国語では、存現文以外に、その他の文でも時間・場所主題だけがあり主語がないことがよくあり、そのような文は、上海語ではより一般的である。下の例9は上海語の教科書から取った文であり、前文に始まりの文はなく、その中の動詞"看"の前は時間成分と場所成分のみが二つの主題を担っているが、"看"の動作主となる項は現れていない。

　　　9. 今朝，报上（＝浪）向，看见火车出轨。（蒲课 33 頁）

　　　　 '今天，报纸上，看见火车出轨'

　　　　 今日、新聞で、汽車が脱線したのを見た。

本来、"今朝"［今日］と"报浪向"［新聞で］はどちらも簡単で短い時間・場所フレーズであり、もしそれらが連用修飾語となるならば、ふつうポーズは不要であるが、それらはこの文では主題であり、さらに文がゼロ主語（主語がない文）なので、ポーズを用いて主題の地位を突出させた方がより適しているのである。

副主題となる時間・場所成分は同一指示成分を用いることが非常に少ない。

　　　10a. 我 1985 年呢，考进了兰州大学。

　　　　　 私は 1985 年には、蘭州大学に入った。

　　　 b.＊我 1985 年呢，在那一年考进了兰州大学。

　　　11a. 我们在客厅里呢，只谈了些无关紧要的事。

　　　　　 我々は客間では、あまり関係がないことだけを話した。

　　　 b.＊我们在客厅里呢，在那儿只谈了些无关紧要的事。

4.3.2 属格言語使用域型主題

属格言語使用域型主題は、述語動詞自身の項ではないために、述語動詞自身とは直接的な意味関係がない。但し、それは述語動詞の項とは意味的に密接な関係があり、意味的には述語動詞のある項の属格成分であるので、述語動詞とは一種の間接的な意味関係を持っている。このタイプの主題構

造では、評言部分に主題と同一指示である連体修飾語（中国語では"定語"）が現れる可能性があるので、同一指示成分がない場合には文中に属格の痕跡があると考えられるが、この種の「痕跡」は意味的なものに過ぎない。なぜならば、項の属格は統語的な「島」の中にあり、本来は統語的な空範疇があってはならないからであり、中国語においてのみ、主題は意味的にこれらの項の属格を指すことができるので、便利なように、我々もそれらは意味的に痕跡を持っていると説明する。このタイプの主題は言語使用域関係の主題の中では評言と比較的緊密な意味関係があると言える。

12a. 老王，他儿子考上了大学。　王さんは、彼の息子が大学に受かった。

b. 老王，[　]儿子考上了大学。　王さんは、息子が大学に受かった。

13a. 我祖父，我只见过他的照片。　私の祖父は、私は彼の写真しか見たことがない。

b. 我祖父，我只见过 [　] 照片。　私の祖父は、私は写真しか見たことがない。

　主題は意味的には述語動詞の主語の属格であり、このような状況は主題卓越言語ではごく普通で、かなり大きな普遍性を持った主題類型であるかもしれず、Li & Thompson（1976）が例に挙げる普通話、傈僳語［リス語］、拉祜語［ラフ語］などの主題卓越言語の主題文には、すべてこのような類型がある。また、日本語の中にもこのような類型の文がよくある。さらに、各種言語の例から見ると、最もよく見られる意味関係は主題と主語に全体と部分の関係、あるいは全体とそのある面の属性の関係となっている。

14. 大象，鼻子很长。　象は、鼻が長い。

15. 这间老房子，门窗都坏了。　この古い家は、ドアと窓が壊れている。

16. 这种牌子的冰箱，保修期挺长。　このメーカーの冷蔵庫は、保証期間が長い。

　もちろん、部分と全体の関係では、すべての属格の状況を総括することはできず、例 13 のような親族関係は、部分と全体の関係であるとは言えないし、また、述語性の主題もそのような状況にあることが多い。李納らが挙げる例には、この種の主題が照応を用いる現象は見受けられない。事実、中国語の照応成分は主語の属格の位置に現れることができるけれども、

4. 主題の意味関係及びその統語的表現

現れるかどうかは自由であり、現れないことが普通である。上の例 14 －
16 は、すべて照応成分を用いておらず、照応成分を加えているものは実際
にはあまり見られない。上の例 12a と b が示すように、たとえ主題と同一
指示である主語の属格が現れても、省略することができるのである。さら
に次の文中の照応属格は、痕跡であってもよいので、[　]で表している。

17. 这位病人，[他的] 情况很危险。

　　　　この病人は、[彼の]状況はとても危険だ。

18. 我们班的张明，[他的] 书法特别棒。

　　　　我々のクラスの張明は、[彼の]書道が特にうまい。

主題と主語が隣接していない場合、痕跡属格であることは難しい。

19. 小张，爸爸很有钱。　　張君は、父親が金持ちだ。

20a. *小张，以前爸爸很有钱。　（張君は、以前父親が金持ちだった。）

　 b. 小张，以前他爸爸很有钱。　張君は、以前彼の父親は金持ちだった。

さらにいくつかの主題は、意味的には目的語の属格である。この種の属
格はいつも主題と隣接していないので、痕跡属格は主語属格よりもやや難
しい。しかし、ここで働いているのは位置的な要因だけではなく、属格の
意味類型や意味関係とも関係があり、状況は比較的複雑なので、照応主題
の目的語痕跡属格の容認度は同じというわけではない。

21a. 新教学楼，我只见过这幢楼的图纸。

　　　　新しい教室棟は、私はこの棟の図面しか見たことがない。

　 b. 新教学楼，我只见过它的图纸。

　　　　新しい教室棟は、私はその図面しか見たことがない。

　 c. 新教学楼，我只见过 [　] 图纸。

　　　　新しい教室棟は、私は図面しか見たことがない。

22a. 王德刚，没人敢动他一根毫毛。

　　　　王德剛は、誰も彼に指一本触れられない。

　 b. 王德刚，没人敢动 [　] 一根毫毛。

　　　　王德剛は、誰も指一本触れられない。

23a. 金星，我买过这种牌子的电视机。

　　　　金星は、私はこのメーカーのテレビを買ったことがある。

b.? 金星，我买过［　　］电视机。

（金星は、私はテレビを買ったことがある。）

24a. 王德刚，我见过他的舅舅。

王德剛は、私は彼のおじさんに会ったことがある。

b.＊王德刚，我见过［　　］舅舅。

（王德剛は、私はおじさんに会ったことがある。）

　例えば Huang（1982）、Huang & Li（1996）など、多くの生成文法の著書は、主語の属格だけが主題と同一指示になることができ、目的語の属格は主題と同一指示になれない、と言及している。彼らはそれを主語・目的語非対称現象（Subject Object Asymmetry）と呼んでいる。以上のいくつかの例は、主語と目的語だけで分けることを説明するに十分であり、非常に簡単である。中国語の主題文の中のこれらの現象は、that 痕跡効果 [2] などのように、生成文法学で注目されたいくつかの英語における主語・目的語非対称現象と、内在関係があるわけではない。主題と同一指示の目的語属格は、痕跡であってもよいものもあれば、痕跡であってはならないものもあるが、それは位置的な要因以外に、いわゆる分離可能な属格と分離不可能な属格の類のように、目的語属格との意味関係の類別とも関係があるが、ここではこれ以上詳しく述べない。

4.3.3 上位言語使用域型主題

　上位言語使用域型主題とは、文の述語動詞のある項の上位概念である。言い換えれば、主題が評言の中の成分と全体集合―部分集合の関係にある、つまり上下の位置関係または所属関係にあるということである。これは中国語の主題によく見られる類型である。本書の2.5〜2.6 ですでに述べたが、“水果”と“苹果”の関係のように、名詞性の主題は評言の中の関連した成分とこのような関係があるだけでなく、“烧菜”と“炒鸡蛋”の関係や“小王骗人”と“小王骗老婆”の関係のように、動詞性の主題や節主題も評言の中の関連した成分とこのような関係がある。（これに関係した内容は2.5〜2.6 を参照。）

　ここで分けられた上下の位置関係や全体―部分の関係は、ある伝統的な

4. 主題の意味関係及びその統語的表現

意味論の著述では入り混じった状況となっている。例えば、意味の拡大に
言及した場合、よく"脸"［顔］（ほおの意味から顔全体の意味へ）と"颜色"
［色］（顔の色からすべての色へ）の例が挙げられる。実際には、"脸"と
いう意味の変化は部分から全体であるのに対し、"颜色"は真の下位語か
ら上位語への変化なのである。この二種類の意味関係は統語的には異なっ
た表現であり、主題構造においても異なった表現となっている。

　全体と部分の関係は、統語的には領属関係を構成することができ、全体
を表す語が修飾語を担い、部分を表す語が中心語を担う。例えば、"大楼
的门窗"［ビルのドアと窓］、"大门的锁"［玄関の鍵］、"人的身体"［人の体］、
"人的精神"「人の精神」などである。しかし、上位語・下位語は領属関係
を直接構成することはできず、"水果的苹果"、"动物的老虎"などと言う
ことはできず、"水果中的苹果"［果物の中のリンゴ］、"动物中的老虎"［動
物の中のトラ］としか言えない。

　上位・下位の概念は繋辞を用いて分類を表す判断命題文を構成すること
ができ、下位語は主部となり、上位語は述部となるが、全体―部分関係の
語句は類似の表現ができない。

　　　25. 苹果是（一种）水果。　リンゴは（一種の）果物である。
　　　26. 老虎是（一种）动物。　トラは（一種の）動物である。
　　　27.＊门是（一种）大楼。　（ドアは（一種の）ビルである。）
　　　28.＊身体是（一种）人。　（体は（一種の）人である。）

　第一に、全体―部分関係を持つ語句は、4.3.2 における例 14, 15 などのよ
うに、常に全体を表す語句が主題を担い、部分を表す語句が文中の述語動
詞のある項を担う。しかし、次の各例文の a, b のように、それらを入れ替
えて、部分を表す語句が主題を担い、全体を表す語句が文中の述語動詞の
ある項を担うことも可能である。

　　　29a. 这幢大楼啊，门窗很好。　このビルは、ドアと窓がよい。
　　　 b. 门窗啊，这幢大楼很好。　ドアと窓は、このビルがよい。
　　　30a. 这只小花猫麼，我喜欢它的眼睛。　この小さな三毛猫は、私は
　　　　　その目が好きだ。
　　　 b. 眼睛麼,我喜欢这只小花猫。　目は、私はこの小さな三毛猫が好きだ。

164

31a. 老王啊，头发全白了。　　王さんは、頭が真っ白だ。

　　b. 头发啊，老王全白了。　　頭は、王さんが真っ白だ。

　以上の a 文と b 文は、意味関係に変わりはなく、ただ表の部分の語の指示的意味が変わっている。29a では、"门窗"という表の部分の語は特定的な成分であるが、29b では、それが非特定的な成分に変わっている。

　上位語が主題を担う文は、ひっくり返して下位語に主題を担わせることは決してできない。時には、下位語が主題を担い、上位語を方位フレーズや介詞フレーズに変えれば、文は成立するかもしれないが、方位詞や介詞を加えた後には、上位語はすでに述語動詞の直接的な統語成分ではなくなり、範囲を表す連用修飾語の一部となってしまう。

　32a. 动物，老虎最凶猛。　　動物は、トラが最も凶暴だ。

　　b. *老虎，动物最凶猛。　　（トラは、動物が最も凶暴だ）

　　c. 老虎，在动物里最凶猛。　　トラは、動物の中で最も凶暴だ。

　33a. 水果，我很喜欢吃苹果。　　果物は、私はリンゴが好きだ。

　　b. *苹果，我很喜欢吃水果。（リンゴは、私は果物が好きだ）

　　c.? 苹果，我在水果里很喜欢吃。　　リンゴは、私は果物の中で好きだ。

　第二に、全体を表す語句が主題を担う時、評言中に照応成分があってもよく、照応成分によって、照応成分がない時に文の中には痕跡が存在し、照応や痕跡は動詞の項である属格連体修飾語上に現れると確定することもできる（4.3.2 の関係した例文を参照）。これに対し、本節ですでに指摘したが、上位語は下位語の連体修飾語を担うことができず（*水果的苹果）、よって、上位語が主題を担う時には、評言に照応成分があってはならず、空範疇の部分にも言及できない。従って、34a のように言うことができないので、痕跡を伴う 34b が存在すると考えることもできない。

　34a. *水果，我最喜欢吃水果苹果。

　　b. *水果，我最喜欢吃［　　　］苹果。

　評言の中に照応成分や痕跡がないのは、上下位型主題構造の主な特徴を構成しており、この類の主題と評言との意味関係を上の類（全体—部分型主題構造）よりも緩くさせ、より「中国語型」となっている。

165

4.3.4 背景言語使用域型主題

　背景言語使用域型主題と評言との関係は最も緩く、評言の内容との関係は、主に背景知識や談話当時の文脈に依存して確立され、文の内部では、明確な主題—評言という統語・意味関係を打ち立てることはできない。典型的な例は本書の中で再三引用されている次の例35の文である。

　　　35. 那场火，幸亏消防队来得快。

　　　　　その火事は、幸いに消防隊が来るのが早かった。

"那场火"は"消防队来得快"と形式的に解釈できるいかなる統語・意味関係もなく、それらが主題構造を確立できるのは、消防隊の仕事は火災が起こった時に火災現場に赴き消火活動を行い、またその行動が早いほど、火災による損害が小さいということを、常識的に人々に教えているからである。このような関係は、すでに言語学の研究範囲を超えている。なぜならば、それはすでに人類の言語的知識ではなく、外的世界の知識に属するからである。従って、我々がこのような関係を意味関係と称することはなおさら難しい。この種の主題は典型的な中国語型主題なので、英語のような主語卓越言語に訳する場合には本来の主題構造を示すことは難しく、文の構造に対して大幅な調整を行う必要がある。以下は別の同タイプの主題文である。

　　　36. 老王的这个义举，我们只剩下敬佩二字了。

　　　　　王さんのこの正義の行為は、私たちに「敬服」という二字だけを残した。

　　　37. 电脑使用常识麼，我们也许该办一个短期班。

　　　　　コンピューターの使用常識は、我々は短期クラスを設ける必要があるかもしれない。

　　　38. 获奖电影，你们得多准备好一些加座。

　　　　　受賞映画は、あなたたちは座席を多めに準備しなければならない。

　　　39. 这个任务，你无论如何不能马马虎虎。

　　　　　この任務は、あなたはどうあってもいい加減ではいけない。

　例35－39はすべて背景言語使用域成分が主主題を担っている。実際、この類の主題と評言との意味関係は最も緩く、およそ他のはっきりとした意味関係が存在しない主題はすべてこのタイプに属するので、副主題と副

副主題の位置にもこのタイプの主題がよく見られる。著書の中には、主題構造を用いて一部のいわゆる「主述述語文」を新たに分析する場合、常に前にある「大主語」は主題で、「小主語」が本当の主語であるが、実際には必ずしもそうではないと考えるものもある。次のように、主語が前にあり、副主題が後にある場合、その中の副主題が背景言語使用域であるかもしれない。

　　40. 张小慧语文是全班第一名，数学麽，算不上拔尖。

　　　　　張小慧は国語は全クラスで一位だが、数学は、ずば抜けているとは言えない。

この文の二つの主述構造は"张小慧……是全班第一名，（张小慧）……不算拔尖"である。"语文"［国語］と"数学"［数学］は主語の後に挿入された副主題であり、述語が内容を表す背景で、"语文"は"是全班第一名"と、"数学"は"算不上拔尖"と、それぞれ主述構造を構成することはできず、直接的な意味関係もない。副副主題とその評言との間には通常直接的な統語関係や直接的な意味関係はないので、次の上海語の例文 41, 42 のように、副副主題は一般にすべて背景言語使用域型主題に属する。

　　41. 伊拨大儿子末一间房子，小儿子末，一只钻戒。

　　　　　彼は長男には家を一軒あげて、次男には、ダイヤの指輪だ。

　　42. 我到过北京末，两趟，广州末，三趟。

　　　　　私が北京に行ったのは、二回で、広州は、三回だ。

　同じ方法で英語の中の主題構造と中国語の中の主題構造を処理したいと考える人たちもいる。もしそこまでやるのであれば、最も大事なことは、背景使用領域型主題構造の存在を否定する方法を考えなければならない。彼らはいくつかの考えを提案しており、石定栩氏の博士論文（shi 1992）の中の観点はこの面における代表的なもので、ここで少し取り上げることにする。

　彼らは、例 35 のような文が、もしその後ろに多くの文を補うならば、主題と同一指示である空範疇が現れることができる、と考えている。本書で言うところの背景言語使用域型主題は、彼らから見れば、実は後ろのいくつかの成分が前方へ移動したに過ぎず、移動した距離が少し長いという

4. 主題の意味関係及びその統語的表現

ことになるのである。我々はすでに 2.1.3 の小まとめで、例 35 の類の文の
意味が完全かどうか、後ろにさらに文を補えるかどうかは、主題構造とは
関係がないことを指摘した。文を補えば、もちろん談話全体の意味がより
完全になるが、補った文の中に必ず主題と同一指示の空範疇が現れるとは
限らない（2.1.3 の例 21 を参照）。

　また、彼らはさらに、人々がよく挙げる背景言語使用域型主題構造の例
にはすべて大きな限界性があると考えている。

　　　　43. 他们，我看你，你看我。

　　　　　　彼らは、互いに顔を見合わせた。

　　　　44. 它们，大鱼吃小鱼。

　　　　　　それらは、強い者が弱い者を虐げる。

例 43 の中の評言は二つの対称的な節でしかありえず、その中の一つを省
略することはできない。例 44 の中の評言は熟語であるが、熟語にはもち
ろん大きな限界性があり、自由に類推することはできない。これらは人々
がいつも例に挙げる背景言語使用域型主題構造であるが、背景言語使用域
型主題が上述の限界性を持っているとはとても言えない。本書で挙げる 36
－ 39 の各例文は、すべてよく用いられる文であり、その評言は対称形式
でも、熟語でもなく、特別な限界性を持っているわけではない。

　彼らはさらに、以下のタイプの文中の主題も背景言語使用域型主題では
ないと指摘している。

　　　　45. 生物伦理学，我是外行。

　　　　　　生物倫理学は、私は素人だ。

その理由は、例 45 が次の文に相当するからである。

　　　　46. 我生物伦理学是外行。

　　　　　　私は生物倫理学は素人だ。

そうである以上、例 45 を例 47 のように考え、主題である "生物伦理学" ［生
物倫理学］が評言中の ［　］の痕跡から文頭に移動したと分析することが
できる。

　　　　47. 生物伦理学我 ［　　　］是外行。

　しかし、彼らは例 46 の中の "生物伦理学" も背景言語使用域型主題であり、

168

文頭にないだけで、通常の項というわけではないことを無視している。我々は副主題の概念を用いれば、例 45 と 46 を簡単に区別できるのである。前者には背景言語使用域型の主主題があり、後者には背景言語使用域型の副主題がある。もし、主主題が副主題の位置から前方に移動するのであれば、副主題はどこから来るのであろうか。英語には例 45 のタイプの構造もなければ、例 46 のタイプの構造もない。二種類の言語の違いは次の点にある。つまり、中国語では言語のある背景を表す項でない語句がある主題の位置に現れることが許され、それは後ろの評言を成す全体の話と関連するが、評言の中のある語句とは特に関連しないのに対し、英語ではそのような状況は許されないのである。

4.4 コピー型主題構造

コピー型主題は文中の主語、目的語、さらには述語動詞と完全に同形か、または部分的に同形であり、同形の成分の関係は意味的にも同一である。「コピー」とは比喩的な言い方であり、前後二つの成分が同じであることを説明しているだけで、何が基礎的な形式で、何がコピー形式かを表しているわけではないので、主題は評言中のある成分のコピーであるということができ、また評言中のある成分は主題のコピーであると言うこともできる。

統語・意味論的な一般的な規則では、コピー型主題構造が意味的に存在する理由を説明することはできない。この種の成分の文中で重複出現には、論理的な意味規則が排除する同義反復を除き、その他の統語的・意味的関係が存在するはずはない。しかし、中国語、特に上海語では、それらは主題構造の中に現れることができ、その中のコピーされた側は主題（副主題及び副副主題を含む）を担い、もう一方は評言の一部を構成する。普通話の中にもこの類の主題が存在するが、その中のあるものは古代中国語や近代中国語からそのまま使われてきた構造であることから、中国語の主題卓越型言語としてのいくつかの特徴には、長い間の歴史的背景があることが分かる。しかし、総体的には、普通話のコピー型主題構造は、上海語などの呉方言での発達には遠く及ばず、つまり、中国語の主題は元からあった主題卓越の特徴がある方言でより高度に発展したと言うこともできるので

169

4. 主題の意味関係及びその統語的表現

ある。普通話と比べると、上海語のコピー型主題の種類はずっと多く、使用頻度も高く、文法化の程度もより高い。

　次に、我々はまず普通話のコピー型主題のいくつかの表現を簡単に分析し、その後に上海語のコピー型主題の統語的・意味的関係を重点的に分析する。

4.4.1 普通話におけるコピー型主題

　伝統的な、そして現代の各種文法理論の中からコピー型主題現象を分析・説明できる既成の学説を探し出すことは難しく、普通話の中に存在するコピー型主題に対しては、各種の中国語文法の著作のほとんどは説明が簡単すぎて不十分である。また、表面的に似た統語現象でその中の一部分を説明し、同じくコピー型主題に属する現象を統語的に異なる部分に分散させてしまい、完全に整ったイメージを得ることを難しくしている。例文 1 - 11 は、見たところすべてコピー型主題を含んでいるが、まず例文を挙げた上で、順を追って分析を行っていく。

1. 星星还是那个星星，月亮还是那个月亮，山还是那座山，梁还是那道梁。（电视剧《篱笆・女人・狗》主题歌）

　　星はやはりあの星で、月はやはりあの月で、山はやはりあの山で、梁はやはりあの梁である。

2. 他人不像人，鬼不像鬼。

　　彼は得体が知れない。

3. 他主任倒也是主任，但是这一摊子的工作不归他管。

　　彼は主任は主任だが、この露店の仕事は彼の担当ではない。

4. 他现在领导倒也不算正式的领导了，但在单位里说话还是挺有影响的。

　　彼は今、正式な指導者とは言えないが、仕事場ではその発言にやはり影響力がある。

5. 我这几年小说也写过几篇小说，但自己都不满意。

　　私はここ数年小説もいくつか書いたが、自分では満足していない。

6. 他儿子聪明倒挺聪明，就是写作业太粗心。

　　彼の息子は賢いのは賢いが、ただ宿題はおおざっぱだ。

7. 我登台表演也表演过几次，但那都是二十几岁时候的事儿了。

私は舞台で何度か演じたことはあるが、それはもう二十何歳の時の事だ。

8. 小张打篮球打得非常好。

張君はバスケットボールが非常にうまい。

9. 我真的说话都说不出来了。

私は本当に話が出て来なくなった。

10. 螺丝帽锈得拧都拧不动了。

ナットが錆びて回しても動かなくなった。

11. 去就去，我还怕你不成。

行くなら行きなさい、私はあなたがだめかもしれないのが心配だ。

　上の11個の例文は、実はコピー型主題を代表する11種の異なる下位分類であり、各類について一つの例から容易に他を類推して、同類の文を大量に作り出すことができる。

　例1は四つの構造が同じ並列節から構成されており、最初の節を例にして分析すると、主題である"星星"［星］は判断命題文の述部の中心語と同形である。"是"の前には他の名詞句はないが、"星星"のここでの働きは判断文の題目というわけではなく、主題を引き出すことであり、その意味は「星について述べる（または「星に言及する」）と、つまりやはりその星である」ということである。

　構造主義型の統語分析では、疑いなく文頭の"星星"を判断文の主語と分析するはずである。これは統語的にも通用するようであるが、このような分析は意味的には通用しない。本当の題目と述部が同じ判断命題文は、意味的には「同義反復」(tautology) と呼ばれる。同義反復文のあるものは、例えば大人が子どもに間違った語句説明をする次の例文のように、おそらく言語使用における無駄な話となる。

12. 石英表就是，就是……就是石英表。

クォーツ腕時計は、つまり……クォーツ腕時計だ。

　しかし、多くの同義反復文は特定の修辞的意味を持っている。つまり、題目は一種の対象を提出して、外延を重点的に表し、述部は話し手がその対象のある種の属性や連想される意味に注意することを提示し、内包を重点的に示しているのである。

4. 主題の意味関係及びその統語的表現

　　13. 孩子到底是孩子。　子どもはやはり子どもだ。
この文の本当の意味は、子どもがいたずらで無邪気であるというようなことである。これに対し、例 1 は例 12 のように無駄な話でもなく、例 13 のような意味関係も持たず、本当の同義反復文ではないので、文頭の"星星"は判断文の題目でもなく、統語的にも主語と分析すべきではなく、一種の主題なのである。

　　例 2 と比較すると、"星星"の主題性と非主語性はよりはっきりしている。

　　例 2 は擬似繋辞である"像"が述語動詞を担う判断文であるが、それぞれの節の前には二つの NP がある。明らかに、判断命題の基本構造は"他不像人，不像鬼"で、主語は"他"であり、コピー成分の"人"、"鬼"は主語の後の副主題で、その意味は「彼は、人のようで人のようではなく、お化けのようでお化けのようではない、と論じている」である。例 1 に戻ると、コピー成分の"星星"も同類の主題である。例 1, 2 の別の共通点は、コピー主題である節がどちらも並列複文の一つの部分項として用いられ、ふつう一つの節だけを言うことはできないが、これはこの類の主題や副主題に対比性主題の働きがあり、一つの節では対比を構成することができないからである。例 3 の前の節の構造は例 2 に近く、コピー成分はやはり副主題であり、繋辞の前に語気助詞の"倒"、"也"があるが、節全体は並列複文の部分項の一つではなくなり、譲歩節として用いられ、後ろに転換文が呼応している。これは例 3 - 7 の共通の特徴でもあり、例 1, 2 と一致しているのは単にコピー型主題である節を含むというだけではだめである。

　　例 4 は例 3 と構造や意味関係が同じであり、述語動詞は擬似繋辞"算"である。主な違いは例 4 が否定文であることで、主題構造は"NP 不是（または"不算、不像"など）NP"である。否定の判断文では、前のコピーの NP が主語ではなく主題であることがより分かる。つまり、もしそれが主語であれば、節全体が自己矛盾文（contradiction、"花非花"［花は花にあらず］のように）となってしまうが、例 4 は自己矛盾の判断を表していない。

　　例 5 もコピー型主題節を用いて譲歩節を成しており、例 1 - 4 と異なるのは例 5 が繋辞ではなく動作動詞を述語動詞に用いている点である。しかし、言語の実際においては、やはり例 1 - 4 のように繋辞や擬似繋辞を用

いることの方がずっと多い。

コピー成分の品詞性について述べるならば、例1－5は一つの大きなグループに入れることができ、これらのコピー型主題はすべて名詞句である。6－11は別のグループを構成し、これらのコピー型主題は動詞句（形容詞句を含む）である。しかし、これはただグループ分けからの角度から見ただけであり、別の角度から見ると、二つの大きなグループの間には多くの共通点が存在する。

コピー型主題構造が譲歩節を表す特徴から見ると、例3－7はすべてこのグループに属する。例6,7の特徴は、コピー型主題が述語動詞の統語的な目的語（中国語では判断述部を含む）ではないが、意味的には、それは例3,4と同じで、すべて命題の述部がコピー成分を担っている。例5は例6,7と同様に判断文ではなく、名詞性成分をコピーした例5は、実は動詞性成分（形容詞性成分を含む）をコピーした例6,7の形式をとることもできる。つまり、次のようにコピー成分を例5の"小说"から例5aの"写小说"全体に拡張しても、統語的意味は少しも変わらないのである。

5a. 我这几年写小说也写过几篇小说，但自己都不满意。

一方、例6,7も"是"を加えて例3－5の形式に変えることもできる。

6a. 他聪明是挺聪明，但做事情太粗心。

　　彼は賢いのは賢いが、仕事はとてもおおざっぱだ。

7a. 我登台表演也是表演过几次，但那都是二十几岁时候的事儿了。

　　私は舞台に立って演じたことは何回かあるが、それはもう二十代の頃の事だ。

このことから、コピー成分が述語となる動詞句であるかそれとも動詞句の中の名詞性目的語であるかは、統語関係と意味関係には影響をせず、前方のコピー成分の主題の性質は非常に統一的であることがわかる。

その他、例7にもそれ自身の特徴がある。つまり、副主題の"登台演出"［舞台で演じる］が評言中で部分的にコピーされ"演出"になっただけである。この種のコピー成分が前後の部分で異なるのは、コピー型主題構造にもよく見られる。実際には、例7bのようにひっくり返して、評言中のコピー成分"登台演出"を副主題中で部分的にコピーして"演出"だけに

4. 主題の意味関係及びその統語的表現

することもできる。

　　　7b. 我表演也登台表演过几次，但那都是二十几岁时候的事儿了。

　例 7 と 7b の関係から、コピー型主題構造においては、主題が評言中の
ある部分をコピーするとは言いにくく、やはり評言中のある部分が主題を
コピーしているということが分かる。つまり、「コピー」という語は前後
二つの成分が言語形式的に完全に同一か部分的に同一であることを比喩的
に指摘しているだけなのである。

　例 8 は構造的には例 7 の前の節にかなり近く、主な違いは例 8 には例 3
－ 7 にある語気副詞がないことである。語気副詞とは譲歩節を表す補助と
して用いられるものであるが、例 8 には語気副詞がなく、同時に譲歩節を
表してはおらず、独立できる節となっている。中国語の文法書ではこの類
のよく見かける構造を避けてはいないが、すべて例 8 の二つの動詞句を連
続述語（中国語では“连动”）関係、「連用修飾語（中国語では“状中”）
＋中心語」関係、あるいは補充関係と分析している。実際にはコピー関係
にある二つの動詞の指示するものが同じであることは、連続述語が持つ時
間や道理における継承関係であるはずはなく、修飾関係であるはずでもな
いことを決定している。例 1 － 13 の大きなグループの中に置けば、例 8
類の構造は中国語の中の多くのコピー型主題構造の類型の一つであること
が容易に分かる。例 8 にも 8a のような同義形式がある。

　　　8a. 小张篮球打得非常好。

　　　　　小张はバスケットボールはとてもうまい。

　例 8a の“篮球”［バスケットボール］は明らかに副主題であり、例 8a
は例 8 の同義形式で、その違いは、例 8a の副主題は名詞“篮球”であり、
動詞句“打篮球”ではないことである [3]。

　例 9 は例 10 にかなり近く、構造的には例 8 とも似ているが、例 9, 10 は
どちらも語気副詞“都”を用いて、強調を表す専用の文型を構成している
ので、例 8 とは異なる。例 9 と例 10 の主な違いは、コピー成分が二つの
文の中でそれぞれ副主題と副副主題を担っていることである。吕叔湘主编
（1980：154,524）は“动都没动”を“连动都没动”から“连”を省いた形
式であると分析し、“动也不动”を“一动也不动”から“一”を省いた形

174

式であると分析しているが、これはまったく統一されておらず、さらには自己矛盾的な分析法でもある。実際には、"动都没动"に"一"を加えることもでき、"动也不动"に"连"を加えることもできるが、上海語の"动都朆没动"には"连"を加えることができず、"动也不动"に"一"を加えることも極めて少ないので、上の分析を採用すべきではない。問題の難しい点は、このような中国語文法体系の中で極めて常用される主題構造に低い位置さえ与えていないことである。コピー型主題という概念があれば、"连"や"一"を加える方法で分析する必要などまったくないのである。

例11の"去就去"は現有の統語論の枠組みではおそらく緊縮文と分析してよいであろう。このような分析には一定の理由がある。しかし、すでに指摘したように、条件節は主題の性質を持っている。一方、例11の前の"去"がもし複文中の前の節であるとすれば、条件節でしかなく、それ自身には主題の性質はなく、それは形式的にも後ろの成分とかなり緊密に結合しており、すでに一つの独立した節と見なすことは難しいので、主題と直接分析されることは最も容易に受け入れられ、さらに、それは他のコピー型主題構造が共有している強調の働きも持っているのである。

総体的に言って、コピー型主題構造はすべてある種の肯定と強調の働きを持っている。あるものはコピー成分に対する直接的な強調で、あるものは譲歩として表される。コピー型主題構造で強調や譲歩を表すことは、昔の中国語から現在の中国語までずっと存在している言語現象である[4]。譲歩複文は常に譲歩節に転換節を加えて構成される。いわゆる譲歩とは、つまり、まず自分の考えにとって不利な事実を肯定することなので、譲歩節内ではふつういくつかの肯定や強調を表す成分が用いられることになる。従って、コピー型主題構造の強調機能と譲歩機能は本質的に通じ合うものがある[5]。

コピー型主題構造にはなぜ強調の機能があるのか。それは中国語の主題卓越の特徴を利用し、同一の成分を主題にしたり、評言中の述語や補語の一部にしたりし、その成分が重複して現れることを通して強調しているのである。さらに、コピー型主題は往々にして対比性を持っているので、実際には主題焦点となる。これに対し、コピー型評言成分の前にはふつう強

調を表す種類の語気副詞があり、その成分をまた述語中の焦点にする。一つの成分が同一の文で同時に主題と述語の二つの焦点の位置を占めるので、程度が最も大きな強調となるのである。

また、コピー型主題は述語の一部と同形なので、副主題を最も担いやすく、前の位置を文の主語に与えるのである。しかし、実際の使用においては、例 3, 8 を改めた次の例 3a, 8b のように、コピー型主題は主語の前に現れて主主題になることもできる。

> 3a. 主任他倒也是主任，但是这一摊子的工作不归他管。
>
> 　彼は主任は主任だが、この露店の仕事は彼の担当ではない。
>
> 8b. 打篮球小张打得非常好。
>
> 　バスケットボールは小張はとてもうまい。

4.4.2 上海語におけるコピー型主題

上海語におけるコピー型主題は普通話よりも発達しており、豊富である。普通話の上述のコピー型主題構造の類型は、上海語にはすべて存在しており、普通話よりもよく使用される。一方、上海語にはさらに多くの常用のコピー型主題構造があり、それらは普通話には存在しないか、ほとんど使用されない。従って、コピー型主題は、一種の中国語型主題であるだけでなく、さらに一種の上海語型や呉語型主題でもあるのである[6]。

次の分類の列挙と上海語におけるコピー型主題の分類は、普通話の完全に同じ類型とは重複しない。用いられる記号はその線状的な成分を簡単に示しているだけであり、階層や構造関係を反映しているわけではない。まず、名詞性主題から話を始める。

① "NP ＋末＋ NP" 型

> このタイプの主題構造は主に「正式な名称」として用いられ、NPが表す概念や事実を強調したり繰り返したりすると同時に、常に後続の節を用いて他の概念や状況のここでの適用性を否定する。主題の後には一般に "提頓词" である "末" を加え、文末にいつも肯定の意味を表す語気詞がなければならない。

14. 姘头末姘头勒晚，啥个好朋友。

'就是姘头么，说什么好朋友'

同棲相手というだけで、親友というわけではない。

15. 阿香：姆妈（念成"苗"）

二房东：姆妈末姆妈，"苗"，像死猫叫。（滑稽 p.138）

'阿香（被恶妇二房东领养者）：妈（念成"苗",显示不情愿喊"妈"）

二房东：喊妈就该念出"妈"的音，怎么念成"苗"，像死猫叫'

母親を呼ぶ時は"妈"と発音せねばならず、"苗"と言ったら、死んだネコの泣き声のようだ。

16. 上半天末上半天，侬自家记错脱，板要讲下半天。

'（某件事）明明是上午么，你自己记错了，非要说下午'

確かに午前中で、あなたは記憶違いであり、午後と言わないでください。

この種の普通話には見られないコピー型主題構造には統語的にはっきりとした特徴がある。つまり、主題構造がある節全体に動詞性成分がなく、節内には明らかに主題構造のみがあり、主述構造はないとも言える。従って、これは一種の主題卓越言語の特徴を非常によく表した文構造なのである。もちろん、形式的には、この種の主題構造中のコピー成分は動詞句であっても構わないが、ここでの動詞句は実際にはやはり名詞化するのに用いられる概念であり、次のようにコピー成分であるNPの性質には影響をしない。

17. 作弊末作弊勒哽，讲啥个参考参考。

'这就是作弊末，说什么参考参考'[7]

これは不正行為であって、参考にしたとは言えない。

② "NP（＋末）＋ NP ＋ VP，NP1（＋末）＋ NP1 ＋ VP1"型

このタイプの構造が単独で現れることは非常に少なく、ふつう二つあるいはさらに多くの同類の節が並列し、前や後ろにはさらに総括の意味を表す節があるので、二つの節の形式の代表が用いられる。この種の文は主述構造の文頭のNPをコピーして主題とする。このNPで最もよく見られるのは述語動詞の前の動作主主語や受動者主語であるが、他の成分でもよく、さらには次のようにある統語成分の一部であることもある。

4. 主題の意味関係及びその統語的表現

18. 水末水紧张，电末电紧张，辩个地方生活是老勿便当个。
　‘水又紧张，电又紧张，这个地方生活是挺不方便的’
　水は足りず、電気は足りず、この地域の生活は非常に不便だ。

19. 我问依！米米轧勿着，三轮车，三轮车喊勿着，依勒浪动啥格脑筋？
　　　　　　　　　　　　　　　　　　　　　　　　　（滑稽 p.53）
　‘我问你！米呢又没有挤着买到，三轮车呢又没有叫到，你在动什
　么脑子？’
　おまえに尋ねる！米は買い揃えていないし、三輪車は呼んだが
　来ておらず、おまえは何を考えているんだ。

20. 现在吃饭是不容易呀……屋里屋里要受气，客人客人面前要受气。
　　　　　　　　　　　　　　　　　　　　　　　　　（滑稽 p.53）
　‘现在吃饭是不容易呀……在家里呢，也要受气，在客人面前呢，
　也要受气’
　　今は飯を食うのも難しいな……家の中では、いじめられ、客の
　前でも、いじめられる。

21. 伊到仔上海，身体末身体勿好，亲眷末亲眷个地址落脱勒，朋友
　末朋友个公司搬脱了，真真急熬人。
　‘他到了上海，身体又不好，亲戚的地址又丢了，朋友的公司又搬
　走了，真是急死人了’
　　彼は上海に着いてから、体調はよくなく、親戚の住所はなくしてし
　まい、友達の会社も移動してしまい、本当に気が気ではなかった。

この主題の後ろには"末"を加えることができるが、必ずしも"末"
を加えなくてもよく、例19, 20の上海語の"滑稽"芝居のシナリオの
二つの例では"末"が使われていない。我々が調査した上海語口語でも、
実際には"末"は用いられないが、同様にこの文型を用いる蘇州語で
は"末"が常用される。上の訳文では簡潔な形式で基本的な意味関係
を翻訳しているのみで、主題の談話機能を完全に表してはいない。主
題の機能をできるだけ表すには、例18を普通話で‘论水吧，水又紧张，
论电吧，电又紧张’と訳しているように、さらに複雑な形式で訳をし
なければならない。普通話では、"论……吧"という専用の形式で主

題を際立たなければならず、上海語のようにコピー型主題構造で主題を構成することはできない。

この種の主題構造、特にコピー成分を主語とする文は、主語と主題の違いを最もはっきりと表している。なぜならば、主語はさらにコピーによって主題化することができるが（例18の前方の"水"や"电"のように）、主語自身（例18の後方の"水"や"电"のように）はもちろん主題を兼ねないからである。もし、主題が談話や語用レベルの成分に過ぎず、統語レベルでは常に主語や他の成分を担うと考えるならば、このような主語をコピーした主題の統語的地位を説明できないのである。

③ "NP（＋末）＋ V ＋ NP" 型

このタイプの構造は、述語動詞の名詞性成分（主に目的語や兼語）をコピーして主題としており、主題は実際には目的語などの主語以外の項と同一なので、主題の後や前に文の主語を挿入することができる。

22. 钞票末，依倒要存好一眼钞票个。

　　 '钱呢，你是要准备好一些的'

　　 お金は、あなたは少し準備しなければならない。

23. 小张已经论文发表过好几篇论文勒。

　　 '小张论文已经发表过好几篇了'

　　 張君は論文はすでに何本も発表した。

24. 办法总有办法好想的。

　　 '办法呢，总可以想出来的'

　　 方法は、いつでも考え出すことができる。

25. 电缆末阿拉公司自家就有爿厂生产电缆个。

　　 '电缆呢，我们公司自己就有家厂生产的'

　　 ケーブルは、我々の工場が自分で生産工場を持っている。

例24の"有"と"想"という二つの動詞の主格となる項はどちらも空であり、文には主題だけしかなく、主語はない。例22, 25では主語が主題の後に挿入され、コピー型主題が主主題となっている。例23では主語が主題の前に置かれ、コピー型主題が副主題となっているが、

179

4. 主題の意味関係及びその統語的表現

副主題の前に時間副詞"已经"[すでに]が現れることができることに注意していただきたい。これは 2.4.2 ですでに分析した主主題と副主題の重要な違いの一つである。例 23 の"论文"[論文]も主主題になることができるが、その場合、主題の前にさらに"已经"を用いることはできない。

26a. 论文末，小张已经发表过好几篇论文勒。

 b.*已经论文末，小张发表过好几篇论文勒。

④ "VP ＋做 / 纵＋ VP，（VP1 ＋做 / 纵＋ VP1）"型

このタイプの構造は钱乃荣（1997）によって最初に言及された。それは譲歩を表すコピー型主題構造で、後ろにさらに逆接の節（括弧中の"VP1……"ではない）がなければならず、全体的には普通話の中の譲歩を表すコピー型主題構造と同じであり、その中のコピー成分は動詞の項ではないので、主語となる項は空であるか、またはコピー型主題の前に現れる。但し、それには固有の特徴もある。その中の"提顿词"の機能がある成分は、他の構造には見られない"提顿词"として用いられる"做"や"纵"（钱氏の著書では"中"となっている）であり、その中の"做"は多くが動詞として用いられ（旧派の人たち（1920年以前に生まれた人）たちは"做"を用いず"管"を用いる）、"中"は多くが形容詞として用いられる。この種の譲歩構造は必ずしもすぐ後ろに逆接節とつながるわけではなく、まず二つの譲歩節が並列され、その後に逆接節がつながってもよく、括弧中の"VP1……"は現れるであろう二つ目の譲歩節なのである。このタイプの構造中のコピー成分である VP は複雑であってはならず、ふつう一つの単語である。

27. 骂做骂，打做打。也拿伊呒没办法。

 '纵然又是打，又是骂，也还是拿他没办法'

  たとえまた殴られて、また罵られても、やはり彼はどうしようもない。

28. 想做想，想勿出好主意。

 '虽然想了，但想不出好办法'

  考えたけれども、いい考えが浮かばない。

29. 任务重纵重，也勿会叫声苦。

'任务固然很重，但（他）也决不会叫苦'

　　　　任務はもとより重たいが、絶対に弱音をはくはずはない。

⑤ "VP（＋末／是／倒）＋ VP, VP1（＋末／是／倒）＋ VP1"型

　　このタイプの構造は②のタイプと同じで、やはり節の形式で現れ、並列される項の間には平行・対比などの関係があり、いくつかの節で用いられる"提頓词"は必ずしも同じではない。その中で"提頓词"の"倒"を用いるものは常に対比性を持ち、"末"、"是"を用いるものは平行であっても、対比であってもよく（このいくつかの"提頓词"は意味や談話機能に違いがあり、第6章でさらに詳細に検討する）、またいっそのこと"提頓词"を用いなくてもよい。このタイプと②との主な違いは、コピー成分が述語動詞を担う動詞性成分の VP であることである。コピー型主題は動詞であり、述語動詞の項ではないので、文にはさらに別に型の中に並べられていない主語があってもよい。しかし、主題があるために主語を空にさせることは、例31, 32のように、本来主題卓越言語によく見られる現象であり、それに対応する普通話の訳ではコピー型主題を用いていないので、主語を補った方がよい。⑤のタイプの中のコピー主題は、ふつう単独の動詞や緊密な動詞フレーズであるが、後ろのコピー成分は単独の動詞であってはならず、補充成分を修飾したり、少なくとも肯定の語気助詞"个"を伴う必要がある。

30. 俚夫妻争末也勿要争啦，寻末归寻，迭两个小赤佬，我吃定在（→辣）苏州河一带，……（滑稽72頁）

　　'你们夫妻俩也别再吵下去啦，还是接着找吧，这两个小家伙，我断定在苏州河一带……'

　　あなた方夫婦もこれ以上喧嘩をしないで、やはり続けて探しましょう。この二人の少年は、私は断定するが、蘇州河一帯で……

31. 流氓：侬是啥地方一帮？

　　　　'你是哪儿一帮的？

　　　　あんたはどこの組だ。

　三毛：磅是呒没磅过，立夏节称末称过的，九十九斤。（滑稽74頁）

'（我）可没磅过（用磅秤称物为磅，用于人有侮辱意，此处
故意跟"帮"相混），立夏节倒是称过的，九十九斤。（立夏
称体重为吴地旧俗）'

　（私は）組んだことがないが、立夏の時期にはかったこと
があり、99 キロだった。

32. 为了两只裤脚又要争了，改倒没有改好，撕倒要撕坏了。（滑稽 112 頁）
　'为了两条裤腿又要争吵了，（裤腿）没有改好，反而倒要撕坏了'

　　二本のズボンの裾のためにケンカをしないで、作り直してい
ないなら、引き裂いてだめにするだけだ。

例 30 － 32 はすべて同じ喜劇のシナリオの短めの紙幅内のものである
ことから、この種の文の上海語における出現率が高いことが分かる。
これらの文中に"末"、"是"、"倒"がすべて現れることは、また、こ
の三つの"提頓词"が常用されていることを反映している。普通話は
この類の表現形式をある程度許すかもしれないが、上海語の常用性と
普遍性には遠く及ばない。現在通用している中国語の文法観によれば、
②のコピー型主題は名詞として述語動詞の一つの項であり、主語であ
ると分析できるけれども、④のコピー型主題は動詞として述語動詞自
身であり、連用修飾語と分析できるかもしれないが、主語と分析する
ことは絶対にできない。一方、我々の考えでは、それらは同じコピー
型主題であり、実際にこの二つのタイプの構造も常に互いに並列複文
の一つの節となり、現地の人たちの言語心理における一致性を具現化
している。例えば、例 33a － d の四種類の並列形式は上海語ではすべ
て容認され、意味的にも等価である。

33a. 伊乒乓球末乒乓球勿会得打，象棋末象棋勿会得着。

　　（NP 末……, NP 末……）

　　'他乒乓球又不会打，象棋又不会下'

　　　彼は卓球はできないし、将棋もできない。

　b. 伊打乒乓球末打乒乓球勿会得，着象棋末着象棋勿会得。

　　（VP 末……, VP 末……）

　　'他打乒乓球又不会，下象棋又不会'

彼は卓球はできないし、将棋もできない。

　　c. 伊打乒乓球末打乒乓球勿会得，象棋末象棋勿会得着。

　　　（VP 末……，NP 末……）

　　　？‘他打乒乓球又不会，象棋又不会下’

明らかに、例 33 の中の“末”の前のコピー成分を同一の統語成分の処理法と見なすことができてはじめて、現地の話し手の心理を反映した処理法とすることができ、主題はまさにこの類の成分の統一した統語的性質に対する一つの適切な総括なのである。

⑥“VP ＋是／倒＋ VP”型

　　このタイプの構造は形式的にはおおよそ④のタイプの一つの節に相当するが、単文としても現れ、いくつかの節の並列である必要はなく、文全体を用いて非常に肯定的な語気を表す。このタイプの後ろの VP には、必ず肯定・強調を表す修飾補充成分や語気助詞がなければならず、“提頓词”も④型とは異なり、主に“是”，“倒”が用いられるが、“提頓词”はほとんど用いられず、④型で常用される“末”が用いられることは少ない。

　　34. 小赤佬，快倒跑得快个。（滑稽 21 頁）

　　　　‘小崽子，跑得倒挺快的’

　　　　　この子は、走るのがとても速い。

　　35. 老王热心真个热心个。

　　　　‘老王可真的是很热心的’

　　　　　王さんは本当に熱心だ。

　　36. 伊来肯定会得来个。

　　　　‘他是肯定会来的’

　　　　　　彼は必ず来るはずだ。

　　37. 聪明是小王拉儿子蛮聪明个。

　　　　‘要说聪明，小王的儿子是挺聪明的’

　　　　　　賢いと言うならば、王君の息子はとても賢い。

　　38. A：覅去惹伊哭。　　‘别去惹他哭’

　　　　　　彼を泣かせてはいけない。

4. 主題の意味関係及びその統語的表現

　　　　B：伊哭倒勿哭个。'他倒是不哭的'

　　　　　　彼は泣いてなどいない。

例34－36の各例から見ると、このタイプの文中の前方のコピー成分
の主題機能はすでにあまりはっきりとしておらず、構造全体が一種の
肯定の語気を表す特殊な形式のようであり、連続していない重ね型成
分が構成する形態の姿に似てさえいるが、現地の人たちの語感では、
このタイプの主題にはやはり軽い主題の意味があるので、例35を"老
王论热心可真的是热心"と訳して、よりはっきりとした形式でその主
題性を訳出することもできる。一方、例37, 38では、この種の主題は
より明確に表され、例37ではコピーしたVP主題を文頭の主主題に
置き、例38では前の文の既知情報である"哭"を受け、さらに必要
であれば、次のように副主題の"哭"を主主題に移動させることもで
きる。

　　38a. ……哭倒，伊勿哭个。　　……泣くのは、彼は泣いていない。

"滑稽"のシナリオから取った次の例39はこのコピー成分の主題機能
をより明確に具現化している。

　　39. 老大：勿晓得小赤佬跑得快哦？

　　　　　　　子どもが走るのが早いのを知らないのか。

　　　　三毛：跑呀，跑我跑得快。（滑稽21頁）

　　　　　　　走るのは、私の方が速い。

"三毛"の答えの中の"跑呀"は疑問文であり、相手の問題を確認す
るのに用いられ、後方の節"跑"は前の文を受けたもので、既知情報
として主語"我"の前に用いられ、コピー成分が主主題を担っている。

　　その外に、このタイプのコピー型主題は必ずしも述語動詞の前に用
いられるわけではなく、補語性の節の中に用いることもでき、例34
を次のように言い換えることができる。

　　34a. 小赤佬，跑得快倒快个。　　子どもは、走るのが速い。

⑦"VP＋是 / 也 / 末＋VP"型

　　このタイプは⑤の型の進化形態である。その中の動詞性成分VPは、
実際にはすべて形容詞や程度修飾を受ける動詞の下位類であり、後方

の VP の前後には必ず程度が高いことを表す語句があり、節全体が感嘆の語気を帯びている。"提頓詞"は一般に"是"、"也 [aʔ]"、を用い、"提頓詞"を用いなくてもよく、もしコピーされた VP がけなす意味を帯びているならば、"末"を用いる。

40. 我讨一只来吃吃，一吃，鲜是鲜来。（独脚 282 頁）

  '我要了一只来吃吃，一吃，可真鲜啊'

   私は一つもらって食べてみたが、食べると、本当に新鮮だった。

41. 听见舛桩事体，我个心跳是跳得来。

  '听了这桩事儿，我的心跳得可厉害啦'

   この事を聞くと、私の心はひどくどきどきした。

42. 人家现在神气也神气熬了。

  '人家现在可神气死啦'

   あの人は今、本当に元気だ。

43. 桂花开起来香真个老香个。

  '桂花开起来可真是挺香的'

   モクセイの花が咲いて本当にいい香りだ。

44. 昨日夜里向我气气得来。

  '昨晚上我可真气死了'

   昨晩、私は本当に憤慨やるかたない思いをした。

45. 伊买了一件衣裳，难看末难看熬了。

  '他买了一件衣服，可难看死啦'

   彼は服を一着買ったが、本当にかっこ悪い。

このタイプの節は、すでに程度の感嘆を表す一種の専用形式や形態に非常に近く、口語では特に常用される。例 40 の"鲜是鲜……"のように、連続しない重ね型もあれば、例 44 の"气气……"のように、"提頓詞"を用いずに、書面語だけから見れば普通の重ね型と誤解されやすいものもある。このタイプのコピー型主題の主題機能も確かにはっきりとはしていないので、ふつうは副主題にしかならず、他のコピー型主題のように主主題となることは難しい。しかし形式から見れば、それは明らかにコピー型主題構造から発展したものであり、用いられる"提

頓詞"自身はみな主題標識であるが、"提頓詞"を用いない場所には、口語では主題の後に必ずはっきりとしたポーズがなければならず、絶対に重ね型と混同されるはずはない。このポーズは音声的に長くないので、書面語ではふつう句読点を用いないが、存在しなければならず、間隔は明らかに単語内や重ね型内の字の間のポーズよりも大きいだけでなく、語句の中の語と語の間の通常のポーズよりも大きい。もしも、我々が"/"や"//"や"///"という記号を用いて、それぞれ、字と字の間の通常のポーズ・語と語の間の通常のポーズ・語と語の間のポーズよりも大きなポーズを表すならば、例44の"我气气得来"の音声的リズムは次のようになる。

　46. (昨日夜里向) 我 // 气 /// 气 // 得 / 来

この"///"というポーズは、"提頓詞"を用いない状況における主題標識である。この種の構造は今日の上海語では主題機能がすでにはっきりしていないが、まさにコピー型主題構造の上海語における使用の広汎性と普遍性のために、主題構造からある程度の形態化を経てこのような感嘆文の形式へと発展できたのである。非主題卓越型言語では、主題構造から程度の感嘆形式や形態へと機能語化(中国語では"虚化")されることは決してない。このような説明は次の⑧、⑨の二つのコピー型主題にも当てはまり、それらもすでに形態化し、主題機能ははっきりとしていないが、主題卓越型言語であってはじめて、このような構造でこれらの形態的な手段を構成することができるのである。

⑧ "VP ＋也＋ VP ＋哉 / 勒"型

　これは別のタイプのすでに形態化したコピー型主題構造であり、もっぱら完了体の強調を表すのに用いられ、事柄の発生や完成の結末を強調し、それが変えることができなかったり、遅すぎたという意味を含んでおり、"都已経……了"[すでに……になった]、"早已経……"[とっくに……になった]と無理に訳すことができる。また、英語の過去完了形に近く、ある過去の参照点以前にすでに完成していたことを表す場合もある。"提頓詞"には次のように"也 [aʔ]"しか用いることができない。

4.4 コピー型主題構造

47. 三毛：喂！先生！先生！（欲追下）。
　　　　　ねえ！先生！先生！（追って下がろうとする）
　　理发师：甭去追了，跑也跑脱了。　（滑稽 45 頁）
　　　　　‘甭追了，已经走喽’
　　　　　追ってもだめだ、もう行ってしまった。

48. 福林妻：我叫侬勿要管闲事，侬勿听我个闲话，现在勿是出事体了么？
　　　　　私はあなたに関わらないように言ったが、私の話を聞
　　　　　かないから、今問題が起きてしまったのではないの。
　　杜福林：我管也管勒，那能？　（滑稽 122 頁）
　　　　　‘我已经管了，怎么样？’
　　　　　私はもう関わってしまったのだから、どうなの。

49. 我也想去尝尝味道，勿晓得拨伊拉吃也吃光脱哉。
　　‘我也想去尝尝味道，谁知道早已经被他们全部吃完了’
　　　私も味見したかったけど、彼らに全部食べてしまわれるとは
　　思わなかった。

50. 等我赶到考场，考试结束也结束了。
　　‘等我赶到考场，考试早已经结束了’
　　　私が試験会場に着いた時には、試験はとっくに終わっていた。

51. 丙：格打也打过唻，又呒法挽回个……
　　　‘那都已经打过了，又没法挽回的……’
　　　　それはもう殴ってしまったのだから、もとには戻せない。
　　丁：格，还是倷有道理。好，我个人拨倷打也已经打得差勿多勒。
　　　‘那，倒还是你们有道理。好，瞧我这人被你们已经打得不
　　　成样子了’
　　　　じゃあ、あなたたちが正しい。わかった、私はあなたたち
　　　にすでにこてんぱんにやられてしまったよ。
　　丙：格先生侬讲，打也已经打过勒。对勿住，侬譬如练身体！
　　　‘那先生你说，都已经打过啦。对不起啦，你就当它练身体吧！’
　　　　じゃあ先生は、もう殴ってしまったと。すみません、そ
　　　れで体を鍛えなさい。

187

⑥のコピー型主題と同様、このタイプの主題もすでに形態的なイメージとなっており、まるで動詞のアスペクト形式の一種のようであり、さらに、例51の三つの対話で、それぞれがこの形式を用いているように、その他のアスペクト形式と同じように口語での使用率が非常に高いのである。そして、その主題機能が非常に不鮮明なため、通常は副主題を担うことができるだけで、主語の前に置いて主主題を担うことは難しい。しかし、それが形式的にはコピー型主題構造から来ていることは明らかである。また、意味的には、それは"动也没动"［どうしても動かなかった］、"动也不动"［どうしても動かない］のような強調性のコピー型主題とも密接な関係がある。"动也没动"は否定の構造類型だけに用いられ、行為や事柄が発生しなかったことを強調している。その中の否定成分を取り去り、すでに起こった、あるいは終わったことを表す状態成分に換えれば、この型の主題構造に変わり、まだ発生していないことの強調から、すでに発生した、あるいはすでに終わったことの強調へと変わるが、その中の強調成分は一致しており、このこともコピー型主題構造によくある構造的意味である。

⑨ "VP ＋也＋ VP ＋勒"型

このタイプは形式的には⑧型と基本的に同じであるが、文末語気助詞に普通話の"了"に相当する古い形の"哉"を用いることはできない[8]。見たところ、このタイプは⑧型から派生したものである。その違いとしては、この型の VP は主に形容詞であり、その表す意味は一種の比較で、通常は後続の節の中に用いられ、「その他の面を除き、さらにこの面ではより……」ということを表しているので、次のように文中に比較レベルを表す補語 "一眼" のような言葉を加えることもできる。

52. 格吃带鱼合算，大也大勒。（独脚225頁）

'那还是吃带鱼划算，而且还（比其他鱼）大'

　ではやはり、タチウオを食べた方が採算に合う、それに（他の魚より）大きいし。

53. 侬还是买红个件，嫩也嫩一眼勒。

‘你还是买红的那件，（除了其他好处外）还显得更加年轻一些呢’

　あなたはやはり赤いのを買いなさい、（その他の長所を除く
と）明らかにより若い。

54. 阿二勿光比阿大聪明，用功也用功勒。

‘老二不光比老大聪明，而且还更加用功呢’

　次男は長男より頭がいいだけでなく、さらによく勉強をしている。

55. 一楼不但暗，潮湿也潮湿交关勒。

‘一楼不但暗，而且还潮湿得多呢’

　一階は暗く、また湿気が多い

⑧型の強調的な完了体の意味からさらに派生して強調性の比較の意味になるのは、非常に自然なことである。中国語の中の完了体助詞が通常すべて一つの語義解釈の項目を持つのは、比較レベルを表している。例えば、普通話の“他瘦了”は「以前よりもやせた」ということであり、“衣服做大了”は「必要なサイズより大きく作った」ということである。そして、その最終的な由来は、やはりコピー型主題構造なのである。

4.5 主題に関係する意味のまとめ

　本章では、主題とその後方の評言や評言の一部である三つの大きな種類の意味関係（項同一指示性主題、言語領域型主題、コピー型主題）について検討したが、第6章で検討する分文型主題を加えると、全部で四つの大きな種類となり、それらの内部をさらに多くの下位類に分けることができる。

　これらの意味関係の中では、項同一指示性主題構造が最も「正常」（英語という主題卓越型言語から見て）な表現であり、主題は述語動詞の一つの項であり、述語動詞と動作主、受動者のような通常の統語的意味関係があり、文の後部にさらに痕跡や同一指示成分が残っている。従って、主題が統語構造中の一つの「正常」な成分が移動や格上げなどの文法プロセスによって形成されたという論証に用いるのに最も適しているのである。しかし、この種の主題構造は四大類型の中の一つの大きな類を占めるに過ぎず、厳格に言えばその類の半分を占めるだけである。なぜならば、項同一

4. 主題の意味関係及びその統語的表現

指示性主題の中の疑似項主題は、実はすでに統語的・意味的性質の面では項とは異なる成分であり、それらは文の意味構造においては実際には述語動詞の述部に相当し、項ではないからである。中国語では目的語の統語的表現に似ているので、我々はこれを疑似項と呼ぶが、これらの疑似項はある言語においてはすでに主題化の成分に適していないのである。

　他の三つの大きな類の主題構造の状況は違いが大きい。意味関係が最も緩いのは言語領域型主題で、特にその中の背景言語領域型主題は、現有の統語的意味関係理論ではこの種の類型の意味関係に入れることがまったくできない。意味関係が最も特異なのはコピー型主題で、それと評言中のある部分との関係はまた異常に密接であり、同一指示関係よりもさらに緊密で、完全に同形なレベルに達している。さらに特異なのは、主題と同形の成分が主語であってもよく（多くの人は、主語は当然主題を兼ねると考えるので、このような現象は説明できない）、述語動詞自身やさらに低いレベルの述語であってもよい。これらのコピー型の主題構造は、同様に現有の統語意味理論で帰属すべき類別を探すのが難しい。よって、移動や格上げなどの文法プロセスを用いて中国語の中のすべての主題現象を説明しようと試みる努力は明らかに実行が難しいのである。

　中国語及びその方言において、これらの意味関係は密接であったり緩かったりするが、違いが極めて大きい成分に共通の統語的特徴（語順、主題標識など）を持たせ、また一種の共通の統語成分（主題）に統一させる要因は意味関係ではなく、談話機能なのである。これは後の第6章で検討する問題である。

注

[1] 主題構造はすべて移動により構成され、例40のような文中の主題も後方から移動したもので、移動する前の形式を"那些客人（中）一部分人"のように考える人もいる。

[2] 英語では（Ⅰ）（Ⅱ）（Ⅲ）のように言うことはできるが、（Ⅳ）のように言うことはできない。

（Ⅰ）Who does John think [Mary saw]?

　　ジョンはメアリーが誰を見かけたと思ったのか。

（Ⅱ）Who does John think [saw Mary]?

　　ジョンは誰がメアリーを見かけたと思ったのか。

（Ⅲ）Who does John think [that Mary saw]?

　　ジョンはメアリーが誰を見かけたと思ったのか。

（Ⅳ）*Who does John think [that saw Mary]?

　　節の中で that を加えた後、疑問詞目的語は文頭に移動するが、疑問詞主語はそれができない。これは「That 痕跡効果」と呼ばれる。

[3]　「三つのレベル」説をとる胡裕樹、范晓主編（1995: 378 － 396）は、統語レベルでは、このような構造は「主語＋動詞＋補語」文で、主語の後の二つの VP は補充関係であり、語用レベルでは、主語は大主題で、前の VP は小主題であり、副主題、第二主題とも呼ばれ、後ろの VP は小評言である、と考えている。前の VP を副主題と分析するのは本書と一致しているが、本書の考えでは、主題は中国語ではそれ自身が一種の統語成分であるので、さらに統語レベルで副主題とその評言の関係を補充関係と分析する必要はなく、文頭の NP 主語の性質は明確であり、やはり必ずしもさらに主主題とは分析されない。その他に、二つの VP が補充関係にあると分析するならば、コピー成分が VP である例 8 とコピー成分が NP である例 8a の間の一致性を説明するのが難しくなる。

[4]　以下は古代中国語から近代中国語におけるコピー主題構造を含む例であるが、ほとんどが強調、譲歩の意味を表している。

　　宮之奇知則知矣；虽然，虞公贪而好宝，见宝必不从其言，请终以往。（《公羊传・僖公二年》）

　　宮之奇は知るは則ち知る。然りと雖も、虞公は貪にして宝を好み、宝を見るに必ずや其の言に従わず、以往を終えるを請う。（宮之奇は賢いのは確かに賢いが、虞公はとても貪欲で宝物を非常に好み、宝を見ると宮之奇の諫言にも全く従わず、これまでのやり方をやめるようお願いした。）

4. 主題の意味関係及びその統語的表現

悪則悪矣，然非其急者也。(《管子・小匡篇》)

悪きは則ち悪き、然れどもその急にあらざる者なり。(悪いのは悪いが、それほどひどくはない)

枢密在上前且承当取，商量也商量得十来年里，不要相拗官家。(《邓洵武家传》，1.7，吕叔湘《汉语语法论文集》3 頁より引用)

機密は上奏する前に責任を持って取っておき、相談するのは十数年間相談し、官府のじゃまをしてはいけない。

父母慌又慌，苦又苦，正不知什么意故。(《古代白话短篇小说选》338 頁)

両親は慌てるのは慌て、苦しむのは苦しんだが、その理由は分からなかった。

[5] 中国語の譲歩を表す接続詞は、ほとんどが肯定の強調語気を表す語を兼ねるか、その語から来ている。例えば、"就是"（就是他来请，我也不去＜たとえ彼が招待しても、私は行かない＞）、"固"、"诚"、"即使"の"即"、"虽然、固然、纵然"の"然"などは、譲歩と肯定の密接な関係を明示している。

[6] 近代の呉語地区出身の作家が普通話で文章を書く場合、北方の作家よりもコピー型主題構造を用いることがずっと多い。

有是有一间，客人刚刚搬走，他自己租了房子了。(叶圣陶《潘先生在难中》)

一室あるのはあり、ちょうど客が出て行ったばかりで、彼は自分で部屋を借りた。

这有什么依不依。一闹是谁也总要闹一闹的。(鲁迅《祝福》)

言うとおりにするはずはないでしょう。騒ぎなら誰だって起こします。

この二つの文には強調の意味があるだけで、譲歩の意味はなく、明らかに呉語の色彩を帯びており、標準的な普通話ではここでコピー型主題構造を用いることはない。

[7] 普通話の中には、下の対話の中の乙の文のように、主題構造が形式的に上海語のある類に近いものがある。

甲：今天没有水饺，只有馄饨。

今日は水餃子はなく、ワンタンだけしかない。

乙：馄饨就馄饨吧。　　ワンタンならワンタンにしよう。

構造形式から見れば、この種の文には動詞はないけれども、副詞"就"を用いることで、後ろの"馄饨"に明らかに動詞性を持たせている。それに対し、上海語の"NP 末 NP"は、"提頓詞"の"末"を用いるだけで、それが主題標識となり、後ろの語に動詞性を持たせているわけではない。従って、この二種類の主題構造は形式的に同じというわけではないのである。意味的に見れば、普通話のこの種の主題構造が表す意味は例 11 の"去就去"と完全に同じであるが、上海語の"NP 末 NP"とは異なるので、"馄饨就馄饨吧"は例 11 の類に入れられるが、上海語の"NP 末 NP"はこれとは異なる主題構造の一種なのである。

[8]　上海語の新派の語気助詞及びアスペクト助詞"勒 [ləʔ]"には二つの由来がある。一つは、普通話のアスペクト助詞"了"と語気助詞"了"を直接吸収したもので、新派の"我报勒名勒"を、旧派では"我报仔名哉"と言わなければならないように、旧派の"仔 [tsʔ]"、"哉 tsE/zE"にそれぞれ取って替わった。上海語の新派のこの"勒"は、呉語地区の大部分の方言には存在しない。もう一つは、上海語及び北方呉語に元からどこにでも存在している語気助詞であり、新派・旧派でどちらも"伊还咮没毕业勒"（他还没毕业呢［彼はまだ卒業していない］）、"侬还年纪轻勒"（你还年轻呢［あなたはまだ若い］）と使うように、その意味は普通話の"呢"に近い。⑧のコピー型主題の中の"勒"は一つ目の"勒"で、普通話の語気助詞"了"に相当し、旧派では"哉"を用い、型の上では"哉 / 勒"を標識とする。⑨型の中の"勒"は二つ目の"勒"で、普通話の"呢"に相当し、旧派ではやはり"勒"を用いる。よって、"哉 / 勒"を標識とすることはできない。

5. 主題の指示的特徴

5.1 指示的意味の分類

　指示（reference）とは、語の文中における現実世界や、あり得る世界との関係を指す。例えば、「定」（definite、中国語では"有定"）はその語が話し手と聞き手の双方がどちらも確定できる対象と関連していることを表しており、「不定」（indefinite、中国語では"无定"）はその語が確定できない、あるいは少なくとも聞き手には確定できない対象と関連しており、「非特定的」（nonspecific、中国語では"无指"）はその語が現実世界の中のいかなる対象とも関連しないことを表す。「定」「不定」、「非特定的」などは異なる種類の指示的意味なのである。指示的意味には、例えば英語において定と不定を表す定冠詞と不定冠詞のように、言語において専用に用いられる文法形式を持つものがあるが、専用の文法形式を持たないことはこの種の指示的意味が存在しないことを表すわけではない。指示的意味とは人の言語コミュニケーションに必然的に存在する現象なのである。言語成分の指示対象に関する問題は、現代の哲学者、論理学者、言語学者たちがみな非常に関心を持つ問題である。主題の指示的特徴は、現代言語学で主題が研究され始めた時から人々の注意を引くものであった。定であることを主題成分が持つべき特徴の一つであるとしている学者もおり、Li & Thompson（1976: 461）は主題と主語の七つの違いを列挙しているが、その一つ目で、主題は定でなければならないが、主語は必ずしも定ではないとしている。また、総称的（全体指示的）であることを主題の属性から排除している学者もおり、陆俭明（1986）は、中国語の総称的成分は主語を担うことができないと考えている。我々は、他の統語成分と比較すると、主題は明らかにより明確な指示的特徴を持っており、主語や目的語のような指示性を持つ成分は主題のように指示性と密接な関係を持っていないと考える。しかし、上のような結論は、やはり単純化し過ぎており、実際の状況はより複雑である。定や不定などの指示的意味自身がかなり複雑であるという一般的な要因以外に、主題について言えば、さらに多くの具体的な要因が、これらの単純な結論がどこでも通用することを難しくしている。

5.1 指示的意味の分類

我々が気付いたその要因としては以下の点がある。

1) 上述の結論では、まず我々が考察する普通話と上海語の実際の状況を総括することが難しい。例えば、不定の成分は一概に主題にならないと言うことはできず、ある条件の下では不定の成分は明らかに主題を担うことができ（主題性があると公認される成分で、議論がある主題ではないもの）、特に上海語に見られる。

2) 指示とは主に名詞句について言うものであるが、本書ですでに明示したように、中国語では上海語を含め、主題を担うことができるカテゴリーの成分は名詞句だけでなく、動詞句であってもよく、さらには節全体であってもよい。また、主題を担う動詞句や節は名詞化された成分であるとは限らず、例えばコピー型主題構造では、主題を担う動詞は述語動詞（あるいは文中の他の述語性成分）と同形の同一指示成分であり、これらの成分が必ず名詞化されていると確認することはできない。これらの動詞句や節は、今のところその指示的特徴をはっきりと説明することが難しい。なぜならば、現有の意味論の理論では、指示自身が叙述と対立する一種の意味的特徴として語句の中に存在するからである。

3) 現有の主題の指示的特徴に関する結論としては、ほとんどが、主題は文頭にしか現れることができず、一つの文には一つの主題しかないと仮定しているが、本書の検討では、主題は異なった統語レベルで文中にたくさん現れることができ、異なったレベルの主題は指示的特徴において必ずしも完全に同じではないので、単純に一刀両断的な結論で総括することは難しいことを明示している。

4) 主題の構成は語句の指示的特性の制約を受けるだけでなく、文中の情報構造や談話環境の制約を受け、定・不定といった指示的意味特徴は常に既知・未知といった情報的特徴と相互に制約し合い、それらが一つに入り混じり、主題の選択や構成に影響を与えるので、単純な指示的特徴だけで主題の特徴を総括することは難しい。

主題の指示的特徴を具体的に検討する前に、まず言語学界の指示的意味

に対する分類を検討する必要がある。徐烈炯（1995: 257）が提供しているのは国際言語学界で通用している次のような分類法の一つである。

1.

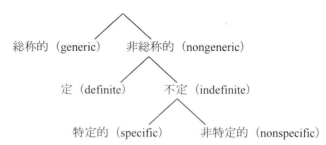

　図1の対になった概念はすべて言語学界ではかなり常用されているものであるが、図中の各概念の具体的な含意の詳細については、徐烈炯（1995）の関係する章・節を参照にしていただきたくこととし、ここではさらに詳細には述べない。指示的意味の分類表のこのような配列法は関係する三組の概念を階層的な序列として並べており、例えば、「特定・非特定」を「定」成分の下位分類とし、「定」の成分に特定・非特定の問題が存在するかどうかに至っては、この図からは見出せない。言い換えれば、このような図では範疇間に存在するであろう交錯した関係を反映させることは難しい。よって、我々が主題の指示的特徴を検討する時には、この数組の概念を基礎とするが、この階層的序列を必ずしも厳守しない。

　機能学派のGivón（1978）は指示的意味の考え方に対して独自の特徴を示している。Givón氏は指示範疇の表現方法やその統語成分における分布について言語横断的な比較を行った際、図1のような厳密な分類を行っていないが、その分析によると、それらの範疇間に厳密な階層的序列は存在せず、それぞれの範疇もすべてが正と負に分かれた二種類の状況しかないというわけではない。例えば、氏の定の範疇は二分ではなく、定（definite）と不定（indefinite）以外に、さらに「非定」（non-definite、定ではない成分）（Givón1978: 295-296）がある。その外に、氏の指示的意味の分類は文成分と緊密に関連している。なぜならば、多くの言語の指示的意味の表示法は往々にして同時に関係する語句がどのような文成分を担うかということと関係しているからである。氏の分類は系統性が強くないので、本書で検討

する基礎とすることはできないが、そのいくつかの考えは、我々が主題の指示的特徴を検討する際に参考にできる部分がある。

　図1に反映されている指示的意味を除いて、名詞の指示的意味と密接に関係があるものに、語句中の名詞句の量化（quantification）の問題、即ち名詞が数量語句を伴う問題がある。全称量化名詞句や存在量化名詞句などのような量化名詞句は、主題の面では特殊な表現があり、図1の中の各組の指示範疇に対して一つ一つ対応はできない。これも主題の指示的特徴を考察する場合に注意すべき点である。

　本章では、定／不定・特定的／非特定的・総称的／個別指示的という三組の指示範疇及び量化範囲を中心として、中国語及び上海語における主題の指示的特徴について検討するが、必要に応じて Givón（1978）など他の研究者の指示の問題に関する考えを参考にする。これらの概念の含意に関して、以下の関係した各節でも具体的に検討を行う。

　ここで説明を要するのは、語句の指示対象と量化の問題は、現代意味論と意味哲学の「最先端の」課題であり、多くの問題が現在深く検討され、また激しく議論されている最中である。本章で最も関心があるのは、統語成分としての主題の指示という面における主な表現形式と基本的な規則であり、指示の問題そのものではないので、比較的通用している指示的な意味分類の角度から詳細な検証を展開することだけを考えている。つまり、これらの検討と議論に全面的に深く詳細に関わり、より合理的な指示的意味のシステムを提案することは、本章及び本書の任務ではない。従って、以下の各節の指示的概念に対する分析や説明は、本書の検証を基本的に満足させることをその範囲とする。

5.2 定指示の範疇と主題
5.2.1 定・不定と非定

　「定」とは、話し手と聞き手の双方が確定できる対象であり、具体的に言えば、この、あるいはこれらの対象は、話し手が自分だけが知っているだけでなく、聞き手も知っており確定できると考えたり想定できるものである。例えば、話し手が“那条小狗病了”［その小犬は病気になった］と

5. 主題の指示的特徴

言う場合、聞き手が"那条小狗"が世界の無数の小犬の中のどれかを確定できることを想定しなければならない。これに対し、「不定」の対象とは、話し手が確定できない、あるいは話し手は確定できるが聞き手は確定できない対象である。「定—不定」の対立は定指示の範疇を構成している。英語では、定・不定は主に定冠詞と不定冠詞によって区別され、英語はまた国際言語学界で最も知られた言語なので、実際に英語の冠詞の各種用法は常に言語学者たちが定性の有無を判断する参照基準となり、また、その高度な複雑性が定指示範疇そのものの高度な複雑性を暗示してもいる。中国語では、"这"［これ］、"那"［それ、あれ］、"这个"［この］、"那些"［それらの］などの定の指示代詞や"一个"［ひとつの］、"一些"［いくつかの］などの数量詞はそれぞれ定や不定の形式的なマーカーを担うことができるが、文中における大量の名詞句はその意味によってのみ区別ができ、考え方が一致しない状況が現れることは避けられない。

その外に、Givón(1978: 295 − 296)によると、定(definite)と不定(indefinite)以外に、名詞句はさらに非定 (non-definite) のものであってもよく、その場合は定・不定に区別されない。氏は同時にまたその付注において、非定は不定の下位分類でもあると提案しているが、非定の意味については、その成分が定であるかどうかが重要ではないために、特には説明されていない。英語の表層形式においては、非定成分は定・不定成分のように専用の形式で表示されないので、定や不定形式を借用して表示されるだけである。しかし、他の言語においては、非定形式が定・不定とは異なる表示形式を持つことも可能である。Givón 氏が挙げる英語の非定成分の二つの例は、He bought shirts.（彼はシャツを買った）と He went to the movies.（彼はその映画を見に行った）の中の目的語で、shirts ［シャツ］は不定の複数形式であり、the movies ［その映画］は定の複数形式である。movies の前には定冠詞があるが、話し手は、彼（He）が見るのがどんな映画か聞き手が 知っていると想定しているわけではなく、どんな映画か知らないとも想定していない。氏の分析によれば、ポリネシア語族のハワイ語の中には、定成分に冠詞 ka を加え、不定成分には冠詞 kakahi を加えるが、非定成分には冠詞を加えないということである。

5.2.2 主題の定となる傾向及び不定成分に対する排除性

　趙元任（Chao 1968）によると、中国語には「一種の強烈な傾向があり、主語が指す事物は定であり、目的語が指す事物は不定である」。そして、趙氏は中国語の主語は主題と同じであるという観点を持っていることが分かるので、氏の主語の指示的特徴に対する描写も主題の指示的特徴に対する描写と理解すべきである。趙氏の考えはかつて中国語学界に非常に大きな影響をもたらした。李行徳氏の博士論文（Lee 1986）は、どの状況で不定の主語の使用が許されないのかについて詳しく述べている。趙元任氏の観点に対して最も大きな疑問を呈しているのは范継淹（1985）である。その論文ではあまり多くの理論的な説明を行っておらず、自分で集めた大量の実際の用例を用いて中国語の中に大量に存在する不定成分が主語を担う現象を説明している。Xu（1996）は Grice の「会話の協調原理」（cooperative principle）を運用して范継淹氏が提案した三種類の現象について説明を行った。その論文ではさらに、"一个人"［一人の人］のような名詞句が主語を担えるかどうかは、文の機能と関係があり、描写的な文はこの種の主語の出現を許すが、判断文では許されないことを指摘しており、Li（1996）もまた同様の考えを提案している。

　しかしながら、范継淹氏は主語が主題と同であるかを示しているわけではない。もし主題と主語が同等でないという観点から見れば、主語に関する結論は必ずしも主題に適合するとは限らず、范氏の論文は主語が定である要求や傾向を否定していても、主題が定である要求や傾向を否定することを意味しているわけではなく、主題が主語の指示性という面で同じであるかどうかという問題を我々に提案しているのである。

　Li & Thompson（1976）は、「定」を主題の持つべき特徴であるとし、定であるかどうかを主題と主語の区別の一つとしており、曹逢甫（Tsao 1977）は、主題は定でなく"通指"（総称的，generic、本書では"类指"と訳す）であると考えている。李纳・Thompson 氏らによれば、主語の定性の要求は中国語だけの特徴ではなく、人類言語における主題の普遍的な現象であるとしている。なぜならば、彼らの検討対象は中国語にとどまらないからである。Givón（1978: 295）は、主語はあらゆる人類言語において、

5. 主題の指示的特徴

「特定的な定」や「総称的」であっても、決して「特定的な不定」ではあり得ないと考えている。氏の頭の中の主語は主題と明らかに密接な関係がある。なぜならば、氏は同じ頁で、人類言語の主語前置の傾向は実際には主題／主部（topic/theme）前置の傾向を反映していると考えているからである。そのことから、氏が考える主語が定であったり、総称の性質であることは、少なくとも部分的に主題の指示的要求を反映していることが分かる。

次に、中国語の状況に基づき、主題と定の範疇との関係についてさらに検討を行うが、まずは普通話における主題の不定成分の排斥性から述べることにする。

中国語及び人類言語の主題にはすべて定の成分を用いられる傾向があることは確かである。我々はさらに、孤立や始発という状況では、中国語の文の主題は不定の成分に対し強い排除性を持つ、という言うことができる。

この種の排除性の現れの一つは主題マーカーである。定の成分と不定の成分は確かにどちらも中国語の主語となることができる。しかしながら、定の主語には、普通話の"啊"などのように、必要に応じて主題マーカー、即ち"提頓詞"を挿入し、顕在的な主題を構成することができる。

    1a. 这个小伙子爬上了山顶。

        この若者は山頂に登った。

     b. 这个小伙子啊，爬上了山顶。

        この若者は、山頂に登った。

    2a. 这些水管冻裂了。

        これらの水道管は凍って破裂した。

     b. 这些水管呢，冻裂了。

        これらの水道管は、凍って破裂した。

    3a. 你可要讲良心呐。

        あなたは必ず本当の事を言わなければならない。

     b. 你呀，可要讲良心呐。

        あなたは、必ず本当の事を言わなければならない。

1－3のa文の定の主語自身には潜在的な主題性があり、それらは具体的な談話の中では主題となり、主語を空位にさせていると分析できるかも

しれない（2.3、特に 2.3.2 を参照）。"提頓词"を挿入するとは、つまり潜在化した主題を顕在的な主題に変えることである。これに対し、不定の主語に"提頓词"を加えると、文の容認度に問題が生じる。

4a. 一个小伙子爬上了山顶。

　　一人の若者が山頂に登った。

b.? 一个小伙子啊，爬上了山顶。

　　一人の若者は、山頂に登った。

5a. 一些水管冻裂了。

　　いくつかの水道管が凍って破裂した。

b.? 一些水管呢，冻裂了。

　　いくつかの水道管は、凍って破裂した。

このことから、4a, 5a の不定の主語は主語となることができるだけで、潜在的な主題性さえも持っていないので、顕在的な主題マーカーを受け入れることが難しいことが分かる。表面的に見ると、もし 3a の主語を不定の成分に換えれば、下の 6a のように言うことができ、形式的には不定主語文のようである。また、6b のように"提頓词"を挿入して顕在化した主題に変えても、文はなお自然である。しかしながら、6 の中の"一个人"［一人の人］は実際にはすでに不定の成分ではなく、総称的な成分なのである。

6a. 一个人可要讲良心呐。

　　人は必ず本当の事を言わなければならない。

b. 一个人啊，可要讲良心呐。

　　人は、必ず本当の事を言わなければならない。

"一个人"はここでは、すべての人類の構成員を指すので、明らかに「総称」に属し、ある不確定な個体を指すのではない。このことは、中国語（普通話）では、"一个"［一つの］、"一些"［いくらかの］などで修飾された名詞句は、主に不定の意味の形式に用いられるけれども、その他の指示的な意味としても用いられ、上海語ではそれらがその他の指示的な意味に用いられる機会がずっと多いことを説明している。従来の考え方を除くために、ここではしばらくそれらを専用の不定形式であると確定せず、その形式に基づき、それらを NNP（numerically quantified noun phrase、数量的に限定された名

201

詞句）と呼ぶことにする。その意味は、「数量詞を伴う名詞句」ということである。例6のような状況はNNP（文頭や主題の位置にある）の総称的用法で、6bが成立するのは、主題が不定を排除することを否定しているわけではない。

"提頓詞"によらず、単に構造によって主題構造と確定できる文もあり、このタイプの構造における主題も不定成分を強く排除するが、それは主題の不定成分に対する排除性の具体的な現れの一つである。例えば、二つの名詞句が類属（ある種類に属する）あるいは「全体―部分」関係を持つ、いわゆる二重主語構造（主述述語文）は、中国語の主題を研究する学者から見れば、典型的な主題構造であり、その中の最初の名詞句成分（「大主語」）は明らかに主題である。この種の主題は不定成分を排除し、たとえNNP形式の主題が現れても、実際にはすでに総称指示の働きをするNNPとなっている。次の普通話の文を比較してみる。

　　　7a. 水果，荔枝最好吃。

　　　　　果物は、ライチが最もおいしい。

　　　 b. 这些水果，荔枝最好吃。

　　　　　これらの果物は、ライチが最もおいしい。

　　　 c. *一些水果，荔枝最好吃。

　　　　　 いくつかの果物は、ライチが最もおいしい。

　　　8a. 小说，封面很重要。

　　　　　小説は、表紙がとても重要である。

　　　 b. 这本小说，封面很重要。

　　　　　この小説は、表紙がとても重要である。

　　　 c. 一本小说，封面很重要。

　　　　　 一冊の小説は、表紙がとても重要である。

　　7cの"一些水果"［いくつかの果物］には総称指示の機能はないので、容認しにくいが、8cの"一本小说"［一冊の小説］は明らかにすでに総称指示の機能を持った成分となっているので、自然な文となっている。しかし、もしも8cの中の"一本小说"を"我看了一本小说"（私は一冊の本を読んだ）という文の中の不定成分"一本小说"と理解するならば、文はや

はり成立しにくくなる。

受動マーカーがない動作主名詞句の前に現れる受動者名詞句も、比較的はっきりとした主題成分であり、この種の成分も不定の語句を排除することは、より注意すべき点であり、同様に受動者が文頭に位置するが受動マーカーを伴う受動文は、不定の主語をそれほど排除しない。

　　9a. 那头水牛他卖了。

　　　　その水牛は彼が買った。

　　 b. *一头水牛他卖了。

　　　　一頭の水牛は彼が買った。

　　 c. 一头水牛被他买了。

　　　　一頭の水牛が彼に買われた。

例9の三つの文が明示しているのは、文頭に位置する受動者と主語を担う受動者は、どちらも不定の語句を排除する要因ではなく、不定の語句を排除する真の要因は成分の主題性であるということである。

5.2.3 上海語の主題の不定語句に対する排除方法

以上検討した主題の不定語句に対する排除性は、不定形式の主題の位置における総称指示的作用を含み、同様に上海語の中にも現れるが、上海語の不定語句の排除にはさらにいくつかの特殊な形式があり、普通話よりも不定成分をさらに強く排除する形式もある。

まず、NNP形式が主題の中で総称指示の働きをすることは、上海語ではより明確である。なぜならば、例4a, 5aのような不定形式が不定主語を表す文は、上海語の口語ではほとんど使用されることがないからである。このように、"一个人"のようなNNP形式が文頭に位置する時、より総称指示の機能をしやすくなる。さらに、主題マーカーを伴う6bの上海語の対応文は主題マーカーを伴わない6aの対応文よりもよく見られる。このことから、上海語では、真に不定を表す不定形式は主語となることさえ難しく、主題となることはさらに不可能であるのに対し、総称機能があるNNP形式は、主語になれるだけでなく、主題を担う傾向も強いことが分かる。例えば、上海の人が相手を戒め諭す場合、6bのような文を省略し慣用化さ

203

れたフレーズである 10b が使用されることが多く、10a はそのことを速く
言う時にだけ現れる。

　　　10a. 一个人勿可以个。

　　　　　人は情理に反するべきではない。

　　　 b. 一个人末，勿可以个。

　　　　　'作为一个人，任何人都不应该这样不合情理'

　　　　　人として、いかなる人もこのように情理に反するべきではない。

　次に、上海語で主題を担う顕在的な定の成分は、指示詞が頭にある名詞
句（DNP と称し、D は demonstrative、即ち指示詞を表す）であってもよく、
また助数詞（中国語では"量词"）が頭にある名詞句（CNP と称し、C は
classifier、即ち助数詞を表す）[1]であってもよい。これは呉語及び閩南語
［ビンナン語］、粤語などの一部の南方方言特有の現象である。呉語の助数
詞の定指示用法については、石汝杰・刘丹青（1985）の蘇州語に対する記
述を参考にすることができ、それはおおよそ上海語の状況にも適用される。
よって、例 1b, 2b, 7b, 8b, 9a のように、普通話で DNP を用いて主題にする
文は、上海語では指示詞を用いずに CNP のみで担うことができ、以下の
文で（　）の中の指示詞"舒"（这、那）［この、その］、"依"（那）［その、
あの］は言わなくてもよい。

　　　11. (舒)眼水管子末，冻得裂开勒。（この）水道管は、凍って破裂した。

　　　12. (舒)点水果，荔枝最好吃。（これらの）果物は、ライチが最もおいしい。

　　　13. (依)本小说，对面老重要个。（その）小説は、表紙がとても重要である。

　　　14. (舒)　只水牛伊卖脱拉哉。（この）　水牛は彼が買った。

指摘すべき点は、助数詞の定用法は、助数詞自身の機能的な問題にとどま
らず、主題の指示的な要求と関係があるということである。なぜならば、
同じ CNP であっても、主題の位置では定であるが、目的語など述語動詞
の後の位置では不定となるからである。例えば、文頭の"本小说"は必ず
定であるが、"看本小说"［小説を読む］の中の"本小说"は不定でしかあ
り得ない。石汝杰・刘丹青（1985）が記述した事実から、"把"字句の目的
語（上海語、蘇州語では"拿"の目的語）や動詞の重ね型の後など（普通
話でも"看看这本书"としか言えず、"看看一本书"とは言えない）のよ

うに、CNP を定の成分と理解できる他の統語的位置も、すべて定性が要求され、不定性が排除される位置であることが分かる。これらのことから、主題が定成分を要求し、不定成分を排除するからこそ、上海語の CNP に主題の位置で定の働きをさせているのだということが理解できる。

さらに、主題の位置は CNP に定の働きをさせる以外に、上海語には普通話に存在しない特殊な現象がある。つまり、典型的な不定形式である "一个"、"一眼"（一些）といった頭の NNP に主題の位置で定の働きをさせるのである。このような現象は、主題が不定成分を排除することをより顕著に体現しているが、今のところこの点に言及している人はいないようなので、少し紹介をする必要がある。

上海語では、孤立状態及び述語動詞の後の NNP、例えば、"一个人"、"一支钢笔"［一本のペン］、"一眼物事（一些东西）"［いくつかの物］などのように、特に "一" を頭にする NNP は不定であるが、それは普通話と同じである。しかし、ある文中では、これらの NNP は確かに主題を担い、さらに総称指示の働きを持たず、定の働きをするが、これらの形式は目的語などの動詞の後の位置では不定でしかあり得ない。このことは、主題の位置には定あるいは総称指示的な語が入ることが要求されるだけでなく、不定成分の代表的な形式である NNP に強制的に定の意味や総称指示の意味を持たせることをさらに強く示しているのである。もし、主題が不定成分を排除しないならば、これらの位置の NNP はより不定の意味と理解されやすいはずである。なぜならば、孤立した状態では、結局、DNP は定の形式であり、NNP は不定の形式であるからである。下の各例の a 文中の NNP は、すべて前に指示詞を加えることができ、定性の CNP に変換することもできるが、主題の指示的意味は変わらない（等号「＝」の後の文で表す）。もし、文頭の不定成分の前に "有" を加えたり、主題を目的語に改めるならば、その指示的意味は a 文の主題成分とは異なる（不等号「≠」の後の文で表す）。従って、a 文の主題の定性を表している。

15a. 一支钢笔我还拨小张勒。　一本のペンは私は張君に返した。

＝ b. 辣支钢笔我还拨小张勒。　このペンは私は張君に返した。

＝ c. 支钢笔我还拨小张勒。

5. 主題の指示的特徴

‘这 / 那支钢笔我还给小张了’　この / そのペンは私は張君に返した。

≠ d. 有一支钢笔我还拨小张勒。

‘有一支钢笔我还给小张了’　あるペンは私は張君に返した。

≠ e. 我还拨小张一支钢笔勒。

‘我还给小张一支钢笔了’　私は（一本の）ペンを張君に返した。

16a. 一封信我已经看过勒。　　一通の手紙は私はすでに読んだ。

＝ b. 辩封信我已经看过勒。　　この手紙は私はすでに読んだ。

＝ c. 封信我已经看过勒。

‘那封信我已经看过了’　その手紙は私はすでに読んだ。

≠ d. 有一封信我已经看过勒。

‘有一封信我已经看过了’　ある手紙は私はすでに読んだ。

≠ e. 我已经看过一封信勒。

‘我已经看过一封信了’　私は（一通の）手紙をすでに読んだ。

　しかし、上海語では、CNP が主題の位置で定の働きをするのは無条件であるが、NNP が主題の位置で定の働きをするのは無条件ではない。定の働きをするのが難しい NNP は主題を担うことも難しいのである。NNP が定を表せるかどうかは、名詞の生命度と一定の関係があるようである。大部分の名詞句は、非生物・動物などを指す不定名詞を含め、すべて主題の位置で定の働きをすることが容易であり、上の"一支钢笔"、"一封信"［一通の手紙］などはみな、無生物の名詞句である。生命度が最も高い人を指す名詞句だけが、定に転化することが難しく、文を成立させるには、不定の制限語を取り去り、DNP や CNP、あるいは裸名詞に換えなければならない。ここで、不定成分を主題にしたために、成立が難しい次の普通話の文 4b, 5b, 9b を振り返ってみる。

4b.? 一个小伙子啊，爬上了山顶。

5b.? 一些水管呢，冻裂了。

9b.* 一头水牛他卖了。

もし上海語に直訳すれば、4b に対応する 17a では、文頭の NNP の指示的意味は定に転化しておらず、主題を定の形式に換える以外、孤立状態ではやはり成立が難しい。これは、名詞が生命度の最も高い"小伙子"である

からである。一方、5b, 9b に対応する 18a, 19a が成立するのは、主題が無生物の"水管子"や動物の"水牛"であるからであり、この時主題となる NNP の指示的意味は、次のようにすでに定へと転化している。

17a.?? 一个小伙子末，爬到仔山顶浪。

 b. 迭个小伙子末，爬到仔山顶浪。

 c. 个小伙子末，爬到仔山顶浪。

 d. 小伙子末，爬到仔山顶浪。

18a. 一眼水管子末，冻破脱勒。

= b. 迭眼水管子末，冻破脱勒。

= c. 眼水管子末，冻破脱勒。

= d. 水管子末，冻破脱勒。

19a. 一只水牛伊卖脱勒。

= b. 依只水牛伊卖脱勒。

= c. 只水牛伊卖脱勒。

= d. 水牛伊卖脱勒。

興味深いのは、言語における生命度の階層的連続体では、子どもを指す語の生命度は一般的に成人を指す語よりも低く、例えば英語では、事物を指す人称代名詞 it を赤ん坊や幼児を指す代用とするが、成人を指すことは絶対にない。上海語における子どもを指す NNP も、成人を指す NNP よりも、事物を指す NNP のように主題の位置では定指示に転化しやすい。

20. 一只小狗末，我就拜托拨依勒。

 '这只小狗，我就拜托给你了'

  この小犬は、私はあなたにお願いする。

21. 一个小囡末，我就拜托拨依勒。

 '这个孩子，我就拜托给你了'

  この子どもは、私はあなたにお願いする。

22.?? 一个病人末，我就拜托拨依勒。

  この病人は、私はあなたにお願いする。

23.* 一个老人末，我就拜托拨依勒。

  この老人は、私はあなたにお願いする。

5. 主題の指示的特徴

例 20 は非常に自然な文である。例 21 の言い方は例 20 ほど耳にしないが、やはり成立する。例 22 は成立が難しく、例 23 はまったく成立しない。

その外に、我々は NNP と CNP の指示的意味における微妙な違いにも注意をしている。つまり、定の働きとして用いられる NNP の指示対象はふつう談話の場にはないものであり、例 18a, 19a, 20, 21 などの文中で主題となる NNP はすべてその場にない対象を指している。これに対し、CNP にはこの制限がなく、その場に「ある・ない」のどちらにも用いることができる。例えば、話し手が手に主題が指す手紙を持っている場合、その話し手は 16b, 16c しか用いることができず、16a を用いることはできない。

上海語の NNP は主題の位置では定の働きをすることもできれば、転化して総称指示の働きをすることもできるが、実際の文では両方が可能である状況はあまり見つけられない。なぜならば、その指示的意味の分業には一定の規則があり、主に文の機能類型によって決まるからである。おおまかに言えば、例 10b のように、判断文や評論文などの非叙述性の文では総称指示的な働きをすることが多く、例 15a, 16a, 18a, 19a のように、描写文（叙事的な文）では定の働きに転化することが多い。前者の状況は普通話にもあり、すでにみなさんが注意するところとなっているので、上海語についてさらに多くの分析をする必要はないが、後者の状況は上海語の特徴を具現化しているため、比較的多くの記述と分析を行った。

5.2.4 不定及び非定主題の存在とその条件

以上の分析は、主題の不定成分に対する排除性をはっきりと説明しており、同時に主題の不定成分に対する排除性が主語のそれよりも強いことを表している。しかしながら、我々はやはり李納・Thompson や曹逢甫氏らの不定成分が主題を担う可能性を完全に排除する考えに諸手を挙げて賛成するわけではない。

中国語、特に上海語では、不定成分が確かに主題を担う状況がある。これは NNP が定や総称指示の働きをする時に主題を担うことを指すのではなく、ある成分が主題を担うのは意味的に不定の性質に属することを指している。不定の主題と定の主題の主な違いは、その自由度にある。定の成

分が主題を担うのはかなり自由であり、基本的に無条件であると言えるが、不定の成分が主題を担うのは自由ではなく、条件や制約を厳しく受ける、簡単に言えば、条件を伴うのである。これらの条件は主に談話レベルのもので、統語レベルのものではない。このことは5.2.3での上海語の不定主題に対する排除性を強調した説明と矛盾するものではない。無条件の状況、または談話的条件がない孤立した状態では、上海語では確かに不定主題に対してより強い排除性が現れるが、関係した談話条件を持つ状況では、上海語は普通話よりも不定主題文をよく使用する。

このような状況に基づけば、中国語の主題は定の成分によって担われる傾向が非常に強いが、必ずしも定の成分によって担われるわけではない、と言うことができる。もし、中国語に不定主題が存在するという観点が成立するならば、主題は定でなければならないことを人類言語に普遍的な規則とする考えも成立しないのである。その外に、Givón（1978）が言うところの非定（定ではない）成分は中国語及び上海語では条件的に主題を担うこともできるが、この種の主題も定主題には属さないのである。

不定成分が主題を担うことに有利な要因には、主に次の点がある。

　　①始まりの文ではない。（つまり、前に談話成分、特に不定主題と関係がある成分がある）

　　②既知情報（≠定）

　　③前後に対比性主題や主語が存在する。

　　④数量関係の表示を重視する。

これらの要因は、主に談話的な要因であり、統語的な要因ではないことが分かる。不定成分は常に有利な要素が並存する条件であってはじめて自然に主題を担うことができる。次に、不定成分及び非定（定ではない）成分が主語を担う状況を見てみる。

不定成分がある一定の条件の下で主題となる状況は、我々の感覚によれば、普通語よりも上海語によく見られ、より自然であるようなので、以下の検討はすべて上海語を例とする。その中には普通話に適合するであろうものもあれば、適合しないであろうものもあるが、一つ一つ説明はしない。

始まりの文ではないという談話的条件では、上ですでに触れたように既

5. 主題の指示的特徴

知情報としての不定成分や非定成分は主題を担うことができる。

24. 王师父一直想讨老婆，不过老婆末，到现在伊也呒没讨着。

　　‘王师傅一直想娶老婆，可是到现在他也没娶到老婆’

　　王さんはずっと奥さんを欲しがっているが、今になっても奥さ
　　んをもらっていない。

25. A：依上趟讲想买一部电脑，是哦？

　　　‘你上次说想买一台电脑，是吗？’

　　　あなたは前回パソコンを一台買いたいと言った、でしょう？

　　B：电脑末，我现在已经买好了。

　　　‘电脑，我现在已经买好了’

　　　パソコンは、私は今はもう買いました。

26. A：依今朝去看电影哦？

　　　あなたは今日映画を見に行きますか。

　　B：电影我勿去看。

　　　映画は私は見に行きません。

例 24 の二つの"老婆"［奥さん］はどちらも不定で非特定的であるが、最
初の"老婆"は新情報で、主題となることができないが、後の節では旧（既
知）情報となるので、主題となることができる（"有指—无指"という範
疇と主題との関係については、5.3 でさらに詳しく検討し、新情報・旧情
報については、第 6 章で専門的に検討を行う）。例 25 の二つの"电脑"［パ
ソコン］はまったく同一指示であるというわけではないが、どちらも不定
であり、Bの文ではやはり旧情報となり主題を担う。例 26 の"电影"［映画］
は非定成分であり、定であってもいいし、不定であってもよく、話し手は定・
不定ということに関心がないので、定・不定という指示的意味を与えるこ
とはない。それは、相手も分かっていると想定される一本の確定された映
画であってもよいし、話し手自身も確定できない、さらにはどこで放映さ
れているかも分からない映画であってもよい。質問者がすでに言及してい
るので、回答者はすぐにそれを旧情報として主題の位置に置くのである。

　前の文ですでに言及した旧情報が後の文で主題となる不定や非定成分に
は、よく見られる類型がある。すなわち、文中の数量情報を強調したり、

数量関係を表す次のような名詞句である。

27. A：老陈一顿吃脱一斤烧酒！'老陈一顿喝了一斤白酒！'
　　　 陳さんは一度に一斤の焼酎を飲むんだ！

　　 B：一斤烧酒末，老王也吃得脱个。'一斤白酒，老王也喝得了'
　　　 一斤の焼酎は、王さんも飲めるさ。

A文の"一斤烧酒"［一斤の焼酎］は不定であるが、B文の"一斤烧酒"は前方の節における"一斤烧酒"とは指示対象が異なり、実際には非定となり、不定であっても定であってもよく、話し手はその定指示的な成分には関心がなく、それは後ろの節の主題を担っているのである。しかし、数量成分を伴う名詞句が数量指示を重視する場合、それは広義の量化名詞句（quantificational noun phrase、略称はQNP）の中の一類となる。QNPとして、一つの名詞句にはやはり定・不定などの指示的意味があるであろうが、その指示的意味と統語表現のレベルにはそれぞれ独自の特徴がある以外に、普通の定・不定・総称指示などとは区別されるので、それらの成分とは分けて検討しなければならない。蔡維天・李艶惠氏らはかつて、QNPの主題機能における特殊性に注目をした。Li（1996）では、このような数量を強調する名詞句をquantity NPと呼んでいる。ここで注意すべきことは、我々が言うQNPの中にはNNP形式のものがあるが、すべてのNNPがQNPだとは限らないということである。我々は5.5節でそれぞれのQNPと主題との関係について検討を行うが、その中にはNNPとQNPとの関係を含んでいる。但し、本節の以下の文、及び5.3、5.4で主題と各種の普通の指示範疇との関係について検討する際には、QNPへは言及しないこととする。

　始まりの文ではない状況では、もし後ろの文に対比性やパラレルな関係を持つ主題があるならば、不定成分が主題となることができる。

28. 昨日我乘辣电车浪，一部小汽车末，突然横辣路当中，阿拉部电车末，险险叫撞上去。
　　 '昨天我坐在电车上，一辆小汽车突然横在路中间，我们那辆电车差点儿撞上去'
　　 昨日私が電車に乗っていたら、一台の小さな車が突然道の真ん中に飛び出し、我々の電車はもう少しでぶつかるところだった。

例28の"一部小汽车"［一台の小さな車］は不定成分であるが、"提顿词"の"末"を伴っており、またそのために総称化や定指示化は起こってはいない。もし、前方の節である"昨天我乗辣电车浪"を削除すれば、始まりの成分としての"一部小汽车"は、"提顿词"を伴い主題となることが難しいだけでなく、主語になることも難しい。

　　29.?? 一部小汽车末，突然横辣路当中，阿拉部电车末，险险叫撞上去。

　　30.?? 一部小汽车突然横辣路当中，阿拉部电车末，险险叫撞上去。

例28で後続のパラレルな節"阿拉部电车……"を削除すれば、"一部小汽车"は不定主語となることができるが、"提顿词"を伴って主題となることは難しい。

　　31. 昨日我乗辣电车浪，一部小汽车突然横辣路当中。

　　　　昨日私が電車に乗っていたら、小さな車が突然道の真ん中に飛び出した。

　　32.?? 昨日我乗辣电车浪，一部小汽车末，突然横辣路当中。

これらのことから、始まりの成分でないこと以外に、対比性主題の存在も不定成分が主題を担う有利な条件の一つであることが分かる。もし、対比性主題が前にあれば、後続の節は不定成分を用いて主題とすることもできる。

　　33. 我末，辣马路浪发起心脏病来勒，一个陌生人末，就拿我揹到仔附近医院里向。

　　　　私は、路上で心臓病の発作を起こしたが、一人の見知らぬ人が、私を近くの病院へ連れて行ってくれた。

上で述べたいくつかの状況は、不定及び非定成分は確かにある条件では主題を担うことができることを説明している。従って、主題は定でなければならないという考えを、我々は無条件に受け入れることはできない。けれども、不定主題に強い条件性があるために、主題が定である傾向は依然として疑いのない事実となっている。よって、結論を次のように修正してもよいかもしれない。つまり、孤立した状況で、名詞句の数量的意味を強調しない場合には、文の主題は不定または非定的な成分によって担われるのである。

5.2.5 副主題、副副主題と定指示の範疇

　上で検討した主題の定・不定の状況は、すべて主主題について述べたものである。総体的には、副主題と副副主題も主主題と同じで、明らかに定の成分によって担われる傾向にあるが、不定・非定の成分を絶対に排除するものではない。

　次の普通話の例 34 と 35 を比較してみる。

　　　34a. 他给了小王一本书。　　彼は王君に一冊の本をあげた。

　　　　b.?? 他一本书给了小王。

　　　35a. 他给了小王这本书。　　彼は王君にこの本をあげた。

　　　　b. 他这本书给了小王。　　彼はこの本は王君にあげた。

例 34 の"一本书"［一冊の本］は不定であり、a の文で目的語となるのは自然であるが、b の文で副主題となることは基本的にできない。例 35 の"这本书"は定であり、目的語や副主題となることができ、副主題となっている b は目的語となっている a よりも自然な文である。

　この二つの例は、副主題が定の成分によって担われる傾向にあり、不定成分に対して排除性を持っていることを表している。また、上海語では、この傾向はより鮮明となる。

　上海語では、形式的に例 34b に相当する文は成立するが、形式的に類似していても、実質的にはすでに異なっている。

　　　36. 伊一本书拨勒小王勒。　　彼は（この）一冊の本は王君にあげた。

この文での"一本书"が表すのは定の概念であり、普通話の"这本书 / 那本书"に相当する。言い換えれば、副主題の位置では、ちょうど主主題の位置と同じように、NNP 成分も定の成分の働きに転じるのである。また、例 35 の意味は例 35b に相当する副主題構造や他の形式でしか表すことができず、基本的には例 35a のような「動詞＋目的語」の文型で表すことはできない。

　　　37a.?? 伊拨勒小王辫本书。

　　　　b. 伊辫本书拨勒小王勒。　　彼はこの本は王君にあげた。

　このことから、少なくとも形式的な表現を持つ定・不定成分においては、上海語は普通話に比べ、副主題が定性を要求し不定性を排除するという現

5. 主題の指示的特徴

象がより鮮明に表れ、また同時に普通話に比べ、目的語が定性を排除するという現象もより鮮明に表れることが分かる。

しかし、普通話であろうと上海語であろうと、副主題が一定の条件下で不定・非定成分によって担われることは、主主題と同じである。例えば、前に前文があり、後に対比性の副主題がある状況では、例34b は比較的自然に現れることができる。

38. 张老师带来勒一些书，他一本书给了小王，其他的留着自己看。

　　張先生は本を何冊か持って来て、彼は一冊は王君にあげ、他のは自分が読むのに残した。

例38 の中の"一本书"は"一些书"［何冊かの本］を受けており、孤立した"一本书"と比べるとある程度の確定性があるが、"一些书"の範囲内では、それが一体どの本かを聞き手が確定することはできないので、本質的にはやはり不定成分である。しかし、もし対比性の後続節がなければ、やはり成立が難しい。次の例39 は、非定成分である"摩托车"［バイク］がある条件の下で副主題となる例である。

39 手术前，他已经不能骑摩托车勒，手术康复以后，他摩托车又骑起来了。

　　手術の前、彼はすでにバイクに乗れなくなったが、手術から回復した後、彼はバイクにまた乗り始めた。

二つの"摩托车"はどちらも非定成分であり、そのうち後のものは既知情報として副主題を担っている。

最後に、副副主題の状況を見てみよう。副副主題が節の述語動詞の後の主題成分となる場合、それらは明確な主題マーカーを持つ。述語動詞の後の統語成分として、もしこれらの成分がなければ、主題性成分と分析する必要はない。副副主題は上海語ではかなり発達しているので、ここでは上海語を例とする。

40a. 校长想派孬个班级去种花草。

　　校長はこのクラスを草花を植えに行かせようと思っている。

　b. 校长想派孬个班级末，去种花草。

　　校長はこのクラスは、草花を植えに行かせようと思っている。

214

41a. 校长想派一个班级去种花草。

　　校长は一つのクラスを草花を植えに行かせようと思っている。

b.?? 校长想派一个班级末，去种花草。

例40aと41aの統語構造はまったく同じであり、唯一の違いは兼語となる成分が定の“那个班级”［このクラス］であるか不定の“一个班级”［一つのクラス］であるかで、二つの文はどちらも自然な文である。しかし、“提頓词”を加えると状況は異なり、例40bは自然であるが、例41bが成立しにくいのは、明らかに不定の兼語が副副主題となるのにふさわしくないからであり、副副主題の不定成分に対する排除性を具現化している。

　一方で、不定成分は絶対に副副主題にはなれないというわけでもなく、例41bに対比の環境を与えれば、文は成立する。

42. 校长想派（一）个班级末，去种花草，再派（一）个班级末，去打扫卫生。

　　校长はあるクラスは、草花を植えに行かせ、またあるクラスは、掃除に行かせようと考えている。

例42の中の“一”に（　）がつけてあるのは、省略できることを表している。なぜならば、例42の中の“一个”には二つの可能性があるからである。もし、音声的なストレスにより数量を強調するのであれば、副副主題は量化名詞句、すなわちQNPだと思われてしまい、その場合には“一”は省略できない。また、もし“一个”に音声的なストレスがなく、さらに“一”を省略することができれば、その場合“一个班级”は必ず普通の不定成分であり、量化名詞句ではない。これらの状況によれば、量化によって文を理解することが成立するだけでなく、“一”を省略し普通の不定によって文を理解することも成立することから、不定成分は明らかにある一定の条件の下で（ここでは対比主題がある場合）副副主題を担うこともできることが分かる。

5.3 “有指—无指”と主題

5.3.1 “有指—无指”の含意と識別

　“有指—无指”という対立は重要な指示的意味範疇であり、中国国内では最近になって中国語研究に取り入れられたばかりで、まだ広く知られて

はいない。"有指―无指"という表現は、早くは Baker（1966）に見られ、その後 Partee（1972）や Ioup（1977）にも類似の表現がある。言語学者の指示的意味に対するこのような分類は、哲学者 Grice（1975）、Kripke（1977）の分類と基本的には同じである。これらの哲学者は、非特定的語句自身には指示対象はないが、話し手はそれらを用いてある事物を指すこともでき、それらを用いずに指示することもできると考えている。

それぞれの研究者の用法が異なるために、中国国内の中国語研究の文献で使い始められた"有指－无指"は、実際には英語の中の二組の術語に対応させている。一組は 5.1 で指示的意味を分類した表 (1) の中の specific と nonspecific で、もう一組は referential と nonreferential である。前述の Givón（1978）の"有指―无指"は、原文では後者の組の概念である。

specific とは、表面的には「特定的」なものを指し、その意味は文や談話の中で用いられる語句の外部世界や可能世界における特定的な指示対象が存在しているということである。

　　　1. 老王碰到了一个老朋友。　　王さんは一人の旧友に出会った。

例 1 では、話し手、あるいは少なくとも聞き手が、文中の"老朋友"［旧友］が誰であるか確定することができるとは限らないが、そのようなある特定の"老朋友"の存在を肯定することはでき、さらに文中の"老朋友"はこの特定の"老朋友"のみと関係が生じ、王さんのその他の"老朋友"である人とは関係が生じない。一方、nonspecific は非特定的であり、客観世界の中のいかなる特定の対象とも関係が生じない。

　　　2. 你可以找一个女朋友啦。

　　　　　あなたはガールフレンドを見つけることができる。

例 2 の中の"女朋友"［ガールフレンド］は外部世界の中のいかなる対象とも関係がないが、この文の中では指示性を持っており、聞き手・話し手がどんな人と話をする時でも確定はできないが、"你"［あなた］のガールフレンドとなる可能性がある人を指している。

referential の表面的な意味は指示的ということで、指示の働きに用いられる。一方、nonreferential は非指示的であり、指示には用いられない。指示的成分は「外延性」を表すことができるが、非指示的成分は「内包性」の

5.3 "有指—无指" と主題

みを表し「外延性」を表さないというように、別の表現を用いる人もいるが、この表現にも一定の説得力がある。次のように名詞句が論理的な述部として用いられる場合、それは典型的な非指示的用法である。

　3. 他是教师。　　彼は教師である。

"教师"［教師］は人を指すのに用いられるが、この文の"教师"は人に対する指示性を失っており、職業を表すだけで、ある個人を指示しておらず、この"教师"には外延性がないとも言える。

　このことから、二組の術語の含意は完全に同じというわけでないが、中国語では両者をどちらも指示・非指示と翻訳する人がいることも、ある程度理由があることが分かる。非指示的（nonreferential）という語句が指示的機能を持たない以上、特定の対象を指すことはできないので、非特定的（nonspecific）であると見なすべきであるが、非特定的なものが非指示的であるとは限らない。例えば、例2の"女朋友"は特定の対象ではないけれども、人を指しているので、やはり指示的な成分なのである。わかりやすく言えば、"女朋友"となれる人がすでに存在している、あるいは存在している可能性があってはじめて、"你"は「探し（"找"）」に行けるが、ある"教师"がすでに存在している、あるいは存在する可能性があってはじめて、"他"は「である（"是"）」とは絶対にならないのである。しかしながら、海外の文献でこれらの術語を用いる場合、すべての人が両者を厳格に区別しているとは限らない。両者の複雑な関係を詳細に処理することは本章の任務ではないので、我々は上の用語と理解によって区別をし、specific と nonspecific の組の概念を"有指"（特定的）と"无指"（非特定的）、referential と nonreferential の組の概念を"指称性"（指示的）と"非指称性"（非指示的）と呼ぶことにする。

　人を表す名詞が、もし非指示的な働きに用いられる場合、中国語には特殊な表現があり、相応する疑問詞疑問文では人を問う"谁"［誰］ではなく、事物を問う"什么"［何］を用いて発問される。これはその非指示性を証明しており、非指示的な名詞は非特定成分でもあるので、識別の補助的根拠として借用することができる。以下は刘丹青（1984）で挙げた例である。

　4a. 爸爸当了市长。　　お父さんは市長になった。

b. 爸爸当了什么了？　お父さんは何になったの。

c. *爸爸当了谁？

d. 谁当了市长？　誰が市長になったの。

e. *什么当了市长？

5a. 市长当了爸爸。　市長がお父さんになった。

b. 市长当了什么？　市長が何になったの。

c. *市长当了谁？

d. 谁当了爸爸？　誰がお父さんになったの。

e. *什么当了爸爸？

例4aの"市长"［市長］は非指示的成分で、もちろん非特定的成分でもあるので、"什么"でのみ問いかけることができ、"谁"で問いかけることはできない。また、"爸爸"［お父さん］は指示的成分であり、特定的成分でもあるので、"谁"でのみ問いかけることはでき、"什么"で問いかけることはできない。例5aの二つの名詞の指示的意味は互いに入れ替わっており、問いかけの代名詞も互いに入れ替わっている。人を指さない名詞も、相当する位置の人を指す名詞を借用してその統語的位置に指示性があるかどうかを測定することができる。しかし、このような方法は特定的・非特定的範疇の測定には完全には適していない。

　ついでに説明すると、5.1の指示的意味の分類図1では、「特定的―非特定的」は不定の下位分類となっている。これはそれらが定と無関係であるということと等しくはない。実際、定の成分はすべて特定的である。言い換えれば、特定的とは定に固有の内包的特徴であり、特別に説明する必要はないが、不定には特定・非特定の区別が存在するので、さらに分類する必要があるのである。5.2で主題と「定―不定」との関係について検討した際、いくつかの複雑な問題に言及しなかったのは、それらが「特定―非特定」や「指示性―非指示性」とも関係があるからであり、ここでそれらと併せて一緒に検討しなければならない。

5.3.2 主題と「特定―非特定」・「指示性―非指示性」という範疇

　主題と「特定―非特定」という範疇との関係について検討した人は少な

い。黄錦章（1995）は、主題はすべて定の成分によって担われるという曹逢甫の考え方に賛成せず、中国語の主題の指示的な意味における基本的要求は"有指"であるという考えを提案しているが、氏の言うところの"有指・无指"がどの述語に対応するのかは不明である。しかし、彼の用例の中にはちょうど非指示的成分に関係したものがあるので、まず「指示的—非指示的」成分が主題を担うことができるかということから話を始めることとする。

　もし、黄錦章氏の主張により主題は必ず指示的なものでなければならないとするならば、我々の観察によれば、氏の考えは中国語の事実に符合しているわけではない。氏は主題を説明する際に必ず"有指"の例を用いているが、実際には主題は非指示的なものであってもよいという証明に用いることができるのである。

　　　6. 甲：他不是要考研究生吗？

　　　　　　彼は大学院生の試験を受けるのではないのか。

　　　乙：研究生他不考，正在办出国呢。

　　　　　　大学院生は彼は受けないで、ちょうど出国の手続きをしています。
氏は説明の中で「答えの文の"研究生"［大学院生］は"定指"（本書で言う"有定"—引用者）であるので、"有指"なものでもある」と述べている。例6の二つの"研究生"はどちらも明らかに非指示的なものであり、ここではそれらは人を指す名詞であるが、いかなる人も指しておらず、外延性はなく内包性しかなく、"研究生"という人が代表する資格や身分などを表しているのである。5.3.1の方法で考察すると、ここでの"研究生"は"什么"で問いかけることしかできず、"谁"で問いかけることはできない[2]。答えの文の"研究生"は確かに主題を担っているが、それはちょうど非指示的成分が主題を担っていることとなり、主題が指示的なものである必要がないことを証明しているのである。

　例6は、主題が指示的なものである必要がないことを証明しているだけでなく、さらにある意味で、主題が特定的なものである必要がないことも説明している。なぜならば、上の文で説明したように、非指示的成分には当然、特定の指示対象はないので、非特定的なものと見なすことができる

5. 主題の指示的特徴

からである。さらに言えば、黄錦章氏が例6の乙の発話の"研究生"を特定的な（"有指"）成分であるとしているのは、一部の研究者が旧（既知）情報と定の成分を混同してしまった現象と関係があるかもしれない。ここでの"研究生"は旧情報であるが、定の成分ではなく、氏はおそらく他の人たちと同じように旧情報を一律に定成分としてしまい、さらに定であれば特定的であると類推し、旧情報であっても不定でもよく、さらに非指示的なものであってもよいということを見落としてしまったのであろう。以下は、非指示的成分が主題となる別の例である。

　　7. 你想当英雄，英雄我也想当。

　　　　あなたは英雄になりたいようだが、英雄は私もなりたい。
例7の二つの"英雄"はどちらも非指示的であり、後ろのものは旧情報として主題となっている。"当"［なる］の性質は繋辞の"是"に近く、同類のものには"成了、成为、变成"などがある。繋辞が関係する伝統的に"表语"と呼ばれる成分は、文中では典型的な非指示的成分であり、真の動詞の項ではなく、中国語では関係動詞の疑似項と呼ばれる。関係動詞の疑似項によって担われる主題は、すべて非指示的なものである。"当"はやはり動詞の意味を少し帯びた擬似繋辞であり、例8の答えの文の"主治医生"［主治医］のように、中国語での真の繋辞である"是"の疑似項はすべて主題として用いることができる。

　　8. A：他现在是主治医生吗？　彼は今主治医ですか。

　　　　B：主治医生，他早就是了。　主治医は、彼はとっくにそうです。
実際に詳しく分析すると、例6の"考研究生"の中の"研究生"が非指示的であるのも、その中の"考"［受験する］の意味成分に繋辞性があるからであり、"考"のここでの意味成分は"通过考试争取成为研究生"［試験に合格して大学院生になる］ということで、その中の"成为"が繋辞的な意味を持っているのである。また、"打前锋"［フォワードでプレーをする］、"打后卫"［ディフェンダーでプレーをする］の中の"打"［プレーをする］の意味は"在打球时充当"［球技をする時に担当する］であり、その中の"充当"は繋辞的な意味を持っている。この種の構造が形成する主題も非指示的なものである。

9.　5号技术挺全面，前锋，他也能打，后卫，他也能打。

　　　5番の技術はオールラウンドで、フォワードも、彼はできるし、
　　バックも、できる。

　もちろん、非指示的成分が主題となるのは定の成分ほど自由ではなく、
一定の条件も必要である。例えば、例6, 8の主題はどちらも対話の応答文
中の旧情報で、その成分は相手の話の中にすでに現れている。また、例7
の主題は自分が前の文ですでに述べた旧情報であり、例9の主題は対比性
主題となっている。

5.3.3 数量語句の主題に対する影響

　以上の検討では、例6－9の各文中の主題となる名詞句が目的語となる
場合の指示的意味は同じであると仮定している。これらの例から見ると、
指示的成分であろうと非指示的成分であろうと、特定的成分であろうと非
特定的成分であろうと、目的語になることができれば他の語句が変わらな
い状況で主題に変えることができる。このように見ると、指示性―非指示
性の対立は、主題を担う能力には影響はなく、それらは一定の条件の下で
主題を担うことができるのである。しかし、注意すべき点は、例6－9の
中の目的語と主題は、すべて数量成分を伴っていないということである。
事実、これらの文の目的語となる名詞句は指示的意味が異なっているけれ
ども、みな形式的な不定マーカーを伴うことができる。そのために、上の
検討で採用した仮定はまだ定説とはならないのである。ここでの疑問点は、
定の成分に属さないとすでに確定できる名詞句について言えば、主題機能
に影響する数量語句が、同時にその名詞句の指示的意味に影響するかどう
かということである。例6－9のような文において、主題となる名詞句は
目的語となる時の同じ名詞句の指示的意味と同じなのであろうか。以下、
数量語句を伴うが数量を強調しない名詞句（非量化の NNP）に置き換えた
用例について分析を行う。

　　10a. A：他是一个离休干部。　　彼は引退した老幹部だ。

　　　　B：我也是一个离休干部。　　私も引退した老幹部だ。

　　　b. A：他是一个离休干部。

5. 主題の指示的特徴

　　　　B：＊一个离休干部，我也是。

　　c. A：他是一个离休干部。

　　　　B：离休干部，我也是。　　引退した老幹部は、私もそうだ。

11a. A：你想当一名英雄，我也想当一名英雄。

　　　　あなたは英雄になりたいし、私も英雄になりたい。

　　　　B：＊你想当一名英雄，一名英雄我也想当。

　　　　C：你想当一名英雄，英雄我也想当。

　　　　あなたは英雄になりたいし、英雄は私もなりたい。

“一个离休干部”［一人の引退した老幹部］、“一名英雄”［一人の英雄］は
繋辞“是”及び繋辞性の動詞“当”の疑似項なので、非指示的（非特定的
でもある）な成分であるが、“一个”を伴うと主題になることができず、“一
个”を取り去ってはじめて、主題を担うことが可能となる。

12a. 你该找一个女朋友了。

　　　　あなたはガールフレンドを探さなければならない。

　　b.＊一个女朋友，你该找了。

　　c. 女朋友，你该找了。

　　　　ガールフレンドは、あなたは探さなければならない。

“一个女朋友”［一人のガールフレンド］は指示的な非特定的成分なので、“一
个”を取り去ってはじめて、主題となることができる。

13a. A：小张买了一件衣服。　　張君は服を一着買った。

　　　　B：我也买了一件衣服。　　私も服を一着買った。

　　b. A：小张买了一件衣服。

　　　　B：＊一件衣服，我也买了。（一着の服は、私も買った。）

　　c. A：小张买了一件衣服。

　　　　B：衣服，我也买了。　　服は、私も買った。

14a. A：我查了一些历史资料。　　私は歴史資料をいくつか調べた。

　　　　B：我也查了一些历史资料。　　私も歴史資料をいくつか調べた。

　　b. A：我查了一些历史资料。

　　　　B：＊一些历史资料，我也查了。

　　　　（いくつかの歴史資料は、私も調べた。）

　　　　c. A：我查了一些历史资料。

　　　　　B：历史资料，我也查了。　　歴史資料は、私も調べた。

"一件衣服"［一着の服］、"一些历史资料"［いくつかの歴史資料］はどち
らも不定の特定的成分に属するべきであり、"一件"や"一些"を取り去っ
てはじめて、主題となることができる。

　目的語と主題が数量語句を伴う際のこのような非対称的現象に対して
は、二つの面から説明が求められる。一つは指示的意味からの説明で、も
う一つは談話機能からの説明である。

　指示的意味からの説明には、さらに二種類の考え方がある。一つは、"一
个"、"一些"を伴う語句には統一した指示的意味があり、そのような指示
的意味によってそれらが主題となることを妨げられているという考え方で
あるが、この説明はあまり適切ではない。なぜならば、上で分析したように、
例 10 − 14 中の NNP には明らかに異なる指示的意味があり、それ以外に
それらが主題となることを妨げる可能性がある一致した指示的意味などは
見つけられないからである。もう一つは、数量詞を伴わず例 10 − 14 の c
文で主題となる NP は指示的意味として一致しているので、相対応する a
文で目的語となる指示的意味とはすでに異なり、それぞれが異なった NNP
であるという考え方である。しかし、このような主題となるのに適した一
致した指示的意味が何であるかを確定することはまた難しい。それは明ら
かに特定的なものではなく、また非指示的や非特定的なものでもあり得な
い。なぜならば、a 文で目的語となる NNP にも非指示的なものと非特定的
なものがあるが、主題になれないわけではないからである。残った可能性
は「総称的」なものである。総称的であるという仮定は 5.4 で示す総称成
分の主題となる傾向と一致しているが、総称の分析にもいくかの問題が生
じる。最も重要なことは、指示的意味と関係的意味との相関性の問題であ
る。つまり、もし例 10 − 14 の各 c 文の主題の指示的意味と a 文の目的語
の指示的意味が異なるならば、それらの関係も同様に異なるのであろうか、
ということである。指示的意味と関係的意味は相互に関係があり、例 10a
の "一个离休干部" が非指示的なものであると考えられるのは、それが繋
辞 "是" の疑似項、即ち判断命題の述部であるからである。もし、例 10c

5. 主題の指示的特徴

の主題である"离休干部"の指示的意味がこれと異なっても、それはやはり"是"の述部であるのであろうか。同様に、例 13a の"一件衣服"は"买"の受動者という意味役割であり、不定で特定的な成分に属するが、13c の"衣服"が総称的であっても、それはやはり"买"の受動者であるのであろうか。これらの問題は、現有の指示的な意味論ではまだ解答がない。よって、二番目の考えの中の総称指示にある程度の合理性があると仮定するけれども、適切な実証を得ることはできない。従って、上の文での検討では、しばらくの間 a 文の目的語と c 文の主題関係の意味が同じで、指示的意味も同じであるという考えを基礎とすることにする。

　指示的意味の説明で確定が難しい状況では、機能面の説明を求めてもよいであろう。古川裕（1996）の意見は非常に参考にすべきで、氏は、中国語の目的語の位置で数量を強調しない"一个"の主な機能は、名詞句の前景（foreground）となる地位の所在を際立たせることであると考えている。前景と背景（background）は相対立するもので、前景とは文中の最も目立った（salient）部分であり、背景とは文中で前景を際立たせるのに用いられる。本書の説明によれば、前景とは実際には文中の自然焦点あるいは対比焦点であるが、主題は必ず常に文中の背景であり、この二種類の焦点を担うことはできない。また、たとえ対比性の主題焦点を持っていても、他の文中の主題と対比しているに過ぎず、本文においては依然として背景の状態にあり（3.2 を参照）、主題の基本的な機能の一つは、つまりは文の内容に背景を提供することなのである。まさにそれが背景であるために、前景機能を持った"一个"、"一些"などの数量成分が現れるのを自然と避けてしまうのである。

　「前景―背景」という機能的な説明のメリットは、例 10 － 14 の a 文と対応する c 文の関係的意味や指示的意味が同じであるかどうかを考慮しない状況において、自足的かつ統一的に a 文と c 文の機能的な違いを指摘していることで、このような機能的違いは主題構造と非主題構造の機能的違いと完全に一致している。また、このような説明は同様に、指示的意味と関係構造がそれぞれ異なる例 10 － 14 の各例に適合している。最も重要なことは、このような説明は c 文の主題を総称指示的な指示的意味と解釈

することと矛盾するわけではなく、並存することができることである。な
ぜならば、それは c 文の主題が総称的であるかどうかを問題にせず、もし
c 文の主題が確かにみな総称的であったとしても、背景性と総称性は同時
に数量成分を排除する要素となれるからである。その外に、「前景—背景」
は例 10 － 14 の a 文と c 文の違いを統一的に説明するだけでなく、さらに
a 文の中で数量語句を使うかどうかの違い（実際には例 6 － 9 と例 10 －
14 の違いに相当する）をうまく説明している。英語では、主語が単数であ
る場合、判断文の名詞叙述詞（be 動詞の補語となる成分—訳者注）は必ず
不定冠詞 a/an を用いなければならないが、対応する中国語では"一个"を
用いるか用いないかの二種類の選択がある。

15. He is a teacher. 彼は先生である。

16a. 他是教師。 彼は先生である。

b. 他是一个教師。

例 16a、b はどちらも例 15 の正しい訳であり、この種の文では、"教師"［教師］
のように数量語句を伴わない叙述詞（中国語では"表语"）と"一个教師"
のように数量語句を伴う叙述詞は指示的意味が同じで、どちらも非指示的
である。a 文と b 文の違いは機能的なものであり、a 文は普通の判断命題
文であるが、b 文には強調の働きがあり、叙述詞の前景地位を際立たせる
ために数量語句を用いている。その他の指示的でない目的語、不定で非特
定的な目的語、不定で特定的な目的語が数量語句を伴うかどうかについて
も、すべて同様に説明することができる。

　もちろん、5.2.4 や 5.2.5 で上海語と普通話におけるこの類の成分が"提
顿词"を伴い主題や副主題となる例を挙げたように、主題は非量化の NNP
を必ず排除するのではない。しかし、これらの主題はすべて述語動詞の動
作主の意味役割であり、他の意味役割の NNP は主題を担うことが難しい。

5.4 主題と総称成分

5.4.1 総称の含意及びその表現形式

　「総称的（generic、中国語では"类指"）」は、"通指"とも訳され、類（グ
ループ）全体の集合を表し、類全体を強調するが、類の中の個体を指示せず、

5. 主題の指示的特徴

さらには確定した個体や特定の個体を指示するものではない。

　　1. 教师应该为人师表。

　　　　教師は人の模範となるべきである。

例1の"教师"は総称的用法であり、「教師」という類を指しているが、現実世界や可能世界におけるいかなる一人の特定の教師も指してはいない。これまでの節で検討したものはすべて、「定―不定」や「特定―非特定」などのように、組になったカテゴリーであったが、本節では総称的のみを取り上げ、それに相対する概念については言及しない。なぜならば、その相対する概念は「非総称的（non-generic）」であり、非総称的とは定・不定などの異なった状況を含み、前にすでに検討したように、実際には定・不定などとは関係がない非総称的成分でもあるからである。よって、非総称的な状況を特にこれ以上論じる必要はないことになる。

　総称的とは、中国国内の言語学界ではまだ十分に通用する概念とはなっていない。現在、国際的な学術界においても、総称的というのは用法が統一された概念ではなく、非指示性や非特定性と交錯した状況もある。本節では、広く通用した理解に基づき典型的な総称的成分が主題となる状況について検討を行い、すでに非指示的成分など他の成分に分類し前に検討したものについては、本節ではさらに検討をしない。

　では、まず総称的成分の表現形式を見てみる。「総称」という現象が長い間言語学界で重視されてこなかった原因の一つは、定・不定のような専用の形式で総称を表す言語が少ないからである。英語では、定冠詞 the や不定冠詞 a/an や冠詞を伴わない複数形式にはすべて総称を表す用法がある。例2－4の各文頭の名詞句は形式的には上の三つの類に属するが、その指示的意味はすべて総称的である。

　　2. The panda likes bamboo.　'熊猫喜欢竹子'

　　　　パンダは竹が好きである。

　　3. A teacher is a gardener.　'教师是园丁'

　　　　教員は庭師である。

　　4. Dogs are loyal.　'狗是忠心耿耿的'

　　　　イヌは忠実である。

5.4 主題と総称成分

従って、総称的という概念は意味的・統語的位置におけるより深化された研究において重視され始めている。

中国語の総称的成分の主な表現形式は裸名詞（bare nouns）、つまり名詞の前がゼロ指示の形式で、例2－4の中国語訳の文頭の名詞はすべて裸名詞となっている。裸名詞は総称の専用形式ではなく、例えば異なる統語的位置ではそれぞれ単数や複数の定（"秘书来了"［秘書が来た］、"客人来了"［客が来た］）、単数や複数の不定（"他居然打了顾客"［彼はなんとお客さんを殴った］、"他在卖菜"［彼は野菜を売っている］）などを表すので、中国語は実際には専用の総称指示の形式を持っていない。まとめて言えば、中国語は英語のように常に典型的な定の形式や不定の指示形式で総称を表すことはないのである。例えば、2－4の中国語訳の文頭の名詞の前には"这个"や"一个"を加えるべきではない。しかし、ある条件では、普通話や上海語で"一个"に類する不定形式を伴い主題の位置で総称の働きができるものがある（5.2.2、5.2.3を参照）。その外に、普通話の口語や上海語には主題の位置でNNPが総称の働きをする現象があり、総称成分と主題の間に密接な相関性があることを明示している。以下、それぞれについて説明を行う。

普通話を含む北方語の口語では、総称名詞句は定の指示詞"这"を伴うことができる。総称を表す"这"は決してストレスをつけて発音してはならず、通常は量詞を加えず直接名詞に付加するが、定を表す"这／那"はストレスをつけることができ、後ろに量詞を加えてもよいことから、普通話では指示詞を伴う総称成分であっても真の定名詞句とは形式的には違いがないということが分かる。

5. 这铁，都是铁矿石里炼出来的。

（この）鉄は、みな鉄鉱石から製錬されたものである。

6. 这熊猫，都喜欢竹子。

（この）パンダは、みな竹が好きだ。

例5－6の文頭名詞の前の"这"を"这种"、"这些"、"这只"などに置き換えれば、定となり、総称ではなくなってしまう。総称性の"这"を伴う名詞句は、すべて文頭に用いられるだけでなく、その後に必ずポーズを置

かなければなら ないことは、顕著な主題の性質を表している。このことから、主題となる場合にのみ、総称を表すということが分かる。

呉語、粤語、閩南語などの南方方言では、ふつう類別語を直接名詞に加えることはできないので、総称を表す"这铁"のような形式はないが、別に定のマーカーを借用した総称を表す形式があり、文頭の位置で数詞や類別詞を伴わない量詞が名詞の前に加えられ総称を表す、つまり 5.2 で検討した CNP である。上海語の例 7, 8 の二つの CNP を比較してみる。

　　　7. 个客人已经来勒。　'（这 / 那）客人已经来了'

　　　　（この / その）客はすでに来た。

　　　8. 个铁，侪是铁矿石里向炼出来个。　（意味は例 5 と同じ）

　　　　（この）鉄は、みな鉄鉱石から製錬されたものである。

例 7 の"个客人"［（この / その）客］は定であるが、例 8 の"个铁"は総称的である。上海語を話す人は普通話や書き言葉の影響を受け、この [gəʔ¹²] と発音する量詞の"个"が同音の類別詞"辦"［この］となる場合もあるが、実際には"辦铁"という組み合わせの方式は呉語の類型的特徴に合わず、呉語の類別詞は量詞の前にのみ加えることができ、直接名詞の前に付加することはできない。上海語の近隣の蘇州語では、類別詞"辦"は [gəʔ²³] と、量詞"个"は [kəʔ⁵⁵] と発音し、両者は異なる音であり、例 8 の"个"は [kəʔ] としか発音できず、[gəʔ] とは読まれない。このことから、上海語の中の"个"は確かに量詞であることが分かる。しかし、上海語と北部呉語で単独で総称の働きをすることができる量詞は、主に汎用量詞の"个"であり、それはすでに定と総称の両方を兼ねる類別詞として部分的に文法化されている。次に、この"辦"が総称のマーカーとして用いられると同時にさらに主題のマーカーに用いられる場合を見てみる [3]。

5.4.2 総称的成分が主題の機能となる

総称的成分と定の成分は意味的に共通点があり、どちらも確定することができ、不定の成分とは区別される。定の成分は確定できる対象を直接提供するのに対し、総称的成分は聞き手に確定できる類別を提供するが、類別される構成員をすべて排他的に（eclusively）特定するとは限らない。総

称的成分と定の成分にはこのような共通点が存在するので、主題を担う面においても、両者はかなり近く、どちらも主題となる成分に適している。確定性から見れば、総称的成分は定の成分よりもずっと強い。例えば、"我买了本书，这本书很好看"（私は本を買ったが、その本は面白い）の中の"这本书"は前半の文の"书"と同一指示であるために定性を持つに過ぎず、実際には聞き手はそれがどの本であるかは分からないので、聞き手はさらに"你说的是哪本书"（あなたが言った本はどの本なのか）と問うことができるのである。これに対し、総称的成分は聞き手がその語を理解しさえすれば（これは話し手がその語を用いるという前提であるが）、疑いなくその対象を確定することができ、例えば、例1の総称成分である"教师"に対して、聞き手は類似した疑問を持つはずはないであろう。総称的成分が主題となるのに適していることについては、曹逢甫 (Tsao 1979) などがすでに指摘をしている。ここでは、総称成分が主題となるのに適するにはどのような具体的表現があるのかをさらに示したいと考える。その確定性に適応して、総称成分は総体的に定の成分よりも主題となる傾向が強いのである。

5.2.2 で指摘したように、"一个"という典型的な不定形式を伴う名詞句はある一定の条件の下で主題マーカーである"提顿词"を付加することにより総称の働きをしたり（普通話、上海語において）、定の働きをしたりする（上海語において）が、このような現象は、主題が総称や定という成分を優先的に選択して担うものであることを説明している。

主題の意味関係の類型から見ると、総称的成分が担う主題はその多様性において定の成分に劣らない。大まかに言えば、項同一指示的主題は主に定の成分が担うのに適しており、言語使用域型主題は定の成分が担うのにも、総称成分が担うのにも適しているのに対し、コピー型主題は主に総称成分が担うのに適しているということである。次に、後の二種類の状況について具体的な分析を行う。

最も典型的な言語使用域型主題は背景言語使用域型主題であり、何度も繰り返し例として挙げられている次の例文である。

9. 这场火，幸亏消防队来得快。

この火事は、幸いに消防隊が来るのが早かった。

5. 主題の指示的特徴

この主題は定の主題である。例10も背景言語使用域型主題構造であるが、この文の主題は総称的である。

10. 自然灾害，我们既要提高警惕，又不能悲观失望。

　　自然災害は、私たちは警戒を高めなければならないし、悲観して失望してはいけない。

言語使用域型主題の内部には、さらに主に総称成分が担うのに適した下位類がある。4.3.3 で上位言語使用域主題について検討したが、この種の主題は、後ろの主語や目的語やその他の語句の上位語であり、主に総称的成分が担うのに適している。

11. 动物，老虎最凶猛。　　動物は、トラが最も獰猛だ。

12. 水果，我很喜欢吃苹果。　　果物は、私はリンゴが一番好きだ。

ここでの“动物”［動物］や“水果”［果物］などの上位語の主題はふつうすべて総称的成分である。表面的には、上位語の主題の前には定で特定的なマーカーである類別詞を加えることができる。

13. 这筐水果，我最喜欢吃苹果。

　　このかごの果物は、私はリンゴが一番好きだ。

しかし、実際にはこの場合、“这筐水果”［このかごの果物］と“苹果”［リンゴ］の間はすでに上・下位関係ではなくなり、全体と部分の関係となっている。上・下位関係が最もはっきりと現れるのは、“是”によって関係づけられる分類型命題であり、次の例14は成立するが、例15は成立しない。

14. 苹果是水果。　　リンゴは果物である。

15. *苹果是这筐水果。（リンゴはこのかごの果物である）

これは、上位語が類別詞を伴うと上位語ではなくなってしまうことを説明している。このことから、総称的成分だけが上位言語使用域型主題に適しているということが分かる。

4.4 で検討したコピー型主題は、主に総称的成分が担うのに適している。

16. 星星，还是那些星星，月亮，还是那个月亮。

　　星は、やはりあれらの星で、月は、やはりあの月だ。

例16の節の頭の“星星”、“月亮”は総称的であり、“一些”、“一个”を加えることもできなければ、“这些”、“这个”を加えることもできないが、“这”

を加えることは可能である。これがまさに総称を表す"这"なのである（5.4.1
における例5、6の分析を参照）。4.4.1と4.4.2には普通話と上海語の各種
類型の名詞性コピー型主題があり、ほとんどが総称成分によって担われて
いるが、ここでは一々分析はしない。

　以上検討した総称的成分が主題となる文は、基本的にはすべて肯定の平
叙文である。総称的成分が主題となる傾向は、疑問文や否定文の中により
顕著に現れるが、詳細については6.5を参照いただきたい。

　最後に言及すべきことは、5.3.3の中の例10 − 14のc文の中の主題で、
それらはそれぞれ異なる指示的意味に属すると指摘したが、同時にまたそ
れらをまとめて総称成分に分析する可能性も存在する。なぜならば、それ
らにはみな、不定形式である"一个"の類のものを排除という同じ特徴が
あり、主題を担う場合、総称性はおそらく不定形式を排除する原因となる
からである。もしも、総称指示の分析が成立するならば、総称的成分が主
題を担う時の作用はより重要となるのである。

5.5 主題と量化成分

5.5.1 量化成分の分類

　量化成分とは、基本的には前に述べた量化名詞句（quantificational noun
phrase、略称QNP）であり、それは量化語句（quantifier）を持つ名詞句で、
文中では事物の数量を強調するのに用いられる。量化語句については、意
味論や意味哲学の学者によっては、全称量化語句（universal quantifier、例
えば英語のall, everyや中国語の"所有"、"一切"[すべての、あらゆる]）
と存在量化語句（existential quantifier、例えば英語のsome[いくつかの]
や中国語の"有些"[いつくかの]、"有的"[ある〜]）を指すことに限定
しているが、一部の学者、特に言語学者は、"三只"[三匹]、"五个"[五個]、
"二十六公斤"[26キログラム]などのように、特に数量を強調する場合の
具体的な数量語句を指すのにも用いる。統語法、特に主題構造の角度から
見ると、この三類の語句の量化成分にはすべて非量化成分とは区別される
特殊な表現があるので、ここでは量化成分に対して広義の解釈を行い、上
述の三類の語句が構成する量化成分をその中に含めることにする。

5. 主題の指示的特徴

　この三類の成分の用語の中で、「全量（全称量化）語句」は比較的理解
しやすく、あるグループの中の全構成員を指し、「存在量化語句」は比較
的多くの哲学的意味を持ち、ここでは「分量語句」と改称するが、グルー
プの中の部分的な構成員を表し、「全量語句」と明らかに対峙している。
第三類は具体的な数量を強調しており、「計量語句」と呼ぶことにする。
このようにすると、これらの語句を伴う名詞句もそれに応じて全量成分、
分量成分、計量成分となる。

　いわゆる量化とは、名詞句の中の全量、分量、計量の語句であり、それ
自身に数量の意味があるだけでなく、名詞句全体にある種の数量を強調す
る含意を持たせる。量化成分の特徴は強調の意味を持つことであり、たと
えその指示するものが量化成分の指示対象と同じであっても、強調の意味
を持たなければ量化成分とは呼べない。

　　　1. 一个人，应该讲良心。　　人は、正直に話すべきだ。
　　　2. 每个人，都应该讲良心。　それぞれの人は、みな正直に話すべきだ。

　この二つの文の"一个人"と"每个人"の指示対象は同じで、どちらも
人間という種の中のあらゆる個体を指し、実際にどちらも全量的である。
しかし、例1は量化語句を用いていないので、全量を強調しておらず、"一
个人"は総称を表す名詞句にしか分類できない（NNPはここでは不定成分
とは理解できない）。一方、例2は全量を専用に表す量化語句である"每个"
を用いており（後ろのそれと対応する"都"も量化語句で、全称量化副詞
である）、"每个人"全体が全量を表す量化成分なのである。

　次にこれら三類の量化成分と主題との関係について、それぞれ検討を行
う。

5.5.2　全量成分と主題

　すべての言語には、いくつかの専用の全量語句で構成される全量成分が
あるはずで、英語のall, every, any、中国語の"所有"［あらゆる］、"一切"［す
べての］、"每"［各……］、"任何"［いかなる］などはすべてこの種の量化
成分である。その外に、現代中国語、特に口語において全量を表す手段は
多様なので、"所有"などの専用の量化成分は全量を表す最も常用される

5.5 主題と量化成分

形式であるとは限らない。"个个"［どれもこれも］、"场场"［どこも］の
ような量詞の重ね型や範囲副詞の"都"［みな］、"全"［すべて］なども全
量を表す専用の形式であるが、全量の範囲副詞は統語的にはすでに名詞句
の範囲を超えているので、他の品詞や統語成分によって量化の概念を表す
状況を含むことができるように、前の方では「量化名詞句」ではなく「量
化成分」という用語で関係した現象を指した。さらに、中国語の中のすべ
ての疑問代詞は常に、例 3, 4 の"谁"や"哪儿"［どこ］のように、すべ
て全量を表すのに用いられる兼用形式となることができる。

　　3. 谁都认识他。　誰でも彼を知っている。

　　4. 我哪儿都不去。　私はどこにも行かない。

ここでの"谁"や"哪儿"はそれぞれ「すべての人」や「すべての場所」
を指しており、どちらも全称量化の意味である。その外に、否定文の中の
"也"や"都"と一緒に用いられる"一"も全量語句である。

　　5. 一个人也不愿意去。　一人も行きたくない。

　　6. 他一样东西都看不上眼。　彼は同じものはみな気に入らない。

これらの"一"は英語ではふつう any［いくつかの］という全量語句で訳
される。

　　全量成分と主題の関係を検討するためには、まず重要な統語現象、すな
わち中国語における全量成分の強制的な前置について考える必要がある。
そして大事なことは、この強制的に前置される全量成分に主題の性質があ
るかどうかということである。もし、それらが主題であると確定できるな
らば、全量成分は主題性が最も強い成分であるという結論を得ることがで
きる。定の成分や総称的な成分はある程度主題となる傾向があるに過ぎな
いが、全量成分はほとんど強制的に主題となるのである。

　　普通話について言えば、全量成分は動詞や述語に前置する極めて強い傾
向があると言うことができる。ここで「極めて強い傾向がある」と言った
のは、普通話にはさらに強い形式の全量成分後置の状況が存在することを
考慮してのことであり、特に次のような正式な文体中に現れる。

　　7. 警察询问了每一个目击者。

　　　警察はそれぞれの目撃者に尋問した。

233

5. 主題の指示的特徴

8. 我找到了所有丢去的钱了。

私はすべてのなくなったお金を見つけた。

9. 在这些人里，我找不到一个有用的人。

これらの人の中で、私は役に立つ人を一人も見つけられない。

この種の量化成分が後置された文は、北京口語やその他の方言の口語では
おそらくあまり耳にしないであろう。これらは、「五四運動」以前の白話
文中にも見つけることが難しく、西洋語化された文法の影響から生まれた
ものであると考えられる。それらのより中国語化された表現としては以下
のものがある。

10. 每一个目击者警察都询问过了。

それぞれの目撃者を警察は尋問した。

11. 我所有丢的钱都找到了。

私のすべてのなくしたお金はみな見つかった。

12. 在这些人里，我一个有用的人都找不到。

これらの人の中で、私は一人の役に立つ人も見つけられない。

西洋語の書面語の影響が少なかった上海語では、全量成分が文頭や述語動
詞の前の他の位置に置かれるのは、極めて強い傾向であるだけではなく、
基本的に強制された要求なのである。以下の例 13 － 15 の各文の上海語は、
a 文は例 10 － 12 と同類の文型で、口語では自然な表現であり、b 文は 7
－ 9 の直訳で、全量成分が後置されると文の成立は難しい。

13a. 每个目击者警察侪问过勒。

b.* 警察问过勒每个目击者。

14a. 我所有落脱个钞票侪寻着哉。

b.* 我寻着仔所有落脱个钞票哉。

15a. 辣个眼人里向，我一个有用个人也寻勿着。

b.?? 辣个眼人里向，我寻勿着一个有用的人。

上海語のこのような状況はおそらく中国語の多くの方言における口語に共
通したものであり、中国語の本来の姿なのである。

さらに注意すべき点は、普通話であろうと上海語であろうと、口語性が
より強い量詞の重ね型を用いて全量を表す場合、その量化成分は述語動詞

234

5.5 主題と量化成分

に前置することしかできず、後置することは絶対にできないということである（Xu (1995) の関連した検討を参照）。普通話の例を見てみよう。

16a. 个个目击者警察都询问过了。

b. *警察都询问过了个个目击者。

17a. 我样样菜都爱吃。　　私はどの料理もすべて好きだ。

b. *我爱吃样样菜。

　全量成分の強制的な前置についての一つの可能な解釈としては、全量副詞と対応するためであると考えることができる。中国語の全量名詞性成分は通常普通話の "都、也" や例 13 － 15 の中の上海語の "侪 [ze¹²]、也"［みな、も］などの全量副詞と対応するが、これらの全量副詞はすべて前方指示的であり、もし全量成分が述語動詞の後に置かれれば、全量副詞はそれらに対応することができない。もしもこの理由が成立するのであれば、全量成分の前置は主題とは関係がない構造的な必要性によるものであると説明することができる。しかしながら、たとえ全量成分が前置される強制度が強い上海語であっても、全量成分は常に全量副詞と対応するとは限らない。

18. 凡是勿会听命令个人末、勿会得出命令。　　（蒲法 61 頁）

　'凡是不会听命令的人、不会出命令'

　およそ命令を聞かない人は、命令を出せない。

19. 爹娘垃拉一总个事体我勿关。　　（蒲法 83 頁）

　'父母在的时候所有的事儿我都不管'

　両親が生きていた時、あらゆる事に私は関わらなかった。

"凡是……人"［およそ……の人］は全称の動作主、"一总个事体"（所有的事儿）［あらゆる事］は全称の受動者で、どちらも全量副詞であるが、語順はやはり前置しかできず、たとえ受動者の "一总个事体" であっても、述語動詞の後に移動することはできない。このことから、前置の原因を全量副詞に帰するという説明は説得力に欠けるということが分かる。

　これ以外の可能性のある説明としては、これらの全量成分の強制的な前置は主語を担う必要から生じたものであるとすることである。主語が主題と異なる特徴の一つは、意味に関する面での要求が主題よりも厳格であり、動作主類の意味役割は無条件に主語を担うが、受動者や方法、場所などの

235

5. 主題の指示的特徴

成分が主語を担うには様々な条件や制限がある。しかし、前置された全量成分の意味関係は非常に複雑かつ多様であり、受ける制限は少なく、実際にそれらを主語と分析することはできず、主語を担うために述語動詞の前の位置に来たのだと説明することはさらにできないのである。次に普通話の例をいくつか挙げる。

20. <u>所有的家长班主任</u>都叫来了。(受動者)
   すべての保護者を、クラスの担任は呼び出した。

21. <u>哪个国家</u>我都报得出它首都的名字。(目的語の修飾語の中の修飾語)
   どの国も、私はその首都の名前を答えることができる。

22. <u>每家大商场</u>姨妈都带着我买了一些东西。(場所)
   すべてのショッピングモールに、母方のおばは私を連れて買い物をした。

23. <u>他个个月</u>要出差几趟。(時間)
   彼は毎月、何度か出張に行く。

24. <u>他次次</u>跑不过你。(動作量)
   彼は毎回、走って君にかなわない。

25. <u>每个脸盆</u>他都洗过脚了。(道具)
   すべての洗面器で、彼は足を洗ったことがある。

26. <u>全车间的人</u>厂长都发了奖金。(与格)
   すべての作業場の人に、工場長はボーナスをあげた。

27. <u>每个同事</u>他都闹崩了。(関与者)
   すべての同僚と、彼は関係を壊した。

これらの文の共通点は、全量成分が最も主語となるのに適した動作主であるとは限らないということで、さらに重要なことは、すべての文には述語動詞の前に主語となる別の動作主があるので、それらの成分を正常な主語がすでに存在する状況で主語を担うために前置させることは絶対にあり得ないということである。

　従って、最もよい解釈としては、全量成分は中国語では主題／副主題を担う傾向がある（普通話で）、あるいは強制的に主題／副主題しか担うことができない（上海語及び他の多くの方言で）とすることである。

劉丹青（1995）も主題性を用いて量詞の重ね型の強制的な前置について説明を行っている。

上海語では、全量成分にはさらにその主題の性質を明示するのを助けるいくつかの特徴がある。まず、上海語で、全量成分（もちろん前置された）の後に"提頓詞"である"末"を加えることができることは、この種の成分の主題的性質をはっきりと説明している。例えば、上の例 18 及び下の例 28, 29 は、書面語の資料から取ったものである。

28. 李家少爷有交关女朋友、夜夜末跳舞咾夜深来死才转去。

（蒲课 60 頁）

'李家少爷有很多女朋友，个个晚上都要跳舞而且到夜晚深的时候才回去'

李家の若旦那はたくさんのガールフレンドがいて、毎晩いつも踊って夜遅くなってからようやく帰る。

29. 一个小姑娘末要好好叫，听说听话，百样事体末要识相，要讨人欢喜。（滑稽 67 頁）

'一个女孩子，应该好好的，要听话，所有的事儿，都要自己知道怎么做才得当，要讨人喜欢'

女の子は、ちゃんとすべきで、聞き分けがよくなければならず、あらゆる事は、どうやるのが適切で、人に好かれるかを、みな自分で知っていなければならない。

例 28 の"夜夜"［毎晩］は時間言語使用領域型主題、例 29 の"百样事体"（所有的事儿）［あらゆる事］は背景言語使用領域型主題で、どちらも全量成分であり、主題マーカー"末"が用いられ、また二つの文中には全量を表す副詞"侪"（都）［みな］などは現れない。普通話では、全量成分の後にも"啊"や"呢"などの主題マーカーを加えることができるが、上海語で"末"などを加える場合ほどよく見られる現象ではない。以下はその他の量化成分に主題マーカーを加えた例である。

30. 个个亲眷末，我侪叫来哉。

'每个亲戚，我都叫来了'

すべての親戚は、私はみな呼んで来た。

5. 主題の指示的特徴

31. 所有个账目末，伊侪做过手脚个。

'所有的账目，他都做过手脚了'

すべての会計は、彼はみな小細工をしたことがある。

次に、上海語の全量成分は文の後ろの部分に代名詞である"伊"（他／她／它）や"伊位"（他们／她们／它们）などを用いて同一指示とするが、主題であってはじめて同一文の後ろの部分に同一指示成分が現れることができることが分かる。同一指示成分を用いた主題は、もちろん主に項同一指示性主題であるが、次のように言語使用域型主題などの他の類型の主題である可能性もある。

32. 每一门功课，侪要辣笃个礼拜考脱伊。

'每门课程，都要在这个星期里面考好'

すべての科目は、みな今週中に試験を受けなければならない。

33. 所有个客人，我侪发拨伊拉喜糖个。

'所有的客人，我都发给他们喜糖的'

すべての客には、私は結婚祝いのキャンディーを配った。

34. 个个学生子，侬作为班主任侪要脱伊谈一遍话。

'个个学生，你作为班主任都要跟他谈一次话'

それぞれの学生は、あなたはクラス担任として一度話をしなければならない。

35. 每年个清明末，伊箇个一日天总归要到祖坟浪去扫墓。

'每年的清明，他那一天总是要到祖坟上去扫墓'

毎年の清明節には、彼はその日に先祖の墓参りをしなければならない。

では、なぜ全量語句は主題卓越言語で強い主題性を有し、さらには強制的に主題に変わるのであろうか。それはおそらく、部分的にその強い定性と関係があるからである。習慣的には定と全量は同一の総称的意味の中に分類されず、言語形式的な表現においても異なるが、より高いレベルにおいては、全量は総称と同じように確定できる対象に属するので、定成分と同類であり、不定成分とは区別される。"一个人"[ひとりの人]、"两个人"[ふたりの人]と言うと、聞き手はおそらく論じられている人が誰であるか分

からないが、"人人"［あらゆる人、誰でも］と言うと、聞き手にはそのような疑問はなく、その指示するものは明確で、あらゆる人類の構成員となる（特定の社会言語使用領域では、その領域の中のあらゆる人を指すことができる）。

　陆俭明（1986）は、中国語の文頭の全体指示的成分（即ち、本書での「全量成分」）は主語にしかなれず、主題にはなれないということを専門的に検証している。氏が主語と主題を分けるのに用いた三つの基準は十分な根拠に欠けており、また氏が分析した主題の特性もすべてが前置された全量成分と相反するわけではない。3.1.1 で検討した氏の三つの基準の一つである「主題は文の自然ストレスの所在ではない」とするには難しい部分がある。氏の残りの二つの基準は、次のように、主題の後に"是不是"を用いて疑問文を構成することができることと、前置性接続詞で引き出される分文（節）を挿入することができることである。

　　　36. 所有的人是不是都同意了？

　　　　すべての人はみな賛成したのか。

　　　37. 每个人都会因为年轻幼稚犯一些错误。

　　　　すべての人はみな若さと幼稚のゆえに過ちを犯す。

重要なことは、文頭の全量成分をすべて主語と見なすと、大きな問題にぶつかるということである。強制的に前置された成分は、主語となるに適した項に限られず、明らかに主語がある文中であっても、連用修飾語（中国語では"状语"）性成分が全量成分に属するために、文頭を含め、強制的に前置される、あるいは前置される傾向があるのである。

　　　38. 回回他都碰到老张。　　毎回、彼はいつも張さんに会う。

　　　39. 夜夜我都梦见儿子在自己身边。

　　　　毎晩、私はいつも息子が自分のそばにいる夢を見る。

"回回"［毎回］、"夜夜"［毎晩］のような動作の時間を表す成分を連用修飾語や主題と見なすことには問題はないが、主語と見なすことは難しく、主題・主語同等説の立場に戻らない限り、陆俭明氏の出発点は主題と主語を分けなければならない。さらに、中国語の全量成分は前置を要求するが、文頭への前置を要求するわけではなく、実際に文頭の成分と述語動詞の間

に置かれる状況がよく見られる。主主題と副主題を含めた「主題」はこのような前置性でまとめて説明できるが、陆俭明氏の分析は文頭の全量成分に適しているだけであり、文中で前置された大量の全量成分への適用は難しく、同類の現象に対し異なる説明をする必要がある。

5.5.3 存在量化成分と主題

存在量化を表す語句の英語での典型的な形式は some で、ある類の中の「一つより大きいがすべての構成員ではない」ものを指す。

厳密に言えば、中国語には英語の some に完全に対応する存在量化語句はない。中国語の存在量化語句は二種類に分類され、その二つの違いは主題機能と密接な関係がある。

some が表す存在量は、次のように純粋な不定の存在量である場合がある。

40. We can plant some trees here. '我们可以在这儿种一些树'

私たちはここに何本かの木を植えることができる。

例 40 の中国語訳が明示しているように、中国語では“一些”［いくらかの］でこのような不定の存在量を表す。その外に、some が単数を表す場合、中国語では“一个”などの単数の数量フレーズで表さなくてはならず、不定形式と完全に同じになる。

some が表すもう一つの存在量化の意味は、中国語では“有的”［ある〜］で表される。

41. He has a lot of friends from Asia. Some are Chinese, some are Japanese.

'他有很多来自亚洲的朋友。有的是中国人，有的是日本人'

彼には多くのアジアから来た友達がいる。ある人は中国人で、ある人は日本人だ。

これらの存在量を表す成分は、純粋な不定成分ではなく、それらはそれぞれ前に言及したある類の対象の一部を表すか、あるいは、それら自身は定ではないが、ある定や総称的な対象を分割しているので、このような存在量化を分割型存在量化と呼ぶことができる。

主語卓越言語について言えば、存在量化を表す語句のこのような意味的

違いはそれほど重要ではないので、英語の some のように、それらは一つの同じ語で表すことができる。一方、主題卓越言語である中国語について言えば、このような定性の違いは非常に重要である。中国語は異なった語でこの二種類の存在量を表すだけでなく、実際にはさらに分割型存在量化成分を強制的に前置することが要求される。

42. 我有的作业做了，有的作业还没做。

　　私は、ある宿題はやったが、ある宿題はまだやっていない。

例 43 の文頭には動作主の意味役割である"我"があり、文の中間にある"作业"［宿題］は受動者成分であるが、"有的"の修飾を受けるので、動詞の後の目的語の位置に移動することはできない。

43. *我做了有的作业，没做有的作业。

　刘丹青・段业辉（1989）は、"有的"のこのような意味的特徴やその統語表現について詳細な説明と分析を行った。その論文では、"有的"は常に節にある述語動詞の前に用いられ、述語動詞の前に用いることはできないことを明示している。意味的には、"有的"は基本的に分割型存在量を表す専用の代名詞（代詞）であるので、次のように常に並列節の形式で現れる。

44. 有的人活着，他已经死了；有的人死了，他还活着。

　　ある人は生きているが、彼はすでに死んでいる。ある人は死んだが、彼はまだ生きている。

45. 这些瓜有的是新疆产的，有的是甘肃产的。

　　これらの瓜はあるものは新疆産で、あるものは甘粛産だ。

この二つの文で、もし一つの"有的"を伴う節を取り去ったならば、文は成立しない。"有的"が分割する対象が一つの総称的な名詞である場合、その名詞は例 44 の"人"のように"有的"が修飾する中心語として現れることができるが、次のように"有的"の前に置くこともできる。

46a. 女孩子有的活泼，有的文静。

　　女の子はある者は活発で、ある者は静かだ。

＝ b. 有的女孩子活泼，有的女孩子文静。

　　ある女の子は活発で、ある女の子は静かだ。

241

5. 主題の指示的特徴

　また、分割されるのが定の対象である場合、例 45 のように、"有的" の前に用いるのが普通である。

　このように、存在量化成分でも、分割型存在量化語句の強制的な前置は主題となる必要から来ているのかどうかという、全量成分と同じ問題に面することとなる。

　刘丹青・段业辉（1989）では、初歩の段階で "有的" が主題や副主題の専用の代名詞であるということを認定している。ここでそのさらなる理由について述べてみることにする。中国語で語形的な不定性の存在量を表す "一些" と分割型分量である "有些" を厳格に区別することは、少なくとも、分割型存在量を「不定ではない」と見なしていることを説明しており、実際にそれはある程度定性を有するものであることを認めてもいる。意味的に見ると、並列文の中の "有的" は分割ないしは総記性を通して分割される対象の定性や総称性を得ると考えることができるので、主題となるのに適した成分となり、分割というのは、実は一種の特殊な形式の照応なのである。確かに、存在量を表す語の定性は全量成分には及ばないが、分割型存在量成分は全量成分よりも主題となるによりふさわしい要素を持っている。分割型存在量語句は常に定や総称成分の後の進行に対する特殊な照応に用いられ、その既知性（旧情報性）は強く、主題について言えば、既知性は定性よりも重要なのである。分割型存在量成分は常に並列性の節に用いられ、極めて強い明らかな対比性を持っている。対比性は主題の重要な談話機能の一つであり（詳細については 6.3 を参照）、この種の対比性も分割型存在量成分が強制的に前置され主題を担うことを促すのである。

　上海語では、最も常用される主題マーカーである "末" が対比性主題を表すのに用いられるが、"有的" に対応する上海語の代名詞である "有个"、"有种" は "末" を伴うことが多い。

47. 我个老同事，有个末，辞职了，有个末，退休了。

　　'我的老同事，有的，辞职了，有的，退休了'

　　　私の古い同僚は、ある者は、辞職し、ある者は、退職した。

48. 有种地方戏末，我蛮欢喜看个；有种地方戏末，我一眼勿欢喜看；

　　有种地方戏末，我还听勿大懂勒。

'有的地方戏，我挺欢喜看的；有的地方戏，我一点儿都不喜欢看；
我的地方戏，我还不太听得懂呢'

　　ある地方劇は、私はとても好きだが、ある地方劇は、少しも好
きではない。ある地方劇は、聞いてもあまり分からない。

“有的”及び上海語でそれに対応する語は、決して目的語になることはで
きないが、述語動詞の後では対比性の副副主題の位置に現れることができ、
上海語の例 49 のように“有的”の類の成分を伴って現れることができる。
このことも“有的”が主題となるのに適した成分であることを説明してい
る。

　　49. 伊拿拨有个人末，新米，有个人末，陈米。

　　　　'他拿给一些人新米，拿给另一些人陈米'

　　　　　　彼は何人かの人には新米を渡し、何人かの人には古米を渡した。
以上の状況から、中国語では、分割型存在量成分の基本的な作用は異なっ
た統語レベルで主題成分、即ち主主題、副主題、副副主題を担うことが明
らかである。特に注意すべき点は、そこから形成されたその中の一つの文
型が“总分”（まとめてから分ける、または分けてからまとめる関係にある）
型二重主題文である。例 45, 46a, 47 のように、この種の文全体の主題の後
に現れるのは、二つあるいは二つ以上の副主題を伴う節である。

5. 5. 4 計量成分と主題

　　計量成分とは量化成分（quantificational noun phrase，略称 QNP）の一類
であり、その基本的な形式は NNP であるが、これは NNP が計量的な QNP
に等しいということと同じではない。いわゆる量化とは、フレーズ中に「指
示詞＋数詞＋量詞」の概念を伴う成分だけでなく、名詞句全体が数量を強
調している（計量成分について言えば、具体的な数量であり、ふつう多さ
を強調したり少なさを強調するという二つの状況がある）。例えば、数量
を強調する場合の“三瓶酒”［三本の酒］では、その中の数量語句を「計
量語」と呼ぶ。書面語では、計量語はふつう不定を表すことを兼ねる数量
詞と完全に同じであるが、口語では、両者は同じというわけではない。不
定を表すことを兼ねる数量詞は文中では強く読む（音声的なストレスを置

5. 主題の指示的特徴

く）ことはできないが、計量成分の中の計量語は必ず強く読まれる。単数の状況では、強く読まない数量語句とは、中国語の典型的な不定マーカーである"一个"（量詞は後の名詞によって変わる）のことであり、例50のように、いくつかの構造的な位置ではその中の"一"は省略できるが、例51のように、計量成分中の"一个"は必ず強く読み、絶対に省略できない。

50. 我想找 (一) 个学生。

私は（一人の）学生を探したい。

51. 我的教室里只有一个学生来听课。

私の教室には授業を聞く学生が一人しかいない。

英語では、この区別はよりはっきりしており、計量の単数名詞句の前には数詞 one を加え、不定の単数名詞句の前には不定冠詞 a/an を加える。「一」より大きい数量は中国語や英語の書面語では区別が難しいが、次のように、数量語句がストレスを伴うか、あるいは文と前後の文中の他の手がかりによって区別できる。

52. 我们是三个好朋友。

私たちは三人の仲の良い友達だ。

53. 我在这次活动中交了三个好朋友。

私は今回の活動中に三人の仲の良い友達ができた。

例52は単純に状況を述べており、"三个好朋友"［三人の仲の良い友達］は計量に重点を置いているわけではなく、"三个"にストレスは置かれない。一方、例53にはいくつかの可能性があり、特に強調しない状況では、"好朋友"は自然ストレスを伴うが、"三个"にストレスは置かれないので、やはり計量成分ではない。しかし、特に"三个"という数量を強調する場合、"三个"にストレスを置かねばならず、"三个朋友"は本節で言うところの計量成分となる。

全量や存在量成分とは異なり、計量成分は主題とは特に密接な関係はない。興味があるのは次の一点のみで、つまり、計量成分は形式的には不定成分と類似しており、どちらも NNP 形式を取るが、計量成分は不定形式よりも主題を担いやすいということである。

文脈的な条件がない場合、計量成分と不定成分はどちらも主題となるの

に適した成分ではないが、文脈的な条件がある場合には、状況は変わる。計量成分は前の文ですでに言及した情報として自然に主題を担うことができるが、不定成分はやはり主題を担うことが難しい。

54. A：他今天去买了三瓶白酒。

彼は今日白酒を三本買いに行った。

B：*三瓶白酒啊，我也买得了。

三本の白酒は、私も買える。

55. A：他们昨天喝了三瓶白酒。

彼らは昨日白酒を三本飲んだ。

B：三瓶白酒啊，我们今天也喝得了。

1. 三本の白酒は、私たちは今日も飲みきれる。

常識的には、三本の白酒を買うことは普通の行為なので、例54の上の文Aの"三瓶白酒"［三本の白酒］は計量成分と理解されることが非常に少なく、"三瓶"にはストレスも置かれず、"三瓶白酒"を主題に用いた下の文Bも成立しない。これに対し、"喝三瓶白酒"はその数量を強調すべき出来事であり、もし例55の"三瓶"にストレスを置けば、下の文Bは計量成分である"三瓶白酒"全体が主題となることはとても自然である。これが計量成分と普通の不定数量成分との異なる点なのである。以下は、計量成分が後続の文中で主題となる別の例である。

56. 他昨天一个人打得过两个小偷。两个小偷，你肯定打不过。

彼は昨日一人で二人の泥棒に勝った。二人の泥棒には、あなたはきっとかなわない。

57. A：最好每个小组派三个人参加比赛。

各グループから三人を試合に参加させるのが最もよい。

B：三个人，我们小组一定派。

三人は、私たちのグループは必ず出す。

計量成分と不定成分の主題機能における違いについて説明することは可能である。

不定成分は数量修飾語を伴うことはできるが、その中心成分は依然として後方の名詞である。

5. 主題の指示的特徴

上の文で言及した不定の対象が下の文に現れた時、自動的に定の対象となるので、さらに不定名詞句として下の文の主題の位置に現れるとすべきではなく、主題にするにも、次のように定の成分として現れることができるだけである。

58. 他昨天买了（一）套音响。这套音响，我已经给他调试好了。

　　　彼は昨日オーディオコンポを買った。このコンポは、私はすでに彼のために調整した。

もし、後続の談話の中が依然として不定形式であるならば、それはきっと別の対象で、依然として新情報であり、不定の新情報はもちろん主題を担うには好ましくない。

　量化成分は数量の多さや少なさを強調する成分であり、名詞を使って中心語になることもできるが、フレーズ全体の表現の重点がすでに数量情報となっている。後続の談話で、たとえ名詞の指示する所が変わっても、数量情報が変わらなければ、フレーズ全体は既知情報（旧情報）と見なされるので、主題になることができる。例えば、例55の上下の二つの"三瓶白酒"は実は指示関係が異なり、上の文の「彼らが昨日飲んだ」"三瓶白酒"は、「私たちが今日」飲んだ"三瓶白酒"では絶対にあり得ない。重要なのは、計量語句"三瓶"は変わらないということである。もちろん、上の文の計量成分は下の文に現れる時でも名詞の指示が同じままであるかもしれないが、この場合でも、その成分は必ず定の成分として現れるが、定の成分が主題となるのは、本節で検討する計量成分が主題となる状況には属さない。

注

[1] 現代中国語の数詞と名詞の間には必ず量詞がなければならないので、厳格に言えば、前のNNPもNCNPと標記すべきであるが、ここではDNPとCNPの違いだけが求められているので、NNPという標記のみで十分である。もし、NCNPと標記するならば、指示詞の後に量詞を加えることもできる（必ずしもそうしなくてもよいが）が、そうすればDNPとDCNPを分けなくてはならず、煩雑となるので、DNP、

CNP、NNP に分けた方がより簡単明瞭である。

[2] "他考谁" と問うことができるが、最も一般的な解釈としては「彼はどの指導教官を志望するのか」で、また、「先生は出題をして誰に受けさせるのか」と理解することもでき、この "谁" が問うのは指示的には定の成分であるが、これらの疑問文はどれも例 6 の疑問文ではない。

[3] 蘇州語や上海語の類別詞である "斛" は量詞の "个" から来ていると信じている人は多い。"个" から派生した類別詞は南方の各大方言に広く分布している。例えば、贛語客家語の中の近称指示詞 "个" や粤語の中の遠称指示詞 "个" [kɔ³⁵] ("吤" や "嗰" と書く）などがある。書面語の "个中滋味" [その中の味]、"个中縁由" [その中の原因] などの "个" は、この南方の指示詞である。しかし、"斛" と他の南方方言中の同源の指示詞はみな早くからすでに完全に機能語化し専用の類別詞となっており、蘇州語などの多くの方言ではさらに量詞と音声的に分業を行うと同時に、"斛个" [gəʔ¹²⁻²² kəʔ⁵] [この] のような組み合わせがあり、広州語にも "吤个" [その人] という組み合わせがあり、二つの "个" の読み方も異なる。そして、例 8 の中の "个" の機能語化はいまだに進行中である。よって "斛" と "个" は明らかに二つの源を同じとする成分であり、また文法化の方向も似ているが、機能語化が始まった時代が異なり、異なる発展段階にあるので、異なった歴史的レベルを形成しており、それが共時的なレベルでの音声的違いや用法の違いとして現れているのである。

6. 主題の談話機能と談話環境

6.1 主題の談話機能

6.1.1 主題のプロトタイプ的意味

　今まで、ほとんどの人は談話機能のレベル（中国国内では"语用平面"と呼ばれる）から主題を研究し、主題を一つの談話成分や語用成分と見なしてきた。確かに、「主題」やtopicの本来の意味が指すものは談話機能（書面語では"篇章功能"とも呼ばれる）であるが、本書は、少なくとも主題卓越言語においては、主題は一つの統語成分であり、統語レベルで重要な地位を占めることを明確に指摘するものである。主題に対する我々のこのような考え方は、主題の談話機能を強調することを少しも妨げるものではない。我々はさらにまた、主題は主に談話機能を果たすのに用いられる統語成分なのであると言うことさえできる。以下では、主題の談話的機能を具体的に分析する準備として、まずこのような考え方の理論的根拠を分析する。

　統語成分とは、統語構造において一定の地位を占め、他の成分と一定の統語関係を持つ言語単位である。統語成分はすべてそれ自身の統語的意味を持っており、このような意味はもちろん一種の関係を表す意味で、動作主・道具・方法などの「意味役割」と呼ばれる。人々が具体的な文を通して表す言語単位の間の実際の意味関係は非常に多様であるが、統語成分の種類はかなり限られているので、それぞれの統語成分の意味はすべて高度に抽象化された要約的な意味であり、文の中で異なった具体的な意味役割として具現化される。よって、我々は統語的意味を分析する時に、同類の統語成分の中から異なった意味役割を分析することができる。例えば、目的語という成分には、受動者・対象・目標・参与者・結果・道具・方法・場所・目的・原因、さらには動作主といった意味役割がある。それと同時に、統語成分もすべてそれぞれの最も典型的で中心となる意味を持っており、それをプロトタイプ的意味（prototypic meaning）と呼ぶことができる。例えば、目的語のプロトタイプ的意味は受動者であり、動作主を目的語のプロトタイプ的意味とすることは絶対にできない。

　発生学の角度から見ると、統語成分はすべて意味役割や談話機能が文法

化の過程を経て得られた産物であると考えることができ、プロトタイプ的意味は統語成分の意味的・語用的な出発点であるべきである。いったん統語成分が形成されると、それが表す意味関係はプロトタイプ的意味から他のタイプの意味に拡張されるかもしれないが、それらはみなプロトタイプ的意味という中心を取り巻くものである。

　かつて、多くの人が意味関係を用いて統語成分を定義したが、彼らが用いた意味関係は通常はその成分のプロトタイプ的意味であった。このようなやり方がある程度通用したのは、プロトタイプ的意味が存在するからである。しかし、このようなやり方では、ある成分の複雑な言語事実における意味関係を十分に説明することができないことが多いことは、また、統語成分がプロトタイプ的意味を表すことに限られることを証明している。記述言語学が興ってから、人々が言語中の表現形式で統語成分を定義する傾向がより強くなったが、これは具体的な言語分析においてよく行われる。しかし、人々が各種言語に同一の統語成分（もっと正確に言えば、同様の術語で呼ばれる統語成分）の定義を探し求めようとする時、表現形式が異なり、統一した定義をすることは難しい。例えば、ある言語では形態的な目的格で目的語を定義するが、ある言語では形態的な格のカテゴリーがまったく存在しない。その場合、人々はおそらくまたプロトタイプ的意味へと方向を転じるであろう。Comrie（1981）が言語横断的角度から主語を定義したことは一つの例であり、また我々の討論とも非常に関係がある例である。

　Comrie 氏のこの定義と解釈は次の通りである。「プロトタイプ的な主語は動作主と主題が重なった場合であり、様々な言語から見ると、最も明確な主語は同時に主題を兼ねる動作主である。この定義には二つの重要なポイントがある。一つは、定義には多くの要素があるということで、もう一つは、この定義はプロトタイプを用いて説明をしており、主語を識別する必要条件や十分条件を用いているのではないということである。この二つめのポイントは特に重要である。なぜならば、多くの言語に多くの構造があり、それらの主語は主題でなかったり、動作主でなかったり、さらには両者のどちらでもないからである。」

　この定義が我々に示唆してくれるのは以下の点である。

6. 主題の談話機能と談話環境

1) ある統語成分はプロトタイプ的意味によって定義できるが、それは
すべての言語のすべての該当する成分がみなプロトタイプ的意味を十分
に備えていることを意味しているわけではない。

2) ある統語成分のプロトタイプ的意味は意味役割（主語について言え
ば、動作主となる）によることもでき、また談話機能（主題）による可
能性もある。

Comrie のこの定義以前に、Keenan（1976）でも普遍的な意味での主語の
定義を試みている。氏の方法は、まず各言語の基本文（basic sentence）の
主語の属性を確定し、その後に対象となる言語の中の基本文の主語の形式
的な特徴に基づいて、基本文でない主語を確定するということである。氏
の基本文の主語の属性は四つの大きな類型の 30 種に及び、操作性は弱いが、
Comrie 氏の定義と似ている点が二つある。第一に、Keenan 氏は意味役割の
属性の類型において「もし動作主があれば、基本となる主語は通常ある行
為の動作主を表す」ことに言及している。氏は大量の文の主語が動作主を
表すわけではないことにはっきりと気づいているけれども、多くの意味役
割の中で動作主以外の意味役割を主語が持つであろう属性に入れていない
ことから、主語が意味的に動作主と特殊な相関性があることをやはり強調
していることが分かる。第二に、氏は主語の自主性という属性類型において、
「基本となる主語は、ふつう基本文の主題であり、即ちそれは話し手の議論
に関わることを表している。その指示対象はふつう聞き手が共に知ってい
るものであるので、それは意味的に旧情報である」と言及している。

Comrie 氏の定義と Keenan 氏の普遍的属性に対する我々の関心はそれだ
けにとどまらない。Comrie 氏の定義と Keenan 氏の普遍的属性は、実際に
はどちらも主語卓越や主題卓越などの異なる言語類型への配慮を試みてお
り、定義する対象は実は主語と主題が一つになった成分であることに気づ
くであろう。彼らは二つの大きな類の言語にそれぞれ処理を行っておらず、
実際にはいくつかの言語における機能的な主題は常に意味的な動作主と分
けることができることにも、注意をしていないのである。主題卓越型言語
と主題・主語同等重視型言語の実状を考えると、Comrie 氏が下した定義と
Keenan 氏がまとめた属性は、ちょうど主語のプロトタイプ的意味と主題

のプロトタイプ的意味を用いて異なった定義をすることができる。

　我々の認識では、主語は主に意味役割の文法化であり、そのプロトタイプ的意味は動作主である。主語は主題の機能を兼ねることができるが、主題の機能を兼ねる必要はない。一方、統語成分としての主題は談話機能の文法化であり、そのプロトタイプ的意味は談話機能なのである（談話機能の具体的な内容については、本章にてさらに検討を行う）。

　一部の言語では、主題は十分に文法化されておらず、それは主語と一体となっている場合もあれば、目的語などの他の統語成分が兼任する談話成分として現れる場合もあり、まだ独立した統語成分とは見なされず、文に明確な主題が存在しない場合が多い。

　また、別の一部の言語では、主題は高度に文法化された統語成分であり、統語的に主語とは特に関係がなく、その意味役割の種類は極めて広範であり（第4章を参照）、動作主とも特に緊密な関係はない。この一部の言語の内部状況もすべてが同じというわけではない。ある言語は形態が比較的豊富で、動作主の意味役割をプロトタイプ的意味とする主語と、主題の機能をプロトタイプ的意味とする主題が、形態的にはっきりと区分されている。日本語や韓国・朝鮮語のようないわゆる主語・主題同等重視型言語はこの例である。さらに、別のいくつかの言語では、主題の統語的地位は主語の統語的地位よりも重要かつ明確であり、ポーズや語順を通して、特に主題マーカーによってはっきりと主題を確認できるが、主語の統語的身分は常に空位であったり、形式的なマーカーに欠けているために、あまり際立っていない。これがつまり、主題卓越型言語なのである。もちろん、主題が統語的地位を持つ言語では、動作主類の成分が主題機能を持つことを排除しない。いくつかの文では、動作主類の成分は明確に主題の形式的マーカーを伴い、直接統語的な主題となる。例えば、日本語では主語マーカーの「が」ではなく主題マーカーの「は」を伴い、上海語では"提頓詞"を伴う動作主成分である。また、ある文では、動作主の成分はやはり主語と分析されるが、主題の機能を兼ねる可能性もある。そして、もし談話環境において主題の機能が明確であれば、主題と分析しても構わない。

　以上の分析から、中国語、特に上海語のような主題卓越型言語では、主

題は一種の統語成分である一方、主題のプロトタイプ的意味こそが談話における主題機能であり、この二つの面は矛盾しているわけではないということが分かる。同時にまた、まさに主語が動作主をプロトタイプ的意味とし、必ずしもすべてが動作主を指すわけではないように、主題も主題機能をプロトタイプ的意味とし、必ずしもすべてが主題の機能を果たさなくてもよいのである。そして、プロトタイプ的意味の違いも、二種類の成分の意味役割と談話機能が時に交差したり重なり合う現象が現れることを妨げない。

上に述べたような類型的違いが存在するので、「主題」という術語には実際には二種類の含意がある。一種は、統語成分としての「主題」で、主に主題卓越型言語と主語・主題同等重視型言語に適合し、本書で述べるところの「主題」は主としてこの意味である。そして、もう一種は、特定の談話機能を持つ談話成分としての主題で、それぞれの人類言語にすべて適合する。本章での「主題」の談話機能の検討は、実際には主に統語成分としての「主題」と談話成分としての「主題」との関係を検討することである。よって、本章で述べる「主題」は、その統語成分の意味にも用いられれば、その談話成分の意味にも用いられる。我々が「主題のプロトタイプ的意味は主題機能である」と言う場合、前者の「主題」は統語成分の意味であり、後者の「主題」は談話成分の意味である。一方、他の学者の「主題」に関する論述（本書での引用を含む）は、ふつう「主題」を談話成分と見なすのみであり、この点には注意が必要である。

文法化の問題については、第7章でさらに踏み込んで検討を行う。本章ではポイントを統語成分としての主題の談話機能（プロトタイプ的意味の「談話機能」とその他の談話機能）及び談話環境に置いて、より具体的な分析を行うこととする。

6.1.2 主題の中心的機能

主題の談話機能の性質については、多くの考え方があり、我々が本書ですでに初歩的な検討を行ったものもある（1.2.2を参照）。ここではまず、本書で分析した意見を提出し、その後でさらにその他の考え方について論評を行う。

6.1 主題の談話機能

　主題の具体的な言語や方言における談話機能は、すべてが同じわけではなく、同じ言語や方言における主題であっても、文の構造や主題の種類や主題マーカーの違いのために完全には同じでない談話機能を持つ可能性がある。例えば、以下に述べるように、上海語で"提頓词"の"末"を伴う主題と"提頓词"の"是"を伴う主題は機能が異なる。ここで関心深いのは、各種の言語や方言の各類の主題にはかなり大きな普遍的機能があり、それは主題のプロトタイプ的意味としての機能でもあり、我々はこれを中心的な機能（"核心功能"）と呼ぶ。

　談話成分としての主題の機能とは、簡単に言えば、つまり談話内容と関係があり、英語で言えば、aboutness あるいは what the speaker is talking about ということである。主題（topic）は中国語や英語では本来、談話の概念である。ある人が談話中の一群の人たちの中に来た場合を考えると、その人が談話に加わりたいならば、当然「皆さんは何を話しているのですか」と尋ねるであろう。その人が尋ねた「何」こそが、その時の談話の主題なのである。書面語（書き言葉）について言えば、主題は基本的に大小様々な文章の見出しである。統語成分としての主題の機能は、実はこのような意味的な主題なのであり、その違いは統率範囲の大小にあるだけである。談話の主題は文章全体を統率できるが、文の主題（主主題）はその文の後方の内容しか統率できず、その文が何について話しているかという問題に答えるものであり、副主題や副副主題の統率範囲はさらに小さくなる。

　具体的に言えば、談話内容の関係する所や「何を話しているか」という問題は、さらに以下のいくつかの機能的な要素を含んでいる。

　1) 主題は統率する談話に時間・空間・個体レベルの背景や範囲を定め（Chafe（1976）の主題の定義を参照）、我々はこれを"语域"（言語領域）と呼ぶ。話し手は主題を通して議論の内容がその言語領域内で有効なことを明確に表すが、その言語領域を超えていれば、必ずしも有効とは限らない。

　　1. 年度计划的事儿，我没有什么意见。

　　　年度計画の事は、私は特に意見はない。

　例1は"年度计划的事儿"［年度計画の事］を主題とし、それが話し

6. 主題の談話機能と談話環境

手は"没有什么意见"［特に意見はない］という論述がこの言語領域内で有効であることを表しているが、話し手が他の面において意見があることは排除していない。例えば、例1は次の例2という複文の一部とすることができる。

2. 年度计划的事儿，我没有什么意见，人事安排方面，我还有些想法。
　　年度計画の事は、私は特に意見はないが、人事配置の面は、私にはさらに考えがある。

例2はいわゆる背景言語領域型主題の文である。いくつかの主題が文の述語動詞や他の成分と様々な意味関係を持つが、言語領域を確定する機能はあらゆる主題が備え持った機能なのである。

2) 主題は意味の相関的な索引を提供し、話し手が主題を用いてその統率する主題、すなわち後方の評言が意味的に主題と関係があることを明示することによって、話し手の談話の理解を手助けしている。主題は評言が内容的に主題を取り巻くことを要求し、論述する内容は主題とある種の相関性がある。主題構造のこのような相関性は明確な意味関係として表すことができ、必要な非言語的知識が打ち立てる関係として表すこともできるが、意味関係を持たない主題構造は排除される。

3. 大象，鼻子很长。
　　象は、鼻が長い。
4. 那场火，幸亏消防队来得快。
　　その火事は、幸いに消防隊が来るのが速かった。
5.? 类风湿性关节炎，我得多带几本书。
　　類似リューマチ性関節炎は、私は何冊か多めに本を持っていなければならない。
6.*那场大雨，我们应该吃饭了。
　　（その大雨は、私たちは食事をすべきだ。）

例3の"大象"［象］と"鼻子"［鼻］には明らかな領属（所有）関係がある。例4の"那场火"［その火事］と評言の間には明らかな意味関係はないが、我々は常識を通して"消防队"［消防隊］の任務が火災を消し止めることであることを知っており、主題構造の相関性はそ

れによって成り立っている。例5の"类风湿性关节炎"［類似リューマチ性関節炎］と"我得多带几本书"は、常識によって内容の相関性を打ち立てることは難しい。もし、これが確かに存在する文であれば、聞き手は評言が主題を取り巻かなければならないという談話規則によって存在するであろう関係を推測し、おそらく"我"がこの病気を研究したいので、この病気に関する本を何冊か多めに持ちたいと考えているか、または、この病気で入院し、病気が慢性的なものなので、本を多めに持って病院に長い時間入院する予定であることを表している。例6は、たとえ推測しても主題構造とどんな関係があるのかを考え出すのが難しいので、いくつかの特殊な文脈を除いて、話し手がこのような主題構造を用いることはないはずである。

3) 主題は談話の起点（出発点）を提供すると同時に、それに後続成分、すなわち評言部分があることを前もって示す。主題の重要な働きは、聞き手に主題の後方に主題を取り巻いて展開する内容があることを教えることであり、それらの内容こそが表現の重要ポイントなのである。この点で、主題と評言の関係は、サーカスの公演広告とサーカスの公演の関係に似ている。公演広告を示すことは、もちろん人々の注意を引くことであるが、広告を貼る目的は主に人々に広告を見てもらうことではなく、広告で提供した手がかりに基づいて講演を見ることである。広告を貼れば、公演がなくてはならず、広告だけで公演がない広告は効果のない広告、あるいは悪ふざけであり、本当の広告ではない。同様に、主題も文章の標題（見出し）のように、人を引きつけなければならないが、その最終的な目的は読者に文章自体を読んでもらうことであり、標題だけで文章がないということはあってはならない。でなければ、それは標語（スローガン）となってしまい、標題ではなくなってしまう。この点はまさに、主題と主語の最も根本的な違いである。統語的には、主語も述語と相対して存在するものであり、主語が単独で現れ述語が省略される現象は談話の中によく見られるが、主題は評言から離れて単独で存在することは絶対にできない。例えば、例7では、Aの疑問文に対して、Bは主語と述語がすべて揃ったB_1で答えてもよく、主語のみのB_2で答えてもよい。

6. 主題の談話機能と談話環境

   7. A：哪个来推我？　　誰が私を推すのか。

      B$_1$：我来推你。　　私があなたを推す。

      B$_2$：我。　　　私。

例 8A の文頭の名詞句は構造的には主題と見られ、例 9A の文頭の名詞句は“提頓词”から主題と見られる。以下はそれぞれ B 文が A 文の応答文であり、その評言の内容は前の文でも現れているが、評言を省略して主題を単独で存在させることは絶対にできないので、二つの例の中で表現を省略した B$_3$ の文はどちらも成立しない。

   8. A：《秋声赋》他背得出吗？　　『秋声賦』は彼は覚えて言えますか。

      B$_1$：《秋声赋》他背得出。　　『秋声賦』は彼は覚えて言えます。

      B$_2$：他背得出。　　彼は覚えて言えます。

      B$_3$：*《秋声赋》。　　（『秋声賦』は。）

   9. A：老王啊，真是个大好人。　　王さんは、本当にお人よしだ。

      B$_1$：老王啊，真是个大好人。

      B$_2$：真是个大好人。

          本当にお人よしだ。

      B$_3$：*老王啊。

         （王さんは。）

主題のこのような機能的な要素は、主題マーカーに特に顕著に表れる。孤立した文では、ある名詞句自体が主題であるかどうか判別できず、聞き手は「以下に続く文」があるかどうか分からないが、もし、“提頓词”を伴うならば、聞き手はそれが主題（談話の出発点）であり、話し手の表す重点が後ろにあることがはっきりと分かるのである。例えば、ある上海人が“老王”という語を聞いたとき、その人はそれが単語だけの文であることを排除できず、話し手は人を呼んでいるか、または“老王”を見かけたと聞き手に教えているが、もし、この名詞の後に“提頓词”の軽く読む“对哦”を伴い、“老王对哦”と言えば、聞き手はすぐにその後に続きがあることが分かるのである。

  10. 老王对哦，我碰勿着伊人。　　‘老王吧，我碰不到’

      王さんは、私は出会わなかった。

11. 老王对哦，最近发财勒。'老王啊，最近发财了'

　　王さんは、最近金持ちになった。

中国語及びその方言の主題成分は文頭に現れるだけでなく、文の述語動詞の後の成分を含み、文の後ろの部分に位置することもできるが、主主題だけでなく、副主題や副副主題もそうである。その外に、一つの文に多くの主題の出現を許すが、そうすると、主題の後にさらに主題がある状況が現れるかもしれない。おもしろいのは、主語はたとえ文頭に現れても、一定の談話条件の下で後ろの部分を省略して単独で存在できることである。一方、主題はたとえ文の後ろの部分に現れて、担うのが副主題であっても、後ろの表現を省略することはできないが、多主題文では、いくつ主題があっても、最後の主題の後にはやはり評言がなければならない。

12. A : 我想劝我的男朋友啊，上电大。

　　　　私がボーイフレンドに勧めたいのは、電気大学への進学だ。

　　B_1 : 我也想劝我的男朋友啊，上电大。

　　　　私もボーイフレンドに勧めたいのは、電気大学への進学だ。

　　B_2 : ＊我也想劝我的男朋友啊。

　　　　（私もボーフレンドに勧めたいのは。）

13a. 小儿媳啊，在张家呢，没一个人啊，不说她贤惠。

　　　お嫁さん、張家にはね、一人もいないよ、彼女がやさしくて賢いと言わない人は。

　　b. ＊小儿媳啊，在张家呢，没一个人啊。

　　　（お嫁さん、張家にはね、一人もいないよ。）

例 12 の B_2 自体は成り立つが、決して B_1 の省略文ではなく、その場合の"啊"は意味が異なる文末語気助詞で、主題マーカーではなく、B_1 の文の"啊"と同一ではない。以上のような事実は、主題は談話の起点であり、決して終点の性質を持っていないことを十分に説明している。もちろん、主題の階層性を考慮すれば、いわゆる談話の起点は、異なるレベルの談話単位の起点を含んでいるはずである。

　　主題がある種の談話単位の起点として表現を引き出す機能として用

いられることは、各言語の中の主題で共有されている。韋旭升・許东振（1995）は朝鮮語（原書では「韓国語」と称している）の実用文法書であり、主題の理論的問題には言及していないが、その中のいわゆる意味を添える語尾 nun/un（即ち、国際理論言語学界が韓国・朝鮮語の主題マーカーと見なす成分）と主格語尾 ka/i の比較について、問題点を上手く説明している（原書ではハングルを用いているが、ここではローマ字に書き換えている）。その本が指摘する最初の違いは、主格 ka/i は「誰が……」、「何が……」、「いくつの……」に答えるものであり、その重点は回答の主体、即ち主語にある。一方、nun/un はある種の対象や、その対象の行動や性質について誰の後に陳述をしなければならないかを表すかを明確にしており、この時の重点は陳述の内容（即ち我々が言う「評言」）にある。このことは、韓国・朝鮮語における主題は主語の主要な特徴とは異なり、後ろに主題に対する陳述の内容である評言がなければならず、さらに評言は表現・伝達の重点であるということを説明している。日本語の主題マーカー「は」と主格マーカー「が」にも同様の違いがあるが、ここでは詳細に述べない。

6.1.3 主題機能に関するいくつかの考え方

　主題の談話的機能の性質・特徴については、これまでに多くの考え方が提出されている。我々が見たところ、それらの多くの考え方は道理に適っており、根拠に基づくものである。しかし、それらはただ主題の談話レベルにおけるある種の属性であるに過ぎず、ほとんどが主題の中心的機能が要求したり、それに伴って存在する属性であり、主題の中心機能そのものというわけではなく、主題の弁別的特徴でもない。一方、上で述べた三つの点は、主題機能を構成する三つの最も重要な弁別的要素なのである。

　「主題は既知情報（given information）を表す。」もし、この説明を主題の談話機能と理解するのであれば、正確であるとは言えない。もし、これを主題の中心的機能の主題となる成分に対する要求であると理解するのであれば、基本的には理に適っているが、「主題を担う成分はふつう既知情報でなければならない」と言った方がよりよい表現である。主題がある種

の談話単位の起点である以上、コミュニケーション的な要求や思考展開の
ルールから見ると、話し手は当然、談話の起点として既知情報を優先して
選択する。そうでなければ、やぶから棒な唐突感を作り出してしまうこと
となる。その外に、主題は話し手が提供する談話の言語領域でもあり、も
し主題が新情報であれば、少なくとも聞き手にとってはそれが言語領域の
作用をすることが難しい。実際に、主題を担う能力から見ると、成分の既
知性は定性よりも重要である。しかし、主題マーカーの助けの下で、新情
報によって担われる主題もある。例えば、台湾の高山族〔ガオシャン族〕
系統の一つである布農語［ブヌン語］（Bunun）（鄭恒雄（1991）参照）の
ように、主に新情報が主題を担う言語もある。よって、我々は既知情報を
表すことを主題の中心的機能とはしない。主題の情報的特徴については、
6.1.4 でさらに専門的に検討を行う。

①主題は聞き手・話し手の双方が共有する情報（shared information）である。
②主題は談話の中ですでに活性化された情報（activated information）である。
　この二つはどちらも既知情報と関係があり、6.1.4 で一緒に検討を行う。
③主題は話し手が話し手の注意を意図的に導入する中心である。
　評言の内容は主題を取り巻くものでなければならないという点につい
　て言えば、主題を「中心」と称することにはある程度の道理がある。
　about の持つ本来の空間的意味にも取り巻くという意味が少しある。し
　かし、主題を「注意の中心」と言うことは、逆に、主題の談話的情報
　構造における地位を誇張してしまっている。上で指摘したように、主
　題構造においては、話し手が聞き手により注意させたいものは主題の
　後の評言なのである。主題はサーカス団の公演広告に相当し、サーカ
　ス団の公演自体には相当しない。従って、本書では“索引”［索引］と
　いう言葉に変え、主題のこのような表現機能を反映させることにする。
　曹逢甫（Tsao 1979）は、主題は往々にしてその意味範疇をいくつかの文
に拡大させることができると考えている。曹逢甫氏は主に主題を談話レベ
ルの成分と見なしているが、本書では主題を一つの統語成分と見なし、一
つの文の中に同時に異なるレベルの主題が存在できると考える。文の主題・
副主題・副副主題については、その意味範囲が一つの文の中、さらには一

つの文中の一つの小部分の中に限定されることがよく見受けられる。従って、意味範囲の拡張は必ずしも主題の中心的機能ではないのである。

その外に、多くの人が主題に対比機能があることに言及している。本書3.2の特に3.2.4でも主題マーカーの対比作用についてすでに分析を行った。対比は主題の重要な談話機能であるが、主題の中心的な機能ではなく、またあらゆる主題に対比機能があるのではない。6.3では主題のこの種の重要な非中心的機能について専門に検討を行う。

6.1.4 主題の情報的特徴

主題は談話内容の起点であり、この機能のために主題が既知情報によって担われる傾向がはっきりと現れることは理解しやすい。中国語、特に上海語では、既知情報は定成分よりも主題を担いやすい。第5章ですでに見たように、不定成分や非定成分や非指示的成分や量化の不定成分（"三瓶白酒"のように）などはみな、既知情報として主題を担うのである。その外に、我々はまた、定の成分は必ずしも既知情報ではないことに注意しなければならない。例えば、臨場性の定成分はおそらく新情報であり、新情報としての定成分は主題を担うのにあまり適していない。例えば、次のようなシーンを想定することができる。二人の女の子がウィンドウショッピングをしていて、Aの子がBの子にどんな靴が好きか尋ねたところ、Bの子はAの子をある売り場まで引っ張っていって、指さしながら言ったとする。

14. 我喜欢这种式样，不喜欢那种式样。

　　　　　　私はこのデザインは好きだけど、あのデザインは好きじゃない。
ここでの"这种式样"［このデザイン］と"那种式样"［あのデザイン］は臨場性の定の成分であり、聞き手にとっては、それは完全な新情報なので、話し手は当然その二つの定の成分に主題ではなく目的語を担わせることができる。このような状況では、次のように言うことはできない。

15. 这种式样我喜欢，那种式样我不喜欢。

　　　　　　このデザインは私は好きだけど、あのデザインは好きじゃない。
これに対し、もしすでに選んだ二種類のデザインが購入しようとする対象や議論の対象であれば、例15は非常に自然な文となる。たとえ定の成分

が前置されたり、否定文で受動者が前置される傾向が非常に強い上海語でも、前の状況で例15のように言うことはできない。

　主題や主部に関する情報的な特徴については、「共有情報」や「活性化された情報」などの用語が使用されてきたが、ここでも少し検討を行う。

　いわゆる共有情報、つまり既知情報とは、聞き手・話し手の双方が共に知っている対象でなければならず、話し手のみが知っている対象であってはいけないことを強調している。これは定の成分と同じであり、聞き手・話し手の双方がどちらも確定できる対象でなければならない。但し、共有情報は聞き手・話し手の双方の共通した知識背景に存在することを含むこともでき、特定の会話の場面では言及されなかった対象である場合もある。このような対象は典型的な既知情報ではなく、既知（given）の英語の原義を超えて、主に会話の場面にすでに現れたことがある対象を指している。まだ現れたことがない共有情報は談話の起点となる成分にはふさわしくないので、主題を担うことはできない。

　　16. A：你挺喜欢一个人旅行。

　　　　　　あなたは一人旅がとても好きだ。

　　　　B：*小王我跟他一起去的。

　　　　　　王君は私は彼と一緒に行ったのだ。

例16の応答文B自体は成立し、その場合、"小王"はA・B双方が共通して知っている人でなければならず、共有情報に属するが、談話の場では言及されていないので、B文の内容は上の文と密接な関係があるけれども、"小王"が主題となることは適切ではない。

　「すでに活性化された情報」とは、実は主題となる対象が談話の双方が知っている既知情報であるだけでなく、その場面ですでに言及された対象でなければならない。このような対象は主題となるのに最も適している。

　上の二点をまとめると、主題となるに最も適した成分は、「すでに活性化された共有成分」と表すこともでき、その含意は「既知情報」よりも明確である。

　しかしながら、中国語の実際の状況では、主題はすべて既知情報というわけではなく、すべてが前の文ですでに活性化された対象というわけでも

なく、既知情報もすべてが主題となる成分に適しているわけでもない。そして、他の言語においてもそのような状況がある。

　また、既知性には程度の問題がある。情報の既知性は談話との距離と反比例している。前の文で言及されたばかりの対象は既知性が最も強く、主題となるのにも最も適している。そして、比較的長い会話で、もしある対象がかなり遠い前の文で言及されたものであれば、次に挙げる時には、その既知性は「強弩(きょうど)の末」のようにすでに弱くなっており、そのような成分は主題となるのに適していない。

　活性化にも直接的・間接的という問題がある。上で述べた「すでに活性化された情報」とはすでに直接言及された情報であり、この種の情報が担う主題が直接活性化された主題である。これとは別の状況として、主題が直接言及されておらず、表面的な意味は新情報であるが、実際にはそれが主題となるのに適した要素が存在している場合、そのような状況は実際には一種の間接的な活性化である。主題自体は活性化されていないが、前の文で言及された対象と密接な相関性があれば、その関連する情報はすでに活性化されていると言え、これこそが間接的活性化なのである。

　　17. A：大娘養了很多鸡。

　　　　　おばさんはたくさんのニワトリを飼っている。

　　　 B：可是蛋呢，她自己舎不得吃。

　　　　　でも卵は、彼女は自分ではもったいなくて食べない。

Bの"蛋"［卵］は前の文Aで言及されていないが、Aの中の"鸡"［ニワトリ］と明確な関係があるので、主題となるのは自然であり、これは相関的な活性化と呼ぶことができる。相関的な活性化は常に非言語的な知識と関係しており、言語学の研究範囲を超えている。さらに一種の状況としては、主題自体は活性化されていないが、時間・場所・参加者・現在進行している活動など、または談話の現場やコミュニケーションをする人たちに共通した心理的関心の範囲内に存在する対象のように、それが談話の光景（情景）の構成要素となっている場合である。この種の成分が主題となるのはよく見られるが、実はこれは一種の間接的活性化であり、情景性活性化と呼ぶこともできる。次の例18は上海語、例19は普通話の例である。

18. 待慢，待慢，俦是家常小菜。酒末请大家多用两杯。（蒲课 301 页）

　　行き届いていませんが、すべてありあわせの料理です。お酒は
みなさんたくさん飲んでください。

19. Ａ：今晚的活动，我可不想参加了。

　　　今晩の行事は、私はまったく参加したくない。

　　Ｂ：加工资的事，也别太放在心上麼。

　　　給料を上げることは、あまり気にし過ぎないように。

例 18 は主人が酒の席で酒を勧めており、“酒”は前の文で現れていないが、
情景（酒の席）の中に存在する重要な対象であり、主題となるのは自然で
ある。例 19A で言っている“今天的活动”［今日の活動］はすぐに始まる
活動であり、主題となるのに事前に活性化される必要はなく、情景性活性
化の対象に属する。Ｂ文の“加工资的事”［給料を上げること］は前の文
で言及されていないだけでなく、Ａ文とも例 17 の“鸡”と“蛋”のよう
なはっきりとした相関性はない。しかし、もし話したその日にＡがちょう
ど給料を上げることが思い通りにいかず、Ｂもそのことが分かっているの
であれば、“加工资的事”も情景的に活性化された主題であり、Ａが行事
に参加しないのは給料を上げることが思い通りにならないのだと、Ｂが考
えて、この主題を用いてＡをなだめているのだと推察することができる。
例 19 から分かるように、情景性活性化には非言語的知識に関わるものも
あるのである。

　直接活性化された情報は、すでに聞き手の記憶や短期記憶の中に蓄積さ
れ、主題を担うのが最も容易である。一方、間接活性化された情報が主題
となるのには、常に一定の形式のマーカーがあり、それらは主にポーズや
具体化されたポーズ、すなわち“提顿词”である。ポーズは実際には聞き
手に心理的準備をする時間を与え、相手に注意を促す。つまり、その成分
は初めて現れるけれども、すでに主題に用いられているのである。また、“提
顿词”はより具体化された、専門的な活性化という手段を提供する。つまり、
ちょうど前の文や情景と関係がある新情報に主題を担わせるのである。

　主題が卓越した言語や方言について言えば、情報の活性化はある成分が
主題を担うのに有利であり、直接活性化はさらに主題となる条件に適して

いる。しかしながら、活性化は主題を担う必要条件というわけではない。本章の後の部分ではさらに、多くの主題になるのに有利な要因について言及するが、これらの要因の影響の下では、ある成分は前のいくつかの活性化を経なくても主題（副主題などを含む）に選ばれる可能性がある。

　既知性の有無、強弱や活性化の方法は常に主題マーカーの機能と関係がある。"提頓词"にはおそらくそれぞれに異なった情報的機能があり、上海語の"末"や"是"の対立はこの点を反映している。6.2 では上海語の"提頓词"の機能的な分業と結びつけて、主題マーカーの情報的機能についてさらに踏み込んで分析を行う。

6.2 主題マーカーの情報的機能

6.2.1 "提頓词"の主題性を強める機能

　"提頓词"は中国語のような主題卓越型言語では最も重要な主題マーカーであるが、本書で言及する中国語や上海語の事実から見ると、すべての主題が"提頓词"を伴うわけではなく、多くの主題は必ずしも"提頓词"を必要とせず、さらには"提頓词"を加えなくてもよい。では、"提頓词"の機能はどこにあるのであろうか。"提頓词"の機能の一つとしては、その成分、つまり主題の後には必ずより重要な情報、つまり評言が現れることを前もって示し、聞き手の注意を提起することである（6.1.2 を参照）。また、"提頓词"のもう一つの重要な機能は、主題を導入することであるが、導入とは、新しい情報を導入するとは限らず、主に間接的に活性化された（関連活性化や情景活性化）情報に主題を担わせることである。まだ直接活性化されていない成分には"提頓词"を伴わないと主題となれないものがあるが、すでに活性化された成分が主題となるのは比較的自由であり、"提頓词"を伴っても伴わなくてもよく、伴わないことの方が多い。この二つの機能は次の一点にまとめることができる。つまり、"提頓词"には主題を強化する機能があるということである。まさに、間接活性化された情報の主題性が直接活性化された情報に及ばないために、"提頓词"で強化することがより必要となるのである。以下の文で我々は、この種の機能が中国語特有のものではなく、多くの言語の主題マーカーに共通の特徴で

あることを見ていく。面白いことに、上海語のように"提頓词"が発達した方言では、"提頓词"がすべて主題を導入する機能を持っているわけでもなく、常にすでに直接活性化された成分に用いられるものもある。言い換えれば、"提頓词"が異なれば、主題の情報的機能も異なり、機能的な対立を構成することができるのである。

　まず、上海語で最も常用される"提頓词"である"末"の情報的機能から話をする。"提頓词"の"末"は20世紀初期に外国人が編集した上海語教材と文法書の例文中に大量に現れ、口語の中で最も出現頻度の高い機能語（中国語では"虚词"）の一つである。これらの例文は普通話ではごく少数で、普通話では"啊"、"麼"などと訳され、"末"の常用は上海語の主題マーカーの発達と主題卓越の具体的な表れの一つである[1]。書面語資料中の"末"の大量の用例は、我々がその談話環境や情報的機能を考察するために、より客観的な材料を提供してくれる。これらの材料から、"末"は常用ではないが、すべての主題となれる成分の後に加えることができるわけではないことが分かる。6.3で検討する対比性の主題を除くと、"末"の主な機能の一つは、前の文で現れなかった成分や前の文で主題とならない成分を主題にすることであり、また新しい主題を導入したり、前の文の主題を転移させることでもある。最もよく目にするのは、関連性が活性化された情報を導入して主題を担わせることで、そのような例は非常に多い。

1. 今年，天气旱来，日日做空阵头，雨末一点也落勿出。（蒲课273页）
　'今年天气真旱，天天光打干雷，雨呢，一点都不下'
　　　今年の天気は全く雨が降らず、毎日雷ばかりで、雨は、少しも降らない。

2. 吃酒最好勿要到酒吧间里去吃，因为凡于到酒吧间里去吃酒个人末，大多数侪是年纪轻咾性子暴躁个。（蒲课262页）
　'喝酒最好别上酒吧去喝，因为凡是上酒吧间去喝酒的人，大多数都是年轻而性子暴躁的'
　　　酒を飲むのはバーに行って飲まない方がいい。なぜならば、バーに行って酒を飲む人は、ほとんどが若くて気性が荒いからだ。

3. 今年，天气旱来，河里末水小，伲只牛末赶十六亩稻水，实在赶勿

6. 主題の談話機能と談話環境

转。（蒲课 271 页）

'今年，天气真旱，河里水小，我家的那只牛要（用牛拉水车）拉上十六亩稻用的水，实在拉不了'

今年は、全く雨が降らず、川の水は少なく、私の家の牛は（牛が引く水車を使って）16 ムーの水田用の水を引かねばならず、本当に大変だ。

4. 我阿姊出嫁之（＝仔）多年哉：直到现在一个小囝也无（＝呒）没。姊夫未交关勿称心。（蒲课 50 页）

'我姐出嫁多年了；直到现在一个小孩也没有。姐夫呢很不称心'

私の姉は嫁いでから数年になるが、今まで一人の子供もない。姉の夫は、とても不満な様子だ。

例1の三つの節は、"雨"の後に"未"を加えているだけで、この主題は前の文の"天气"［天気］、"打雷"［雷が鳴る］と関連しているが現れていない成分である。例2の"未"は「バーに行って酒を飲む」から転じてそれに関連した人や時間に加えられている。例3は"天旱"［雨が降らない］から導入された"河里"［川の中］が主題となる時に"未"を加え、さらに"河水少"［川の水が少ない］から導入された水をくみ上げる"牛"が主題となる時に"未"を加えており、その中の"牛"は前の文との相関性がより間接的であり、例3の中で最も"未"を伴う必要があるものが主題成分となっている。例4の"未"は"阿姊"［姉］と関係があるが、前の文には現れていない主題"姊夫"［姉の夫］の後に加えられている。

同様に、前の文と関連があるが現れていない主題は、相関性が不明確な主題であり、"未"を用いる必要があるが、相関性が明確であれば、必ずしも"未"を用いない。

5. 现在，夏天到哉，太阳光交关利害；……最好要预备一副太阳眼镜。本店里未，现在新到大批摩登太阳眼镜。（蒲课 152 页）

'现在，夏天到了，太阳光很厉害；最好要预备一副太阳镜。本店里，现在新到大批时髦的太阳镜'

今は、夏となり、日光がとても強いので、サングラスを準備した方がよい。本店には、大量の流行のサングラスが入荷した。

例 5 は昔の販売促進の宣伝の一段で、その中の "太阳光" ［日光］は前の文の "夏天" ［夏］と関係があり、またその関係は明確なので、"末" を用いていない。そして、サングラスを準備することから転じて "本店里" ［本店に］を主題とした場合、その関連性はやはり存在しており、いわゆる "预备" ［準備する］は、店の購入に対する婉曲的な表現で、購入するにはもちろん店を探さなければならない。しかし、このような相関性は不明確なので、"末" を用いており、もし "末" を用いなければ、"本店里" を主題として宣伝する目的に達することは難しい。

　相関的な情報が "末" を用いるかどうかは、相関性が明確であるか否かによって決まるだけでなく、話し手がどのような対象を談話内容が取り巻く手がかりとしたいかによっても決まる。例 5 が "本店里" を主題とすることを選択していることは、販売促進の動機と関連がある。ある成分の主題的地位を際立たせるために、前の文ですでに活性化されているがまだ主題ではない成分でも、"末" を用いてそれを主題にすることができる。

　　6. ——侬认得啥人能够担任教体育否（= 哦）？
　　　　あなたは体育を教えられる人を誰か知っていますか。
　　　　——我有个朋友高先生；伊末　是洛阳体育学校毕业拉个；并且现
　　　　在是上海童子军第一百零三团团长。……（蒲课 92 页）
　　　　　——'我有个朋友高先生；他是洛阳体育学校毕业的；并且……'
　　　　　　私には高さんという友達がいて、彼は洛陽体育学校を卒業
　　　　　　し、また……

"伊" ［彼］は前の文の "高先生" ［高さん］で、すでに活性化された既知情報であり、本来は "末" を用いて活性化されるとは限らず、次のように "伊" を省略することもできる。

　　7. 我有个朋友高先生，（伊）是洛阳体育学校毕业拉个。
しかし、例 6 の会話では "高先生" が体育教師であることを推薦しており、後の談話内容は "伊" を取り巻いて紹介をしており、その主題的地位を際立たせなければならないが、"伊" の先行詞である "高先生" は前の文では目的語であり、主題性はないので、話し手は "末" を用いてその主題的地位を際立たせているのである。

6. 主題の談話機能と談話環境

　間接活性化のもう一つの種類は情景性活性化である。"末"が情景性情報に使われるのは相関性情報ほど多くない。その時・その場・談話の参与者・ちょうど行われている行為などを表す語のように、最も直接的な情景要素は、通常"末"を用いる必要はない。例えば、例1,3の"今年"、例5の"現在"、例6の"侬"、"我"などがあり、さらに次のものがある。

　　　8. 拉上海，住个问题是蛮要紧个。（蒲课183頁）
　　　　上海では、住居の問題が深刻である。

　　　9. 第只无线电，可以打啥个折头否（＝哦）？　（蒲课151頁）
　　　　'这只收音机，可以打什么折吗？'
　　　　　このラジオは、割引できますか。

例8の"拉上海"［上海で］はその上海語の教材が仮定している会話の所在地であり、例9の"第只无线电"［このラジオ］は定の商品として対話が所在する購買シーンの重要で明確な構成物であり、話し手はポーズを用いるだけでその主題性を明示しており、"末"を用いていない。もし、情景要素が前の文（節）よりも主題変換の機能を持っているならば、ふつう"末"を用いて活性化させる。例えば、6.1.4の例18の"酒"がこの状況に属する。

　　　10. 有一趟,我个爷要出门办一桩事体,我末就代替管事体。（蒲课286頁）
　　　　　ある時、私の父が何かをしに出かけ、私は代わりに家のことをした。
また、例10では、"我"は"末"を用いた導入を最も必要としない情景であるが、ここでは前の節の"我个爷"［私の父］が関連した"我"に変換されているので、"末"が用いられている。その外に、間接的、あるいは隠密的な情景要素もふつう"末"を用いて導入される。例えば、6.1.4の例19を上海語に訳した場合、B文の主題には"末"を加えた方がよい。

　　　11. A：今朝夜到个活动，我勿想参加勒。
　　　　　　今晩の行事は、私はまったく参加したくない。
　　　　B：加工资个事体末，也覅式放辣心里向。
　　　　　　給料を上げることは、あまり気にし過ぎないように。

現代上海語で常用する半機能語された"提顿词"の"对哦"、"是哦"は、適用される情報成分としては"末"と共通点があり、例えば、前の文（節）

と関連性のある主題を導入するのに用いられる。しかし、この二つの新しい"提頓詞"は情景要素の導入に常用され、特に目の前の時間・空間環境や対話の双方を主題にするが、この点は"末"の使用と同じとは限らない。

12. 今朝是哦 ，阿拉幢大楼要停電検修。
　　'今天啊，咱们这幢大楼要停電検修'
　　　　今日は、我々のこのビルは電気を止めて点検修理をする。

13. 瓣只茶壺対哦 ，有人想出大价钿拿伊买下来。
　　'这只茶壺啊，有人想出大价钱把它买下来'
　　　　この急須は、誰かが高い値段で買い取ろうとしている。

14. 我対哦 ，等一歇要出去一趟，侬帮我接接电话好哦？
　　'我吧，等一会儿要出去一趟，你帮我接接电话好吗？'
　　　　私は、しばらくしたら出かけなければならないので、私の代わりに電話を受けてもらえますか。

　上海語の"末"にはもう一つの用法があり、活性化されているがすでに一かたまりの談話の距離を隔てた成分を再び活性化し、それを主題にする用法で、主題に戻る機能とも言える。

15. 上海个气候交关潮湿。湿气重个人末勿可以着橡皮底鞋子。着之（＝仔）末，总要生脚癬。脚癬因得潮湿咾生出来个。橡皮末勿肯收潮气个。（蒲课 219 － 220 页）
　　'上海的气候非常潮湿。湿气重的人不可以穿橡皮底的鞋。穿了呢，总要生脚癬。脚癬是因为潮湿而生出来的。橡皮没法吸潮气'
　　　　上海の気候は非常に湿気が多い。湿気からくる病気になりやすい人はゴム底の靴を履いてはいけない。履くと、水虫になりやすい。水虫は湿気が多いとなりやすい。ゴムは湿気を吸うことができないのだ。

例 15 では三か所に"末"が用いられている。前の二つの"末"はどちらも相関性情報に用いられており、その中の二つ目の"末"は分文型主題（分文型主題については 6.4 を参照）であり、三つ目の"末"は前の文ですでに活性化された"橡皮"［ゴム］の後に加えられ、中間にすでに別の文（さらに"末"を伴った、別に主題を持った節）によって隔てられているよう

である。もし、"橡皮"を隔てた二か所の中間の節を取り除けば、絶対に"末"を加えてはならないということではないが、三つ目の"末"を加える必要性は弱くなる。

6.2.2 主題マーカーが主題を導入する機能の広範性

　"末"の用法から分かるように、多くの文の主題は前の文ですでに直接活性化された情報ではなく、主題マーカーによって導入された間接活性化された情報である。このような状況は、実は人類言語の主題構造によく見られる現象を反映している。主題卓越型言語や主題・主語同等重視型言語でそうなっているだけではなく、主語卓越型言語にも見られる現象である。Gundel（1988）によれば、日本語、韓国・朝鮮語の専用の主題マーカーの使用は、統語的に非常に強い選択可能性（optional）を有しており、異なった統語成分の中から話し手が必要だと思う成分を任意に選択して主題マーカーを加えることができる。関係する実験（無声映画のシーンを復唱する内容）が証明しているように、主題マーカーは、主題転移の時の新しい主題やその他の文の主題が対比関係も持つ主題に最もよく用いられる。対比もまさに上海語の"末"の重要な機能の一つなのである（詳細は 6.3 を参照）。Gundel が挙げるいわゆる主題転移の時の新主題の例のように、実際には主に二種類の状況がある。一つは、前の文の内容と関連しているがまだ直接言及されていない成分であり、もう一つは、情景的要素である。日本語や朝鮮・韓国語の主題マーカーはこの点では上海語の"提頓词"である"末"と表現的に一致している。再度、新情報を主題とする台湾布農語［ブヌン語］（郑恒雄（1991）による）の状況を見てみると、布農語の主語と主題はどちらも顕在的なマーカーを持っている。すべての小文（microsentence）には一つの主語があり、物語に類した談話のほとんどは主題を伴う大文（macrosentense）で始まるはずである。郑恒雄氏の述べるこれらの状況から見ると、布農語は主題・主語同等重視型言語に分類できる。その書では、布農語の主題は常に二種類の機能の一つを果たしており、一つは、観念的背景（conceptual background）を設定して後の文にその陳述をさせること（すなわち、本書で言うところの言語領域機能や談話起点機能）で、もう一つは、

対比の二種類の観念的フレームであると分析している。これも"末"の機能と基本的に一致している。さらに、観念的背景として用いられる成分は典型的に新情報として表現され、定・不定に制限しない。氏の新情報に対する新しい解釈とは、その場の言語環境において存在しない、あるいは前の文で言及されていないということである。つまり、布農語の主題マーカー（前方付加成分の maqa、後方付加成分の a があり、通常、前方・後方付加成分が同時に一つの主題に用いられる）の主な機能の一つは、まだ直接活性化されていない情報を主題にさせることである。その書の中で挙げられている例から見ると、その活性化の力はかなり強く、総称的なものや定のもの、あるいは情景要素に属する成分を活性化することもできれば、上海語では主題化が難しい不定の新情報を活性化することもできる。英語では、談話成分としての主題は通常、as for で導入される。as for は総称的成分や定の新情報や前の文ですでに活性化されているが、談話的に間隔がある成分を導入するのに最もよく用いられる。つまり、主題を引き出したり主題を移動させたり、ある一つの主題に戻したりもし、これは上海語の"末"及びその日本語、韓国・朝鮮語などの言語における主題マーカーの機能と類似した部分があるが、as for はふつう不定の新情報には用いられず、これは布農語の状況とは異なる。

6.2.3 "提顿词"の情報的機能の対立

　すべての主題マーカーがこの種の主題を導入する機能に用いられるわけではない。上海語のもう一つの常用される"提顿词"である"是"はこの点で"末"と対立関係を構成している。"是"の新しい主題を活性化する機能は非常に弱い。"是"を伴う主題は常に前の文（通常は別の人の談話）において言及されたばかりの既知の対象であり、ちょうど活性化されたばかりの状態にある成分である。内容的にはおそらく、別の人の談話に対して否定的な回答や変換、あるいは反駁を是正するものである。"是"の"提顿词"としての用法は北部呉語地区でよく見られ、遅くとも清末の呉語の資料の中にすでに見受けられることから、機能語化された歴史はそれほど古くないことが分かるが [2]、早期の上海語の書面語の資料にはあまり見ら

6. 主題の談話機能と談話環境

れないのは、おそらく特定の談話機能を持つ対話に用いられることと関係
があるからであり、非対話的な言語資料や内容に変換のない対話の中には
現れにくい。次の例は、"是"が"提頓词"として用いられている書面語
の例であるはずだが、残念ながら原書中に標点符合（句読点）がないため、
"是"は関係動詞と理解されやすい。

16. ——侬东洋话会讲否（＝哦）？

　　'你会说日语吗？'

　　　あなたは日本語を話せますか。

　——东洋话是，勿晓得，大英话会话。（案内第三章'日本行'68
　　页，原文に傍点はなし）

　　'日语，可不懂，英语会说'

　　　日本語は、分かりませんが、英語は話せます。

"东洋话"［日本語］は質問者が尋ねる対象で、答えの文はこれを主題とし、
否定する回答をしているので、主題の後ろに"是"を用いている。もし、
傍点を付ける場合に、"是"を後ろの節に属させ"东洋话，是勿晓得"と
すると、前に行った命題の肯定・強調に変わってしまい、この対話とは合
わなくなる。次に、口語資料における"提頓词"の"是"を伴う用例を分
析し、同時に"末"の用法と比較を行う。

17. A：老王也可以帮阿拉去讲讲闲话个。

　　　'老王也可以帮咱们说说话的'

　　　　王さんも私たちのために話をしてくれる。

　B：老王是，勿会得来帮辩种忙个。

　　　'老王才不会来帮这种忙呢'

　　　　王さんは、そのように助けに来てくれるはずはない。

18. A：侬像煞也得着过奖个吧？

　　　'你好像也得到过奖吧？'

　　　　あなたは賞をもらったこともあるでしょう。

　B₁：我是，从来呒没评着过。

　　　'我可从来没有评到过什么奖'

　　　　私は、これまで賞をもらったことはありません。

B_2：得奖觑种事体是，轮勿着我个。

'得奖这种事儿可轮不到我'

賞をもらうような出来事は、私にはありません。

B_3：*我是，得着过奖个。 （私が、賞をもらったことがあります。）

B_4：我，是得着过奖个。 私は、賞をもらったことがあるんです。

B_5：老王末，得着过奖个。 王さんは、賞をもらったことがあります。

B_6：*老王是，得着过奖个。 （王さんが、賞をもらったことがあります。）

例17Bの答えの中の主題"老王"はAの談話に続いており、内容的には転換性を持っているので、"是"を用いている。例18では、Aの問いかけに対し多くの答えが提示されており、その中から"提顿词"の"是"の情報的機能や"末"と"是"の違いをはっきりと見出すことができる。B_1とB_2はそれぞれ前の文が言及した対象である"我"と"得奖"［賞をもらう］を主題とし、内容的には否定的、あるいは転換的な回答であり、"是"を用いるのが最も適している。B_3も"我"を主題としているが、前の文に対して肯定的な回答をしているので、"提顿词"の"是"を用いることはできない。しかし、肯定的な連用修飾語である"是"（ストレスを置いて読む）として用いることができ、それは普通話と同じであり、B_4がそれである。B_5は"我"が賞をもらったかどうかについて正面から答えておらず、前の文で言及されていないが賞をもらうことと関係がある"老王"を主題とし、"末"を用いてこの相関的な情報を導入しているのは適切である。一方、"是"は導入の機能を持っていないので、B_6は成立しない。もちろん、"提顿词"の"是"は対話中に用いられるだけでなく、もし連続した談話が情報構造において上述の特徴に符合しているならば、次のように"是"を用いることもできる。

19. 伊拉叫我一道去，我是，兴趣不大。

'他们叫我一块儿去，我可兴趣不大'

彼らは私を一緒に行かせようとするが、私はまったく興味がない。

20. 今朝觑眼生活起码做到半夜里向做得完，半夜里向是，呒没车子回去个噢。

'今天这些活儿起码做到半夜里才做得完，半夜里可是没车回去的啊'

　　　　　　今日、これらの仕事は少なくとも真夜中にならなければやり
　　　　　　終われないが、真夜中では、帰る車がない。

"末"と"是"の情的機能における違いは、分文型主題に明確に現れる（詳
細は 6.4 を参照）。

　語気副詞から生じた"提頓詞"の"倒"も、既知情報が担う主題の後に
常用されると同時に、副詞"倒"の意外性を表す語気を残している。

　21. A：老王又得着一个头奖。　　王さんはまた一等賞をとった。

　　　B：老王倒，运道一直老好个。

　　　　'老王倒一直运气很好'　王さんは、なんとずっと運がいい。

　22. 我只想劝劝伊，伊倒，脱我来寻相骂勒。

　　　'我只想劝劝他，他倒跟我来吵架了'

　　　　私はただ彼をなだめたいだけなのに、彼は逆に私とケンカを
　　　　しようとする。

"是"と異なるのは、"倒"は前の文がないはっきりとした情景要素の後
に用いることもできることである。

　23. 今朝倒，雨总算停勒。　　今日は、雨はどうやら止んだ。

　24. 俉饭店倒，客人老多个。

　　　'你们饭店里客人倒挺多的'

　　　　あなたたちのレストランは、客がとても多い。

このことから、"倒"の主な語用的含意は意外性であり、その情報的機能
は"末"と"是"の機能を兼ねていることが分かる。

　上海語の"提頓詞"の応用範囲から見ると、主題は新情報やあらかじめ
活性化されていない情報を完全に排除するのではなく、ある"提頓詞"は
間接的に活性化された成分を主題にするのに適しており、あるものは主題
が既知情報であることを要求する。同時に我々は、"提頓詞"を加えた主
題は、間接的に活性化されたものであっても、文の内容に特定の語用的意
味（"是"の転換義、"倒"の意外性）があっても、実際には主題に特別な
提示を与え、聞き手の注意を促していることに注意をしている。この意味
では、日本語の文法学で主題マーカーを「提示助詞」と呼ぶことは理に適っ
ており、それも我々が"提頓詞"という名を用いる理由の一つである（3.1.3

を参照)。すでに活性化された既知情報によって担われた主題は、常に"提頓词"を加えなくてもよく、往々にして語順の位置により、さらにポーズを加えてその主題性を明示することもある。

6.3 主題の対比機能と"提頓词"としての働き
6.3.1 主題焦点の語用的含意

　前の章で主題の対比の問題について何度も触れたが、この節では主題の対比機能の問題について集中的に検討を行う。

　対比は主題の重要な機能の一つで、"提頓词"は主題の対比機能を実現する主要な顕在的手段である。

　3.2.4 では対比性を持つ主題を「主題焦点」と呼び、意味素の分析を通して主題焦点と文の自然焦点・対比焦点との違いを次のように示した。

　　　　主題焦点：－突出，＋対比

　　　　自然焦点：＋突出，－対比

　　　　対比焦点：＋突出，＋対比

この違いは、主題は対比性を有しており、他の節中の主題や文脈中に含意されている対象と対比の関係を構成するけれども、それはやはりその節内では最も際立って強調される情報ではあり得ず、文の最も際立った情報は必ず主題の後の評言中にあり、主題の中心的機能は主題焦点が節全体の表現の重点になることを不可能にすることを表している（6.1.2 を参照）。

　主題焦点の語用的意味は「現在ある（対比の対象と）異なる主題について論じており、それに対する（対比の対象と）異なる叙述に注意してください」と表すことができる。例えば、次は上海語の例である。

　　　1.（老王答応个，）老张末，勿答応。

　　　　（王さんは承知したが、）張さんは、承知しない。

例 1 の意味は、「（王さんが承知したことをすでに知っており、）今我々はもう一人の張さんについて論じており、彼は王さんと違って、承知しない」ということである。

　Gundel（1988）、徐昌華（1990）、韦旭升・许东振（1995）などは、すべて日本語や韓国・朝鮮語の主題マーカーが常に対比機能を持っていること

に言及している。上海語の"提頓詞"も主題の対比性を表す最も主要な手段であり、"末"はその中で最も常用され、対比性も一番強い。次に、我々は"末"などの"提頓詞"の考察を通して主題の対比機能についての理解を行う。

6.3.2 上海語"末"の対比機能及び古代漢語"則"との比較

"末"は主題焦点を表し、顕在的なもの、即ち"末"が対比性の節の主題の後に現れるものと、潜在的なもの、即ち"末"が付いた主題が話には登場していない対象と対比されるものがある。潜在的な対比については、3.2.4 においてすでに分析を行ったので、本節では主に顕在的な対比の状況について検討を行う。

早期上海語の書面語資料から見ると、"末"は対比性の節中に大量に現れ主題マーカーとなっているが、現在では"末"のこのような用法はあまり見られない。もし、T_1, T_2 などの表示を用いて各節の主題を表し、C_1, C_2 などの表示を用いて各節の評言を表すならば、"末"の出現には次の三つの状況がある（"末"と他の"提頓詞"を組み合わせて主題焦点を表す状況については、ここでは考慮しない）。

① T_1 末 C_1, T_2 末 C_2

② T_1C_1, T_2 末 C_2

③ T_1 末 C1, T_2C_2

この中の①、②の二つの状況はどちらもよく見かけるが、③の状況はあまり見かけない。以下の各例文はすべて①の"T_1 末 C_1, T_2 末 C_2"型の対比性複文を含んでいる。

2. 我有两个媳妇（＝新妇）；大媳妇末蛮会做人个，小媳妇末，一眼勿懂啥，只晓得字相。（蒲课 50 页）

　　'我有两个儿媳妇；大媳妇挺会做人的，小媳妇却一点儿都不懂事，只知道玩儿'

　　　　私には二人の息子嫁がいるが、上の息子の嫁は人当たりがよいが、下の息子の嫁は遊んでばかりいる。

3. 昨日我拉外婆拉吃伊个寿酒；伊已经八十岁哉；娘舅末，替伊买之（＝

仔）一个楠木个寿材；舅妈末，替伊做之翠来死个寿衣。（蒲课 72 页）

'昨天我在外婆家喝她的寿酒；她已经八十岁了；舅舅给她买了一个楠木的寿材，舅妈给她做了很好看的寿衣'

　　昨日、私は母方の祖母に家で誕生日のお祝いをしたが、おじさんは彼女にクスノキ　の柩を買い、おばさんは彼女にきれいな経帷子を作った。

この二つの例はどちらも教材の中の例文であるが、注意すべきは、文全体が二つの節だけにとどまらず、対比性の節の主題に "末" を用いるだけで、"末" の主題対比機能を十分に顕示していることである。以下の各例は②の "T₁C₁，T₂ 末 C₂" の対比複文に属する。

4. 从前个皮鞋，敲花个算时髦个。现在末勿行拉哉。(蒲课 238 页)

'从前的皮鞋，敲花的算时髦的。现在则不时行了'

　　　昔の革靴は、柄を打ち込んだものが流行ったが、今では流行らなくなった。

5. 垃拉贝当路，常常有汽车轧杀人个，惯常因为汽车开来忒快，今朝末勿是汽车夫个过失。（蒲课 37 页）

'在贝当路上，常常有汽车压死人，通常是因为汽车开得太快，今天则不是司机的过失'

　　ペタン路では、いつも車が人をひき殺し、普段は車のスピードの出し過ぎだが、今日は運転手の過失ではない。

6. 要晓得一个人做啥个事业个，能够在（＝辣）伊个衣裳上看得出来，比方政界上人个衣裳惯常失大方个，教育界末是俭朴个，做生意人末漂亮个。（蒲课 239 页）

'要知道一个人是干什么事业的，可以在他的衣服上看出来，比方政界人士的衣服通常是大方的，教育界则是俭朴的，做生意人则是漂亮的'

　　ある人がどんな事業をしているのか知りたければ、その人の服から分かり、例えば政界の人物であれば普通あかぬけていて、教育界であれば質素で、商売人はきれいにしている。

例 4 の "现在末" は前方の "从前" に対しているが、"现在" の後だけに "末"

277

を用いている。例5の"今朝末"は前方の"慣常"に対しているが、"今朝"の後だけに"末"を用いている。例6は政界、教育界、商業界の三つの主題対比であり、後方の二つにだけ"末"を付けられている。③類、即ち"T_1末C_1，T_2C_2"型の対比複文はあまり見受けられず、書面語資料の中でも例を見つけることが難しいが、まったくないわけではない。

　　7. 今朝，报上向，看见火车出轨；拉车子上，有几百个趁客，有个末，

　　　　就轧杀个，有个受伤。（蒲课 33 页）

　　　　今日、新聞で、列車の脱線を見た。車内には数百人の乗客がいて、

　　　　ある人は、下敷きになって亡くなり、ある人はけがをした。

例7の二つの対比性の"有个"は、前方のものの後だけに"末"が付けられている。

　　対比の機能がある"末"は、普通話の口語にはそれに対応した常用される機能語はないが、古代漢語の"则"はそれに近い。その違いは、"末"が後方付加性の機能語で、ポーズが"末"の後ろにあるのに対し、"则"は前方付加性の機能語で、ポーズは"则"の前にある。呂叔湘（1959）は《诗经》の例8を分析した際に、例9や10のように言うことができると指摘しているが、この三つの形式はちょうど上海語が"末"を伴う三種類の対比複文形式で訳することができる。

　　8. 其室则迩，其人甚远。（《诗经・郑风・东门之墠》）

　　　　其の室は则ち邇（ちか）し　其の人は甚だ遠し。

　　　　'伊个房间末老近个，伊个人老远个'

　　　　　彼女の部屋は近いのに、彼女との距離はとても遠い。

　　9. 其室则迩，其人则远。

　　　　'伊个房间老近个，伊个人末老远个'

　　10. 其室甚迩，其人则远。

　　　　'伊个房间老近个，伊个人末老远个'

《诗经》の例は、前の節で"则"を用いているが、実際には古代漢語では後の節でも"则"をよく用いる。呂叔湘（1982）はこの種の"则"に対して、「文語では二つの文（節）中で二つの"则"を分けて用いたり、あるいは後の文（節）で一つの"则"だけを用いる（前の文だけで用いるものは少

6.3 主題の対比機能と"提頓词"としての働き

ない）が、どちらも二つの出来事の対応性（"対待性"）を強めるには十分
である。この"则"は仮定文の"则"が変化したもので、その中には"若
论"（もし……と言えば）や"至于"（……に至っては）の意味を含んでいる」
と詳細に分析を行っている。氏は例を挙げ（その中には前の文にのみ"则"
を用いる例 8 も含んでいる）分析した後に、続けて「この種の例文は、白
話では二種類の比較できる統語成分があり、一つは"早先是穴居野处，如
今是高堂大厦"（以前は穴居や原野での生活であったが、今では高層ビル
が立ち並んでいる）のように"则"の代わりに"是"を用いたものであり、
語気は合っているが、すべての文に用いられるものではない。もう一つは
"呢"を用いたものである。"早先呢……如今呢……"（以前は……であっ
たが、今では……）は、ほとんどの文で用いられるが、語気は同じではなく、
起伏が激しい気持ちが強く、特に対応する意味は弱い」と指摘している。

　吕叔湘氏の 1940 年代に行われたこの分析には注すべき点がいくつもあ
る。氏は"则"のこの働きを「二つの出来事を」強めると称し、二つの対
象の対応ではないとしていることから、主題の対比は単に主題自身の対比
ではなく、述語といっしょになった出来事全体の対比であると見ているこ
とが分かる。これはまさに、主題焦点と対比焦点の重要な違いであり、氏
は"则"の対比性（氏の用いる"対待"）機能と仮定文との関係を指摘し
ているが、本書 6.4 でも仮定文の主題性について検討する。氏が"若论"、"至
于"を用いて"则"の対比の意味を説明しているのは、対比性機能と主題
機能との密接な関係を反映している。なぜならば、"若论"、"至于"はど
ちらも主題を導入する機能語であるからである。氏が行った文語と口語
の比較は、普通話には"则"のような主題対比に近い機能語が確かにない
ことを説明しており、いわゆる"呢"が「起伏が激しい気持が強く、特に
対応する意味は弱い」のは、我々の考えでは、"呢"が主題を導入したり、
あるいは主題を移動させる機能が対比の機能より強いからなのである。そ
して、我々の語感によれば、上海語の"末"は対比機能において"则"と
極めて一致しており、どの文でも相互に訳することができるのである（前
に多くの例文中で"则"を"末"と訳したのは、普通語の口語性の機能語
の中に"则"よりも対応した語が見つからなかったからである）。もちろん、

279

6. 主題の談話機能と談話環境

両者の統語的性質は異なり、次のような説明も可能である。つまり、"末"は上海語における主題マーカーであり、それは主題の後に加え、前の成分が対比性主題であることを明示しており、同時に対比性主題を持つ評言を導入するが、"則"は古代漢語（現代中国語の書き言葉にも踏襲されている）の評言マーカーで、それは評言の前に加えられその後の成分が評言であることを表し、同時にその前の成分が主題であり、常に対比性主題であることを明示しているのである。

さらに、三種類の対比性複文の形式の違いや常用度の違いについても説明することができる。対比性主題とは主題焦点である。二つの節がどちらも "末" を用いる "T_1 末 C_1, T_2 末 C_2" の形式は、二つの主題がそれぞれお互いを背景としているが、一つの節の中で "末" を用いている場合には、"末" を伴うものが主題焦点であり、それは "末" がない節の主題を背景としている（焦点と背景の関係については、3.2.4 を参照）。中国語の情報構造全体では、背景が前にあり、焦点が後ろにある。節中の自然焦点は後ろに位置し、複文中の被修飾節は後置される傾向があり（"屡戦屡敗"［連戦連敗］と "屡敗屡戦"、"事出有因，査无実据"［事の起こりには原因があるが、調査しても根拠が見当たらない］と "査无実据，事出有因"）、どちらもこの形式の具体的な表現である。"T_1C_1, T_2 末 / 則 C_2" 型複文は、背景を主題とする節を、焦点を主題とする節に前置させており、この構造に合っているので、よく見られるが、"T_1 末 / 則 C_1, T_2C_2" 型複文は、語順が逆となり、この構造に反しているので、あまり見られない。

"末" の対比作用は節の主題に現れるだけではなく、副主題や副副主題にも現れる。本書第 2 章、第 3 章ですでにこれらに関する例を挙げたが、ここで再度二つの例を挙げることにする。

11. 我今朝钞票末 用脱交关，肚皮末吃没吃饱。

'我今天钱花了许多，肚子却没有吃饱'

私は今日たくさんのお金を使ったが、おなかはいっぱいではない。

12. 伊读过英语三年，日语末两年。

'他念过三年英语，两年日语'

彼は英語を 3 年、日本語を 2 年学んだ。

例 11 は副主題である"钞票"［お金］や"肚皮"［おなか］がそれぞれ"末"
を伴い対比を構成しているが、例 12 は副副主題の"英语"と"日语"が
対立を構成し、"末"は後ろの副副主題だけに加えられる。

6.3.3 主題の対比機能と"末"の並列接続作用

　ここではさらに、文の対比焦点が対比するものはその成分自体とは異な
るが、主題の対比は異なった主題を提示するためだけではなく、重要なの
は、話し手に後方の評言が異なる主題に対する異なる陳述であることを注
意させることであることを強調する。このような違いは、意味的に完全に
対立していると言ってもよく、"其室则迩，其人甚远"の類も、例 12 にお
ける"英语三年，日语两年"のように、対立しているわけではない異なっ
たレベルである。また、主題焦点が対比する項は、例 6 での「政界、教育界、
商業界」についての対立が三項対比に及んでいるように、二つの項だけに
とどまらない。このように、主題の対比機能は別の項が関連する談話機能
を派生させ、対比性の主題を用いて多項並列の複文を構成し、その中で、
上海語の"末"のように対比機能を持つ主題マーカーは同時に並列複文を
つなぐ接続詞となるのである。"也……也"（……も……も）のような接続
成分は、異なる主題の同類の状況を表すことのみに適しており、異なる主
題の異なる状況を表すことには適していない。このように、"末"は上海
語における並列複文を接続する一つの重要な手段なのである。この"末"
の用法も、"末"が出現頻度の高い機能語となる原因の一つであり、普通
話にはまったく同じ機能語はない。次の短い文と長い文の二つの例は、"末"
が主題マーカーと並列文接続の二種類の機能を同時に果たす状況を明確に
表している。

　　　13. 李小姐真是有福气。屋里向末有铜钱；爷娘末双全；身体末好，
　　　　搭之做人，也蛮和气个。（蒲课 289 页）
　　　　'李小姐真是有福气。家里又有钱；爹妈双全；身体又好，加上做人，
　　　　也挺和气的'
　　　　　李お嬢さんは本当に幸せです。家も裕福で、両親は健在で、体
　　　　も健康で、人となりも、とても穏やかです。

281

6. 主題の談話機能と談話環境

14. 大司务，我后日天夜头，要请人来吃冬至夜饭；要用三道酒；一只果盘里向末要样色多点。汤末要用清汤，一条桂鱼，非力牛排，一只随便啥野伙（应为"野货"，即野味）。牛利全利，末脚末一只火鸡。每一道菜末，要有每一样素菜配来好点。点心末我拉点心店家定作拉哉。小菜末要烧来顶真点，因为第个几个位客人侪是吃客。

(蒲课 250 页)

　料理長、私はあさっての夜、冬至の夕食を人にごちそうするので、三度の酒を用いなければならず、果物皿には多くの種類のものが必要です。スープはコンソメで、鱖魚一匹と、牛肉のステーキと、適当に猟で取った野生の獲物の肉を使わなければなりません。牛が良ければすべておいしくなり、最後には七面鳥が一羽です。すべての料理に同じ精進料理をつけなければなりません。点心は私たちの店が注文して作ったものです。惣菜は責任を持って煮なければなりません。なぜならそのお客らはみな美食家だからです。

　例 13 は三つの節の中で連続して"末"を用い、例 14 は一つの段落の対話体の短文に六つの"末"を用いており、どちらも並列接続の働きがあるが、もちろんこれらの"末"が主題マーカーの性質を持っていることは明らかである。例 14 を詳しく分析するならば、その中の"末"の前の成分はみな構造的に見て主語と分析することが難しく、すべて主題の特徴に符合している。一つ目の"末"は場所性語句である"一只果盘里向"［一枚の果物鉢］の後に用いられており、時間・場所言語領域型主題である（4.3.1 を参照）。前に数量詞の"一只"を伴うが、表しているのは定の総称の意味で、その意味は"那只果盘里"［その果物鉢］であり、これは"末"の主題マーカーとしての働きと関係がある。二つ目の"末"はコピー型主題の後に用いられ（4.4 を参照）、"汤末要用清汤"［スープは清湯を用い］の"末"の前の"汤"［スープ］は述語の中の目的語である"清汤"の一部と同じである。三つ目の"末"は時間語句である"末脚"［最後、終わり］の後に用いられ、時間・場所言語領域型主題でもあり、さらにその評言は名詞形式の"一只火鸡"［一羽の七面鳥］で、節全体は普通の主述関係を構成することができない。四つ目の"末"は全量語句である"每一道菜"［すべての料理］

の後に用いられ、主題性が強い。五つ目、六つ目の"末"は述語動詞の受動者項である"点心"[お菓子]や"小菜"[惣菜]の後に用いられており、強い主題性を持ってもいるが、典型的な主語ではない（4.2.3を参照）。このことから、"末"が並列文をつなぐ働きは主題マーカーの働きと同時に存在し、お互いに関連があることが分かる。3.1.2で"末"は接続語句である"一則末，……二則末"で用いられることに言及したが、これは明らかに本節で述べる並列接続の働きと一致しており、すべて"末"の主題機能を源としているのである。

6.3.4 その他の"提頓词"の対比作用

　上海語の"提頓词"については、"末"に対比作用があるだけでなく、他のいくつかの"提頓词"にも対比作用があるが、対比に用いられるのは"末"のように多くない。

　"是"も"末"のように"T_1是，C_1；T_2是，C_2"という対比文型を構成することができる。

　　　15. A：侬乘飞机好勒。

　　　　　　あなたは飛行機に乗ったらいいよ。

　　　　B：飞机是，老贵个，我是，买勿起飞机票。

　　　　　　飛行機は、高いので、私は、飛行機のチケットは買えない。

しかし、"末"をこのような対比文に用いる状況は多く見られず、また、意味・内容的に厳格な対立を構成することは難しい。"是"は主に活性化されたばかりの情報に用いられ（6.2.3を参照）、もしT_2がT_1に続くならば、対比性主題を構成することはできない。一方、T_1はいつも前の文と密接な関係があるので、T_2と意味的に厳格な対立を構成することは難しい。例15が成立するのは、主に"我"の特殊性のお陰であり、"我"は主題性が最も強い情景要素なので、前もって活性化させる必要はないのである。例15は文型的には対比文であるが、内容的にはT_1（"飞机"[飛行機]）とT_2（"我"）の厳格な対立というわけではない。"末"が兼ね持つ多項並列文の接続機能については、"是"はなおさら備えていないのである。

　"是"が対比に用いられる例は、"末"と共に談話において相次いで現れ、

6. 主題の談話機能と談話環境

"T_1是，C_1；T_2是，C_2"の文型を構成するが、この時両者の対立は特にはっきりと現れる。

16. A：侬上班介远，买部小汽车开开算勒。

あなたは通勤が遠いので、小型車を買って運転すればいいよ。

B：小汽车是，买勿起，摩托车末，还可以考虑考虑。

小型車は、買えないけど、バイクなら、考えてもいいね。

"小汽车"［小型自動車］は前の文を受けているので、"是"を用いているが、"摩托车"［バイク］は"小汽车"によって導入された関連的な主題なので、"末"で導入されている。

"末"と"是"の情報的機能の違いのために、上海語では、"是"の対比成分が後に来て、"末"の対比成分が前に来る傾向が形成される。もし、二つの"提頓詞"の位置を交換すると、文は基本的に不適格となる。

17. A：侬上班介远，买部小汽车开开算勒。

B：*小汽车末，买勿起，摩托车是，还可以考虑考虑。

"倒"は"末"と"是"の情報的機能を兼ね備えているので、"是"よりも多く対比に用いられるが、その場合、話し手と聞き手の予想から外れているという語用的含意を帯びている。

18. 今朝倒，天气蛮好，明朝倒，作兴要落雨。

今日は、天気がいいが、明日は、雨が降るだろう。

19. 伊工作倒，呒没寻着，路费倒，侪用光脱勒。

'他工作倒没找着，路费倒全用完了'

彼は仕事は見つからず、交通費は全部使ってしまった。

"倒"は"末"、"是"と互いに呼応して対比を構成することができる。

20. 王师父倒，最近身体蛮好，王师母末，身体勿大灵光。

王師匠は、最近身体が元気で、王師匠の奥さんは、身体があまりよくない。

21. 香烟末，侬真个勿好再吃勒，老酒倒，少吃一眼勿搭界。

'香烟你真的不能再抽了，酒呢，少喝一些没关系'

タバコは、あなたは本当にこれ以上吸ってはいけないが、酒は、少し飲んでも大丈夫だ。

284

22. A：猪肝还有哦？

　　　豚のレバーはまだあるの。

　　B：猪肝是，老早买光脱勒，腰子倒，现在还有几只。

　　　豚のレバーは、とっくに売り切れたよ、腎臓なら、まだ少し
　　あるけど。

6.3.5 主題マーカーの対比機能と主題の中心的機能との関係

　主題卓越型や主題主語同等重視型言語では、主題が対比性を持つことが
よく見受けられ、主題マーカーは上海語の"末"のように対比機能を持っ
ている。このような現象は次のような問題を引き起こす。つまり、なぜ主
題はいつも対比の意味を伴うのか、主題マーカーの対比機能は主題の中心
的機能とどのような関係があるのか、ということである。

　我々は、主題の対比機能は主題の中心的機能自体ではないが、主題の対
比性は主題の中心的機能からは独立して存在し、そこから派生してきた機
能であると考える。主題マーカーの主な働きは、その前の成分の主題性を
強化することであるが、主題性を強化すると同時に対比性を際立たせる外
に、文型などの他の要素も対比性を表す手助けをする手段となるであろう。

　中国語や上海語では、対比性を持つ主題は主に"提頓词"を伴う主題であ
るが、"提頓词"を伴わない主題には明確な対比性はない。このことから、
主題は対比を表す必要はなく、対比は主題の中心的機能でないことが分かる。

　しかしながら、対比は"末"の類の"提頓词"が主題の中心的機能の外
に独立した談話機能でもない。文の対比焦点型の対比は、文のある成分の
対比であるが、文のその他の成分はすべてその文の前提なのである。例え
ば、例 23 の文頭の主語"老王"はストレスを伴って対比焦点となり、そ
の前提は例 24 で、その完全な対比形式は例 25 のように言うことができ、"老
王"と対比を構成するのは例 25 の中の"别人"（別の人："老张"、"老李"
など）である。

23. 老王告诉我的。

　　王さんが私に教えてくれた。

24. 有人告诉我。

ある人が私に教えてくれた。

25. 老王告诉我的，不是别人（或老张、老李等等）告诉我的。

王さんが私に教えてくれたので、別の人（張さんや李さんなど）が教えてくれたのではない。

3.2.4 すでに分析したが、この種の対比焦点となる成分は、主語であっても主題になることはできない。一方、主題の対比は主題自体の対比であるだけでなく、主題の対比を用いて評言の対比を引き出しており、それはちょうど前に呂叔湘氏が古代漢語の "則" の機能を論じたものを引用した際に述べたように、「二つの出来事を強める "対待性"（対比性)」なのである。例えば上海語の例 26 は次のようになる。

26. 老王末，告诉仔我，老张末，告诉仔伊。

王さんは、私に教えてくれ、張さんは、彼に教えた。

主題の対比は評言の対比を引き出さなければならないが、これは主題の中心的機能によって決定される。なぜならば、主題の中心的機能は談話 / 文の起点として用いられることを含んでおり、後ろには後続するより重要な成分、すなわち評言が現れなければならない。"末" などの対比性の "提頓詞" が対比を表す場合には、常に後ろに評言があることが要求されることから、その対比性はその主題の中心的機能に頼っており、主題の中心的機能から離れることはできないことが分かる。よって、それらは第一に主題マーカーであるが、主題マーカーが主題の中心的機能を表すと同時に対比機能をも表すのである。

"提頓詞" は本質的にその前の成分の主題性を強化する手段の一つであり、前に話したように、"提頓詞" は間接活性成分が主題となる機能を引き出すが、実はそれは、この強調手段を加えることで本来の主題性が弱い成分の主題機能を強めて主題としているのである。"提頓詞" を伴わない主題と比べ、"提頓詞" を伴う主題はより強い主題性を有している。一方、対比は強調から生じる。文の対比焦点は対比性を有しており、それが強化される成分とも関係があり、音声的なストレスが強化される具体的な現れである。主題は強化されるので、対比性を帯びるとことはごく自然なことである。その外に、主題の対比機能は単に "提頓詞" によって実現される

ものではなく、"提頓詞"はまた主題の対比性を表す唯一の手段でもなく、前後の文中の対比性主題の存在、特にその対称関係が整っている統語形式には、すべて対比性を表す手助けをする働きがある。例えばコピー型主題構造には、主に対称関係が整った統語形式によって対比を表すため、"提頓詞"は用いても用いなくてもよい。

27. 价钿（末）价钿卖勿上去，成本（末）成本降勿下来，个效益哪
能会得好。

‘价钱又卖不上去，成本又降不下来，这效益怎么会好’

值段は上げられず、原価は下げられないのに、利益がどうして
上がるんだ。

従って、"提頓詞"はまずは主題マーカーであり、成分の主題性を強めると同時に、常に主題の対比性を強める働きを兼ねているのである。

6.4. 分文型主題の形式的特徴と談話機能

6.4.1 分文型主題の理論的検討

本書の 2.6.1 ですでに、節が主題を担うことができることを統語構造から確定し、また、節主題と後ろの評言との意味関係が普通の主題（名詞性主題）と後ろの評言との意味関係に類似していることに簡単に言及した。また、第 4 章では主題と評言（または述語の中の述語動詞）との意味関係に基づき主題を四つの大きなタイプに分け、同時に項同一指示性主題・言語領域型主題・コピー型主題の三種類について詳細に分析を行ったが、最後のタイプの分文型主題については、まだ検討を行っていない。本節ではその分文型主題について集中的に検討を行う。分文型主題の性質についてはさらに踏み込んだ上での確定が必要で、その主題性は普通の主題構造や機能的特徴を参照にしなければならないので、主題の構造と機能を全面的に分析してはじめて、分文型主題について詳細に研究することができるのである。

我々が言うところの"分文"とは、節（"小句"）とまったく同じではない。文の概念そのものについて言えば、本書で言う節は英語の clause に相当し、これは一つの大きな分類名であり[3]、以下さらにいくつかの状況に分ける

6. 主題の談話機能と談話環境

ことができる。

1) 節は単独で文（sentence）を構成することができるが、この場合、それは一つの単文（simple sentence）である。節は別のさらに大きな文が内包する成分となることもでき、"他希望我读书"［彼は私が勉強するのを望む］や"我读书的地方很静"［私が勉強する場所はとても静かだ］の中の"我读书"のように、その文の他の成分と単文内部の統語関係を持つが、この場合の節は従属節（"从句"あるいは"子句"）と呼ぶことができ、前者は目的語従属節、後者は関係節である。中国語の文法では通常このような従属節は（ある成分となる）"主谓短语／词组"（主述フレーズ）と呼ばれる。

2) 節はさらに一つの複文を構成する節の一部を構成することができ、節の間は主に論理関係により接続され、統語関係では接続されておらず、この場合、それは分文である。英語の文法では、従属節と分文は区別をせず、「主従」複文の従属節は関係節の性質と一致しており、すべて主節の一つの文成分であると見なされるが、中国語の「修飾＋被修飾」（中国語では"偏正"）関係の複文の修飾する節は統語的には関係節と大きく異なり、並列文の一部に似ており、これまでずっと"偏正"（修飾＋被修飾）と"联合"（等位、並列）という二つの大きな類の廃止を呼びかける人がいるのは、統語的にこれといった違いがなく、さらには境界線を引くのが非常に難しいからである。

　　1a. 他病了，没去上课。

　　　　彼は病気だったので、授業に来なかった。

　　b. 他病了，所以没去上课。

　　c. 因为他病了，没去上课。

　　d. 因为他病了，所以没去上课。

　　e. 他没去上课，因为他病了。

　　　　彼が授業に来なかったのは、病気だったからだ。

　　f. 他之所以没去上课，是因为他病了。（日本語訳は上と同じ）

例1の中のどれが"联合"複文で、どれが"偏正"複文であるか、特にどれが修飾節で、どれが被修飾節であるかを十分な理由を以って指摘する

ことは、確かに難しい。従って、中国語の文法では"分句"（分文：複文中の一つの節）という概念を広く用い、そうすることで並列複文の並列項や"偏正"複文の修飾節と被修飾節をまとめ、単文の成分を作る節、即ち従属節を、ある成分を作る"主谓短语"（主述フレーズ）と呼んだり、動詞性フレーズと呼んだりしているのである。本書では、"分句"という名称をそのまま使用し、区別する必要がない、あるいは一つにまとめる必要がある場合には、"小句"（節）という大きな類の名称も常用する。

　我々が言うところの分文型主題とは、つまり、主題を担う成分が意味的に述語との間に分文との間の論理的関係を持つことを言い、形式的には一つの節となる。2.6.1 で簡潔に分析したが、節が主題となる状況は、分文が主題となるものもあれば、実際には従属節が主題となるものもある。後者のタイプの主題と評言との関係は、複文内部の論理関係ではなく、単文内部の統語・意味関係なのである。

　　　2. 小张骗老婆，我不相信。（= 2.6.2, 例 2a）
　　　　　張さんが奥さんをだましたのは、私は信じない。
"小张骗老婆"は節が主題となっているが、この節は意味的には評言の中の述語動詞"相信"［信じる］の受動者項であり、例 3 の名詞主題の"小张"と同じで、例 2 と同義の例 4 のように、さらには名詞形式にすることもできる。

　　　3. 小张，我不相信。
　　　　　張さんは、私は信じない。
　　　4. 小张骗老婆的事，我不相信。
　　　　　　張さんが奥さんをだましたことは、私は信じない。

　一部の節と主題との同質関係については、言語学界ではすでに多くの検討がなされており、理論的に深く検討されたものもあるので、ここでは簡単に振り返ることにする。

　赵元任（Chao 1968）は比較的早期に主題と節の共通性について論じている。氏の考えによると、中国語の主語は文の主題であり、主語（＝主題）は問の文となり、述語（＝評言）は答えの文となる。氏の重要な根拠の一つは、主語の後の四つのポーズとなる助詞"啊"、"呐"、"嚜"、"吧"は同

時にすべて疑問を表す助詞であるが、これは偶然ではないということである。氏は、例5のような文では、二人で話すのは一問一答の二つの"零句"（ゼロ文）で、一人で話すのは主述（主題－評言）文であり、前者5aが後者bへと融合され、さらに助詞を伴わない一つの文となったcへと融合されると考えている。

　　5a. 饭呐？　都吃完了。（二人の対話）

　　　　ご飯は？　　もう食べ終わったよ。

　　b. 饭呐，都吃完了。（一人の話）

　　　　ご飯は、もう食べ終わった。

　　c. 饭都吃完了。（一人の話）

　　　　ご飯はもう食べ終わった。

　趙元任氏は実際には節が主題になる状況について言及しているわけではなく、氏の主題・主語同等説は現在でもわずかな人に支持されているが、主題と疑問文の共通性に関する氏の観察は、それ以降の研究や本書の以下の検討と深く関係がある。

　趙元任氏が上述の著書を発表してから10年後、Haiman（1978）が影響力の強い"Language"という雑誌に斬新なタイトルの論文'Conditionals are Topics'（条件節は主題である）を発表した。それがなぜ斬新かというと、英語の論文や文章では名詞形式がタイトルとなり、このように文を直接用いて論文のタイトルにすることはまれで、節が主題（文章のタイトル）になることを実践しているかのようであったからである。Haiman氏が述べる条件節とは、中国語の文法で条件文と仮定文の分文と呼ばれるものに相当する。Haiman氏の論証は主に形式的なマーカーと意味的内容（談話機能を含む）の両面から展開されている。形式的なマーカーについては、氏は自身が重点的に研究したパプア言語のホア語（Hua）や誰でもよく知っている英語及びその他の多くの言語を例とし、言語において普遍的に存在する主題、条件節、疑問文で同様に使用される形式的なマーカーやその三種類のマーカーが密接に関係している状況について説明しているが、氏は、これは偶然ではない（その中の主題マーカーと疑問マーカーが同じである状況はまさに趙元任氏が10年前にすでに注意をしていたが、氏もこ

れは偶然ではないと考えており、趙氏の著書も Haiman 氏の論文の参考文献中にある）と考えている。例えば、英語の "Would he…" のような主語と定形動詞が転移した節は、疑問（彼は……するだろうか）を表すこともできれば、仮定（もし彼が……ならば）を表すこともでき、さらに疑問のwhether を条件を表す if の代わりに用いることもできる。ホア語では、条件文、疑問文と主題には同じ接尾辞が使用される。例 6 と 7 を比較してみよう（ホア語と英語の注釈及び訳は Haiman（1978）中のもので、中国語の注釈と訳は本書で加えたものである）。

6. ＜ホア語＞ E　　　　-si　　　　　-ve　　　　baigu　　-e.

英語解釈：　come　　　3sg, fut.　　　int.　　will stay　　1sg

中国語解釈：　来　　3人称単数将来時　（疑问标记）　将呆着　1人称単数

英語訳　　：If he comes, I will stay.（表面的には：Will he come? I will stay.）

中国語訳：如果他来，我就（在这儿）呆着。/ 表面的な意味：他来吗？

　　　　　那我就（在这儿）呆着。

　　　　　　もし彼が来るなら、私は（ここに）います。

7. ＜ホア語＞　Dgai　　　-mo　　　　-ve　　　　baigu　　-e.

英語解釈：　I(emph)　　　c. p.　　　-top　　will stay　　1sg

中国語解釈：我（強調式）　連接助詞　話題標記　将呆着　1人称単数

英語訳　　：As for me, I will stay.

中国語訳：至于我 / 我吧，将（在这儿）呆着。

　　　　　　私については、（ここに）いるでしょう。

例 6 から、ホア語で仮定条件を表すのに用いるのは疑問文マーカー ve なので、条件文の表面的な意味は疑問文であることが分かり、例 7 からも、この疑問文マーカーが条件文マーカーを兼ねると同時に主題マーカーでもあることが分かる。いわゆる「強調型」とは人称代名詞性の成分を指す。なぜならば、対比性主題となるには独立語の形式で現れるが、強調をしない時には人称代名詞は現れる必要がなく、ただ動詞の接尾辞（即ち、例 6、7 両文の末尾の -e）で表すからである。意味的・機能的な面では、Haiman 氏は条件文に関する定義（多くは哲学・論理学界からの）と主題に関する定義（多くは言語学界からの）の奇妙な類似性を発見した。関係する定義

に対する整理やまとめと多くの言語に対する比較分析を通して、Haiman
氏は次のような自分の定義を提出している。

①条件節は（あるいはただの仮定であってもよいが）、話し手・聞き
手の双方の共有知識の一部である。この点に基づけば、それはそれ
以下の談話的フレームを構成するのに選ばれる。

②主題は一つの実体を表し、その存在は話し手・聞き手が共通認識す
るものである。この点に基づけば、それはそれ以下の談話的フレー
ムを構成するのに選ばれる。

Haiman 氏は、両者の情報的属性は同じで、どちらも既知情報（＝旧情報）
であり、談話機能も同じで、どちらもそれ以下の談話にフレーム（本書で
言う「言語使用領域」）を提供している。氏の言う「既知」、「共有」、「共
通認識」は、すべて前の文に現れるとは限らず、主題や条件を口にしたそ
の場で形成されると言える。従って、氏の既知情報をより正確に言うなら
ば、間接活性化情報を含む共有情報なのである。

　Haiman（1978）以降、言語学界における節と主題の関係についての検討
は条件節の問題に集中し、中国語文法学について言えば、複文中の条件・
仮定分文の問題であるので、我々はこれを分文型主題と呼び、総称的な節
主題とは考えない。

　Ford & Thompson（1986）は、英語の談話は基礎的な同意条件文が主題
機能を持っていると分析しているが、条件節の主題性は分文の語順と密接
な関係があり、前置された条件文であってはじめて、明確な主題機能を持
つと考えられる。Gundel（1988）は言語共通性の角度から主題マーカーが
常に条件節と関係従属節マーカーとして同時に用いられる状況を指摘し、
その中で Haiman（1978）の分析とホア語の例も引用している。Schiffrin
（1992）は Haiman（1978）について継続して深く検討した比較的最近の重
要な論文である。その論文は主に談話機能の角度から Haiman 氏の観点が
合理的かどうかについて検証し、主題・定・既知などの「古い」概念の定
義についてさらに詳細に検討しており、いくつかの観点については本書
1.1.1 で紹介を行った。その論文では、主題の定義の食い違いは、主にレベ
ルの違いに関係するものであると考えており、その著者は主題の概念は談

話レベルであってはじめて研究する意義があると主張している。同様に、その論文では、条件節が主題となることも主に談話レベルに存在する現象であると主張している。談話レベルから出発して、その論文では、Haiman氏がすべての条件節は既知情報であると解釈しているのは妥当でないと考えており、また口にしたと同時に既知に変わるという考えにも反対で、さらに自分の言語データによる分析を根拠として、条件文の主題性を決定する語順の影響力を強調している。

　我々は、英語のような主語卓越型言語について言えば、主題が統語的地位に欠けている原因は、おそらく主に談話レベルに存在するのだと考える。談話レベルから見れば、Haiman氏が考えるすべての条件文は主題に属するという観点には、疑問の余地がある。この点について、Ford & Thompson（1986）とSchiffrin（1992）という二つの英語の談話分析を基礎とした論文のHaiman氏の観点に対する検討は筋が通っている。しかし、他のいくつかの言語について言えば、主題はすでに一つの統語概念となっており、条件文と主題の関係も完全に統語レベルから検討でき、談話レベルに限定する必要はない。Haiman（1978）がホア語の状況に基づき統語法から条件文の主題性を検討しているのは非常に合理的であるとすべきであるが、氏が関連する結論を他の言語へと拡大する時には、おそらく度を超えた総括をすることになるであろう。また、Haiman氏の論証は、語順という要素も明確な欠点であるということを無視している。その外に、Gasde & Paul（1994）は専門の立場から中国語における条件文が主題となる状況について形式文法的分析を行っており、氏らが用いる例文の一つは次のものである。

　　8. 如果下雨的话，我就不去。

　　　　もし雨が降れば、私は行かない。

氏らの分析によれば、"如果下雨"は主題で、"的话"は主題マーカーで、"我就不去"は評言であるとしている。これに対して、我々は二つの点を補うことができる。第一に、"的话"を用いた文は、"下雨的话"のように、たとえ"如果"という接続詞を用いなくても仮定条件を表すことができ、第二に、"……的话"の表面的な意味は語彙的な意味の主題であり、またこ

の条件節は最初から名詞性フレーズと見なされ、"下雨的话"は表面的には「"下雨"という主題」なのである。

次に我々は、中国語、特に上海語の実際に基づき、統語法、特に重点的に主題マーカーから出発し意味と談話機能とを結び付け、分文型主題の検討を行う。ここでは主に条件文について述べるが、条件文に限定はしない。上海語では、ある分文型成分は主題と見なすことができるだけでなく、主題としか見なすことができないことが分かるが、その問題については、Haiman 氏が挙げるホア語よりも上手く説明ができるかもしれない。

6.4.2 上海語の"提頓词"と分文型主題

上海語の"提頓助词"は常に分文の性質を持った成分の後に用いられ、"提頓词"を用いた分文は、"提頓词"を用いた普通の主題と同様に、その後に必ず後続する分文がなければならない。前後の分文の最も主要な論理関係は条件・仮定に類した関係である。すべての"提頓词"には、元からあるもの、後から起こったものを含め、みなこの用法がある。旧派の上海語では、"提頓词"は条件・仮定に類した関係を表すために最も常用する手段であり、新派（1965 年前後に生まれた人）の上海語では仮定の接続詞を旧派よりも多く使用するけれども、"提頓词"はやはりこれらの関係を表す常用手段の一つとなっている。

9. 依去末，我就用勿着去哉。　'假使你去，我就用不着去了'
   もしあなたが行くならば、私は行く必要がなくなった。

10. 伊会得写文章是，我好做作家哉。
   '假如他会写文章，那我就好做作家啦'
   もし彼が文章を書けるならば、私は作家になれる。

11. 老王肯帮忙倒，阿拉有希望勒。
   '老王肯帮忙的话，咱们倒有希望了'
   王さんが進んで手伝ってくれれば、私たちには希望がある。

12. 依搭伊讲也，伊勿相信个。
   '即使你跟他说，他也不相信'
   もしあなたが彼に話しても、彼は信じない。

294

6.4 分文型主題の形式的特徴と談話機能

13. 陌生顾客跑得去对哦，伊就劏侬一刀。

'陌生顾客去的话，他就宰你一下'

見知らぬ客が行くなら、彼はあなたに少し高値を吹っかける。

14. 侬来学是哦，阿拉勿收侬钞票。

'你来学的话，我们不收你的钱'

あなたが学びに来るなら、私たちはあなたからお金はもらわない。

例 9 － 12 で用いているのは元からある "提顿词" で、これらの言い方は今でもこのように言う。例 13, 14 で用いているのは新しい上海語の "提顿词" で、その働きは元からの "提顿词" に近い。これらの文で、もし "提顿词" を削除すると、仮定・条件の関係が不明確になり、せいぜい分文の間の意味関係によって、おそらく条件・仮定関係であると判断し、これがいわゆる意合法 (parataxis)（文体に即して、意味に合うように理解する方法）となる。"提顿词" を削除した後、例 11 のように言いにくいものもあれば、意味関係が変わるものもあり、例 12 のように "也" を削除すると "即使"［たとえ……でも］の譲歩仮定の意味がなくなってしまう。

これらの例から、上海語で "提顿词" を使用して条件関係を表すのは、個別の "提顿词" の偶然の兼用現象ではなく、"提顿词" という語彙全体の系統立った機能であることが分かる。このことは、上海語の言語心理において、条件節は確かに主題と同じ類に帰することを説明している。形式的なマーカーによれば、少なくとも "提顿词" を伴う条件節を主題と見なす十分な根拠があるのである。

ついでに、Haiman（1978）は、条件節マーカーと主題マーカーは常に同じであるだけでなく、この両者は疑問マーカーとも常に同じであることに注目している。上海語で最も常用する "末" は今では疑問マーカーとして用いられないが、"哦" の常用性には及ばないものの、"俉花种好拉末"［あなたたちは花は植えましたか］（蒲课 273 頁）のように、20 世紀中頃までは疑問マーカーの機能を持っていた。しかし、新しい上海語における主題マーカー兼条件節マーカーである "对哦"、"是哦" は今でもまだ使用されているように、疑問節から機能語化された疑問マーカーなのである（3.1.3 を参照）。

295

6. 主題の談話機能と談話環境

　条件節の統語的な主題性はこれだけにとどまらない。さらに重要なのは、
"提頓詞"を伴う条件節が統語的に他の主題とまったく同じ位置を占め、
我々はこの条件節を主題と分析せざるを得ないことである。まず、書面語
の資料における例 15, 16 を見てみる。

15. 今年车花生意好来；机器车花末，起头田末，要八角洋钱（＝钿）
一亩；牛车末，一块二角洋钱一亩；脚踏车末，一块半洋钱一亩。
连吃末，总要算到两块洋钱一亩。（蒲课 275 页）

　　今年は綿花畑に水を撒く商売がよく、機械で水を撒くなら、畑
なら、１ムー八角で、牛車なら、１元２角で、自転車なら、１ムー
１元半である。食事まで含めると、１ムー２元になる。

16. 胆大个人末，惯常粗心。粗心之（＝仔）末，事体做勿好哉。细
心个人末，惯常胆小。胆小个人末，勿敢做事体。（蒲课 282 页）

　　大胆な人は、いつもそそっかしい。そそっかしいと、事がうま
くいかない。細心な人は、いつも臆病である。臆病な人は、事を
なす勇気がない。

以上の二例はどちらもパラレルあるいは対称的であり、同文中の"末"の
位置も一致しており、主題マーカーの機能を持っており、また明確な対比
あるいは列挙の働きがある。しかし、パラレルあるいは対称的な位置の"末"
の前の成分は文法的類型が一致しない。例 15 では、"机器车花末"［機械
で水を撒くのは］は節の形式で、仮定性を持っており、その意味は「もし
機械で水撒きをしたならば」ということである。後の"起头田末"［畑か
ら始める］は動詞フレーズでもあり、仮定性も持っている。一方、後の"机
器车花"とパラレルな成分は名詞の"牛车末"［牛車なら］、"脚踏车末"［自
転車なら］であり、主題性が明確である。最後の"连吃末"［食べるまでは］
も動詞フレーズであり、その意味は「食事まで含めれば」ということである。
これらの"末"を伴う成分の後ろにはみな費用を表す数字があり、その意
味関係は一致しており、我々はそれらをすべて主題構造と見なすしかない。
例 16 は二組の"末"を伴う成分が対比を構成しており、文型は例 15 より
もさらに整っている。一組は"胆大个人末"［大胆な人］と"胆小个人末"
［細心な人］（"个"は"的"に相当する）で、どちらも名詞フレーズであり、

6.4 分文型主題の形式的特徴と談話機能

もう一組は"粗心之末"（直訳は、"粗心了的话"［不注意であれば］で、"之"は本書では"仔"で、"了"に相当する）と"細心个人末"［臆病な人は］で、動詞フレーズ対名詞フレーズになっており、"末"の前の成分の品詞が異なるが、統語的位置は明らかに一致している。

例 16 について言えば、実際にはさらに多くの同義の表現方法があり、条件節と主題の一致性を示している。

17a. 胆大个人末，惯常粗心。粗心个人末，事体做勿好哉。细心个人末，
　　惯常胆小。胆小个人末，勿敢做事体。（すべて NP 対 NP）

b. 胆大个人末，惯常粗心。粗心仔末，事体做勿好哉。细心个人末，
　　惯常胆小，胆小仔末，勿敢做事体。（NP 対 NP，VP 対 VP）

c. 胆大仔末，惯常粗心。粗心仔末，事体做勿好哉。细心个人末，
　　惯常胆小。胆小个人末，勿敢做事体。（すべて VP 対 NP）

d. 胆大个人末，惯常粗心。粗心仔末，事体做勿好哉。细心仔末，
　　惯常胆小。胆小个人末，勿敢做事体。（NP 対 VP，VP 対 NP）

"末"は上海語では最も常用の"提頓詞"であるだけでなく、対比性主題文を構成できるので、仮定文と名詞性主題の統語的な高い一致性を最も反映している。

さらに興味深いのは、条件節が主題「のようである」だけでなく、名詞性主題も節「のようである」ことである。例 18 の"大块头"の意味は"胖子"［太った人］で、元々名詞であり、前の節でも正常な名詞用法であるが、後の節に来ると"末"を加えて主題となり、"了"に相当するアスペクトマーカー"之"（＝仔）を帯び、"变胖"［太ってしまった］という動態の意味と仮定の意味を帯びるが、依然として主題であり、それ自身が名詞であるので、例 18b で"之"を削除しても、文の構造は依然として同じである。

18a. 现在，有一种摩登小姐怕自家变大块头。大块头之末，勿好看哉。

（蒲课 222 页）

　　現在、太るのを恐れるモダンな娘たちがいる。太ると、かっこ
　悪いからだ。

b. 现在，有一种摩登小姐怕自家变大块头。大块头末，勿好看哉。

以上の統語的分析は、意味と機能面からの支持を得ることができる。そ

6. 主題の談話機能と談話環境

れぞれの"提顿词"が名詞性主題をマークする時の意味・情報的特徴との違いは、条件節をマークする時と同様に存在する。例えば、"末"は常に既知情報の主題性を際立たせるのに用いられる。つまり前の文の非主題成分に後の文の主題を担わせ、さらには間接活性化された情報や前の文で対比を構成する成分を導入して主題にするのに常用される。条件節の後に用いるのも、このような状況であることが多い。対比性の例はすでに例17で見たが、以下はその他のよく使われる例である。

19. 考究卫生个人勿大留头发个；因为留之头发末，一定要搌油咾啥，……（蒲课 238 页）

きれい好きな人は髪を伸ばさない。なぜならば、髪を伸ばせば、必ず油を塗らなければならず、……

20. 乡下头，家常用两盏电灯勿合算；一个月用两个字末，也要算六个字。（蒲课 202 页）

田舎では、ふだん二つの電灯を使うと割に合わず、一か月で2キロワット使うと、6キロワットに相当する

21. 现在，夏天到哉，太阳光交关利害；跑出去末，最好要预备一副太阳眼镜。（蒲课 152 页）

もう、夏になったので、太陽の光がとても強く、出かける時は、サングラスを準備した方がよい。

例19の"留之头发末"は、「もし髪を伸ばしたなら」ということで、髪を伸ばすことは前の文で触れられているが、前の文の主題の位置にはない。例20の"一个月用两个字"は、「一か月に2キロワットを使う」ということで、これは仮定の新しい状況であるが、前の文の二つの電灯を使うことと関係しており、間接活性化された情報に属する。例21の"跑出去末"［出かける時は］は"太阳光"と関係がある新情報であるが、実はこの節が 6.2.1 の例5における省略された部分であり、6.2.1 ではまだ分文型主題に言及していなかったので、意識的に説明を避けた。実際には、前後の文のいくつかの"末"を一緒に置くことで、ちょうど名詞性主題と条件節主題の一致性を見出すことができるのである。

"末"の主題機能とは異なり、"提顿词"の"是"は主に前の文が言及し

ているか、言及したばかりの成分が担う主題の後に用いられ、前の文と比べある種の転換の語用的意味を持っており、"末"のような主題を導入する機能は備えていない。条件節マーカーとなる時には、やはりこのような情報的特徴があり、主に前の文がすでに言及した状況を仮定するのに用いられ、同時に次のように転換の意味を持っている。

22. A：我明朝勿想去参加哉。

　　　　'我明天不想去参加了'

　　　　　私は明日参加しに行きたくなくなった。

　　 B：侬勿去参加是，哝没人高兴去哉。

　　　　'你不去参加的话，就没人愿意去了'

　　　　　あなたが参加しに行かないのなら、行きたい人はいない。

23. A：听说小张辣辣写小说。

　　　　'听说小张在写小说'

　　　　　張さんは小説を書いているそうだ。

　　 B：伊会得写小说是，我好做大文豪勒。

　　　　'假如他会写小说，那我都可以做大文豪了'

　　　　　彼が小説を書けるのなら、私は大文豪になれる。

二つの例の中の"是"を伴う節はどちらも、相手や自分の前の談話においてすでに出てきた状況を仮定しており、例 22 は A が会議に行かないのにあまり賛成ではないという意味を含み、例 23 は A が言う内容に対して信じていないことを表し、どちらも軽い転換の意味を帯びている。"是"は"末"のように前の文に現れていない新しい状況の仮定に用いることはできず、例えば、上で"末"を用いて新しい状況の仮定した例 20, 21 を次のように"是"に変えると、文は不適格となってしまう。

24. *乡下头，家常用两盏电灯勿合算；一个月用两个字是，也要算六个字。

25. *现在，夏天到哉，太阳光交关利害；跑出去是，最好要预备一副太阳眼镜。（この文は前の文で誰かが外出する状況があってはじめて適格文となる）

その他の"提顿词"が名詞性主題に用いられる場合と条件節主題に用い

られる場合の意味的・情報的特徴も同じであり、さらに詳しくは述べない。

6.4.3 北京語と中国語史における分文型主題

　主題マーカーと条件節マーカーが同一で、さらに機能が同じである状況
は、北京語の中にも存在するが、さらに早期の中国語にもよく見られるこ
とから、分文型主題は中国語において普遍的な現象であることが分かる。
次にそれぞれについて簡単に検討を行う。

　北京語の"提頓詞"は、ふつう語気助詞または文中語気詞と呼ばれるが、
それには理由がある。なぜならば、それらはすべて明らかに文末語気詞か
ら来ており、それらが主題マーカーとなる専用性は上海語には及ばず、主
題マーカーとなる文法化の程度は上海語の"末"などの"提頓詞"には遠
く及ばないからで、よって、我々は上海語を主題マーカー考察の重点とす
る。しかし、北京語が"提頓詞"として用いることができる語は、すべて
同時に名詞性主題と条件節主題にも適合しているが、主題マーカーとなる
場合にのみ文末語気詞の意味的特徴を若干残している。次の例は胡明揚
（1981）からの引用であるが、ほとんどが書面からの出典、あるいは人の
姓名を発音した北京語の実例であり、順番を組み換えているが、出典はい
ちいち掲載しない。

　　26a. 爸爸吧，干脆就不回来。
　　　　　お父さんは、結局帰らない。

　　　b. 卖糖吧，就能告诉人家糖里有什么，吃了有什么好处。
　　　　　飴を売るのは、中に何が入っていて、食べたらどんな効果があ
　　　　　るかを人に教えないと。

　　　c. 你早说吧，我早就准备好了。
　　　　　あなたは早く言ってよ、私はとっくに準備をしたのに。

　　27a. 这样的事儿吗，我没听说过。
　　　　　このような事は、私は聞いたことがない。

　　　b. 去吗，不好；不去吗，也不好。
　　　　　行くのは、よくないし、行かないのも、よくない。

　　　c. 我说吗，大家都得去。

私が思うに、みんな行くべきだ。

28a. 爸爸呢，干脆就不回来。

お父さんは、まったく帰って来ない。

b. 哪怕是作小工子活掏沟修道呢，我也好有个抓弄啊。

たとえどぶさらいや道の補修であろうと、私はうまくやれるさ。

c. 大家愿意回家看看去呢，就去；愿意先歇会儿再去呢，西边咱们
包了两所小店儿，大家随便用。

みんなが家に戻ってみたいのなら、行きなさい。先に休んでか
ら行きたいのなら、西側に小さな店を二つやっているから、自由
に使ってください。

これらの“提頓词”はみな疑問語気詞から派生したものであり、それは主
題マーカーと条件節マーカーと疑問マーカーの同一的傾向を再度説明して
いる。それらが条件節主題や名詞主題に用いられる際には、依然としてそ
れぞれの疑問語気詞が持つ語用的含意を若干残しており、同時にまた、主
題の提示機能や対比機能や分文型主題の仮定機能を確かに有している。

　我々はさらに、早期の白話の資料からも主題マーカーと条件節マーカー
の同一性を見ることができる。

　明代の正徳年間に朝鮮で刊行された文語と口語を対照した漢語読本《训
世评话》の中で（姜信沆（1991）を参照）、その白話部分に常に機能語と
して使用される“呵”の用例を見つけることができる。“呵”が現れる位
置はすべて名詞性主題の後や条件分文型主題の後で、“呵”の後ろには必
ず評言がある。言い換えれば、それは文末語気詞を兼ねず、今日の北京語
の「文中語気助詞」よりもさらに文法化された主題マーカーなのである。
以下はその中のいくつかの例であるが、傍点は本書で加えたもので、例文
の後の（　）内の数字はそれぞれの話の順番であり、例29－31は名詞性
主題に、例32－34は条件節型主題に用いられ、例35はそれら二つの主
題に連続して用いられている。

29. 后娘生的象呵，越暴虐，一心儿只要杀舜麼。舜呵，十分孝顺……(1)

継母が怒った様子は、ますます暴虐になり、一途に舜を殺そう
とした。舜は、とても親孝行で……

6. 主題の談話機能と談話環境

30. 臣的娘子呵，虽是到死，也无两等心肠。(17)

臣（私）の母は、死んでしまったが、二心はなかった（とても忠実であった）。

31. 今日呵，有缘故，再等改日来。(17)

今日は、用事があるので、また日を改めて来ます。

32. 从我呵，保你身子；不从我呵，便杀你婆婆。(15)

私に従えば、お前の身を守るが、従わないなら、姑を殺す。

33. 那主人说：“你织出三百匹绢子呵，放你去。”(5)

その主人は、「お前が絹を三百匹織ったら、解放してやる」と言った。

34. 那富家啼哭拜谢说：“不是明官呵，我们一起灭门了。”(21)

その金持ちは、「公明正大な官吏でなければ、我々一家は滅んでいた」と泣きながらお礼を述べた。

35. 国王听得，和都弥说：“虽是贞节的妇人呵，暗地里巧言啜赚呵，便动淫心。”(17)

国王はそれを聞くと、「貞節な女性であるが、こっそりと言葉巧みにだますとは、淫らな考えだ」と都弥にいった。

　これらの例は近代中国語の状況を表している。条件節と主題の一致性は、中国語ではさらに早期にさかのぼることができ、代表的な先秦や漢代の中国語の文献にすでに見受けられる。しかし、それは本書の主要な任務ではないので、ひとまず数例を挙げるのみとする。

　6.3.2で分析した文語の“则”と上海語の“末”は談話機能的には非常に近く、この“则”は名詞性主題と分文型主題の一致性という点でも“末”と非常に近く、特に対比性や列挙性がある場合にはそうである。例36－39はすべて揚樹達（1979）の“则”の条項からの引用である。

36. 子女玉帛，则君有之；羽毛齿革，则君地生焉。(《左传・僖公二十三年》)

子女玉帛は、則ち君これ有り。羽毛齒革は、則ち君の地に生ず。

37. 汉之得人，于兹为盛。儒雅则公孙弘董仲舒而宽，笃行则石建石庆，……将帅则卫青霍去病，受遗则霍光金日磾，其余不可胜记。(《汉书・公孙弘传》)

漢の人を得るは、ここに於いて盛となる。儒の雅なるは則ち公
孫弘・董仲舒にして寛とし、篤行は則ち石建・石慶にして、……
将帥は則ち衛青・霍去病にして、遺を受けるは則ち霍光・金日磾
にして、その余りは勝記すべからず。

38. 弟子入則孝，出則弟。(《论语・学而》)

弟子 (ていし) 入りては則ち孝、出でては則ち弟。

39. 宗邑无主，则民不威;疆场无主，则启戎心。(《左传・庄公二十八年》)

宗邑主無ければ、則ち民威 (おそ) れず。疆場主無ければ、則ち
戎の心を啓 (ひら) く。

例 36 の "则" の前は名詞性主題で、"论……，则……，论……，则……"
のように、仮定の意味もある。例 37 は本書で省略した部分には全部で 11
の "则" を伴う並列分文があり、"则" の前には "将帅"［将軍と元帥］の
ような名詞や、"儒雅"［学問がある］のような形容詞や、"受遗"［遺贈を
受ける］のような動詞があり、それらの統語的な働きに違いはなく、すべ
て明確な主題を持っており、"论……，则……，论……，则……" のよう
な仮定の意味もある。例 38 の "则" の前は単独の動詞で、副主題に属し、
条件節の働きもある。例 39 の "则" の前は完全な条件節で、明確な対比
性主題の働きもある。

6.5 受動者類主題と文の機能的類別

6.5.1 受動者類主題の常用性及びその文型分布

本書で何度も触れているように、上海語は主題卓越型言語 / 方言として
普通話よりも典型的で際立っているが、それは、例えば、主題マーカーと
しての "提顿词" が発達し常用されること、主題の意味類型が極めて多様
であること、コピー型主題が大量に使用されること、条件節が持つ主題の
性質が明確であることなど、多くの面に現れている。その外に、受動者類
主題が大量に存在することも主題が卓越している一つの際立った現れであ
る。受動者類主題とは、主題を担う成分が意味関係的に文の主要動詞の広
義の受動者性の項に属することを指し、その中には動作行為の受益者・目
標・対象・受領者・使役の対象・結果などを含む。中国語ではさらに関係

動詞の叙述詞（中国語では"表語"で、"是"の目的語となるもの）性成分（我々はこれを「疑似項」と呼ぶ）を含む。

受動者類主題が上海語の中で大量に使用されていることは、また重要な理論的問題をもたらす。つまり、これらの前置された受動者性成分は一体主題なのか目的語なのか、上海語には目的語を前置する文法類型的特徴があるのだろうか、ということである。

本書では一貫して、これらの前置された受動者類成分を主題や副主題と見なしてきた（"把"構文、"被"構文などに相当する文は含まない）。前の各章で実際に多くの有力な証拠を提供し、それらを目的語ではなく主題と見なすべきだと説明した。それらをまとめると、次のようになる。

1) 主題は統語構造では独立した地位を占め、主語や目的語などの成分が兼任する必要はなく、受動者項が一旦前置され主題を担うと、もう目的語ではなくなり、当然主語でもない。

2) 中国語の主題は、その後の成分、即ち文の主要動詞と多くの異なる意味関係を持ち、非常に緊密な関係のものもあれば、かなり緩い関係のものもあり、受動者項が主題を担うのはごく自然なことで、実際には最も多く見られる主題の類型の一つである。

3) 受動者成分が前置される際、動詞の後の目的語の位置には常にその受動者成分と同一指示である代名詞や指示的なフレーズがあり、これこそが統語上の目的語であるので、前置された受動者項は目的語ではなく、主題であることをはっきりと表している。

4) 前置された受動者項には指示的意味と談話情報的特徴における制限があり（定・総称・全量・既知情報・活性化された情報・共有情報などのように）、これらはすべて主題機能を実現する要素に有利であるが、受動者成分は不定・非定・非特定的・新情報など、主題機能を実現する要素に不利であり、前置が難しい。このことから、受動者項の前置は主題を担い、主題機能を実現させるためであるということが分かる。

本節では、談話環境という角度からさらに踏み込んだ証拠を提供し、前置された受動者項が主題に属することを説明する。

6.5 受動者類主題と文の機能的類別

　受動者が前置された文は、上海語の口語の会話ではかなり高い頻度で出現し、普通話よりもはるかに多い。しかしながら、上海語は受動者が一律に前置されたり基本的に前置されるというわけではなく、語順が完全に自由でまったく規則がないというわけでもない。受動者前置文は主に特定の談話や語用環境において発生し、特に文の機能的な類別（中国では"句類"と呼ばれる）と密接な関係があり、これらの環境はまさに受動者成分が主題機能を実現するのに有利な環境なのである。例えば、例 1a は現代京劇《紅灯記》の中の暗号を用いて掛け合った対話で、1b はそれに対応する上海語訳であるが、対照と紙面の節約に便利なように、a,b を横に並べている。

　　1a. 李家人：谁呀？　　　　　　　b. 啥人啊？

　　　　李家の人：誰なの？

　　　　联络员：卖木梳的。　　　　　　卖木梳个。

　　　　連絡員：木櫛売りです。

　　　　李：有桃木的吗？　　　　　　桃木个有哦？

　　　　　　桃の木のはあるの？

　　　　联：有，要现钱。　　　　　　有，要现钞。

　　　　　　ありますが、現金です。

上海の人が買い物をしたり、道を尋ねたり、先生が質問をしたり、学生が教えを請うたり、裁判官が尋問をしたりなど、質問をする場合、話を始める時に"桃木个有哦"のような文を口にし、ふつう"有桃木个哦"のようには尋ねない。例えば、主語を加える場合でもやはり"侬桃木个有哦"［あなたは桃の木のはあるのか］となる。このような文型は"哦"の統語的属性とは無関係で、"哦"は動詞と隣り合う必要はない。その他、近くの蘇州語では、文末の"哦"は用いず、動詞に前置した発問語の"阿"を用い、やはり"（倷）桃木个阿有"となる。またここでは、"卖木梳"は"要现钞"とは受動者の関係であるが、上海語ではやはり受動者後置の語順を用いており、受動者前置に代えるべきではない、ということに注意しなければならない。その違いは、文の機能的類別にある。我々の語感と観察によれば、上海語の受動者前置は中性疑問文[4]や否定文との関係が最も深い。もし"李家人"がさらに"没现钱"［現金はない］と言う場合、上海語では基本的

305

6. 主題の談話機能と談話環境

には"現鈔眈没"と言うはずである。この種の関係の度合いは二つの面に表れる。一つは、この二種類の文の受動者前置の頻度が肯定の平叙文や命令文ではかなり高く、その他の類型の疑問文でも高いことである。もう一つは、この二種類の文では、受動者前置の文（以下 TV 文と呼ぶが、本節での T は特に受動者性主題を指す）は「動詞＋目的語」型の文（以下 VO 文と呼ぶ）では特に多いが、他の文型では TV 文が優勢な語順となるのにははるかに及ばない。

　この現象を実証するために、我々は簡単な統計を行った。統計の言語資料は《独脚戯集錦》225 − 231 頁の寸劇《黄魚掉帯魚》で、脚色は二名の"独脚戯"（上海・杭州などで流行っている一人から三人で演じるコント）の名人である姚慕双と周柏春である。同書の中のシナリオは多くが書面語化されていると同時に、たくさんの普通語の語句や構造、及びその他の呉方言以外のものが混じって用いられており、統計資料として用いるのは難しい。しかし、このシナリオは純粋な上海語口語を反映している [5]。統計項目としては、TV と VO という二種類の語順の中性疑問文、反意疑問文、疑問詞疑問文、否定の平叙文、肯定の平叙文、肯定の命令文における分布である。中性疑問文とは主に文末に"哦"を伴う疑問文で、さらに発問語"阿"を伴う疑問文があり、現在、上海語では"阿是"でのみ使用されるが、それらを分けて統計を行った。中性疑問文にも属する反復疑問文も一例あった。反意疑問文とは、"儂想敲竹杠是哦"（あなたはだましてお金を巻き上げたいのか）のように、文末に疑問のフレーズ"是哦"、"対哦"、"好哦"などを用いて構成される疑問文である。選択疑問文と否定の命令文は言語資料には現れなかった。

　以下は統計の結果で、前にあるのは TV と VO のそれぞれの例文の数である。また、（　）の中はそれぞれの下位範疇の具体的な数字で、その中の S は動作主主語を指す。

中性疑問文：　　8：2（TV が 3 例、STV が 5 例；VO と SVO はそれぞれ 1 例）

"V 勿 V"疑問文：　1：0（STV が 1 例）

"阿是"疑問文：　0：3（VO が 1 例、SVO が 2 例）（O は実際には目

的語の補語や"表語"（叙述詞）と呼ばれるもの）

反意疑問文： 　0：4（VO と SVO が各 2 例）

疑問詞疑問文： 　0：11（VP が 6 例、SVO が 5 例）

否定の平叙文： 　17.5：2.5（TV が 4 例、STV が 11 例、TSV が 2 例、
STVO が 1 例で両方に属するので各 0.5 例；SVO が 2 例）

肯定の平叙文： 　8：36（TV が 2 例、STV が 5 例、TSV が 1 例；VO
が 3 例、SVO が 33 例）

肯定の命令文： 　3：10（TV が 3 例；VO が 9 例、SVO が 1 例）

　この統計は、データの量は多くないが、問題に対してかなり説明することができ、具体的には次のようになる。

1) 中性疑問文では、TV と VO の比は 8：2 で、TV は VO の 4 倍となっている。否定の平叙文では、TV と VO の比は 17.5：2.5 で、TV は VO の 7.4 倍となっているが、肯定の平叙文では、TV と VO の比は 8：36 で、VO が逆に TV の 4.5 倍となっている。簡単に言えば、上海語では、肯定平叙文は VO 型が明らかに優勢を占め（TV 型が 2/9 で、普通話の肯定平叙文の TV 型の比率よりもやはり高いであろうが）、否定平叙文と中性疑問文の主題化である TV は絶対的に優勢を占めている（普通話の中の同類の文における TV 型の比率を大きく超えているであろう）。

2) TV 文型で、もし主語が現れるならば、受動者が副主題となる STV が主主題となる TSV よりもずっと多い。これは普通話の状況と異なり、普通話の TV 型における TSV は STV をはるかに超える。

3) 疑問詞疑問文は、疑問代詞が主語や連体修飾語（中国語では"状語"）や目的語に用いられようと、TV 文型は現れず、TV の比率は肯定平叙文には及ばない。この点は我々が TV と上古漢語における OV 文の違いを検討する場合にとても重要となる（6.5.3 を参照）。

4) 命令文では VO が優勢を占め、TV の比率は肯定平叙文よりやや高いが、文の総数が多くないので、この違いは状況を説明するには不十分である。

以下、我々は四種類の文型を中心にして、具体的な用例をからめ、受動

6. 主題の談話機能と談話環境

者前置文の談話的環境について検討を行い、さらに前置された受動者成分の主題的な性質を確定していく。

6.5.2 平叙文中の主題構造：肯定と否定

ある言語の基本語順を検討する場合、意味的に最も無標（unmarked）で、最も中性な文を典型的な代表として選ばなければならない。この特徴に最も符合したものは独立した（特定の前後の文の制約を受けない）肯定平叙文である。このような文は普通話や上海語ではどちらも SVO を最も無標の語順とする。以下に上海語の文を列挙する。

　　　　2. 我顶欢喜越剧。

　　　　　私は越劇が一番好きだ。

　　　　3. 小明拉爷辣辣寻侬。　　'小明他爹在找你'

　　　　　小明は彼のお父さんがあなたを探している。

　　　　4. 我今朝辣南京路买勒几件冷天穿个衣裳。

　　　　　私は今日南京路で寒い日に着る服を買った。

　　　　5. 我马上要到火车站去提茆批货。　　'……提这批货'

　　　　　私はすぐに鉄道の駅に行ってこの荷物を引き出す。

例2－5の受動者成分には総称・定・不定のように多くの状況があり、時間は現在・過去・未来に及び、アスペクトはそれぞれ普通・進行・完了となり、比較的大きな代表性を備えている。

　もちろん、肯定平叙文には受動者前置がまったく現れないわけではなく、例2－5もある一定の条件の下で TV 文型に変えることができる。受動者成分が主題の指示や情報的特徴に符合する時、前置される傾向があったり、強制的に前置され、TV 文型を構成する。これらの特徴は、既知（特に活性化されたばかりの）・定（特に同時に既知情報となる）・総称・全量・イベントの対比・並列列挙などを含んでいる。よって、上海語の肯定平叙文では、TV 文は少数であるが、一定の比率を占めており、その比率はおそらく普通話を超えている。具体的な状況は第5章と本章の前の文ですでに検討したので、ここではさらに繰り返さない。しかし、いくつかの比較的特殊な状況があり、ここで言及する必要がある。

受動者項を持つ動詞の重ね型は TV 形式を大量に採用する。中国語の動詞の重ね型の受動者項は不定であってはならず、"谈谈一个想法" とは言えず、"谈谈想法"［考え方について話す］、"谈谈这个想法"［この考え方について話す］としか言えない。このように、動詞の重ね型の受動者項が定められているのは総称や定のものなので、主題（通常は副主題）となる傾向がある。動詞の重ね型は命令文と願望文であるが（6.5.4 を参照）、平叙文にも用いられ、のんびりとリラックスした状態を表す場合が多い。

6. 侬坐辣海瓜子剥剥，茶呷呷，倒老适意个。'你坐着嗑嗑瓜子，喝喝茶，倒挺舒服的'

あなたは座って "瓜子"（スイカやカボチャの種を干したもの）を食べ、お茶を飲んだら、気分がよいはずだ。

7. 侬上班就电话接接，我也会个。'你上班就接接电话，我也会的'

あなたは出勤したらすぐに電話を受けるが、私もそうできるはずだ。

上海語の中性疑問文はふつう受動者前置であり、例 8 の中の "铜钿要"［お金がいる］と "铜钿勿要"［お金はいらない］のように、肯定であろうと否定であろうと、その答えの文もふつう同じ文型であるが、例 8 と同一のシナリオにおいて同じことを尋ねている例 9 の "要铜钿"［お金がいる］と "勿要铜钿"［お金がいらない］のように、もし疑問文自体が VO を用いるならば、答えの文も VO を用いる傾向がある。

8. 乙：带鱼是黄鱼搭侬掉格，掉一掉铜钿要哦？

'带鱼是用黄鱼跟你换的，换一换要钱吗？'

タチウオはニベと交換できますが、交換にはお金がいります。

甲：掉一掉铜钿勿要格。（独脚 226 页）

'换一换不要钱'

交換にはお金はいりません。

9. 乙：带鱼是拿黄鱼搭侬掉格。掉一掉要铜钿哦？

甲：掉一掉勿要铜钿格。（独脚 227 页）

これは、疑問文が答えの文に対して一種の語順上の類化（新しい観念を古い観念と結びつけて取り入れる）作用があることを明示している。

否定平叙文は TV が VO 文の類を明らかに圧倒している。実際、普通話

6. 主題の談話機能と談話環境

の否定文で TV を用いるのに肯定文で TV を用いるより多く、"敬酒不吃吃罰酒"［酒を勧めているのに、飲まないなら罰杯だ］（T 不 V，VO）という熟語はこの傾向を反映している。しかし、普通話ではおそらく否定文の中の TV 型が VO 型よりもずっと多いという程度までには至っておらず、例17 のような受動者性の節を用いて副主題とすることは普通話ではさらに難しい。

10. 阿爸，伊铜钿吷没付过。（STV；独脚 226 页）

　'爹，他还没付过钱呢'

　お父さん、彼はまだお金を払っていない。

11. 咦，先生，铜钿侬吷没付过。　（TSV；独脚 226 页）

　'咦，先生，你还没付过钱'

　あれ、先生、あなたはまだお金を払っていません。

12. 格（→个）先生黄鱼吷没拿过。　（独脚 227 页）

　この方はニベはまだ捕まえたことがない。

13. 伲花田也勿曾铲好拉里。　（蒲课 273 页）

　'我们棉花田还没铲好呢'

　私たちは綿花畑はまだならしていない。

14. 我同党吷没格，……　（独脚 229 页）

　'我可没同党'

　私には仲間がいない。

15. 我现在钞票吷没，空调末，暂时勿买。　（TV の連用）

　私は今お金がないので、エアコンは、しばらく買わない。

16. 明朝开始，我香烟坚决勿吃了。

　明日から、私はタバコは決して吸わない。

17. 我老王出去无没看见。　'我没看见老王出去'

　私は王さんが出て行くのを見なかった。

18. 皇帝娘娘霍定金，急得来面孔上雪花粉勿揾，揾仔交关炒米粉
……　（独脚 47 页）

　皇帝娘娘の霍定金は、慌てていて顔におしろいを塗らず、米粉をたくさん塗った。

例 18 は動詞 "搌"［塗る］を伴う二つの節を連用しており、否定文では TV を用い、肯定文では VO を用いていることに注意していただきたい。

　否定文中の受動者項の前置は説明が簡単である。Givón（1978：294）は かつて、「否定のスコープ内の目的語（我々が受動者と理解するもの）は、 定であったり、非指示的なもの（本書で言う所の "类指"（総称）を含む） であったりするが、不定や特定的なものではあり得ない」と指摘している。 この種の指示的意味は、もちろんその成分が主題を担うのに有利である。 その外に、語用論的分析によって、いかなる否定文にも仮定があり、話し 手がある命題を否定するのは、誰かがその命題が真であると信じていると 話し手が思っているからであり、これこそが仮定であり、対応する肯定文 にはこのような仮定があるとは限らない、ということが分かる。

　　19. 明天我要去买书了。

　　　　明日私は本を買いに行くようにした。

　　20. 明天我不去买书了。

　　　　明日私は本を買いに行かないようにした。

例 19 は何も仮定しておらず、聞き手にあるニュースを教えるものである。 一方、例 20 は、誰かが話し手が明日本を買いに行くであろうと聞き手が 思っている、あるいは聞き手がそれを知っていることを仮定している。"此 地无银三百两"［この土地は銀三百両はない］と "隔壁王二没有偷"［隣の 王二は盗んでいない］という立て札がどうして逆にそれを立てた人の願い に背いた疑いを招くのかというと、それらが否定文であるからであり、そ の中にそれを立てた人に不利な仮定を含んでいるのである。このように、 否定文の受動者は、例 20 の "书"［本］のように、実際には常にある意味 において既知情報（≠定）であり、それは定よりも主題として現れやすい のである。

　このことから、否定文の受動者前置の傾向は、確かに成分の主題性と関 係があることが分かる。

　上海語は否定文の受動者前置の傾向が極めて強いことは、人々に先秦漢 語の否定文中の人称代名詞前置の規則を容易に連想させる。

　　21. 三岁贯女（＝汝），莫我肯顾。　（《诗经・魏凤・硕鼠》）

三歳（三年）汝に貫（仕）えれど、我をあえて顧みることなし。

22. 我无尔诈，尔无我虞。　（《左传・宣公十五年》）

我は爾を詐かず、爾は我を虞れることなし。

23. 不患人之不己知，患不知人也。　（《论语・学而》）

人の己を知らざるを患えず、人を知らざるを患うるなり。

これまで、これらの前置された人称代名詞を主題と見なした人はおらず、前置された目的語であるとしか考えられなかった。もしも、上海語の否定文の受動者前置が古代漢語の上述の規則をある意味で継承しているのであれば、それらを主題構造に入れる必要もあるのではないだろうか。しかし我々は、以下の比較を通して、この二種類の前置の性質は違いが大きく、継承関係は存在せず、さらに同類であるとする解釈も必要はないということが分かる。

1) 統語構造が異なる

　古代漢語の人称代名詞は否定副詞と動詞の間にあるが、現代中国語（上海語と普通話）で前置された受動者は必ず否定副詞の前にある。この違いはさらに一歩踏み込んだ違いをもたらす。それは、古代漢語で前置された受動者代名詞の後には決してポーズが来ない（*我无尔，诈）が、現代中国語の前置受動者の後には常にポーズがあるだけではなく、"提顿词"を挿入することができることで、これは主題に入れることができるかどうかの重要な統語的現れである。

2) 適用規則が異なる。

　古代漢語の上述の前置規定は純粋に文法範疇により決定される統語規則であり、意味や語用的機能とは関係がない。それはただ、純粋な人称代名詞に適用されるだけで、人称代名詞の機能を持つ総称の他称指示名詞（例23の中の「他の人」の意味を指す"人"のように）、謙称（例えば、"臣"、"仆"）、尊称（例えば、"子"、"君"）などでさえ、この規定の制約を受けない。しかし、現代中国語の受動者前置は文法範疇の制限がなく、各種の受動者成分に適合するが、指示的意味や情報的特徴などの主題機能と密接に関連した要因の制約を受ける。従って、先秦漢語の否定文中の受動者代名詞は、前置された後も確かに依

然として目的語であるが、現代中国語の否定文中の受動者項は、前置
された後はすでに主題に転化しているのである。

6.5.3 疑問文における主題構造：中性疑問、疑問詞疑問、反意疑問

　上海語の中性疑問文の基本文型は"VP哦"である。早期上海語も蘇州
語と同じ"阿VP"型（蘇州語の"阿VP"型については、刘丹青1991を
参照）を常用しており、"阿VP"型の混合形式もあるが、後に"阿"が"阿
是"という組み合わせに限られ、その他の動詞は"阿VP"型を用いるこ
とができず、現在の新派では"阿是"と言うことは少ない。その外に、上
海語には"VP不VP"文もあるが、出現頻度は低い。次に、"VP哦"文中
の主題構造についてのみ検討を行う。

　"VP哦"疑問文は、明らかにTV文の傾向があり、TVとVOの比率は
おそらく上の統計の中の8：2である4倍の差よりも大きい。行為動詞で
あろうと、"有"のような非行為動詞であろうと、また、常用のあいさつ語・
呼び売り語であろうと、臨時に作られた疑問文であろうと、さらには現在・
過去を表すものであろうと、未来の状況を表すものであろうと、すべて"VP
哦"文型となる傾向があるが、もし、主語があれば、"STV哦"となる傾
向がある。

> 24. 夜饭吃过否（＝哦）？（案内第九章'来访者'，78頁）
> 　　夜食は食べましたか。

> 25. 报要哦？报！大世界报要哦？（传统268頁）
> 　　新聞は要りますか。新聞ですよ！"大世界报"は？

> 26. 嗨！香烟吃哦？自来火要哦？嗨！牛肉吃哦？面包要哦？（传统269頁）
> 　　おい！タバコは吸うかい？ライターは要るかい？おい！牛肉は
> 　　食べるかい？パンは食べるかい？

> 27. 侬书要听哦？（独脚45頁）
> 　　あなたは講談は聞くかね？

> 28. 侬看我手里黄鱼有哦？（独脚226頁）
> 　　あなたは私が手に持ってるニベを見るかい？

> 29. 东洋车法兰西照会有否（＝哦）？（案内第四章'人力车'，69頁）

6. 主題の談話機能と談話環境

'(你这辆) 人力车有法租界的执照吗 ?'

人力車にはフランス租界の運転許可証があるでしょうか。

30. 侬舔搭南天门 (俚语，指供食用的鸡屁股) 买哦 ？（流行 97 页）

あなたはこれらの"南天门"（俗語で、食用のニワトリの尻を指す）を買いますか。

31. 侬要开餐厅，有关部门孝敬过勒哦 ？（流行 73 页）

あなたがレストランを開きたいのなら、関係部署に贈り物をしたかね ?

32. 侬东洋话会讲否 (＝哦)? (案内第三章 '日本行', 68 页)

あなたは日本語は話せますか。

33. 俓花种好拉末 ？ （蒲课 273 页）

'你们棉花种好了吗 ?'

あなたたちは綿花を植えましたか。

以上の例文は上海語成分を伴う数種類の書面語資料からとったもので、時間的な幅は一世紀近くあるが、中性疑問文が TV の普遍性と安定性を使用していることが分かる。特に説明が必要なのは、我々がこれらすべての書面語資料に対して全面的な統計を行っていないということであるが、そのような統計を行うことは難しい。なぜならば、その中の多くの上海語成分を書面形式にして整理する場合、すでに普通話の成分に変えられているからであり、その中の比較的純粋な上海語成分においては、上のような文はみなそうであり、VO 型の中性疑問文を探すのは難しいが、その傾向は十分に明確である。

数量を強調しない場合、数量成分の修飾を受ける名詞フレーズ NNP は主に不定であるので、理屈から言えば、主題となるには適さないが、このような NNP も確かに上海語の中性疑問文中にはあまり現れない。しかし上海語では、中性疑問文の受動者成分が数量語句の不定成分を含む場合、やはり主題構造が現れることができ、その形式は受動者である名詞を動詞に前置させて副主題とし、数量フレーズを動詞には後置させて目的語にする、即ち STVO となる。

34. 侬茶要吃一杯哦 ？

314

あなたはお茶は一杯飲みますか。

35. 伲昨日生意做成两笔哦？

彼は昨日商売は二口片づけたか。

36. 我盆景好问俫讨一盆去哦？

‘我可以跟你要一盆盆景去吗？’

私はあなたに盆栽を一ついただいてもよいですか。

この種の文型で、前置された受動者項は主題や副主題であるが、目的語ではないことをはっきりと示している。次の一組の例を比較してみよう。

37. 俫茶要吃哦？

あなたはお茶は飲みますか。

38. 俫茶要吃一杯哦？

あなたはお茶は一杯飲みますか。

例38は、例37よりも数量を表す目的語が多いほかは、構造と意味と語用機能は37と完全に同じである。我々は、すでに“一杯”［一杯］が目的語となっている例38で、“茶”［お茶］も目的語であると考えることはできないならば、同様の例37の中の“茶”も絶対に目的語ではないと考える。二つの文における“茶”はどちらも副主題なのである。

中性疑問文でTVが優勢を占める原因は、否定文でTVが優勢を占める原因と一致している。中性疑問文の目的語は否定文の目的語と同じように、基本的には定や総称的なものであり、不定のものはあまりない。英語において、肯定平叙文の目的語は、例39のように不定冠詞a/anを用いて導入された不定成分である。対応する否定文の例40と中性疑問文の例41はどちらもa/anをanyに換えるべきで、この場合のanyは総称的なものである。

39. He bought a dog yesterday.

彼は昨日一匹の犬を買った。

40. He didn't buy any dog yesterday.

彼は昨日犬を買わなかった。

41. Did he buy any dog yesterday?

彼は昨日犬を買いましたか。

このことから、中性疑問文の目的語は定や総称を常とすることが分かるが、

6. 主題の談話機能と談話環境

上海語ではそれはまさに主題となる傾向が強い成分なのである。受動者が確かに不定を表す数量成分を含んでいる場合、上海語でもSTVO形式を用いることができ、実際その場合には、その成分中の総称的要素である名詞を抽出して主題Tとし、不定の要素である数量語句を目的語の位置に置く。例えば、例38の"茶"は総称的であるが、"一杯"は不定と見なすことができる。

　疑問文中のTV構造は、否定文中のTV構造と同じように、先秦漢語を連想させるかもしれない。なぜならば、《论语・子罕》の中の"吾谁欺？欺天乎"［吾誰をか欺かん？天を欺かんや］のように、先秦漢語には代名詞目的語が疑問文中で前置される規則があるからである。実際、この両者の間にはそれ以外に共通した部分はない。上海語のTV構造は中性疑問文を用いるが、上の例の"欺天乎"がVO構造を用いているように、先秦漢語の中性疑問文には受動者前置の規則はない。先秦漢語で受動者が前置するのは疑問詞疑問文であり、さらに前置されるのは疑問代名詞自身である。これ対し、上海語の疑問詞疑問文では、疑問代名詞が担う受動者成分であり、本節の最後に検討をするように、前置される傾向がないだけでなく、"吾谁欺"は上海語の"我骗啥人"としか訳せず、"我啥人骗"とは絶対に訳せないように、実際には前置できないのである。指示的意味と談話機能による分析では、中性疑問文の受動者は定や総称なので前置されて主題となるが、疑問詞疑問文中の疑問代名詞目的語はちょうど疑問文の自然焦点や対比焦点であり、この二種類の焦点の機能は主題と対立したものである（3.2.4と6.3.1を参照）。

　反意疑問文も上海語の中で常用される疑問文の類型である。反意疑問文は平叙文（命令文や感嘆文の場合もある）の後に中性疑問節を伴い構成される。中性疑問文と異なり、反意疑問文の受動者は前置され主題となる傾向がなく、これは否定平叙文や中性疑問文とも異なる。次の例42, 43を見ていただきたい。

　　42. 格我黄鱼勿要了，掉带鱼好哦？（独脚225页）

　　　　'那我不要黄鱼了，换带鱼可以吗？'

　　　　それじゃあ、私はニベはもういらないから、タチウオに換えて

もいいですか。

43. 搭我掉两条带鱼好哦？掉一掉另外铜钿要哦？　（独脚 228 頁）

'给我换两条带鱼好吗？换一下要另外的钱吗？'

タチウオ二尾に換えてくれませんか。換えたら別にお金がいり
ますか。

例 42 の前後の節はそれぞれ否定文と反意疑問文であり、前の否定節は TV
（"黄鱼勿要"）で、後の反意疑問節は VO（"掉带鱼"）となっており、もし
TV 構造を用いて "带鱼掉好哦" と言えば、文は成立しない。例 43 の前後
の節はそれぞれ反意疑問文と中性疑問文を用いており、前の反意疑問節は
VO（"掉两条带鱼"）を用い、後の中性疑問節は TV 型（"铜钿要"）を用
いており、その対比ははっきりしている。反意疑問文が受動者前置の傾向
となる原因もまた比較的明確である。この種の文型は、実質的には構造的
意味と疑問の機能を前後二つの節に分け、構造的意味の節は機能的には普
通の平叙文やその他の非疑問文なので、疑問文型を用いた構造方法がない
のである。

　疑問詞疑問文はすべて一つの疑問代詞（疑問代詞性のフレーズを含む）
を含んでいる。受動者成分の主題機能について言えば、上海語の疑問詞疑
問文は二種類に分けることができる。一つは疑問代詞が受動者の意味役割
を持つ項自身であるもの、もう一つは疑問代詞がその他の意味役割である
ものである。　受動者の意味役割を持つ疑問代詞は一般に動詞に前置する
TV 構造を許さない。

44a. 侬买勒鞋里本书？　'你买了哪本书？'

あなたはどの本を買ったのか。

b. *侬鞋里本书买勒？

45a. 伊想报考啥个学堂？　'他想报考什么学校？'

彼はどの学校を受験するのか。

b. *伊啥个学堂想报考？

46a. 赵小姐到底看中啥人？'赵小姐到底看中谁？'

趙さんはいったい誰を好きになったのか。

b. *赵小姐啥人到底看中？

6. 主題の談話機能と談話環境

上海語では、多くの受動者成分が主題を担うことができる傾向があるので、受動者性の疑問代詞は実際には上海語の中で最も主題に適さない文法範疇の一つとなり、先秦漢語とはちょうど反対である [6]。受動者性の疑問代詞は、いくつかの特殊な状況の下でのみ主題構造を構成することができる。一つ目は、反語を表し真の疑問ではなく、例 47 のように、文全体に全量命題の含意がある場合である。二つ目は、例 48 のように、明確な対比性主題が存在する場合である。そして三つ目は、例 49, 50 のように、疑問代詞が前の文ですでに現れたある成分と「部分—全体」の関係を持つ場合で、この時、疑問代詞は比較的簡単に主題となる（TSV を構成する）が、副主題（STV を構成する）とはならない。

47. 伊啥个事体做得像 ?!
　　'他什么事儿做得好 ?! ＝他什么事儿都做不好'
　　彼はどんなこともうまくやれる ?! ＝彼はどんなこともうまくやれない。

48. 侬到底啥物事要吃，啥物事末覅吃 ?
　　あなたはいったい何を食べたくて、何を食べたくないのか。

49. 小王咾小陈两家头，鞋里一个赵小姐比较看得中 ?
　　'小王和小陈俩，哪一个赵小姐比较看得上 ?'
　　王さんと陳さんの二人は、どの趙さんがわりと気に入ったのか。

50. 阿拉店里向沙发多来西，鞋里一种侬欢喜 ?
　　'我们店里沙发很多，你喜欢哪一种 ?'
　　我々の店の中にはソファーが多く、あなたはどれが好きですか。

　疑問代詞を受動者項としない疑問詞疑問文は、受動者の主題機能とは相関性がないので、特に検討する必要はない。もし、受動者項自身が主題となるのに適していれば、主題構造を構成することができ、この状況は平叙文と同じである。例えば、例 51a は疑問詞疑問文で、受動者である "文章" は前置されるが、その成立条件は "文章" が定の既知情報（旧情報）に属することである。

51. A：啥人文章已经写好勒 ? 　'谁已经把文章写好了 ?'
　　誰がすでに文章を書き終えたのか。

B：我文章已经写好勒。

　　　私が文章をすでに書き終えた。

6.5.4 命令文及び願望文における主題構造

　中国語では、願望を表す文が命令文と類似した統語表現を持つことがあるので、本章で追加して検討を行う。

　総体的に、命令文の受動者が主題になる傾向は平叙文よりも強いが、中性疑問文ほどではない。いくつかの命令文は受動者を主題にさせる極めて強い傾向がある。中性疑問文と同様、命令文で動作主主語が現れる時、受動者主題は主に副主題として表される。命令文のもう一つの重要な特徴は、常に代名詞を用いて主題と同一指示の目的語とすることである。従って、命令文の主題構造の形式は主に (S)TV あるいは (S)TVO となる。

　結果補語、特に半機能語化した"唯补词"（補語だけになる語）の"脱"（普通話の"掉"[…してしまう：動詞の後に置き離脱・消失・変化を表す]に相当するが、その用途はより広く、一部は北京語などの北方官話口語で"了"と書かれる"唯补词"の"喽"lou に相当する）[7] を伴う命令文及び願望文は通常 (S)TVO の形式で現れ、その中の O は主題と同一指示の第三人称代名詞"伊"である。この類の命令文は普通話では"把"構文を用いると、うまく訳ができる。

　　　52. 依菢眼碗汏清爽伊！

　　　　　'你把这些碗洗干净喽！'

　　　　　　あなたはこの碗を洗いなさい！

　　　53. 依电话线路侪搭我接通伊！

　　　　　'你把电话线路都给我接通喽！'

　　　　　　あなたは電話線をみな私のためにつなぎなさい！

　　　54. 地浪向灰尘扫脱伊！

　　　　　'把地上的灰尘扫喽！'

　　　　　　床の上のほこりを掃きなさい！

　　　55. 今朝呒没啥菜，只鸡杀脱伊。

　　　　　'今天没啥菜，把这只鸡杀喽'

319

今日はこれといった料理がないので、このニワトリを絞めなさい。

56. 难得碰着老朋友，我辦眼酒末总归要吃脱伊个。

‘……我这些酒总得喝喽’

……私はこれらの酒をどうしても飲まなければならない。

結果補語を伴う命令文や願望文は、受動者成分を動詞に後置し目的語を担わせることが難しく、これと関連した現象としては、この類の命令文の受動者が基本的にはすべて定であり、かつ既知情報であるということである。上述の例文は、すべてこの状況である。その外に、中性疑問文と同様に、受動者成分が数量語句を伴う場合、受動者は不定の性質を持つが、この時の命令文はやはり TVO 形式を採用し、不定性を体現する数量語句を目的語にし、定性や総称性を持つ名詞を主題にする。

57. 侬帮我包再拎脱一只。　‘你再给我提一个包’

あなたはもう一つカバンを持ってくれ。

58. 侬酒起码要吃脱三杯。

あなたはお酒を少なくとも三杯飲まなければならない。

例 57 の“包”［カバン］は話し手がその場に存在するいくつかのカバンを指しており、定性を持っており、例 58 の“酒”は総称成分であると理解できるので、すべて副主題の位置に置かれる。

動詞の重ね型形式は命令文と願望文に最もよく用いられる。6.5.2 ですでに触れたように、中国語の動詞の重ね型の受動者項は不定であってはならず、必ず総称や定のものでなければならず、それらは命令文や願望文の中で主題となる極めて強い傾向を自然と有するのである。重ね型は実際には命令や願望を表す主な手段の一つでもあるので、命令や願望類の文は同時にまた、上海語では TV 構造に非常に適した談話環境となる。

59. 侬坐辣辣呒没事体，瓜子吃吃伊。‘你坐着没事，嗑嗑瓜子吧’

あなたは座っていていいから、瓜子をかじりなさい。

60. 今朝侬勿上班，蹲辣屋里衣裳末汰汰伊，地板末拖拖伊。

‘……，在家洗洗衣服，拖拖地板吧’

……，家で服を洗って、床をふきなさい。

61. 退休以后，我就想鱼钓钓，花养养，轻轻松松过日脚。

退職後、私は釣りをしたり、花を育てたりして、気楽に暮らしたい。

　動詞が結果補語を伴わず、また重ね型でもない命令文や願望文は、受動者の主題機能面で特別な表現はなく、一般に受動者成分の指示的意味の特徴や情報的特徴によって選択されるはずで、全体的には主題構造を用いた状況は普通話よりも多い。例えば、主人が客に酒や料理を勧めたり、大人が子どもに食事を促したりする場合、普通話では通常“喝酒！喝酒！”［酒を飲みなさい］、“吃菜！吃菜！”［料理を食べなさい］、“吃饭！吃饭！”［ご飯を食べなさい］と言うが、上海語ではそのようにも言うが、同時に“酒吃！酒吃！”、“菜吃！菜吃！”、“饭吃！饭吃！”ともよく言う。このような構造の命令文は普通話ではおそらく成立が難しい。この場合の“酒”、“菜”、“饭”はすべて定と不定の二種類の理解があるので、上海語では二種類の言い方があるのである。細かく分析すると、“酒吃”と言う場合、“酒”には確かに定の意味があり、テーブルの上の酒を指すが、“吃酒”と言う場合、“酒”の不定性の意味が際立っているようで、相手に酒を勧めているが、どの酒なのかは強調していないのである。

6.5.5 感嘆文における主題構造

　中国語及びその方言における感嘆文は、形式的な規定性を最も欠いた文型である。どのような状況でも、感嘆の機能を伴う文には受動者成分を前置させ主題にする傾向は見受けられない。ここでは、上海語の中で顕著な感嘆文、即ち感嘆性の“多少”（普通話の“多么”の意味）を伴う文を検討の対象とする。

　受動者項を伴うことに関しては、感嘆文にも疑問詞疑問文とパラレルな二つの類がある。一つは、受動者成分を感嘆の焦点とし、疑問代詞が受動者成分となる疑問詞疑問文に相当するものである。そしてもう一つは、非受動者成分を感嘆の焦点とし、疑問代詞が受動者項にならない疑問詞疑問文に相当するものであり、重点的に検討が必要なのは前者である。

　受動者項を感嘆の焦点（即ち、“多少”を受動者項の中に用いる感嘆文）にする文は、受動者を動詞に前置させることを許さない。このような状況はまた、英語と相反するようである。英語の感嘆文はすべて感嘆の焦点を

文頭に置き、そこには受動者成分となる感嘆焦点を含む。以下は上海語の例文と英語との比較であるが、その語順の違いに注意していただきたい。

62. 伊造勒一幢多少大个房子噢！

What a big house he has built!

彼はなんと大きな家を作ったんだ！

63. 侬赅一个多少聪明个儿子噢！

What a clever son you have!

あなたはなんと頭のいい息子を持っているのか！

このような違いの原因は疑問詞疑問文と同類の現象でもある。疑問詞疑問文中の疑問代詞と感嘆文中の感嘆の焦点は、どちらも文の自然焦点、あるいは対比焦点である。英語では、ある自然焦点を文頭に置くことができるが、上海語の自然焦点は後置しかできず、対比焦点も主題と機能的に対立しているので、前置させて主題とすることはできない。

感嘆焦点が受動者項にない感嘆文は、受動者の主題機能とは相関性がなく、受動者自身の指示的意味や情報的特徴によって決まり、これは平叙文と異ならない。以下の文は否定文で、さらに受動者が定なので、主題となれる例である。

64. 多少人搿道题目回答勿出噢！ ‘多少人答不了这道题啊！’

何人の人がこの問題に答えられないのか！（＝すべての人が答えられる）

6.5.6 まとめ：受動者項が主題となる条件と制限

以上、文型に基づき行った検討から、いくつかの重要な発見があった。それらは主題となる機能と最も密接で最も直接的な用途である。

定・総称などの指示的意味は受動者成分（その他の成分も同様に）が主題を担う可能性を提供しているが、必ずしも受動者成分が主題を担う結果を引き起こすというわけではない。例えば平叙文で、定や総称の成分は主題となれるが、目的語にも自由になれる。いくつかの談話機能の文は受動者項が主題となることを特に要求するけれども、これらの談話環境もまた受動者性の主題を作る表面的な要因に過ぎない。指示的意味と談話環境を

6.5 受動者類主題と文の機能的類別

関連づけてみると、その答えははっきりとしてくる。

主題を担うことができ、さらにそれが要求される受動者成分は、それ自身が定や総称などの指示的意味に属する統語成分ではなく、談話機能と意味関係によって定や総称などの意味が与えられた統語成分なのである。

肯定平叙文の受動者は、定や総称のものであってもよいし、不定や非定のものであってもよい。その成分が定や総称である場合、その指示的意味は語句自身が持つものであり、談話機能や意味関係が与えるものではないので、それは主題になることもできれば、目的語になることもできる。否定平叙文、中性疑問文、動詞の重ね型を伴う命令文はみな、受動者項が必ず定か総称のものでなければならないと規定しており、そのような受動者項は主題を担うことができるだけでなく、統語規則により目的語ではなく、できるだけ主題となることが要求される。

以上、どのような成分が最も主題となるのかという問題に答えてきたが、次に、どのような成分が主題となるにふさわしくないかという問題について考えてみる。この問題はさらに明確にする必要がある。

談話機能や意味関係によって決定された文の自然焦点や対比焦点は最も主題になりにくい。疑問詞疑問文中の疑問代詞は疑問焦点であり、主題になることはできないが、疑問代詞が反語や全量となる成分に用いられる場合にのみ主題となることができる。感嘆文の感嘆焦点も主題となることはできない。

この要因は受動者項に適用されるだけではなく、その他の意味役割にも適用される。例えば、主語は本来比較的容易に主題性を伴い、疑問代詞が主語となる疑問詞疑問文では、主語の後に"末"を加え主題とすることができないが、反語文や疑問代詞を全量成分に使う場合には、主語は"末"を加えて主題となることができる。

65.* 啥人末认得辂张照片浪个人？
    '谁认识这张相片上的人？'
    誰がこの写真の人を誰が知っているのか。

66. 啥人末，会认得辂张照片浪个人呢 ?!
    '谁会认识这张相片上的人呢 ?!'

6. 主題の談話機能と談話環境

　　　誰がこの写真の人を知っているはずがあろうか。

　67. 啥人末，侪认得辩张照片浪个认个！

　　　'谁都认识这张相片上的人！'

　　　誰でもこの写真の人を知っている！

　最後に、さらに受動者項が主題となるのを制限するその他の統語的・意味的要因について述べる。

　受動者の前置は動詞句の複雑さと関係がある。動詞がある種の重ね型であったり、なんらかの補語を伴っていたり、少なくともアスペクト助詞などの付加成分を伴う場合、受動者は主題となりやすいが、いわゆる裸動詞の受動者項は主題となりにくい。

　68a. 侬去看一歇电视。　'你去看一会儿电视'

　　　あなたはしばらくテレビを見に行く。

　　b. 侬去电视看一歇。

　69a. 你去看电视。

　　　あなたはテレビを見に行く。

　　b. *侬去电视看。

　70a. 伊出仔事体再来寻我。　'他出了事才来找我'

　　　彼は事が起こってはじめて私を訪ねて来た。

　　b. 伊事体出仔再来寻我。

　71a. 伊出事体再来寻我。

　　　彼は事が起こってから私を訪ねて来た。

　　b.? 伊事体出再来寻我。

　動作主主語と受動者主題がどちらも動詞の前にある場合、どちらが動作主なのかという問題が生じるであろう。従って、受動者が主題となるには、実際には語句固有の動作主性の強弱の制約を受ける。つまり、STV や TSV において、T の動作主性が S より低い時、文は調和がとれているが、T の動作主性が S と等しいか、S より高い時、文は調和がとれておらず、聞き手は T を動作主項の S であると理解してしまう可能性がある。語句の動作主性の強弱は、実際には生命度によって決まる。Silverstein（1976：113、Mallinson & Blake（1981：80）より引用）が提出する動作主の階層によると、

各成分の強弱の序列は次のようになる。

第一人称＞第二人称＞第三人称＞固有名詞＞人類名詞＞生物名詞＞非生物名詞

この序列は、次の STV 文の適格性の違いの説明に用いることができる。

72a. 会议通知咹没看见。　'他没看见开会通知'

彼は会議の通知は見かけなかった。

b. 伊老王咹没看见。

彼は王さんは見かけなかった。

c. *伊侬咹没看见。

彼はあなたは見かけなかった。

d. *伊我咹没看见。

彼は私は見かけなかった。

a と b では、受動者 T の生命度が動作主 S "伊"［彼］よりも低いので、文は成立しているが、c と d では、T の生命度が動作主 S よりも高いので、文は成立しない。もし、c と d が TSV、つまり "伊" が受動者 T であると理解されるならば、文にはある程度の適格性がある。なぜならば、"伊" は人称代名詞であるが、生命度は第一人称や第二人称代名詞よりも低いからである。さらに次の例 73, 74 を見てみる。

73. 箇只狗老王咹没看见。　'（字面义）这只狗老王没看见'

（表面上の意味は）この犬は王さんは見かけたことがない。

74. 老王箇只狗咹没看见。　'（字面义）老王这只狗没看见'

（表面上の意味は）王さんはこの犬は見かけたことがない。

例 73 は TSV としか理解されず、"狗"［犬］は動作主主題であるが、もし STV と理解するならば、"老王" は生命度が動作主 "狗" よりも高い動作主主題となり、文の成立は難しい。例 74 は STV としか理解されず、"狗" は受動者副主題であるが、もし TSV と理解するならば、"老王" はやはり生命度が動作主 "狗" よりも高い受動者主題となり、文の成立は難しい。もし "狗" を動作主にさせるならば、次のように "老王" を目的語にするしかない。

6. 主題の談話機能と談話環境

　　75. � 只 狗 吮 没 看见 老王。

これらの制限は普通話にも存在しているが、受動者主題の現象は上海語ほ
どは見られない。

注

[1] "末"の新派上海語における使用頻度は少し低いが、口語では新しい
　　"提頓词"である"对哦"、"是哦"が常用され、部分的にこれまでの"末"
　　の機能に取って代わっている。

[2] 石汝杰（1996）は清末の呉語小説《久尾亀》の"节选"（ある段落や
　　章を選び出したもの）の注で、その中の"是"が「"提頓助词"であり、
　　前の節の末尾に用いられ、ある種の仮定・条件を表し、その働きが"如
　　果"に相当する」ことに注目をしている。その原文は"吮姆再勿肯
　　照应倪点是，今生今世总归吮拨出头日脚格哉。"（もしお母さんがも
　　う私のことを面倒見てくれないのなら、今生この世で日の目を見ら
　　れる時はないということです）となっており、傍点がない文献にお
　　いては、仮定分文の後の"提頓词"さえあれば容易に識別でき、一
　　般的な名詞性主題の後の"提頓词"である"是"は強調を表す関係
　　動詞の"是"と混同されやすい。

[3] "小句"（節）という名称は、英語の small clause と訳される場合もある。
　　例えば、We elected John chairman. の中の 'John' と 'chairman' の間
　　には主述関係が存在し、動詞は現れないが、習慣的に John chairman
　　を small cluase と呼ぶ。本書には small clause は現れないので、"小句"
　　を clause と訳しても両義性は生じない。

[4] 「中性疑問文」という言い方は余霭芹（1992）によるもので、「表面
　　的には質問者の意見や態度がはっきりと表れない」ということを総
　　括したもの、つまり中性的な疑問文で、"VP 不 VP"、"VP 吗"及び"可
　　VP"などの疑問文の類型を含む。朱徳熙氏は、方言の中の"可 VP"
　　文型（例えば、蘇州語や早期上海語における"阿 VP"文）は、普通
　　話の"VP 不 VP"という反復疑問文に相当する（なぜならば、"VP 吗"

は話し手がすでに「意見や態度」を持っており、わざと問い返したり、さらに事実を証明するような状況に用いられるということだからである）と考えているので、氏はこの二種類の文型を"反复问句"（反復疑問文）と呼んでいる。刘丹青（1991）は、この種の文型はかなり機能的なものであるが、反復疑問文は構造的な分類であり、反復がない形式の"可VP"文型が反復疑問文と呼ばれるのはおかしなことで、実は反復疑問文と"可VP"疑問文は機能的にはどちらも諾否疑問文に属し、ただ形式的に普通話の諾否疑問文"VP吗"と異なるだけである、と指摘している。ある"VP吗"の文（疑いがなくて問う）は機能的に諾否疑問文から逸脱しているのであり、"VP不VP"が諾否疑問文から逸脱しているのではない。今でもまだ朱德熙氏の呼び方を用いる人もいるが、本書では採用しない。常に諾否疑問文と"VP吗"を関係づける人もいることを考慮し、本書では"中性问"（中性疑問）という名称を借用する。

[5] シナリオに基づき、演出時のある箇所に寧波語［ニンポー語］を挟まなければならないことを提示しており、このシナリオについて言えば、それは音声的な変化であり、語彙・文法的には純粋な上海語と見なしてもまったく問題はない。提示がないものはその中の上海語と寧波語を分けられないものである。

[6] もし、英語の疑問詞前置（wh-movement）と主題化が同様の、あるいは類似したプロセスであると考えるならば、中国語の疑問詞はすべての成分の中で最もwh-movementを持っていない成分であり、これは興味深いことである。

[7] "唯补词"については、刘丹青（1994）を、北京語の"喽"については、马希文（1982）を参照のこと。

7. 主題構造と中国語の語順類型

7.1 中国語の語順類型

7.1.1 二種類の対立した観点：SVO と SOV

　文中の各成分の配列順序は言語類型学の一つの重要なパラメータであり、これまでに語順類型学（word order typology）、成分順序類型学（constituent order typology）などの表現がある。この問題についての最も早期の系統的な研究は Greenberg（1963）である。いわゆる文成分とは主語 (S)、動詞 (V)、目的語 (O) の三者で、全部で SOV、SVO、VSO、VOS、OVS、OSV という六つタイプの配列方法があり、実際には世界の言語の大部分は前の三つのタイプに属し、後ろの三つのタイプは非常に少ない。

　語順類型学の形成後、人々は Greenberg が分類しなかった中国語の語順がどの類に属するのかを考え始めた。この問題は 1970 年から 80 年代にかけて、海外、特にアメリカの中国語研究者たちが活発に議論をするテーマとなった。類型学的角度から最も早くこの問題を検討したものは Tai（1973）である。戴浩一氏は、中国語を SVO 言語と分析するのが比較的適切であり、そうすれば多くの言語現象を説明できると考えた。Li & Thompson（1973a, 1973b, 1975）はまた、通時言語学的角度から、ここ二千年来の中国語が SVO 言語から次第に SOV 言語へ変わったという考えを提案しており、Tai（1976）もその考えを支持している。中国語が SVO 言語であると考える代表的な著書には Light（1976）や Mei（1980）などがある。その後、Sun & Givón（1985）もまた、言語の実際の材料（普通話の小説や口語の録音）の統計から得られたデータから、中国語が SVO であるという分析を支持している。彼らの分析によると、現代普通話の言語資料中の OV 構造の割合は 10％に満たない（この数字は本書の統計における上海語の TV 構造の割合よりもはるかに小さい。6.5.1 を参照）。彼らはさらに、児童の言語獲得の面の研究から、SVO から SOV へと発展した考えは事実的根拠に欠けていると指摘している。

　論争は双方ともに、中国語には SVO 言語の特徴があると同時に、SOV 言語の特徴があることを意識している。Li & Thompson（1978：230 −

233）はまず次の三つの文を例としている。

　　1. 我喜欢他。

　　　私は彼が好きだ。

　　2. 张三把他骂了。

　　　張三は彼を罵った。

　　3. 他书卖了。

　　　彼は本は売った。

例2は"把"構文で、例3は我々が言うところの副主題を含んでいる。続けて彼らは次の六つのSOV言語の特徴を挙げている。

　①介詞フレーズは動詞の前に位置する。

　②後置詞がある。

　③関係節は名詞の前に位置する。

　④属格（所有格）フレーズは名詞の前に位置する。

　⑤アスペクトマーカーは動詞の後に位置する。

　⑥"状语"（連用修飾語）の中には動詞の前に位置するものがある。

そしてさらに、次の三つのSVO言語の特徴を挙げている。

　①前置詞がある。

　②助動詞は動詞の前に位置する。

　③目的語となる節はほとんどいつでも動詞の後に現れる。

これらの特徴はよく知られているので、ここでは例を挙げる必要はないであろう。

　これらは基本的にすべてGreenberg（1963）が言うところの含意的普遍性（implicational universal）であるが、実際には、語順配列のポイントは、ある結合体の中の中心語が前に位置する（head-initial）か、後に位置する（head-final）かにある。動詞フレーズを例にすれば、ある言語において、中心語となる動詞が前に来るならば、目的語や連用修飾語は後に来るはずである。もし、名詞フレーズが動詞フレーズと一致するならば、中心語名詞は前に来て、それを修飾する属格フレーズや関係節は後に来る。また、介詞フレーズも動詞フレーズと一致するならば、介詞は前置詞なので、介詞が導入する成分もその後ろに来る。タイ語やイタリア語は比較的典型的

なこのタイプの言語である。これに対し、もう一つのタイプの言語では、中心語がすべて後に位置するとすれば、目的語や連用修飾語は動詞の前に、属格語句や関係節は名詞の前に位置し、介詞は後置詞となる。日本語、韓国・朝鮮語は典型的なこのタイプの言語である。これらの特徴は互いに関連しており、「もしAであるならば、すなわちBとなる」というような論理関係が存在しているので、含意的普遍性と呼ばれるが、実際には、多くの言語が理想的なモデルには従っていない。動詞フレーズでは中心語が前に位置するが、名詞フレーズでは中心語が後に位置する言語もあり、英語ではおおよそそのような状況となっている。

　我々の関心は主に、主語・目的語の動詞に対する順序を確立することにあるので、その他の成分の語順についてはこれ以上検討を行わない。

　中国語の語順に対して関心を抱くのは、機能文法学者や類型学者にとどまらず、生成文法学者もこの問題について研究を行っており、さらにそこには二種類の異なった観点がある。Huang（1982）は、中国語はSVO言語に属すと考えるが、Li（1985）はSOV言語に属すると考える。生成文法学者の関心は類型学的分類にはなく、各種の語順を作り出す内在的要因を説明することにある。多くの生成文法学者は、動詞の主な機能の一つは意味役割（動作者、受動者など）と格（主格、目的格など）をそれと関連する成分に付与することである、と考えている。Koopman（1984）、Travis（1985）などは、さらに意味役割と格の付与にはすべて方向性がある、と考えている。例えば、中国語の動詞は意味役割を担う項を左側に割り当て、格を右側に割り当てると考える人もいる。従って、目的語が動詞の左側に現れる時には、格を得ることができないので、"把"を加えなければならず、そうすることで"把"がその右側にある成分に格を与えているのである。

　　4. 他看了这本书。　　彼はこの本を読んだ。

　　5. 他把这本书看了。　　彼はこの本を読んだ。

これは一種のまったく新しい考え方であるが、少数の事実しか処理できない。そこで我々はすぐに、"把"構文を次のような副主題を含む構造に変

えることができることに気づくであろう。

　　　6. 他这本书看了。　　彼はこの本は読んだ。
動詞が格を左側の項に与えることができず、かつ"把"が存在しない以上、
"这本书"［この本］はどこから格を与えられるのであろうか。この観点に
固執する人は、その前に無形の"把"があるなどと説明するかもしれないが、
説得力はなく、上海語の中の次のような言い方を説明することは難しい。

　　　7. 伊辪本书拿伊看脱勒。　　（直訳すると‘他这本书把它看了’となる）
　　　　彼はこの本は（を）読んだ。
例7にはすでに"把"に相当する"拿"が現れているが、受動者成分であ
る"辪本书"［この本］はやはり"拿"の前にあり、"拿"によって導入さ
れてはおらず、"拿"が導入するのは"辪本书"と同一指示である代名詞
となっている。

　　生成文法の中国語の語順に対する研究はなお継続中であり、1990年代の
著作にはLi（1990）、Mulder & Sybesma（1992）などがある。

7.1.2 分類の難点

　　本節では、ある言語をSVO型に分類するかSOV型に分類するかはそれ
ほど簡単ではなく、それぞれの言語に異なる難しさがあることを示す。以
下のセクションでは、中国語に分類の難しさを与える原因の所在を集中的
に研究し、同時にその解決方法について検討を行う。

　　Comrie（1981：82－84）はいくつかの分類の難点を挙げている。まず、
フランス語を例とすると、フランス語では半独立性の代名詞が目的語とし
て用いられる場合、動詞の前に位置するが、その他の類型の目的語は動詞
の後に位置する。

　　　8. Le garçon l'a vue.　‘小男孩看见了她’
　　　　小さな男の子が彼女を見かけた。

　　　9. Le garçon a vu la jeune fille.　‘小男孩看见了小女孩’
　　　　小さな男の子が小さな女の子を見かけた。
例8の中の代名詞の独立性は十分ではなく、正規の目的語とは言えないの
で、フランス語はやはりSVO言語と見なすべきであると言うことができ

7. 主題構造と中国語の語順類型

るかもしれない。

　ドイツ語の分類はさらに難しい。ドイツ語の主文中の語順は従属性節中の語順とは一致しない。

　　　　10. Der Mann sah den Jungen. '男人看见了小孩'
　　　　　　男の人が子どもを見かけた。

　　　　11. Ich Weiss dass der Mann den Jungen sah. '我知道男人看见了小孩'
　　　　　　私は、男の人が子どもを見かけたのを知っている。

例 10 の語順は SVO であるが、例 11 の節部分の語順は SOV となっている。ドイツ語を学んだことがない中国人の読者でも、主文は節よりも基本的であり、主文の語順に基づいて分類すべきであると考えるはずであるが、実際には、ドイツ語が分かる言語学者たちの意見は一致して、ドイツ語の従属節の語順こそがその基本であると考えている。ドイツ語を SOV 言語であると見なすことは、様々な言語事実を説明するのにより便利なのである。

　さらに、いくつかの言語では語順が固定されておらず、特に格標識が明確な言語ではそうである。これらの言語では、出現頻度によってその類型を確定することができるものがある。例えば、ロシア語の語順は非常に自由で、S・V・O という三つの成分はいかなる順序でも配列できるが、SVO という語順の出現頻度が他の語順の出現頻度の和を超えている。また、ある言語、例えばオーストラリアのワルピリ語（Walpiri）でも、様々な語順が許され、明確に優勢であるものはない。

　英語の類型は比較的確定されているようで、Lehmann（1978）は英語を典型的な SVO 言語であると呼んでいる。しかし、英語でも次のような別の配列方式が現れる。

　　　　12. Which copy did you take?
　　　　　　あなたはどのコピーを取りましたか。

例 12 の語順は OSV である。しかし、基本的には我々はみな、「類型学的な分類をする場合、文は基本形式（canonical form）を標準とする」という原則を受け入れている。また、疑問文と平叙文を比べると、後者の方がより基本となる。

　実際にはさらに、文頭の名詞フレーズを目的語と分析しないという解決

332

方法もあるが、この処理方法を英語に用いることは難しい。動詞 take は他動詞であり、英語の他動詞の後には必ず目的語を伴い、次のように言うことはできない。

13. A：*Did you take?

　　B：*Yes, I took.

従って、例 12 の文頭の which copy は take の目的語と分析せざるを得ない。

　しかし、中国語の状況はこれとは異なる。中国語の他動詞はふつうみな目的語を伴わず、例 13 に相当する文は次のようになる。

14. A：你拿了吗？　あなたは取りましたか。

　　B：我拿了。　　私は取りました。

　これは完全に正常な文である。中国語の意味的な他動詞は目的語を伴わなくてもよい以上、我々は次の例 15 の"这份文件"［この書類］を必ずしも"拿"の目的語とする必要はない。

15. 这份文件，我拿了。　この書類は、あなたは取りましたか。

我々はこの考えに従って中国語の文中の成分の順序を確定していく。

7.1.3 中国語の語順問題のポイント：主題構造

　中国語の文法学者は、なぜ中国語の文中の成分の語順に対して異なった見方をするのであろうか。その違いは主に、目的語の位置をどのように確定するかにある。SVO と SOV の主な違いも、V が O に先行するか、それとも O が V に先行するかにある。Lehmann（1973）は、S の相対的位置は重要ではなく、実は二つの類型を分けさえすれば十分であると指摘している。Vennemann（1972）はさらに、二つの類型を「中心語—付加語」型と「付加語—中心語」型と呼ぶことを提案している[1]。では、中国語の目的語は動詞の前に位置するのであるか、それとも動詞の後に位置するのであろうか。中国語が SVO 言語であると考える人は、次の例 16 の語順を拠り所とし、中国語が SOV 言語であると考える人は、例 17 の語順を拠り所としており、例 18 を傍証として用いる人もいる。

16. 他不吃苹果。

　　彼はリンゴを食べない。

7. 主題構造と中国語の語順類型

17. 他苹果不吃。

　　　彼はリンゴは食べない。

18. 他把苹果吃了。

　　　彼はリンゴを食べた。

　実際には、問題はまさしく彼らの共通認識から生じている。例16の"苹果"〔リンゴ〕は目的語であるが、例17, 18 の"苹果"は実は目的語ではない。それは受動者であるが、受動者は必ずしも目的語とは限らない、とみんなが認めているのである。もし、例17, 18 の"苹果"も目的語と分析するのであれば、次の例19, 20 はどのように分析するのであろうか。

19. 他水果不吃苹果。

　　　彼は果物はリンゴを食べない。

20. 他把苹果削了皮。

　　　彼はリンゴの皮をむいた。

自己矛盾に陥らないためには、例18, 19 を一種の二重目的語構造であると見なすべきであるが、そのように言う人はいないであろう。

　"把"構文の状況は、多くの人が、受動者成分が介詞によって導入され動詞の修飾語となっていると見なしており、SOV の主要な証拠とすることはできない。我々も基本的にこの態度を取り、7.2.5 でさらに一歩踏み込んで検討を行うようにするので、ここでは詳細には述べない。ここで最も解決すべきことは、例17 から引き出される中国語の語順類型の問題である。

　我々はすでに中国語と英語の違いについて検討を行った。中国語の中の主題は必ず他の成分を兼ねなければならないというわけではない。よって、例19 の"水果"〔果物〕は副主題であり、例17 の"苹果"も副主題である。例19 は副主題以外に、さらに一つの名実を伴う目的語"苹果"があるが、例17 には目的語がない。このように分析すれば、SVO と SOV の矛盾が根本的に発生しないであろう。

　我々は、この分析も我々のもう一つの観点、つまり、中国語の主題は移動生成によるものではないという考えに立脚している。例17 は例16 の基礎の上に移動を経て形成されたものではない。例17 の"苹果"は意味的には"吃"〔食べる〕の対象であるが、統語的にはそれはこれまで目的語

334

の位置を占めたことがなく、ずっと目的語ではなかったのである。

では、なぜこれほど長い間ずっと上述の方法で分析されなかったのであろうか。それは、主題卓越言語と主語卓越言語の区別がまだ十分に認識されていないからである。Li & Thompson（1976）は、この類型学的区別をするよう率先して提案している。しかしながら、彼らは自分たちの認識を語順類型の分析に貫いてはおらず、中国語を主題卓越型言語に分類すると同時に、依然として主語卓越型言語の文モデルをあてはめて中国語の文中の語順を分析しており、多くの受動者が主題となる文を OV 類型と分析しているのである。彼らが中国語の類型の通時的変遷を検討する場合でも、主語卓越型言語の文モデルをあてはめて分析を行い、前置された受動者をやはり目的語と見なし、同時にそれに基づき中国語が SVO 型から SOV 型へ変化したという観点を提出して、論争を引き起こしている。しかし、彼らの考えを支持する戴浩一氏も、彼らの考えに反対する黎天睦氏も、どちらも彼らの論争の始まりがここにあることに気づいていないのである。

我々の見たところ、主語卓越型言語の語順類型を研究するには、むろん S・V・O の三者の配列を見なければならないが、主題卓越型言語と主語・主題同等重視型言語の語順類型を研究するには、別の成分である主題 T を考慮しなければならないであろう。主題卓越型言語及び主語・主題同等重視型言語の語順は、T・S・V・O の四者の配列順序を見なければならない。この原則はもちろん、これらの類型に属する方言の研究にも適用される。前のいくつかの章ですでに中国語の方言の主題の位置について検討した。普通話の語順は TSVO が優勢を占めるが、上海語は STVO が優勢を占めることは、上海語の受動者主題文に明確に反映されている。もし、T を S・V・O に加えなければ、中国語が SVO 言語なのか SOV 言語なのかという問題がもつれるだけでなく、方言における異なる語順に反映させることもできないのである。

7.2. 文法化

7.2.1 文法化の選択性

いかなる言語もみな、様々な事物や状況や環境を表すのに用いられる。

7. 主題構造と中国語の語順類型

それらの表現を簡潔にするためには、どうしても表したいある内容を一定の形式で固定せざるを得ない。例えば、「過去」、「現在」、「未来」という三つの語を用いて異なる時間概念を表す。また、語彙を用いて概念を固定させるプロセスを語彙化と呼び、認知科学で語られる概念化は、主に語彙化によって実現される。我々が用いる語彙は、その多くが前の代から残ってきたものであり、これが一つのプロセスであることに気づいているとは限らず、それを知るためには歴史言語学者による再現に頼らなければならない。また、さらにいくつかの語については、その語彙化のプロセスを自ら体験することができる。例えば、中国語の中には"晴天"［晴れ］、"阴天"［曇り］などの語が元から存在するが、晴れと曇りの間の状態を専用で表す語はなく、"太阳不太大"［太陽があまり強くない］、"有点阴"［少し曇っている］などと言わなければならない。後に、天気予報では"多云"［雲が多い、曇りがち］という語を用いてこのような状況を専用に表すようになり、その語彙化を実現した。そして、もう一つの固定方法は文法化である。例えば、我々は動詞にある符号を加えて、その動作が現在まで進行していることを表したり、さらに別の符合を用いて、それぞれ過去・未来などを表す。このようにすれば、毎回話をする時に、常に「過去」、「現在」、「未来」という語を使う必要がないのである。文法化の方式は多種多様である。よく見かけるものには、形態変化や独立あるいは半独立した機能語（中国語では"虚词"という）や語順の変換などがある。

　ある言語で文法化された意味や語用的内容はその言語の文法的意味となり、これらの意味を固定する形式手段として用いられれば、文法形式となる。よって、いわゆる文法化とは即ち、一定の内容と一定の形式が特定の言語の文法システムの中で結合し、その言語の特定の文法現象と文法範疇を形成することである。文法化された結果は語彙化された結果よりも簡単で便利であるが、膨大な数の語彙と比べると、文法手段の数はずっと少ないので、どの言語でも限られた語彙や語用的内容に対してしか文法化を実現することができない。

　文法化は一つの動態的プロセスと見なすことができるので、通時言語学の概念とすることができる。言語は長い歴史的変遷におけるプロセスの中

で、絶え間なく文法化を進めてきた。歴史言語学者はその中から、どの文法現象が無から有へと生産され、どの形式的手段が歴史の発展過程の中で文法的意味を表す専用の手段となったかを考察することができる。例えば、中国語における内容語（中国語では"实词"という）の機能語化は形式面における文法化なのである。共時言語学や普遍文法理論もまた、文法化の問題に関心を持つ必要がある。なぜならば、各種言語の文法化の状況は同じというわけではなく、意味や語用的内容が広い範囲、大きな程度で文法化されており、文法化の手段が何かは、同じではなく、その違いが非常に大きいからである。言い換えれば、文法化には非常に強い選択性が存在しているのである。例えば、いわゆる"多式综合语"（抱合語：動詞が多数の形態素から形成される言語）は、実質的には文法化の範疇が特に広く、他の言語ではふつう内容語を用いて意味概念を表すが、抱合語では必ず語の中の文法成分を用いて表され、一つの語が、時にはその他の言語の中の一つの文の内容を表すことができる。同時に、文法化の面では、人類言語はいくつかの深層レベルにおける共通性をも表すが、Greenberg（1963）が述べる形態面の含意的共通性がもし確かに存在するならば、文法化される内容の選択面における優先順序を部分的に反映していることになる。人類言語において、どの内容が普遍的に文法的意味となり、どの内容が一部の言語、特に個別言語においてのみ文法的意味となるかは、文法学者が今後深く掘り下げて検討すべき問題である。

　言語学者たちは文法化に対していくつかの異なった考えを持っているけれども、以下の項は全員の共通認識であると思われる。

1) いかなる言語も、ある意味的・語用的概念を文法化し、文法化を完全に排除する言語は存在しない。

2) いかなる言語も、表したい意味的・語用的概念をすべて文法化するはずはなく、すべて文法化することはできない。

3) どの意味的・語用的概念を文法化するかは、それぞれの言語での選択が異なり、いくつかの概念は多くの言語で文法化されるけれども、どの概念を文法化しなければならないかという固定した標準的な規範があるわけではない。

4) 文法化の程度や範囲は、それぞれの言語で異なっている。時間軸を例にすると、時間について述べる場合、常に過去・現在・未来の区別があるが、すべての言語がこの三分法を用いて時間の概念を文法化しているわけではなく、現在時制と過去時制だけを文法化し、未来時制を表す特定の文法的手段を持たない言語もある。

5) ある言語が、いくつの概念を選んで文法化を行い、どの概念を選び、どの概念を選ばないか、文法化がどの程度まで徹底されているのか……これらのことはすべて、その言語の表現能力に影響をしているわけではなく、さらには言語の優劣を評価する基準に用いることはできない。

もし、以上の項が言語学者たちの共通認識であるならば、我々はそれらを用いて中国語の文法化と語順類型の問題について検討することができる。

ある意味概念が多くの言語で文法化されるが、中国語では文法化されないという点については、目にしたことがあるであろう。最もはっきりとした例の一つは、中国語の文法には多くの印欧語のように比較的整った名詞の単・複数システムがないことである。また、別の例の一つとしては、中国語の動詞は時制範疇のマーカーが乏しいということである。これらの事実に直面すると、二つの異なった態度が現れるが、この二つの態度は、どちらも取るべきではないと思われる。

第一の極端な態度は、中国語に形式的な文法があることをいっそのこと否認してしまい、中国語の形式的な文法について研究することに根本的に反対することである。この考え方が偏っていることは言うまでもない。中国語は多くの印欧語のように明確な語彙的マーカーがないので、"出租汽車"は"动宾"（動詞＋目的語）構造［車を借りる］とすることもできれば、"偏正"（修飾語＋中心語）構造［借りる車＝タクシー］とすることもできるが、"玻璃房子"は「ガラスで作られた家」としか解釈できず、「家を作るために用いられるガラス」とは解釈できない。これはもちろん、中国語が語順を用いて修飾関係を文法化するためであることによる。中国語は明らかにまったく文法化しないというわけではなく、文法化する具体的な内

容がいくつかの外国語の文法化の内容と一致していないだけなのである。

　また、学者の中には、上に述べた数名の学者と異なる態度をとる者もいる。彼らは、他の言語における文法化の概念が中国語でも文法化されるが、中国語では目に見えず、顕著でない文法化の手段を用いているのだと力説する。平叙文と疑問文の違いを例にすると、多くの言語が平叙文の語順を変えることを通して疑問文の文法化を実現し、通常、文中の疑問詞（疑問代名詞）を文頭に移す方法を用いる。しかし、実は中国語にも、文末に疑問助詞（普通話の"吗"、上海語の"哦"）を加えるなど、形式的に平叙文と疑問文を区別し、疑問文の文法化を実現する方法がある。中国語をはっきりと英語と一致させるために、中国語の文中の疑問詞も文頭に移動すると仮定する人もいるが、そのような移動は抽象的な階層において行われるので、話をしたり、文を書いたりする時には、気づくことはあまりない。彼らはさらに、中国語の文に目に見えないアスペクトマーカーを加えることなどを提案している。これらの仮説に理論的な価値があるかどうか、中国語の事実がそれに基づいているかどうかについては、文献中にすでに多くの論評があり、ここでは言及をしない。指摘すべき点は、彼らは常に中国語を英語に近づけようとはするが、英語を中国語に近づけようとはしてこなかったことである。一方では、英語における文法化の内容が、中国語ではたとえ文法化されない、あるいは文法化の方法が英語とは違っても、それは実際には英語と同じ文法化であるとしている。また一方では、英語では文法化されない、あるいは文法化の程度が低い内容が、中国語では明らかに高度に文法化されていても、その文法的地位を十分に肯定もせず、さらに英語に抽象的レベルでこのような文法現象もあると仮定するはずはないのである。

　文法化の角度から見ると、主題理論と中国語の主題については、その問題も比較的はっきりしている。主題は一つの談話機能の概念として、いかなる言語にも存在する。ある言語ではそれを文法化しているが、ある言語では文法化しておらず、また、ある言語では主題の文法化の程度は高いが、ある言語では文法化の程度は低くなっている。中国語は主題卓越型言語として、主題の文法化の程度が英語よりもずっと高い。例えば、中国語では

7. 主題構造と中国語の語順類型

以下のような主題構造が現れる。

> 1. 早餐，他只吃面包。
>
> 　朝食は、彼はパンしか食べない。

例1には文頭に位置する典型的な主題がある。このような構造は英語には存在しない。ある抽象的な文法的階層において、中国語の文と一致するように、英語の文にも空の主題を加えるべきだと提案した人はこれまでにいない。反対に、深層の、基底となる文構造において、中国語の文を英語と同様に主題が存在しないことを明確にするために、例1の中の主題は文の評言中のある位置から前方に移動した成分であると分析する人もいるが、そのような研究や考え方は、行うべきではないと考える。

　次に、我々は文法化の角度から、中国語の主題、特に上海語の主題が基本的な統語成分であり、語順の分類において語順のパラメータの構成部分となるべきであるのはなぜかについて説明を行う。

7.2.2　普通話及び上海語における主題の文法化

　主題は本来、談話機能の概念であり、いかなる言語にも談話において主題の働きをする統語成分が存在するはずである。しかし、主題はすべての言語で文法化された成分であるとは限らない。ある言語では、主題機能を担う名詞フレーズは同時に、主語・目的語・連用修飾語（中国語では"状语"）などの文中の成分でなければならないが、主題以外の何者でもないということはできない。このような言語では、主題の働きをするであろう主語や目的語などの統語成分はすべて文法化されたものであるが、主題自身は高度に文法化されておらず、それは他の文法化された成分によって臨時になされる談話機能なのである。また、ある言語では、例えば、7.2.1の例1の"早餐"［朝食］のように、主題は主題にすぎず、それ以外の何物でもない。言い換えれば、主題自身が文法化の対象となっているのである。中国語はこのような言語の一種なので、文法化の対象を選択する場合、英語などの言語では主題を選ばないが、中国語などの言語では主題を選ぶのである。

　文法化とは、ある言語における内容と形式の結合であり、本書の前の章ですでに中国語の主題の内容的特徴（主題について言えば、つまり主題機

7.2 文法化

能であるが）や形式的特徴について多くの検討を行ったので、ここでは、上述の検討に基づいて、中国語の主題の意味と形式がどのように結びついているかについてまとめることにする。

中国語の主題は多くの手段を用いて固定された、一種の統語成分となっている。これらの主題には次のものがある。

①語順における前置

主題は前置性を有しており、主主題は文頭に位置し、副主題は文の主語の後や述語動詞の前に位置し、副副主題は中心語動詞の後のいくつかの述語性を持った成分の前に位置する。要するに、主題の後には必ずさらに他の成分あり、それが評言となっている [2]。

②音声的なポーズ

主題の後には明らかな音声的なポーズを持つことができる。実際の文中の主題が常にポーズを伴うだけでなく、後ろにポーズがない主題もポーズを挿入することが許され、主題形式をより明確にする。

③具体化されたポーズ—“提頓词”

主題の後にポーズを置ける場所にもすべて後方付加性の助詞—“提頓词”を伴うことができる。“提頓词”は実際には一種の強化されたポーズであり、一種の具体化された（語音化された）ポーズであり（3.3.2 を参照）、それはポーズの主題マーカーとしての働きを強化し、さらにポーズより専門化され統語化された主題マーカーへと発展する可能性がある。

④焦点ストレスを排除する。

主題は対比焦点を表す音声的ストレスを伴うことはできない。（3.2、3.3.3 を参照）

これらは中国語の総体的な状況である。本書での紹介を通して、我々は、上海語は主題の文法化の程度において普通話を超えていることを読み取ることができ、それは主に以下の点に表れる。

1) 普通話の“提頓词”と主題の結合は上海語ほど緊密ではない。普通話では、“提頓词”は文末語気助詞との関係が比較的はっきりしており、共通して語気の働きがあるが、上海語の“提頓词”、特にその中の“末”

341

は、主題マーカーとしての専用性がより強く、出現頻度もより高く、主題を上海語の中で固定した専門的な形式手段とさせている。

2) 上海語の中の主題構造は、種類がより多く、形式も多様で、出現頻度もより高く、普通話の主題構造と比べると、より無標の統語形式である。

意味・機能面で、このような手段によって固定された成分は以下の特徴を持つ。

①談話機能

この成分は、後方の談話確定時間、空間、個体面の背景といった言語使用領域機能を持つ。相関的機能は、一種の手がかりを提供し、その後の談話が内容的にそれと関連していることを表している。起点機能は、自身がある談話のひと区切りの起点であり、その後ろに陳述部分が現れることを明示している。（6.1.2 を参照）

②指示的意味特徴

この成分は、ふつう定・総称・全量・定の総称成分の分量などに類する成分により担われることが要求されるが、これらの成分は上述の三種類の機能的な要求に適っている。不定成分を排除するのは、不定性が上述の機能を担うのに不利なためである。（第 5 章を参照）

③情報的特徴

この成分は、ふつう既知（旧）情報や共有情報やその場の環境という情報により担われることが要求され、特に活性化されたばかりの情報によって担われることに適し、これらの情報は上述の三種類の機能的要求に適っている。非共有的な新情報が排除されるのは、新情報が上述の機能を担うのに不利なためである（6.2 を参照）。

④意味関係

この成分は、意味関係の面での制限がないようで、各種の意味役割は上述の機能的要求や情報的特徴に適ってさえいれば担うことができ、さらにはそれらが担うことが求められる。

この成分が表すこれらの特徴は、まさに談話やディスコース分析において総括された主題の機能的特徴である。このことから、上述の文法化の手段

が固定する内容は、まさに主題のこの種の談話機能であることが分かる。

　意味・機能面では、上海語の主題の文法化の程度は普通話よりも高く、主に主題の意味機能の特徴を持った成分が主題の形式を伴うこと、即ち主題の内容が形式とより緊密に結びついていることが要求される。具体的に言えば、普通話では主題だけになれる成分が、上海語では主題となる傾向があると表現される。例えば、既知で定の情報は、普通話では主題となる傾向がある成分であるが、上海語では、中性疑問文や否定平叙文の中の定や総称の受動者のように、強制的に主題となることに近い。

　中国語の主題の上述の形式的特徴は、ほとんどが早くから注意をされていたが、趙元任氏や朱徳熙氏らがこれらの特徴を中国語の主語の形式的特徴と見なした。言い換えれば、彼らは、文法化されたのは主語であり、主語が主題の機能を持っていると考えていたが、これによって主題が中国語の中の統語成分と見なされていたわけではない。このような考え方は、二つの基本的な障害にぶつかる。第一に、本書の討論及び上の総括が明示しているように、このような成分の意味的・機能的特徴は、他の言語における主題概念（談話機能における主題であるか統語的な主題であるかに関わらず）とかなり一致しているが、他の言語における主語とはかなりかけ離れている。それを主語と呼び、異なる言語の「主語」との比較可能性をなくさせることは、主語に新しい含意を与えることに等しく、それを主語と呼ぶ意味もなくなる。第二に、より重要なことは、中国語の主語は文法化の程度が主題には及ばず、主題との境界があいまいな部分もあるが、やはり一つの統語成分であることは明らかで、主題を主語と呼ぶと、両者の区別を完全に覆い隠してしまう。次の 7.2.3 では、主題と主語の文法化における違いを比較することにする。

7.2.3 主題と主語の文法化の比較

　主題が談話機能の文法化であることとは異なり、主語はまず意味役割の文法化である。主語のプロトタイプ的意味は動作主であり、それ以外に、どの意味役割でも主題を担え、各言語で多少異なるが、主に動作主に近い意味役割、特に「経験者」（experiencer、中国語では"当事"で、性質・状

7. 主題構造と中国語の語順類型

態の主題）がそうである。

　人類言語では、統語的な主語は時として、あるいは常に談話の中で主題の機能を果たすが、その原因は理解できる。文のイベント構造において、認知の順序に合った語順は「動作主から受動者」であり、動作主は主に生命を持った名詞、特に人を指す語句によって担われ、Tomlin（1986）はこれを「有生物第一原則（Animated First Principle）」としてまとめている。文の情報構造において、いわゆる「コミュニケーション力学（dynamics of communication）」の語順は「主題から評言」であり、Tomlin（1986）はこれを「主題第一原則（Theme First Principle）」としてまとめている。このように、人類言語、特に主題が高度に文法化されていない言語では、統語的な主語と談話機能における主題が交錯することは極めて自然である。しかし、Tomlin が言う原則は、実はただの傾向に過ぎない。人類言語の大家族の中には、南アメリカのツェルタル語（Tzeltal）や西インド洋のマダガスカル語（Malagasay）のように、主語が文末に置かれる VOS 言語や、北アメリカのオジブワ語（Ojibwa）のように、主題が文末に置かれる言語があり、さらには、古アイルランド語、イギリスのウェールズ語、南太平洋のタヒチ語（Tahitian）のように、主語が文中に置かれる VSO 言語も数多くあり、フィリピンのセブアノ語（Cebuano）のように、主題が文中に置かれる言語もある。従って、主語と主題が交錯する可能性は高いが、それは必然的なものではない。結局のところ、動作主と主題は異なる領域の概念であるので、それらをそれぞれ文法化し、異なる統語的位置を形成させるのは、自然なことでもある。日本語、韓国・朝鮮語、布農語［ブヌン語］などの言語では、主語と主題にはそれぞれの形があり、それぞれの仕事を務め、両者の境界ははっきりしている。

　では、中国語の状況はどうであろうか。動作主をプロトタイプ的意味とする主語は、文法化の程度が主題には及ばないのは、まさに中国語が主題卓越型言語に分類される原因であり、李临定（1985）は、主語の中国語における文法的地位が重要ではない原因の一つであると考えている。しかし、これは中国語の主語がまったく文法化されていないことではなく、また、我々が中国語において主語の統語的地位を廃止してもよいということでも

7.2 文法化

ない。

　形式的に見ると、中国語における主語の文法化の手段は、基本的には語順による前置一つしかないので、その文法化の程度は主題には及ばない。しかし、この唯一の手段はまた、主題の形式的手段と同じであり、これが中国語の主語と主題の境界を日本語などのように明確にできない主な原因であり、また、文法学界が主語と主題を長い間区別できない原因ともなっている。2.3.1 で指摘したように、実際の文の中のある成分を主題と見なすか主語と見なすかについては、ある程度の融通性があり、談話環境によって決定する必要がある。しかし我々は、中国語の主語と主題の文法化面における存在の違いを見出すことができる。

　ポーズとは主題の形式的マーカーであり、"提頓词"は主題の後のポーズの強化形式や具体化形式として、ポーズよりも専用的な主題形式の特徴であり、ポーズと"提頓词"は主語の形式的特徴ではない。このように、我々はポーズや"提頓词"という形式で主語を識別することはできないが、それを用いて主題を区別することができる。それらの意味や機能から見て、明らかに主語に属する成分を考察してもよく、そうすることで、それらとポーズ及び"提頓词"との間の排除性を見出すことができる。

　一つの状況として、疑問詞疑問文の文頭の動作主性疑問代詞は主語であっても問題がないが、それは主題のいかなる意味的・語用的特徴とも一致せず、主題と分析するいかなる理由もない。また、このような成分の後にはポーズや"提頓词"を置くことができない。例 2 と 3、例 4 と 5 を比較してみよう。

　　2a. 他打碎了茶杯。　　彼は湯呑を割ってしまった。

　　 b. 他（呀），打碎了茶杯。　　彼は（ね）、湯呑を割ってしまった。

　　3a. 谁打碎了茶杯？　誰が湯呑を割ってしまったのか。

　　 b. *谁（呀），打碎了茶杯。　（誰は（ね）、湯呑を割ってしまったのか。）

　　4a. 他在敲门。　　彼はドアをノックしている。

　　 b. 他（呀），在敲门。　　彼は（ね）、ドアをノックしている。

　　5a. 谁在敲门？　誰がドアをノックしているのか。

　　 b. *谁（呀），在敲门？　（誰は（ね）、ドアをノックしているのか。）

345

7. 主題構造と中国語の語順類型

ここで例2－5を用いて説明したいことは、主題化の文法化の手段は確か
に主題機能を持つ成分のみと歩み、主語と歩むわけではないということで
ある。もちろん、上述の動作主性疑問代詞に主題性がないことは、疑問代
詞が永遠に主題になることがないと説明しているのではない。6.5.3ですで
に、上海語の受動者性疑問代詞がある条件の下で主題を担うことができる
ことを分析したが、これらの条件は実はすべて主題機能と符合した要素で
あり、普通話にも類似した状況が存在する。実際、動作主性疑問代詞であ
ろうと受動者性疑問代詞であろうと、どちらも主題性を持った条件の下で
主題を担うことが可能である。重要なのは、それが主題性を持つ時に、主
題の形式的マーカーを伴うことができるということである。

6. 他对组员的背景非常清楚，谁（呀），当过知青，谁（呀），参过军，
   你从他那儿都可以了解到。
   彼は組織委員の経歴にとても詳しく、誰が、知識青年（学校教育
   を受けて一定の文化知識水準を持つ若者）であったとか、誰が、
   解放軍に参加して従軍したことがあるとか、あなたは彼からすべ
   て知ることができる。

7. 你连着读了好几本书，哪一本书（呢），你最喜欢？
   あなたは続けざまにたくさんの本を読んでいるが、どの本が、
   一番好きかね。

例6の二つの動作主性の"谁"［誰］は真の疑問には用いられず、また、
主題の対比や並列列挙の機能を持っているので、主題となることができる。
例7の受動者性の"哪一本书"［どの本］は前方の"书"を受けたもので、
一定の既知性があるので、主題となることができる。

8a. 他当过知青。
   彼は知識青年であったことがある。

 b. 他（呀），当过知青。
   彼は（ね）、知識青年であったことがある。

9a. 这儿是他当过知青的地方。
   ここは彼が知識青年であった場所だ。

 b. *这儿是他（呀），当过知青的地方。

（ここは（ね）、彼が知識青年であった場所だ。）

　このように見ると、中国語で主語となれる成分は、その後ろにポーズや“提頓词”がありさえすれば、主題と見なすことができる。しかし反対に、ポーズや“提頓词”がなければ、主題となることはできないと考えることはできない。なぜならば、主題はポーズを置いたり“提頓词”を加えたりできるが、必ずそうしなければならないわけではないからである。

　主題と主語のその他の形式的な違いは、焦点ストレスである。主題は焦点ストレスを排除し、具体的には、焦点ストレスと“提頓词”は共存できないが（3.3.3 を参照）、主語は焦点ストレスの存在を許す。

　　10.′他打碎了茶杯。

　　　（別の人が壊したのではなく）彼が湯呑を壊した。

　　11.′谁在敲门？

　　　誰がドアをノックしているのか。

　　12. 这儿是′他当过知青的地方。

　　　（別の場所ではなく）ここが彼が知識青年であった場所だ。

主語が焦点ストレスを持てることは、主語が主題よりも文法化の形式が多いということを説明しているわけではなく、状況はちょうどその反対である。ご存知の通り、文中の内容語性成分は基本的にはいつも必要な場合に焦点ストレスを加えることができるので、焦点ストレスはいかなる統語的身分も明示せず、逆に焦点ストレスを伴うことができないものは主題のみなので、焦点ストレスを伴うことができないことは主題の形式的なマーカーとなる。しかし、我々はやはり焦点ストレスを用いて主題と主語を区別する手助けとしている。

　このことから、中国語の主語の文法化の程度は確かに主題には及ばないが、やはり主題の形式的手段を借りてある程度この両者を分けることができるのである。

　さらに文法化の内容から見ると、両者の違いも見つけられる。主語が文法化する内容は動作主をプロトタイプとする意味役割であり、主題が文法化する内容は「主題」という談話機能である。動作主の意味役割と主題機能が一つになり、同時に前置という語順だけで文法化する場合、両者には

確かに交錯が生じ、分析のあいまいな地帯をもたらす。しかし、両者はいつまでも常に交錯しているのではない。"小孩看的人"［子どもが見た人］と"看小孩的人"［子どもを見た人］を比較すると、"小孩"［子ども］は二つのフレーズの中で語順が異なるが、ここでの語順は意味役割の違いを表すだけで、談話機能とは関係がない。"那个生病的小孩我已经看过了"［あの病気になった子供は私はすでに見たことがある］のように、主題は受動者によって担われることを完全に許すが、上述の修飾語の位置は受動者の"小孩"を"看"の前に置くことを絶対に許さない。このことから、語順はここでは主語の文法化のみに用いられ、主題の文法化には用いられないことが分かる。

7.2.4 主題の文法化の程度

　上の文ですでに何度も文法化の程度について言及したので、ここでは主題の文法化の程度の問題について詳しく論じる。

　文法化とは一つの動態の過程であり、文法化された形式や内容や用途といったそれぞれの面から文法化の程度を見出すことができる。形式面では、閉鎖的な語彙の文法化の程度は開放的な語彙よりも高く、膠着性の語句、半独立あるいは独立していない語句の文法化の程度は自由なものや独立した語よりも高く、形態的手段の文法化の程度は統語的手段よりも高く、屈折現象（形態素形成の形態）の文法化の程度は派生現象（語構成の形態）よりも高い。内容面では、意味的・語彙的内容が広範囲で多様な現象の文法化の程度は意味的・語用的内容が狭く単一な現象よりも高い。用途の面では、よく使用する現象の文法化の程度は使用が難しい現象よりも高く、ある一定の統語的位置で強制的に使用される現象の文法化の程度は最も高い。この三つの面の程度は、往々にして互いに一致する。次に、これらの普遍的に認められる文法化の程度の基準に基づき、主題における文法化の程度の問題を考察する。

　形式的に見ると、日本語や韓国・朝鮮語の主題は、どちらもみな高度に文法化されている。この二つの言語の主題は、どちらも形態的なマーカー（接尾辞で、伝統的に「提示の助詞」とも呼ばれる）によって表され、主

語とは明確に区別される。また、この二つの言語の主語も主格を表す形態的マーカー（接尾辞で、伝統的に「格助詞」とも呼ばれる）で表され、目的語などの他の成分と明確に区別され、やはり高度に文法化されている。よって、それらが「主語・主題同等重視型言語」と呼ばれるのは、理に適っている。中国語は全体的に形態現象が豊富ではないので、程度が最も高い文法化、すなわち極めて形態化された主題現象が存在し得ない。しかし、中国語の主題には語順という統語的手段やポーズという音声的特徴があり、さらに"提頓詞"という膠着性の主題マーカーも存在し、特に上海語の"末"などの"提頓詞"は、専用性の高い主題マーカーで、その文法化の程度はかなり高くなっている。

　内容的には、中国語、特に上海語における主題の文法化の程度はより明確に表されている。いかなる文法現象にもプロトタイプとなる意味や機能があり、それは文法化の起点であり、その現象が表す意味的・語用的内容が取り巻く核心でもある。一方、形式と内容が一旦特定の言語内で結合して固定した文法現象になると、プロトタイプ的意味から逸脱した状況が生じ、さらに、次第に文法化の程度は高くなり、その用途は広くなると、逸脱現象が見慣れたものとなり、意味的・語用的内容は多様となるであろう。例えば、アスペクト助詞"了"は中古に形成が始まった時には半独立した語であり、行為の終了を表すのみに用いられた。現在、"了"は完全に独立していない膠着性のアスペクトマーカーへと発展し、"衣服大了"［服が大きくなった］は程度が予想や標準（つまり、服が多きすぎる）を超えることを表し、明確な完了の意味がないように、その表す意味も多様化した。また、ロシア語やドイツ語などの名詞の性（男性・女性・中性）のプロトタイプ的意味は生命体の性別であり、生命体に用いられる場合には自然性別と基本的に一致しているが、それが高度に文法化された現象として、あらゆる名詞に適用されると、その中の大部分が性別とは関係がなくなり、プロトタイプ的意味を逸脱してしまっている。これに対し、英語の性は一種の少数の名詞にしか言及しない派生現象であり、文法化の程度はロシア語やドイツ語の性よりもはるかに低く、自然性別から逸脱した状況も発生しない。また、言語における目的語の受動者性に対する逸脱や、主語の動

7. 主題構造と中国語の語順類型

作主性に対する逸脱（例えば、英語における仮主語 it の動作主性に対する極度な逸脱）などは、みな統語成分がプロトタイプ的意味から逸脱した状況に属する。この角度から見ると、中国語、特に上海語の主題は一種の高度に文法化された成分なのである。主題を伴う中国語の文法構造は、大部分が主題の談話機能を持っているが、ある一定の主題の意味を伴い、より重要なものとしては、主題の意味から派生した他の意味や語用的機能を表すことになる主題構造も存在する。例えば、動詞性成分によって担われるコピー型主題構造（去是去了［行くのは行くが］、……）は、主題機能よりも譲歩の機能が強い。上海語では、主題構造の種類がより多く、意味的・語用的機能も多様であり、譲歩のほかに、さらに対比・並列列挙・強調・肯定・仮定条件・已然などがあり（4.4、6.3 を参照）、その中には比較的明確な主題の意味を伴うものもあれば、主題のプロトタイプ的意味から逸脱し、かなりかけ離れたものもある。また例えば、上海語の中の已然を表す動詞コピー型主題構造（"去也去勒"［とっくに行った）]）は一種のアスペクトの意味に近く、主題機能からはかなりかけ離れている。これらはちょうど、主題は上海語では一種の非常に文法化された成分であることを説明している。面白いのは、たとえ主題のプロトタイプ的意味から逸脱した主題であっても、やはり主題機能から発展した手がかりを探し出すことができるが、これらの成分は動作主をプロトタイプ的意味とする主語と関係づけるのは実に難しく、このことはまた、中国語における主題は主語と一致せず、また主語よりも高度に文法化された特徴であることを表している。

プロトタイプ的意味からの逸脱は、高度な文法化の産物であり、逸脱がある程度に達すると、新しい文法化を引き起こす原動力となる。上海語の中の"提頓詞"である"末"が多項並列に用いられる場合、すでに関連語句の働きを兼ね備えており、普通話の"也……也……"や"又……又……"などの関連語句と共通点があり、実際にこの文法形式と並列型複文関係の結合を形成し、新しい文法化現象となる。上海語のコピー型主題構造は、意味的に主題機能から逸脱すると同時に、形式的にもさらに文法化した形跡がある。例えば、"欢喜末老欢喜个"は「確かに非常に好きだ」という肯定の強調語気を表し、同時に形式的には"欢末老欢喜个"と言う

ともでき、"欢"はすでに語ではなく、一つの独立した主題と見なすことが難しく、コピー構造全体がすでに連続しない重ね型形態の特性を帯び、主題構造に新しい形態化を引き起こすのである。

　用途の面では、文法化の程度は主に常用性と強制性に現れる。強制性とは常用性が最大限に達した点である。例えば、英語の動詞の「時制」マーカーは、常用されるだけでなく、さらに重要なのは述語の位置にある動詞は時制マーカーを伴わなければならない。これは強制的であり、文法化の程度が最も高い成分となる。すべての文には主語がなければならず、適当な主語がない場合であっても、意味を持たない it を用いて仮主語を担わせるが、これは英語タイプの言語の主語の高度な文法化を体現しており、それが主語卓越型言語と呼ばれる所以なのである。中国語の各種の主題構造は、言語コミュニケーション、特にオーラル・コミュニケーションにおいて非常に普遍的な現象であり、ある条件の下では強制性というカテゴリーに近い必要成分になる場合さえあり、これは上海語ではよりいっそう明確に表れる。"提頓词"の"末"や"是"及び現代上海語の"对哎"などの高い出現率、既知情報や全量成分などの指示的・情報的特徴の強い傾向、中性疑問文・否定平叙文などの文型の中で受動者性主題の強制に近い使用、さらに、言語領域型・コピー型などの多種の主題構造の談話における大量の使用は、上海語の主題の高度な文法化を明示している。普通話では、主題構造はすでにかなり日常的となっているが、上海語では、各種の主題構造はより高い頻度の日常的な文型である。英語と比較すると、英語の主題構造は主に as for で導入される一種類に限られ、1.3 で我々が引用した Steele（1978：592,593）の中のこの種の文型に対して行った評論で、彼女は、英語の文の基本的な語順を考える時に、この種の語順を考える必要がないだけでなく、さらには英語の基本的な語順の主な変体を考慮する時に、このタイプの特別な文型を気に留めないでも構わないと考えている。彼女は実際、英語のこの種の主題構造は主に一種の談話現象であり、文法化の程度は低いので、統語法の中で考慮する必要はないことに気づいているのである。これに対し、中国語、特に上海語では、主題構造はこのように普通で、かつ日常的であり、その文法化の程度は非常に高いので、また我々が中国語の語順類

7. 主題構造と中国語の語順類型

型を研究する場合にかなり重視する必要がある。

最後に、主題が語構成法に進入する状況は主に"提頓詞"を伴う派生語に表れ、ある側面では主題構造の文法化の程度を反映していることに注意したい。最も明確なのは"乃末"、"乃是"、"舒末"、"舒是"である。"乃"はもともと時間詞であり、旧派の人たちは単独で用いてもよく、"从小做到乃"［小さい頃から現在まで］のように、"现在"・"眼下"［現在］を表す。"舒"は近称指示と定の指示詞を兼ね、"这"［これ］や"那"［あれ］を表す。"提頓詞"と結合した後、"承上启下"（上を受けて下を起こす）という関連作用を持ち、"提頓詞"が主題や条件を表す機能と明らかに関係がある。以下はいくつかの用例である。

13. 儿子对象寻好哉，乃末侬好定心哉。 '儿子找好对象了，这下你可以放心了'
     息子さんに恋人が見つかって、これであなたは安心できますね。

14. 伊板数也要参加，乃是事体弄僵脱哉。 '他一定也要参加，这下事情可搞僵了'
     彼はきっと参加もするし、そうなれば事が動かなくなる。

15. 小张来接班勒，舒末弄回去吧。 '小张来接班了，那你回去吧'
     張君が引き継ぎに来てくれたので、あなたは帰りなさい。

16. 伊要硬撞，舒是我勿怕伊个。 '(假如)他要来硬的，那我可不怕他'
     彼が強引であっても、私は彼が怖くない。

この外に、"末"を名詞でない語にも付けることができ、その場合は明らかに"末"によって分文型主題の機能を表す。例えば、"要末"（その用途は普通話の"要么"［…でなければ］よりも広い）や上海に近接する呉江語の"勿末"（普通話の"要不然"［もしそうでなければ］）は次のようになる。

17. 伊勿大开心，要末侬去劝劝伊。 '他不太高兴，要不你去劝劝他'
     彼はあまりうれしそうでない、もしあなたが彼をなだめに行かないなら。

18. 王师务是勿肯去个，要末我来跑一趟。 '王师傅才不肯去呢，只有我来跑一趟'

王師匠は行こうとしないので、私が行ってくるしかない。

19. ＜呉江語＞伊顶好去一趟，勿末我来去一趟。 ‘他最好去一趟,
要不然我来去一趟’

彼が行ってきたほうがいいが、でなければ、私が行ってこよう。

これらの"提顿词"が派生語を伴うことは、我々にその機能が類似した
"然则"［しからば、それならば］、"否则"［さもなくば］、"再则"［さらに、
その上］などを容易に思い浮かべさせ、6.3 ですでに分析したが、"则"の
機能と"末"は非常に近く、それらの違いは"否"が前置性であることの
みにあるのである。派生語の中では、"则"も後置成分として用いられ、
その語構成機能は呉語の"末"と一致している。

7.2.5 文法化の異なる産物：主題構造・"把"構文・"被"構文

"把"構文に対応する上海語の構造は"拿"構文であり、"被"構文に対
する上海語の構造は"拨"構文[3] である。

20. 猫拿鱼吃脱勒。 ‘猫把鱼吃喽’
ネコは魚を食べた。

21. 鱼拨猫吃脱勒。 ‘鱼被猫吃喽’
魚はネコに食べられた。

便宜を図り、我々は"把"構文と"被"構文を用いて方言中の対応する構
造を広く指すこととする。この二種類の構造は中国語では本章で検討する
主題構造と密接な関係がある二種類の統語構造である。現代中国語を SOV
言語であると考える Tai（1973）と中国語は昔から現在まで SVO から SOV
へと発展してきたと考える Li & Thompson（1973a・b, 1975）は、どちらも"把"
構文と受動者が副主題となる構造（本書における STV）を同様に SOV 語
順の表れであると見なしており、実際に"把"構文と副主題文にイコール
を付けている。その外に、橋本（1985）は受動者が副主題となる構造に言
及していないが、"把"構文を SOV の語順と見なしており、中国語は過去
から現在まで SVO から SOV へと発展しただけでなく、南から北へ SVO
から SOV へと推移したともし、その論拠の一つとして、近現代には"把"
構文があり、それがさらに北方でより発達したと論証している。中国国内

353

7. 主題構造と中国語の語順類型

の中国語学界では、"把"構文と"被"構文の統語表現における多くの共通点に注意がなされている。次に、我々はこの三種類の構造間の関係について簡単に分析を行う。

"把"構文とSTVには、受動者が動詞の前に位置するという共通した特徴以外に、さらに多くの共通点がある。指示的意味の面では、「"把"構文の目的語は常に定のものである」（朱德熙 1982：187）。その外に、総称的成分や全量成分が"把"の目的語となることもよく見られ、これはみな主題と一致する。構造的な特徴の面では、普通話の"把"構文は裸名詞を完全に排除し、上海語の"拿"構文とSTV構造は裸名詞を絶対に排除するわけではないが、明らかに動詞を用いた裸でない複雑形式を用いる傾向がある。さらに、特に上海語では、この二種類の構造にはどちらも動詞の後に受動者と同一指示の代名詞目的語が現れる。

　　22. 侬拿中药吃脱伊。

　　　　あなたは漢方薬を飲みなさい。

　　23. 侬中药吃脱伊。

　　　　あなたは漢方薬は飲みなさい。

方言間で比較をする場合、この二種類の構造には表現機能における対応があることが分かる。上海語はSTV構造（同一指示の目的語を伴うSTVOを含む）が発達しており、それを常用する方言であるのに対して、"把"構文—上海語における"拿"構文—が使われることは少ない。例えば、6.5.1で統計資料を用いた"独脚戏"の中には、各種のTV構造であるSTV、TSV、TVなどが数十例現れるが、"拿"構文は一例も現れない。これらのTV構造はまた多くの北京語では"把"構文を用いて翻訳するのが最も適切であるが、北京語で"把"構文を用いて表される命令文は上海語でも「STV(O)」構造で表すのが適切である。

　　24.＜北京語＞你把鸡杀喽！　　あなたはニワトリを殺しなさい。

　　　　＜上海語＞侬鸡杀脱伊！

　　25.＜北京語＞你快把衣服洗干净喽！　　あなたは早く服を洗いなさい。

　　　　＜上海語＞侬快点衣裳汏汏干净！

このことから、両者には確かに機能的な共通点があることが分かる。以上

述べてきたことから分かるように、両者の共通性のほとんどが主題機能と関係があるのは、"把"構文中の動詞に前置する受動者項は明らかに談話機能的に一定の主題性を持っているからである。

しかし、機能的に主題性を持っていることは、構造的に主題であることと等しくはない。実際、"把"構文と真の主題構造にはやはり多くの無視できない次のような相違点がある。

1) 普通話の受動者前置の主題構造は TSV を主とし、受動者が主主題となるが、上海語は STV を主とするけれども、STV は基本的に TSV への変換を許し、さらには、必要であれば副副主題も主主題に変換することができる。従って、例 26, 27 の a 文はどちらも b 文のように言い換えても、その意味関係は変わらない。

　　26a. 侬香烟吃哦？　あなたはタバコは吸いますか。
　　　b. 香烟侬吃哦？　タバコはあなたは吸いますか。
　　27a. 伊拨仔儿子末一幢房子，拨仔囡儿末一只钻戒。（＝ 2.7.2 の例 7）
　　　　　彼は、息子には家を一軒あげて、娘にはダイヤの指輪をあげた。
　　　b. 儿子末伊拨仔一幢房子，囡儿末拨仔一只钻戒。
　　　　　息子には、彼は家を一軒あげて、娘にはダイヤの指輪をあげた。

これに対し、"把"及びその目的語は動作主である主語の前に位置することは決してできない。

2) STV 構造では、否定副詞は T と V の間にしか位置することができず、T の前に位置することはできないが、"把"構文では、否定副詞は"把"の前にしか位置することができない。以下は普通話の例である。

　　28a. 我这事儿不说出去。　私はこの事は口に出さない。
　　　b. *我不这事儿说出去。
　　29a. 我不把这事儿说出去。　私はこの事を口に出さない。
　　　b.* 我把这事儿不说出去。

3) 主題はストレスを付けて発音したり、前に"是"を加えて、それをマーカーとして対比焦点とすることはできない（3.2.4、3.3.3、7.2.2 を参照）が、"把"の目的語は文の対比焦点となることができる。

　　30. 我是把＇垃圾倒了，又不是把＇金银财宝倒了。

7. 主題構造と中国語の語順類型

　　　　　私はゴミを捨てたのであって、金銀財宝を捨てたのではない。
ここから分かるように、主題自身は対比を表すものもあるが、対比の主題
の後には対比する評言が存在しなくてはならず、さらに文の重点はやはり
評言にある。例30の意味に最も近い主題構造の表現法はおそらく例31で
あるが、例31では、真の対比焦点はすでに"倒了"［捨てた］と"没倒"［捨
てていない］という二つの評言成分であり、文全体が表す効果は例30と
は大きく異なる。

　　　31. 我垃圾倒了，金银财宝没倒。

　　　　　私はゴミは捨てたが、金銀財宝は捨てていない。

　以上の三点は、"把"構文はSTVと共通点があり、"把"の目的語には
談話機能的に一定の談話性があるけれども（それが対比焦点でない場合）、
"把"の目的語と統語的な主題には結局のところやはり重要な違いが存在
し、簡単に統語的な主題と見なすことはできない、ということを十分に説
明している。

　しかし我々は、"把"の目的語が後の動詞の目的語であると分析できる
と考えるわけではなく、また中国語の語順類型を分析する際に"把"構文
をOVという語順の現れであると見なすことにも賛成しない。まず、統語
的な目的語には定などの主題機能と関係がある傾向が現れるべきではな
い。さらに重要なことは、"把"の目的語の多くが動詞の後の目的語の位
置に「戻る」ことができず、その中のあるものは、動詞の後で補語などの
他の成分と互いに排斥し合うためであり、これはさらにリズム（音節数）
などの要素に起因するかもしれず、またあるものは、動詞にすでに目的語
があるために、"把"の目的語が動詞の目的語となることが許されないの
である。

　　　32. 他把苹果削了皮。

　　　　　彼はリンゴの皮をむいた。

　　　33. 他把汽车撞了个大洞。

　　　　　彼は車をぶつけて大きな穴を空けた。

例32の"苹果"［リンゴ］は例34の目的語である"苹果的皮"［リンゴの皮］
の中から外へ移動したと考える人もいるであろう。それは少なくとも目的

356

語の一部であると見なすことができるが、このような分析は例 33 についてはまったく説得力がない。なぜならば、例 33 は例 35 のように言うことが絶対にできないからである。

　　34. 他削了苹果的皮。

　　　　彼はリンゴの皮をむいた。

　　35.*他撞了个汽车的大洞。

最後に、もし受動者項が介詞を伴えばやはり目的語であると見なすならば、動作主項が介詞を伴えば当然主語と見なされ、そうすると、中国語の“被”構文と英語の受動文（被動文・受け身文）はどちらも OSV 類型の文と見なすべきであるが、それは明らかに受け入れられない。なぜならば、“把”構文を「動詞＋目的語」構造（中国語では“动宾结构”）と見なすことは文法的に不合理であるからである。

　要するに、「動詞＋目的語」構造と主題構造と“把”構文は中国語の中の三つの異なる文法化プロセスの産物なのである。ご存知の通り、文法化とは内容と形式がある一定の言語や方言の中で結合することであり、“把”構文の文法化は、そのような結合が実現されたものである。つまり、内容的には、受動者と主題性（より正確に言えば副主題性）の結合体をプロトタイプとするために、単に受動者をプロトタイプとする目的語とは区別され、また単に主題機能をプロトタイプとする主題とも区別される。形式的には、それは介詞による導入を受けることや動詞に前置することを特徴とし、統語表現は他の連用修飾語（中国語では“状语”）となる介詞フレーズと同じである。中国語の文法学界では、これまでずっと“把”は介詞であると考えられてきて、1980 年代以降、さらに“把”が導入する介詞フレーズを動詞の連用修飾語と分析することが広く行きわたっているが、これはすべて統語分析が出した結果に基づくものである。よって、“把”構文は意味役割から見れば、「動詞＋目的語」構造に近く、談話機能から見れば、談話構造と多くの共通点があるが、文法現象としては、やはりそれを「連用修飾語＋中心語」構造という大きなグループに分類しなければならない。受動者という意味役割から出発すると、上の三種類の文法化をそれぞれ、目的語化・主題化・連用修飾語化と呼ぶことができる。「動詞＋目的語」

7. 主題構造と中国語の語順類型

構造は受動者目的語化の産物であり、受動者性主題構造は受動者主題化の産物であり、"把"構文は受動者連用修飾語化の産物なのである。

　もちろん、"把"構文は「連用修飾語＋中心語」構造の中の特殊な分類であり、特殊な意味と語用的特徴があり、これも形式を通して表現されたものである。それが主題の機能を持つことは、受動者として動詞の前に位置する語順的特徴と関係がある。また、それが受動者をプロトタイプ的な項とすることは、"把"という介詞によって表現される。

　前に述べたが、普通話の"把"構文の内容は、上海語ではそれに相当する"拿"構文によって表される以外に、副主題構造を常用することでも表される。これは、一方では、"把"構文には談話機能において主題構造、特に副主題構造と共通点があることを説明しており、また一方では、"把／拿"構文の統語構造における「連用修飾語＋中心語」との共通点についても説明をしている。"把"構文は歴史的には「連用修飾語＋中心語」構造に属するだけでなく、道具性の「連用修飾語＋中心語」構造と完全に同形である。上海語の"拿"構文はいまだになお道具性「連用修飾語＋中心語」構造から分化していない。

　　36. 侬拿水汏伊汏。 ‘你用水洗一下’
　　　　あなたは水で洗いなさい。
　　37. 侬拿水灌进去。　‘你用／把水灌进去’
　　　　あなたは水を注ぎ入れなさい。
　　38. 侬拿水倒倒脱。　‘你把水倒喽’
　　　　あなたは水をつぎなさい。

上海語の受動者性の"拿"構文が普通話よりも用いられるのが少ないのは、おそらくそれが常に道具の意味で用いられることと関係があるようである。

　"把"構文は中国語の中ではさらに一つの受動者前置構造であり、その特徴は受動者が介詞を伴わず文頭に位置することで、動作主は介詞"被／叫／让／给"（上海語では実質的には"给"の意味である介詞"拨"を用いる）を伴い、受動者と動詞の間に現れる。"被"構文の受動者主語は談話機能的にはやはり一定の主題性を持っており、また、その主題性は"把"

の後の受動者項よりも強いが、統語的には"把"構文を主題構造と見なすべきではない。統語上の主題とは、動作主主語と一緒に現れるが、"被"構文の動作主はすでに連用修飾語となっており、さらに主語となることはできず、動作主を連用修飾語にするのは、受動者を主語の位置にとどまらせるためである。よって、"被"構文の受動者は主題化されているのではなく、主語化されており、主語の位置がそれに取って代わっているのである。格標識がある言語で、形式的なマーカーを持つ受動文の受動者が常に主格形式を取ることも、受動者の主語化が明確に表れた文法現象であることを説明している。"被"構文のもう一つの重要な特徴は、主語がストレスを置いて読まれたり、その前に焦点マーカーの"是"を伴い主題となれることで、これは主題には許されない。

39.（是）'小张被领导批评了。

　　　張君が、指導者に批判されたのだ。

　このことから、"被"構文は別の種類の文法化の産物であることが分かる。"被"構文は受動者の主語化と動作主の連用修飾語化なのである。補足が必要な点は、中国語では、"被"構文もおそらくこの二種類のプロセスの一種類のみに関係しているということである。例40のように、受動者項の主語化しかなく、動作主項の連用修飾語化はなくてもよいし、例41, 42のように、受動者項の主語化がなく、動作主項の連用修飾語化しかなくてもよい。

40. 小张被批评了。

　　　張君は批判された。

41. 这一回总算被他中了个头奖。

　　　今回は彼に一等を取られたと言える。

42. 你干的活儿又被人家找到毛病了。

　　　あなたがやった仕事はまた人から不備を見つけられた。

後ろの種類の状況は英語のような主語卓越型言語には存在しない。しかし、中国語では、この種の"被"構文においてはいつも言語使用域型主題が文頭に現れる。我々が、これらの言語使用域型成分は主題であるが主語ではないと言うのは、それらが次のように主語化された受動者と一緒に現れる

ことができるからである。

43. 这一回头奖总算被他中了。

今回の一等は彼に取られたと言える。

従って、主語がない"被"構文は実際にはやはり主題卓越型言語の特徴を体現しているのである。

　本節の討論を通して、中国語の受動者項には、目的語化・主題化・連用修飾語化・主語化という四種類の文法化の手段があることが分かった。英語の語順類型を検討する場合、これまで主語化された受動者を目的語と見なして、英語に OVS の語順（John was beat by bill.）があると説明する人はいなかった。おそらく、中国語の"被"構文と英語の受動文は比較できる部分があるので、中国語の中ですでに主語化された受動者を目的語と見なして、中国語に OVS の語順があると説明する人もいなかったのである。英語に比較可能性を持つ主題構造（特に副主題構造）や"把"構文がないのであれば、いつの間にか「二重基準（ダブルスタンダード）」を実行し、すでに主題化や連用修飾語化された受動者をさらに目的語と見なす人もいるので、現代中国語に SOV の傾向があるとしたり、あるいは北方中国語にはより多くの SOV の傾向があるといった結論に至ってしまうのである。今ではこの問題はすでに明らかで、主語化された受動者項が目的語ではないのと同じように、主題化や連用修飾語化された受動者項も目的語ではないのである。「動詞＋目的語」の関係から言えば、現代の北京語や上海語はどちらも VO 型である。それらの違いは、北京語では受動者の連用修飾語化現象が多く、主題化は TSV を主とするが、上海語では受動者の主題化現象が多く、STV を主とし、連用修飾語化現象は北京語ほど多くないということである。[4]

　もちろん、中国語、特に上海語では、主語や介詞フレーズが担う連用修飾語は、すべて"提顿词"を加えることで主題や副主題になることができ、同時に主語や連用修飾語ではなくなる。なぜならば、それはすでに再び文法化された産物となったからである。"把"構文の中の受動者連用修飾語や"被"構文の中の受動者主語や、"被"構文の中の動作主連用修飾語は、すべて"提顿词"を加えることで主題や副主題なることができ、それはそ

の他の成分の主題化とは何ら違いはない。

44. 我把小鸟啊，全放走了。

　　私は小鳥は、全部逃がした。

45. 小鸟啊，全让我给放走了。

　　小鳥は、全部私によって逃がされた。

46. 小鸟全让我啊，给放走了。

　　小鳥は全部私によって、逃がされた。

7.3 主題と主題卓越型言語：文法観の発展

　現代における世界の文法学の主流は、西洋の文法学の二千年余りの伝統を背景として発展してきたが、中国語の系統的な文法学も100年前に马建忠氏により"泰西葛郎玛"（西洋文法学）を直接まねて築き始められた。西洋の伝統文法学は主にヨーロッパの印欧言語に根ざしており、その文法観はヨーロッパ言語の特徴の影響を受けざるを得ず、言語的視野の絶え間ない開拓と文法研究の確かな深化と言語の共通性や類型学の出現・発達とともに、文法学者らの人類言語の文に対する認識も次第にすべてを網羅し、進化する方向へと向かって行った。主題と主題卓越型言語に対する詳細な研究と十分な認識は、文の基本的な成分に対する認識を深化させ、文法観をさらに発展させることとなった。

7.3.1 主述関係を基礎とする文法観

　印欧語では、主述構造は高度に文法化された統語構造である。一方では、文（節を含む）は基本的にすべて主述構造を基本とし、意味的に主語がない場合は、指示対象がない仮主語を加えたり、主語を省略するものは明確に主語を補うことができる。また一方では、主述構造は多重の形態的手段によって統語形式的に明確な規定性を獲得している。いわゆる多重形式手段とは次のものを含む。

1) 主語の中心となる名詞が形態的には主格（nominative）をとる、即ち名詞の格形態が消失したに近い英語では人称代名詞の主格形式を借りて、名詞の主語としての身分を類推し目的語となる目的格（accusative）

と区別することもできる。

2) ある言語（ロシア語など）では、主語の中心名詞を修飾・制限する成分は相応する主格形式を取ることもできる。

3) 述語の中心となる成分は形式的には定形動詞であり、動詞の各種の非述語（述語ではない）形式と区別され、定形動詞には時制（tense）、法（mood）などの形式的カテゴリーがあるが、動詞の非述語形式にはこれらの形態はない。

4) 主語と述語は人称・数・性などの面で形態的に一致関係（agreement）があり、英語には三人称単数の主語の後の現在時制の述語動詞に s を加える現象が残っており、これによりその他の現象も類推できるので、現代の生成文法では Agr という一致関係の略語形式を用いて主語を表す（2.2.2 を参照）。

意味的には、印欧語の主語は動作行為の動作主をプロトタイプとし、経験者（性質・状態の主体）も主題となる意味役割に適している。動作主が主題とならない場合、道具や原因なども主題となれるが、受動者が主題となるにはふつう主語化のプロセス、即ち述語動詞が受動態をとり、動作主の連用修飾語化や省略により唯一の主語の位置を譲るというプロセスが必要である。談話機能的には、主語は談話において主題の機能を果たすであろうが、主題の機能を持たないことも多い。情報構造的に必要な場合、主語以外のある成分が語順などの手段を通して談話中の主題を担うことはまったく問題ないが、主語と主題成分が本来持っている文法的地位は形態的なマーカーがあるために依然として変わらない。

多くの形式的特徴によって保証されているために、印欧語では主述構造の確定や主語と目的語の区別は簡単である。このような状況では、統語理論は主述関係を当然の基本的関係とし、主語・述語を節の最下層の統語関係とし、「主語―動詞―目的語」を語順類型を考察する基本的なパラメータとしていることは、理解が難しいことではない。このような背景で形成された主述型文法観は現在に至ってもなお、多くの文法学者らが持っている観念である。

7.3.2 能格言語類型の発見と研究

「能格（ergative）」（"作格"）はまた、"唯动格"、"唯被动格"などと訳される。能格言語は世界に広く分布しており、ヨーロッパの非印欧語であるバスク語（Basque）、コーカサス地方のジョージア語［旧グルジア語］（Georgian）、北極圏内のエスキモー語（Eskimo）及びオーストラリアの多くの土着語など、世界言語の総数の約四分の一を占める。

ご存知の通り、印欧語には、主題となる名詞の主格は他動詞性の述語（つまり目的語を伴う）の文中に現れることもできれば、非動性の述語の文中に現れることもでき、どちらも目的語との対立を構成する。これはつまり、一般的な統語理論における主語の概念である。このような概念は能格型言語の発見とともに、ある挑戦に遭遇したのである。能格言語にも名詞の格カテゴリーがあり、またそれによって統語的地位が確立されるが、格の分類方法は印欧語とは趣が大きく異なっている。能格言語では、他動性行為の動作主（例えば、"他喝酒"［彼は酒を飲む］の"他"）は一種の格形態、即ち能格（ergative）をとり、非他動性行為の動作主（例えば、"他走了"［彼は行ってしまった］の"他"）や他動性行為の受動者（例えば、"他喝酒"の"酒"）はともに一種の格形態をとり、絶対格（absolutive）（"通格"）と呼ばれる。能格言語が発見されて、人々は初めて印欧語タイプの主格・目的格が対立した言語に「対格（accusative）（"宾格"）言語」という名前を付けたのである。

能格言語に対面して、人々はどの成分を主語とすべきか、どの成分を目的語とすべきか分からず、さらには、主語・目的語のような概念に普遍的意味があるのか疑うこともできた。そして、主語・目的語などの統語概念が問題になると、主述関係を基盤とする多くの文法理論及びその文法観は厳しい挑戦に遭遇した。従って、能格言語の発見と研究は文法観の発展を新しい段階に引き入れたということができる。

簡単な考え方は、能格成分をいっそのこと主語とみなしてしまうことであるかもしれない。なぜならば、その動作主性は最も強く、主語はまさに動作主をプロトタイプとするので、絶対格は目的格に対応する統語成分と見なせるからである。しかし、ある言語学者が能格言語に対する研究を通

して、能格言語自身の間にもかなり大きな違いが存在し、このような処理法をすべてに用いることは難しいことに気がついた。例えば、Faarlund（1988）によれば、オーストラリアの能格言語の一つであるジルバル語（Dyirbal）では、絶対格は能格よりも明らかに主語性が強く、能格を主語と見なすことはできず、また別のオーストラリアの能格言語の一つであるワルマジャリ語（Walmatjari）では、形態的には受動者が同じく絶対格に属する非他動（自動）行為の動作主に、また語用的には能格成分により近く、単純に能格を主語と見なし非他動行為の動作主を排除することは難しいのである。

　能格言語が文法学者たちに主語や目的語といった慣用的概念を詳細に見直させたことは、普遍的な統語理論をさらに完全なものとし、それにさらに大きな総括力を持たせることとなった。類型学者、特にオーストラリアなどの能格言語の専門家たちは、すでにこの点に力を入れており、最近出版された能格言語を研究した専門書としては系統的な機能文法をフレームとする Dixon（1994）がある。一方、現代の形式文法のフレームを用いた能格に対する研究にも進展があり、例えば、非能格動詞（unergative verb）と非絶対格動詞（unaccusative verb）の違いを提案しているものもある。Burzio（1986）は、たとえイタリア語のような非能格言語であっても、いくつかの能格的な現象が現れることを証明している。

7.3.3 主語—主題類型学の提案と主題卓越型言語の深く掘り下げた研究

　主語—主題類型学の提出と主題卓越型言語の深く掘り下げた研究は、主述関係を基盤とした伝統的文法観に対し大きな挑戦をもたらした。

　談話レベルにおける主題に対する大量の研究は、実際には 20 世紀早期のプラーグ学派から始まったが、この種の研究が統語理論自体に重大な影響を与えたわけではない。Li & Thompson が提案した主語—主題類型学は、人々がよく知っている主語卓越型言語が対立する主題卓越型言語の存在を明示し、主語の普遍的な重要性に対して疑問を提出したが、これこそがまさに別の角度（能格言語とは異なる角度）から主述型の伝統的文法観への挑戦であり、文法観の発展の新たな段階を切り開くものとなった。彼らは、

7.3 主題と主題卓越型言語：文法観の発展

主題卓越型言語を主語卓越型言語と対立させ、主語は統語的概念であると
して、客観的にすでに主題を統語論へ導入する視点を持っていた。しかし、
それに伴ってやってきた中国語などの主題卓越型言語を取り巻く主題の研
究は、ほとんどが依然として談話機能面の研究に偏り、主語—主題類型学
の提案者でさえも、いつの間にか主題を統語法の中に入れて検討を行って
いた。その結果、一方では主題卓越型言語は主語卓越型言語と異なること
を強調し、一方ではまた完全に主語卓越型言語の基準により中国語の語順
類型を検討し、主題構造を OV 構造として処理することとなった。

　本書で力を入れたいことの一つは、主題卓越型言語の中の主題を明確に
統語レベルの成分と見なし、自覚を持って統語的角度から主題を詳細に調
べ、統語理論から主題の統語的地位を確立すると同時に、統語成分として
の主題の意味的・語用的特徴に十分注意することである。そして本書で力
を入れたいもう一つのことは、中国語、特に我々が普通話よりも典型的な
主題卓越型方言であると考える上海語の個別の事例に基づく研究を通し
て、主題卓越型言語における主題の統語的・意味的特徴をできるだけ全面
的に、かつ詳細を尽くして明示することである。

　現時点で分かっている状況としては、主題卓越の傾向は主に中国語やチ
ベット・ビルマの言語に存在し、広義の主題卓越言語には日本語、韓国・
朝鮮語、布農語［ブヌン語］などの主語・主題同等重視型言語が含まれる。
壮侗語［チワン・トン語］、アルタイ語などアジア・太平洋地域のその他
の言語に主題優卓越の現象があるかどうかは、今のところまだ不明である。
日本語や韓国・朝鮮語の主題については、すでに多くの研究成果があるが、
主語・主題同等重視型言語は結局のところ主題卓越型言語とは多くの重要
な違いがある。例えば、主語卓越型言語で最も問題にならない主語の確定
や目的語との区別が、日本語や韓国・朝鮮語などでも問題にならないのは、
主語と主題がどちらも形態的に高度に文法化されているからである。一方、
真の主題卓越型言語について言えば、これはほとんど「蜀道の難きは青天
に上るよりも難し」ことである。50 年前、中国の言語学界に主語・目的
語の大論争が起こり、学者たちがそれぞれ提案する主語と目的語の判断基
準や分析結果には大きな隔たりがあったが、これは日本語や韓国・朝鮮語

365

では想像ができないことである。さらに注意すべき点は、50 年来、「文革」の 10 年を除いて、この討論はまだ本当には終わっておらず、またその検討結果は人々をがっかりさせるものであったものの、中国語文法学にめざましい進歩をもたらしことである。この間、主語・目的語に対する認識も深まったが、お互いの考え方の距離は依然として元のままで、これも日本語や韓国・朝鮮語では想像できないことである。問題の所在は、討論者らに能力がないからではなく、主題卓越型言語における主語の文法化の程度が明らかに低いために、主語卓越型言語や主語・主題同等重視型言語の既成の主語・目的語の概念に当てはめることが難しいからである。このことから、主題卓越型言語及びその類型的価値と文法理論の意義を真に認識するためには、これらの言語の主題構造の調査研究と理論的な思考を強化する必要があることが分かる。これは一、二冊の本で完成できる任務ではない。この点については、本書も一つの模索や試みを述べることができるだけである。我々は、中国語学界や中国語・チベット語学界においてより多くの学者たちがこの課題の調査研究に参与することを希望し、また、文法理論の世界でも中国・チベット語に詳しい学者たちがこれに類した研究を数多く行い、人類言語の文法観により大きな発展をもたらし、人々が人類言語の文の基本構造に対しより全面的で、より科学的な認識を持つようにさせることを希望している。

注

[1] ここでの「中心語（"中心语"）」と「付加語（"附加语"）」の関係は、通常に言うところの連体修飾語や連用修飾語などの修飾制限成分と被修飾制限成分の関係に限らず、適用面でははるかに広い。氏が用いる原文は 'operand—operator' と 'operator—operand' で、'operand' を被操作成分（我々が言う「中心語」）と、'operator' を操作成分（我々が言う「付加語」）と訳す人もいる。

[2] 評言は、主題に対して文法化されたものであり、主題とともに主題構造を構成する。評言の内部はさらに文法的分析を行うことができる。

評言の構造的地位については、第 2 章の形式化の分析を参照いただきたい。

[3] 我々は中国語の言語学で常用される名称である「"把"字句」や「"被"字句」を採用しない。なぜならば、これらの構造は独立して文になるとは限らず、"把观众吸引住的本领"［観衆に引き寄せられた才能］や"被爱情遗忘的角落"［愛情に忘れられた片隅］のように、文中に含まれるフレーズを用いることもできるからである。

[4] 我々は、北京語と上海語はどちらも VO 型であるが、中国語の方言に OV の語順がある可能性があることを完全に排除しないと考える。我々の理解によれば、西寧方言の中で受動者が前置された文型に、OV 型語順の可能性があり、その中の前置された受動者には主題の特徴が見られない。このような語順の源ははっきりしており、チベット語などの少数民族言語の影響であり、青海の非中国語は基本的にはみな SOV 型言語である。以下は、张成材（1994 : 14 － 15）からの例文である。

　　　爸爸一个洋糖给啊。　'叔叔给了一块水果糖'
　　　叔父は果物の飴を一つくれた。
　　　我阿爸今年六十岁有啊。　'我爸爸今年有六十岁了'
　　　私の父は今年 60 歳になった。
　　　这个东西我的不是。　'这个东西不是我的'
　　　この品物は私のではない。

张成材（1994 : 14）によれば、西寧語では VO 型の語順がやはり優勢を占めているということであるが、その受動者前置現象についてはさらなる研究が俟たれる。

参考文献

＜中国語の部＞

陈承泽 1922.《国文法草创》，商务印书馆，1982 年新版。

陈　平 1994. 试论汉语中三种句子成分与语义成分的配位原则,《中国语文》
　　　第 3 期。

戴浩一 1990. 以认知为基础的汉语功能语法刍议，叶蜚声译,《国外语言学》
　　　第 4 期；又见戴浩一・薛凤生主编《功能主义与汉语法》，北京语言学
　　　院出版社，1994 年。

范继淹 1985. 无定 NP 主语句,《中国语文》第 1 期。

范　晓 1996. 句型、句模和句类，范晓《三个平面的语法观》，北京语言学院
　　　出版社。

范　晓・胡裕树 1992. 有关语法研究三个平面的几个问题,《中国语文》第 4 期。

方　梅 1994. 北京口语中语气词的功能研究,《中国语文》第 2 期；又见张伯
　　　江・方梅《汉语功能语法研究》第一部分"主位结构研究"（36 － 51 页），
　　　江西教育出版社，1995。

古川裕 1996. 现象句和双宾句的认知基础—"数＋量＋名"词组的出现条件,
　　　《新时期语法学者学术研讨会论文》，武汉。

胡明扬 1981. 北京话的语气助词和叹词（上）（下），《中国语文》第 5、6 期。

胡裕树・范　晓 1985. 试论语法研究三个平面,《新疆师范大学学报》第 2 期。

胡裕树・范　晓（主编）1995.《动词研究》，河南大学出版社。

黄锦章 1995. 再论汉语话题在所指上的要求及影响所指要求的诸因素，邵敬
　　　敏主编《九十年代的语法思考》，北京语言学院出版社。

姜信沆 1991. 训世评话（资料篇上），古屋昭弘校，日本《中国语学研究・开篇》
　　　Vol.8，好文出版。

李临定 1985. 主语的语法地位,《中国语文》第 1 期；又见"著名中年语言学
　　　家自选集"之《李临定自选集》（160 － 176 页），河南教育出版社。

刘丹青 1984. 小议指人名词用"什么"提问的现象,《汉语学习》第 1 期。

—— 1991. 苏州方言的发问词与"可 VP"句式,《中国语文》第 1 期。

—— 1994. "唯补词"初探,《汉语学习》第 3 期。

—— 1995. 语义优先还是语用优先？—汉语语法学体系建设断想，《语文研究》第 2 期。

刘丹青·段业辉 1989. 论"有的"及其语用功能，《信阳师范学院学报》第 2 期。

陆剑明 1986. 周遍性主语及其他，《中国语文》第 3 期；又见陆剑明《现代汉语句法论》(73 — 84 页)，商务印书馆，1993。

吕叔湘 1959.《文言虚词》，上海教育出版社（首版 1944 年由开明书店出版）。

—— 1982.《中国文法要略》，商务印书馆（首版 1942 — 1944 年分卷出版）。

吕叔湘（主编）1980.《现代汉语八百词》，商务印书馆。

马希文 1982. 关于动词"了"的弱化形式 /.lou/，《中国语言学报》总 1 期，商务印书馆。

钱乃荣 1997.《上海话语法》，上海人民出版社。

钱乃荣（主编）1990.《现代汉语》，高等人民出版社。

桥本万太郎 1985.《语言地理类型学》(中译本)，余志鸿译，北京大学出版社。

屈承熹 1984. 汉语的词序及其历史变迁，《语言研究》1 期。

石汝杰 1996.《吴语读本—明清吴语和现代苏州话》，日本《中国语学研究·开篇》单刊 No.8，好文出版。

石汝杰·刘丹青 1985. 苏州方言量词的定指用法及其变调，《语言研究》，第 1 期。

史有为 1995. 主语后停顿与话题，《中国语言学报》，总 5 期，商务印书馆。

王福祥 1981.《俄语话语结构分析》，外语教学与研究出版社。

韦旭升·许东振 1995.《韩国语实用语法》，外语教学与研究出版社。

谢信一 1991. 汉语中的时间和意象，叶蜚声译，《国外语言学》第 4 期；又见戴浩一·薛凤生主编《功能主义与汉语语法》，北京语言学院出版社，1994。

谢自立·刘丹青·石汝杰·汪　平·张家茂 1988. 苏州方言里的语缀（一）（二），《方言》第 2、3 期。

徐昌华 1990. 谈谈日语的主语与主题，刘耀武·徐昌华《日语语法研究》，北京大学出版社。

徐　杰·李英哲 1993. 焦点和两个非线性语法范畴 :［否定］［疑问］，《中国语文》第 2 期；又见徐杰《汉语描写语法十论》，河南教育出版社，1993。

徐烈炯 1994. 与空语类有关的一些汉语语法现象,《中国语文》第 2 期。

—— 1995.《语义学（修订本）》, 语文出版社, 初版 1990 年。

徐　琳·木玉璋·盖兴之 1986.《傈僳语简志》, 民族出版社。

杨树达 1979.《词诠》, 中华书局, 初版 1954 年。

余蔼芹 1992. 广东开平方言的中性问句,《中国语文》第 4 期。

俞　敏 1957. 汉语的句子,《中国语文》第 7 期。

袁毓林 1996. 话题化及相关过程,《中国语文》第 4 期。

张伯江·方　梅 1994. 汉语口语里的主位结构,《北京大学学报》第 2 期；又
　　见张伯江·方梅《汉语功能语法研究》第一部分"主位结构研究", 江
　　西教育出版社。

—— 1996.《汉语功能语法研究》, 江西教育出版社。

张成材 1994.《西宁方言词典》, 李荣主编《现代汉语方言大辞典》分卷本,
　　江苏教育出版社。

张　相 1979.《诗词曲语辞汇释》, 中华书局, 初版 1953 年。

郑恒雄 1977. 布农语的主题、主语与动词（Topic and Focus in Bunun）（英语
　　の著作に中国語の要約が付してあり、英語の書名と中国語の書名は異
　　なる）。台湾历史语言研究所专刊之七十二。

朱德熙 1982.《语法讲义》, 商务印书馆。

—— 1985.《语法答问》, 商务印书馆。

朱晓农 1988. 语法研究中的假设－演绎法 :从主语有定无定谈起,《华东师范
　　大学学报》第 4 期。

＜外国語の部＞

Abney, Steben P. 1987. *The English Nown Phrase in Its Sentential Aspect*. phD.
　　Dissertation. Cambridge MASS : MIT.

Baker, C. L. 1966. *Definiteness and Indefiniteness in English*. MA thesis. Urbana :
　　University of Illinois.

Baltin, Mark 1982. A landing site theory of movement rules. *Lintuistic Inquiry* 13:
　　1 － 38.

Bowers, John 1993. The syntax of predication. *Linguistic Inquiry* 24: 591 － 656.

Brown, Gilian & George Yule 1983. *Discourse Analysis*. Cambridge : Cambridge University Press.

Burzio, Luigi 1986. *Italian Syntax*, Dordrecht : Reidel.

Cardinaletti, Anna & Maria Teresa Guasti 1995. *Syntax and Semantics 28* : Small Clause. New York : Academic Press.

Chafe, Wallace 1976. Givenness, contrastiveness, definiteness, subject, topics and point of view. In Charles N. Li(ed.) 1976.

Chao, Yen-Ren 1968. *A Grammar of Modern Spoken Chinese*. Berkeley and Los Angeles : University of California Press.

Chomsky, Noam 1957. *Syntactic Structure*. The Hague : Houton.

―― 1965. *Aspect of the Theory of Syntax*. Cambridge MASS : MIT Press.

―― 1986. *Barriers*. Cambridge : MIT Press.

―― 1996. A minimalist program for linguistic theory. In *The Minimalist Program*. Cambridge MASS : MIT Press.

Comrie, Bernard 1981. *Language Universals and Linguistic Typology*. Chicago : University of Chicago Press.

Copeland, James E & Philp W. Davis 1983. Discourse Portmanteaus and the German Satzfeld. In F. B. Agaro et al.（eds.）*Essays in Honor of Charles F. Hocket*. Leiden : Brill.

Culicover, Peter 1992. Polarity, inversion and focus in English. *ESCOL*:46 － 68.

Dixon, Robert M. W. 1994. *Ergativity*. Cambridge : Cambridge University Press.

Ernst, Thomas & Chengchi Wang 1995. Object preposing in Mandarin Chinese. *Journal of East Asian Linguistics* 4:235 － 260.

Faarlund, Jan Tejie 1988. A typology of subject. In Michael Hammond et al.（eds.）1988.

Ford, C. & S. Thompson 1986. Conditionals in discourse: a text-based study from English. In E. Traugott et al.（eds.）*On Conditionals*, 353 － 372. Cambridge : Cambridge University Press.

Fu, Jinqi 1994. SOV word order and Chinese IP specifier. 6th North American Conference on Chinese Linguistics.

参考文献

Gasde, Horst-Dieter & Waltraud Paul 1994. Functional categories, topic prominence and complex sentences in Mandarin Chinese. *Linguistics* 34:263 — 294.

Givón, Talmy 1978. Definiteness and referenciality. In Joseph H. Greenberg（ed.）1978.

—— 1988. The pragmatics of word-order: predictability, importance and attention. In Michael Hammond et al.（eds.）1988.

Goldsmith, John 1980. Meaning and mechanism in grammar. *Harvard Studies in Syntax and Semantics* 3:423 — 449.

Greenberg, Joseph H. 1963. Some universals of grammar with particular reference to the order of meaningful elements. In Joseph H. Greenberg（ed.）*Universals of Language*. Cambridge MASS : MIT Press.

——（ed.）1978. *Universals of Human Language 4*: Syntax, Stanford : Stanford University Press.

Grice, H. P. 1975. Logic and conversation. In Peter Cole & Jerry L. Morgan（eds.）*Syntax and Semantics 3*: Speech Acts. New York : Academic Press.

Gundel, Jeanette K. 1977. *The Role of Topic and Comment in Linguistic Theory*. Bloomington : Indiana University Linguistics Club.

—— 1985. Shared knowledge and topicality. *Journal of Pragmatics* 9: 83 — 97.

—— 1988. Universals of topic-comment structure. In Michael Hammond et al.（eds.）1988.

Haiman, John 1978. Conditionals are topics. *Language* 54: 564 — 589.

Hammond, Michael, Edith Moravacsik & Jessica Wirth（eds.）1988. *Studies in Syntactic Typology*, Amsterdam: John Benjamins.

Harlig, Jeffrey & Kathleen Bardovi-Harlig 1988. Accentuation typology, word order and theme-rheme structure. In Michael Hammond et al.（eds.）1988.

Hsieh, Miao-Ling 1992. Analogy as type of interaction: the case of verb copying. *Journal of the Chinese Language Teachers Association* 27: 75 — 92.

Huang, Chu-Ren 1992. Certainty and functional uncertainty. *Journal of Chinese Linguistics* 20: 247 — 288.

Huang, C. –T. James 1982. *Logical Relations in Chinese and the Theory of Grammar*. PhD. Dissertation. Cambridge MASS : MIT.

—— 1987. Remarks on empty categories in Chinese. *Linguistic Inquiry* 18: 311 － 338.

—— 1991. Remarks on the status of null object. In Robert Freidin（ed.）*Principles and Parameters of Comparative Grammar*. Cambridge MASS : MIT Press.

Huang, C. –T. James & Y. –H. Andrey Li 1996. Recent generative studies on Chinese Syntax. In C. –T. James Huang & Y. –H. Andrey Li（eds.）*New Horizons of Chinese Linguistics*. Dordrecht : Kluwer.

Ioup, Georgette 1977. Specificity and the interpretation of quantifiers. *Linguistics and Philosophy* 1: 233 － 245.

Jackendoff, Ray 1972. *Semantic Interpretion in Generative Grammar*. Cambridge MASS : MIT Press.

Jiang Zixin 1990. A constraint on topic in Chinese. *Journal of Chinese Linguistics* 18: 231 － 260.

Kayne, Richard 1983. Datives in French and English. In *Connectedness and Binary Branching*. Dordrecht : Foris.

Keenan, Edward 1976. Towards a universal definition of "subject". In Charles N. Li（ed.）*Subject and Topic*. New York : Academic Press.

Keenan, Elinor Ochs & Bambi B. Schieffelin 1976. Topic and discourse notion: a study of topic in the conversations of children and adults. In Charles N. Li（ed.）1976.

Kim, Alan Hyun-oak 1988. Preverbal focusing and type ⅩⅩⅢ languages. In Michael Hammond et al.（eds.）1988.

Kiss, Katalin E. 1994. Discourse-configurationality in the language of European. *In Discourse Conmigurational Languages*. Oxford : Oxford University Press.

Kitagawa, Yoshihisa 1986. *Subjects in Japanese and English*. PhD. Dissertation. Amherst : University of Massachusetts.

Koopman, Hilda 1984. *The Syntax of Verbs*. Dorrecht : Foris.

Koopman, Hilda & Dominique Sportiche 1991. The position of subject. *Lingua*

85: 211 − 258.

Kripke, Saul 1977. Speaker's reference and semantic reference. In Peter French, Theodore Uchling & Howard Wettstein (eds.) *Contemporary Perspectives in the Philsophy of Language*, 6 − 27. Minneapolis : University of Minnesota Press.

Kuroda, Sige-Yuki 1988. Whether we agree or not: a comparative syntax of English and Japanese. *Linguisticae Investigationes* 21: 1 − 46.

Lambercht, Kund 1988. Presentational cleft constructions in spoken French. In John Haim & Sandra A. Thompson (eds.) *Combining in Grammar and Discourse*. Amsterdan : John Banjamins.

—— 1994. *Information Structure and Sentence Form*. Cambridge : Cambridge University Press.

Larson, Richard 1988. On the double object construction. *Linguistic Inquiry* 19: 335 − 391.

Lee, Thomas Hun-tak 1986. *Studies on Quantification in Chinese*. PhD. Dissertation. Los Angeles : University of California.

Lehmann, Winfred 1973. A structure principle of Language and its implications. *Language* 49: 47 − 66.

—— 1978. English: a Characteristic SVO language. In Winfred Lehmann (eds.) *Syntactics Typology*. Austin : University of Texas Press.

Li, Charles N. (ed.) 1975. *Word Order and Word Order Change*. Austin : University of Texas Press.

—— (ed.) 1976. *Subject and Topic*. New York : Academic Press.

Li, Charles N. & Sandra A. Thompson 1973a. An explanation of word order change from SVO to SOV. *Foundations of Language* 12: 201 − 214.

—— 1973b. Historical change of word order: a case study of Chinese and its implications. In John M. Anderson & Charles Jones (eds.) *Historical Linguistics*.

—— 1975. The Semantic function of word order: a case study in Mandarin. In Chrales N. Li. (ed.) 1975.

―― 1976. Subject and topic: a new typology of language. In Charles N. Li.（ed.）1976.

―― 1978. An exploration of Mandarin Chinese. In Winfred Lehmann（ed.）*Syntactic Typology: Studies in the Phenomenology of Language*. Austin : University of Texas Press.

―― 1981. *Mandarin Chinese: A Functional Reference Grammar*. Berkuley : University of California Press.

Li, Y. –H. Audrey 1985. *Abstract Case in Chinese*. PhD. Dissertation. Los Angels : University of Southern California.

―― 1990. *Order and Constituency in Mandarin Chinese*. Dordrecht : Kluwer.

―― 1996. Indefinite subject in Mandarin Chinese. 5th International Conference on Chinese linguistics.

Light, Timothy 1979. Word order and word order change in Mandarin. *Journal of Chinese Linguistics* 7: 149 － 180.

Liu, Feng-his 1986. On topic-traces in Chinese. *Proceedings of the West Coast Conference on Formal Linguistics* 5: 142 － 153.

Mallinson, Graham & Barry Blake 1981. *Language Typology: Cross-linguistic Studies in Syntax*. Amsterdam : North-Holland.

Matthews, Stephen & Virginia Yip 1994. *Cantonese: A Comprehensive Grammar*. London : Routledge.

Mei, Kuang 1980. Is Modern Chinese really an SOV language? *Cahiers de Linguistique Asie Orientale* 7: 23 － 45.

Mulder, René & Rint Sybesma 1992. Chinese as a VO language. *Natural Language and Linguistic Theory* 10: 439 － 476.

Nagashima, Tatsuya（長島達也）1988. *A Handbook of Japanese Grammar*（日本語文法ハンドブック）（英日対照本）．パナリンガ出版。

Ning, Chunyan 1993. *The Overt Syntax of Reflexirization and Topicalization in Chinese*. PhD. Dissertiong. Irvine : University of California.

Partee, Barbara H. 1972. Opacity, coreference and pronouns. In D. Davidson & G. Harman（eds.）*Semantics of Natural Language*. Dordrecht : Reidel.

Reinhart, Tanga 1981. Pragmatics and linguistics: an analysis of sentence topic. *Philosophica* 27: 57 – 94.

Schiffrin, Deborah 1988. Sociolinguistic approaches to discourse: topic and reference in narrative. In K. Ferrera, B. Brown, K.Walters & J.Baugh (eds.) *Linguistic Change and Contact*. Austin: Department of Linguistics, University of Texas.

—— 1992. Conditionals as topics in discourse. *Linguistics* 30: 165 – 197.

Schlobinski, Peter & Stenphen Schütze-Coburn 1992. On the topic of topic and topic continuity. *Linguistics* 30: 165 – 197.

Sgall, P., Eva Hajicová & Janevová 1986. In Jacob L. Mey (ed.) *The Meaning of the Sentence in Its Semantic and Pragmatic Aspect*. Dorchrecht : Reidel.

Shi, Dingxu 1992. *The Nature of Topic Comment Constructions and Topic Chains*. PhD. Dissertation. Los Angels : University of Southern California.

Shyu, Shu-ing 1995. *The Syntax of Focus and Topic in Mandarin Chinese*. PhD. Dissertation. Los Angeles : University of Southern California.

Steele, Susan 1978. Word ordet variation: a typological study. In Joseph H. Greenberg (ed.) 1988.

Stowell, Tim 1995. Remarks on clause structure. In Anna Cardinalette & Maria Teresa Guasti (eds.) *Syntax and Semantics* 28: Small Clause, 271 – 286 New York : Academic Press.

Sun, Chao-Fen & Talmy Givón 1985. On the so-callde SOV word order in Mandarin Chinese: a quantified text study and its implications. *Language* 61: 329 – 351.

Szwedeh, A. J. 1990. What is a topic? A contrastivist's view. In Jaceh Fisiak (ed.) *Further Insights into Contrasive Analysis*. Amsterdam : John Benjamins.

Tai, H. –Y. James 1973. Chinese as a SOV language. In C. Corum et al. (eds.) *Paper from the Nineth Reginal Meeting of Chicago Linguistic Society*. Chicago : Chicago University Press.

—— 1976. On the Change from SVO to SOV in Chinese. *Papers from the Parasession on Diachronic Syntax*, Chicago Linguistic Society. Chicago :

Chicago University Press.

Tang, C. –C. Jane 1992. Ta mai-le bi shizi and Chinese phrase structure. First International Conference on Chinese Linguistics. Singapore.

Thompson, Sandra 1973. Transitivity and the ba construction in Mandarin Chinese. *Journal of Chinese Linguistics* 1: 208 − 221.

Tomlin, Russell S. 1985. Foreground-background information and the Syntax of subordination. Text 5: 85 − 122.

―― 1986. *Basic Word Order.* London : Croom Helm.

Travis, Lisa 1985. *Parameters and Effects of Word Order.* PhD. Dissertation. Cambridge MASS : MIT.

Tsao, Fengfu 1979. *A Functional Study of Topic in Chinese: the First Step towards Discourse Analysisi*, Taipei : Student Book Co. 中国語訳本《主題在汉语中得功能研究―迈向语段分析的第一步》, 谢天蔚訳, 1995, 语文出版社。

Van Dijk, Teun Adrianus 1977. *Text and Context.* London : Longmans.

Vennemann, Theo 1972. Analogy in gererative grammar, the origin of word order. *Proceedings of the Eleventh International Congress of Linguistics* 2: 78 − 83.

Xu, Liejiong 1986. Free empty category. *Linguistic Inquiry* 17: 75 − 93.

―― 1995. Definite effects on Chinese word order. *Cahiers de Linguistique Asie Orientale* 24: 29 − 48.

―― 1996. Limitation on the subjethood of numerically quantified noun phrase: a pragmatic approach. Synposium on the Referential Properties of Chinese Noun Phrases. City University of Hong Kong, Hong Kong.

Xu, Liejiong & D. Terence Langendoen 1985. Topic structures in Chinese. *Language* 61: 1 − 27.

Xu, Yulong 1995. *Resolving Third-Person Anaphora in Chinese Texts: Towards a Functional-Pragmatic Model.* PhD. dissertation. Hong Kong : Hong Kong Polytechnic University.

例文引用書名一覧

(コロンの前の二文字は本書での例文引用時に記載した略称である)

1. 案 内：杉江房造《改正増补上海语独案内》,日本堂书店,明治41年（1908）
   4版，上海。その中の"问答之部"より取った。

2. 蒲 课：Albert Bourgeois, S. J. (中国名"蒲君南")：Leçons sur le Dialect de
   Changhai（上海话课本），Cours Moyen, 1939，上海。

3. 蒲 法：Albert Bourgeois, S. J. Grammaire du Dialwcte de Changhai（上海话
   语法），Imprimerie de T'ou-sè-wè（土山湾），1941，上海。

4. 滑 稽：《滑稽戏选一》，上海文艺出版社，1982。

5. 言語学の術語のアルファベットについては、文中にて説明を行った。主
   に方言が比較的純粋な"三毛学生意"と"七十二家房客"の二つより取った。

6. 独 脚：《独脚戏集锦》，上海文艺出版社，1985。

7. 传 统：《传统独脚戏选集》，中国曲艺出版社，1985。

8. 流 行：《上海话流行语词典》，阮恒辉・吴继平编著，汉语大词典出版社，
   1994。

索　引

述語索引

【　】は汉语（原語）表記を示す

▨は初出箇所のみ掲載

A
aboutness【关于】10, 34, 253

B
"把"構文【"把"字句】【"把"字结构】304, 319, 329, 330, 334, 353, 354, 355, 356, 357, 358, 360

"被"構文【"被"字句】【"被"字结构】304, 353, 357, 358, 359, 360

"表语" 220, 225, 304, 307, 379

C
CNP 204, 205, 206, 208, 228, 246, 247

Comp（complement）【补语】63

CP 64, 65, 66

D
"的"フレーズ【"的"字短语】445

DCNP 246

DNP 204, 205, 206, 246

动宾 147, 338, 357

"动宾"（動詞＋目的語）構造【动宾结构】338

DP（determinaer phrase）【限定词短语】65, 445

G
Government and Binding Theory【管辖与约束理论】55

I
IP 41, 64, 66-71, 73-76, 78, 79, 81, 88, 89, 92, 94, 98, 371, 445, 446, 454, 456, 457

J
句类 29

379

"句类"（文の機能的な類別）【"句类"句子的功能类别】305

"句模"［意味構造］【句模】29

L

LFG（Lexical functional grammar）【词汇－函项语法】23

"联合"【联合】288

"连"構文【"连"字句】120, 121, 125

"连"主題文【"连"话题句】119

"连"焦点文【"连"字焦点句】120

M

Minimalist Program【最简方案】75

N

"拿"構文【"拿"字结构】353, 354, 358

NCNP 246

NNP（numerically quantified noun phrase）201-203, 205-208, 211, 213, 221, 223, 225, 227, 232, 243, 244, 246, 247, 314

NNP 形式【ＮＮＰ形式】211

NP【名词短语】2, 9, 12, 22, 40, 41, 46, 63, 65, 69-71, 73, 76, 78, 81, 89, 91, 92, 94, 97, 98, 101, 102, 147, 149, 157, 172, 176, 177, 179, 182, 183, 191, 193, 211, 223, 297

O

OSV 51, 52, 328, 332, 357

OVS 328, 360

OV 型言語【OV 型语言】36

OV 構造【OV 结构】328, 365

P

phrase【短语／词组】63

"偏正"複文【"偏正"复句】288, 289

"偏正"（修飾語＋中心語）構造【偏正结构】338

PP（pre-positional Phrase）【介词短语】72, 73, 85

Principle-and-Parameter Theory【原则与参数理论】55

Q

QNP（quantificational noun phrase）【量化名词短语】 211, 215, 231, 243

S

SOV 17, 45, 51, 52, 114, 115, 328-335, 353, 360, 367, 371, 374, 375, 376

SOV 型言語 114, 115, 367

Spec（specifier）【标志语】 41, 63, 65-67, 69-71, 73, 75, 78, 79, 81, 82, 86, 88, 98, 99, 141

STV 44, 306, 307, 310, 313, 318, 324, 325, 353-356, 360

STVO 45, 307, 314, 316, 335, 354

SVO 3, 17, 44, 45, 114, 306-308, 328-335, 353, 374, 376

SVO 型 3, 331, 335

SVO 言語 45, 328-333, 335

SVO 文型 44

T

Theme First Principle【主位居先原则】 35, 344

The Theme First Principle【主位居先原则】 35

"提顿词" 42

"提顿" 助詞 107-109, 112

Tm（主主題）【主话题】 81, 88

通指 (generic)【通指】 199, 225

TP 41, 64-67, 69-71, 75, 76, 78, 82, 86, 89, 98

Ts（副主題） 15, 81, 91, 92, 94, 199, 229, 259, 377, 427, 432, 448, 460

TSTVO 45

TSV 44, 307, 310, 318, 324, 325, 354, 355, 360

TSVO 45, 335

TSV 文型【TSV 句式】 44

TV 44, 45, 306-311, 313-320, 324, 325, 328, 335, 353-356, 360

V

VOS 328, 344

VOS 言語【VOS 语言】 344

VO 型 36, 307, 310, 314, 360, 367

VO 文 306, 309

VP【动词短语】 2, 12, 22, 34, 40, 46, 51, 63, 65, 68, 69, 72, 73, 75, 78, 79, 81, 85, 91, 92, 94, 97, 98, 119, 133, 147, 177, 180-186, 188, 191, 297, 307, 313, 326, 327, 368, 438, 446

VP（動詞句）2, 63

VSO 45, 328

VSO 言語【VSO 语言】 51, 344

W

"唯被动格" 363

"唯动格" 363

Y

"也"主題文【"也"字话题句】 125

Z

主位（theme）【主位】 17, 33, 35-38, 106, 108, 368, 370, 382

あ

アスペクト【体】【时体】【体貌】 90, 308, 350, 432, 442

アスペクト形式【体形式】188

アスペクト助詞【体助词】193, 324, 349

アスペクト標識【体标记】52

アスペクトマーカー【时态标记】297, 329, 339, 349, 423, 424, 427, 432, 442, 448, 453

い

意合法（parataxis）【意合法】295

移植【移植】32

已然【已然】350

一価動詞【单价动词】159

一致関係（agreement）【一致关系】32, 64-66, 99, 100, 362

一般化【泛化】98, 107

一般化された変換（generalized transformation）【一般化转换】71

イディオム化【习语化】134

イディオム化された節【习语性小句】134

移動【移位】3, 4, 18-20, 23-27, 33, 45, 54-61, 69, 71, 79, 80, 112, 167-169, 178,

184, 189-191, 235, 241, 271, 279, 334, 339, 340, 356, 435, 445

移動させる【转移】56, 184, 279

移動説【移位说】23, 54, 55, 57, 58, 60, 61, 71, 80, 97

イベント【事件】308, 344, 443, 450, 451

イベント構造【事件结构】344

意味格【语义格】158

意味関係【语义关系】27, 83, 84, 90, 93, 130, 137, 143-145, 149, 151, 152, 158-167, 172, 173, 178, 189, 190, 229, 236, 248, 249, 254, 287, 289, 295, 296, 303, 304, 323, 342, 355, 424

意味機能【语义功能】11, 343

意味主語【语义主语】29

意念成分【意念成分】17

意味素【义位】275

意味的性質【语义性质】33, 37, 190, 436

意味的制約【语义制约】143, 150

意味的類別【语义类别】158

意味哲学【语义哲学】197, 231

意味の重点（中心）【语义重心】120, 122

意味範囲【语义范围】24, 259, 260

意味役割【论元】【题元】【语义角色】2, 12, 26, 27, 144, 146, 148, 158, 159, 224, 225, 235, 241, 248, 250-252, 317, 323, 330, 342, 343, 347, 348, 357, 362, 426, 427, 436, 437, 438, 448

意味役割を持つ項【配项（即论元）】146, 317, 426, 438

意味レベル【语义平面】29

意味論【词义学】43, 143, 164, 169, 195, 197, 224, 231

意味論的な範疇【语义范畴】43

韻律【韵律】99, 102, 126, 128, 142

韻律成分【音律成分】99

う

埋め込み【嵌入】34, 146

埋め込み成分【嵌入成分】24, 34

埋め込みの階層【内嵌层次】146

埋め込み文【嵌入小句】132, 146, 434

え

演算子（operator）【算子】21, 24, 428, 429, 430, 431, 435, 436, 449, 450

遠称指示詞【远指词】247

お

音声【语音】6, 13, 14, 102, 111, 126, 186, 215, 243, 247, 286, 327, 341, 349

音声組み合わせユニット【语音组合单位】126

音声的なポーズ【语音停顿】341

音節数【节律】356

か

価（動詞が項をとる数）【价】27

外延【外延】171, 216, 217, 219, 453

下位語【下位词】164, 165

介詞【介词】52, 64, 84-86, 106, 129, 142, 149, 150, 152, 165, 329, 330, 334, 357, 358

介詞句【介词短语】17, 72, 85, 129, 130, 136, 150, 152

介詞削除規則【介词删除规则】129, 142

介詞の目的語【介词宾语】149

介詞フレーズ【介词短语】64, 68, 129, 149, 151, 165, 329, 357, 360

「介詞＋目的語」構造の連用修飾語【介宾状语】149

階層【层次】12, 63, 64, 67, 138, 143, 146, 176, 324, 339, 340

階層構造【层次结构】53, 63

階層性【层次性】257

階層的序列【等级序列】196

階層的連続体【等级系列】207

階層分析【层次分析】53

下位範疇【小类】144, 306, 427

下位分類【次类】158, 171, 196, 198, 218, 443, 454

下位類【小类】【次类】184, 189, 230

下位レベルの主題【下层话题】23

会話の協調原理 (cooperative principle)【会话合作原则】199

関わる（about）【关】33, 250, 263

書き言葉【书面语】127, 228, 253, 280

格（case）【格】2, 32, 42, 100, 104, 129, 249, 330, 331, 363, 456

格カテゴリー【格范畴】363

格形態言語【格形态语言】108

格助詞【格助词】349

確定性【确定性】214, 229

格標識【格标记】105, 108, 332, 359

格文法【格语法】2, 129, 158

隠れたり現れたりする【隐现】127

過去分詞【过去分词】43

重ね型【重叠形式】184-186, 204, 233, 234, 237, 309, 320, 321, 323, 324, 351

活性化【激活】38, 259, 261-265, 267-271, 274, 275, 283, 292, 298, 304, 308, 342, 452

活性化された情報（activated information）【被激活的信息】38, 259, 261-265, 270, 298, 304, 452

仮定【预设】14, 55, 74, 77, 141, 195, 221, 223, 224, 268, 291, 292, 294-299, 301, 303, 311, 326, 339

仮定条件【假设条件】124, 291, 293, 350

仮定節【假设小句】124

仮定の接続詞【假设连词】294

仮定文【假设句】279, 290, 297

含意【含义】39, 54, 82, 86, 119, 124, 125, 196, 197, 215, 217, 225, 232, 252, 261, 274, 275, 284, 301, 318, 330, 337, 343

含意的普遍性含意的普遍性（implicational universal）【蕴涵共性】329, 330

関係者【参与者】12, 45

関係節【关系小句】56, 132, 134, 136, 146, 288, 329, 330, 441

関係的意味【关系意义】143, 223, 224

関係動詞【联系动词】110, 116, 124, 147, 220, 272, 303, 326, 457

間接活性化【间接激活】263, 264, 268, 270, 292, 298

間接的な活性化【间接激活】262

間接目的語【间接宾语】93, 95, 146

完全な構造体【完整结构体】63, 64

感嘆の焦点【感叹焦点】321, 322

感嘆文【感叹句】186, 316, 321, 322, 323

観念的背景（conceptual background）【观念背景】270, 271

願望文【意愿句】156, 309, 319, 320, 321

完了体【完成体】186, 189

完了体助詞【完成体助词】189

関連活性化【相关激活】264

関連語句【关联词】350

関連性【相关性】265, 267, 269

関連性連用修飾語【关联性状语】17

関連的な主題【相关性话题】284

き

聞き手【听话人】【听话者】【听者】8, 12, 13, 38, 113, 115, 117, 140, 194, 197, 198, 214, 216, 228, 229, 238, 239, 250, 255, 256, 259, 260, 261, 263, 264, 274, 284, 292, 311, 324, 442

記号【符号】6, 21, 27, 66, 67, 81, 88, 98, 176, 186, 457

擬似繋辞【准系词】172, 220

擬似項同一指示性主題【准论元共指性话题】144

擬似分裂文【准分裂句】116

記述言語学【描述语言学】249

既知（の）（given）【已知】9, 44, 195, 210, 220, 261, 271, 292, 293, 308, 342, 343, 452

既知情報（given information）【已知信息】8, 9, 17, 29, 38, 184, 209, 214, 246, 258, 259-262, 267, 274, 275, 292, 293, 298, 304, 308, 311, 318, 320, 351

基底生成【基础生成】3

起点【起点】9, 11, 12, 255, 257, 259-261, 270, 286, 342, 349

機能【功能】2

機能学派【功能学派】2, 3, 196

機能言語学【功能语言学】14, 20, 24

機能語【功能语】【虚词】42, 49, 64, 99, 108-110, 123, 125, 131, 152, 265, 268, 278, 279, 281, 301, 336

機能語化【虚化】111, 112, 123, 186, 247, 271, 295, 319, 337

機能主義【功能主义】2, 9, 14, 27

機能類型【功能类型】208

基本形式（canonical form）【基本形式】332

基本成分【基本成分】44, 45, 53

基本文（basic sentence）【基本句】15, 250, 313

疑問構造【疑问结构】23

疑問詞移動（wh-movement）【疑问词移位】18, 19, 20, 23, 55, 56

疑問詞疑問【特指问】313

疑問詞疑問文【特指疑问句】217, 306, 307, 316-318, 321-323, 345

疑問焦点【疑问焦点】121, 122, 323

疑問助詞【疑问助词】339

疑問節【疑问小句】111, 125, 295, 316, 317

疑問代（名）詞【疑问代词】233, 307, 316-318, 321-323, 339, 345, 346

疑問文【疑问句】30, 44, 55, 56, 110, 121, 122, 184, 217, 231, 239, 247, 255,
    290, 291, 305-307, 309, 313-323, 326, 327, 332, 339, 343, 345, 351

逆接の節【转折小句】180

旧情報【旧信息】4, 29, 53, 136, 139, 210, 220, 221, 242, 246, 250, 292, 318,
    342

強化【强化】104, 126, 264, 285, 286, 341, 345, 366

境界線【分界线】18, 80, 136, 140, 288

境界部分【分界处】17

狭義の主題【狭义的话题】【狭义的主题】12

狭義の主題マーカー【狭义话题标记】99, 103, 106

強形式（strong form）【强式】35, 38

共時言語学【共时语言学】337

共時的なレベル【共时平面】247

強制的【强制性】104, 105, 141, 205, 233, 235-239, 241, 242, 308, 343, 348,
    351, 431, 439

共通語【共同语】5, 6, 126

共通指示（coreference）【共指】60, 61, 153

共通性【共性】35, 36, 80, 95, 98, 289, 290, 292, 337, 354, 361, 455, 458

共通認識【共识】39, 292, 334, 337, 338

共有情報【共享信息】38, 261, 292, 304, 342

共有する情報（shared information）【共享的信息】38, 259

共有知識【共享知识】113-115, 292

緊縮文【紧缩复句】175

近称指示【近指】352

近称指示詞【近指词】247

387

く

句構造文法【动词短语语法】2

具体化する【物化】127, 263, 341, 345

屈折【屈折】104

屈折成分（Inflection）【屈折成分】66

繰り返し形式【重叠形式】48

け

経験者（experiencer）【当事】343, 362

繋辞【系词】110, 116, 124, 164, 172, 220, 222, 223, 450

形式学派【形式学派】2, 3

形式言語学【形式语言学】18, 24-26

形式主義【形式主义】2

継承関係【相承关系】174, 312

軽声【轻声】126

軽声字【轻声字】142

形態化【形态化】48, 49, 50, 186, 349, 351, 439, 449, 453

形態成分【形态成分】133

形態素【语素】51, 337, 348, 429, 440, 441, 451, 453

形態的なマーカー【形态标记】【形态标志】12, 88, 348, 362

形態変化【形态变化】336

形態論（mophology）【形态学】42

形態論的な範疇【形态范畴】43

系統性【系统性】196

形容詞【形容词】51, 98, 135, 136, 173, 180, 184, 188, 303, 423, 441

形容詞句【形容词短语】98, 173

形容詞性修飾成分【形容词性修饰成分】135

形容詞性の連用修飾語【形容词状语】136

形容詞フレーズ【形容词短语】441

計量語【计量词】243, 244

計量語句【计量词语】232, 246

計量成分【计量成分】232, 243-246

計量なQNP【计量性的QNP】243

結果補語【结果补语】319-321

結合価【配价】59

結合価による文法【配价语法】2

結合する（marge）【结合】71, 357

限界性【局限性】168

兼語【兼语】51, 91, 92, 152-154, 179, 215

兼語構造【兼语结构】51, 91, 152

兼語式【兼语式】91

兼語動詞【兼语动词】153

言語環境【语境】77, 150, 271

言語機能【语言功能】95

言語（の）共通性【语言共性】35, 36, 95, 292, 361

言語コミュニケーション【语言交际】11, 194, 351

言語材料【语料】6, 7

言語使用域【语域】150, 157, 158, 161, 166, 167, 359

言語使用域型主題（中国語型主題）【语域式话题（汉语式话题）】144, 157,
    158, 160, 163, 166-168, 229, 230, 238, 359

言語使用域主題【语域话题】158, 230

言語使用域的な主題【语域性话题】150

言語使用領域機能【语域功能】342

言語資料【语料】5, 6, 30, 272, 306, 328

言語の意味【语义】2

顕在的（な）【显性】200, 201, 204, 270, 275, 276, 447

顕在的な対比【显性对比】276

現実世界【现实世界】194, 226, 442, 447

原則とパラメータの理論（Principle-and-Parameter Theory）【原则与参数理论】
    55

限定フレーズ（determiner phrase，DP）【限定词短语】65, 445

こ

語彙【词汇】23, 24, 42, 43, 52, 71, 129, 157, 293, 295, 327, 336, 338, 348, 441,
    447, 449, 452

語彙化【词汇化】336

語彙機能文法（Lexical functional grammar, LFG）【词汇－函项语法】23, 24

語彙的マーカー【词性标记】338

語彙目録【词库（词典）】71

項（すなわち意味役割）【配项（即论元）】26

行為性の VP【行为性 VP】51

広義の主題【广义的话题】【广义的主题】12

構造主義【结构主义】27, 30, 171

構造主題【结构话题】29

構造成分【结构成分】44, 108, 113

構造体【结构体】41, 63, 64, 71

構造体系【结构系统】53, 63

構造分析【结构分析】67, 73, 99, 141

後続の談話【后续话语】246

後続文【后续句】36

後置（する）【后置】35, 97, 99, 233-235, 280, 305, 314, 320, 322, 353

後置詞【后置词】329, 330

膠着性の【黏着的】42, 349

膠着性の機能語【黏着性虚词】42

膠着性の主題マーカー【黏着性体标记】349

項同一指示性主題【论元共指性话题】144, 155, 157, 158, 189, 238, 287

高度に有標な語順（highly marked word order）【高度特殊语序】44

後方付加【后附】36, 104, 120, 123-126, 141, 271

後方付加性【后加性】【后附性】110, 122, 124, 125, 278, 341

後方付加性の機能語【后附性虚词】278

後方付加性の助詞【后附性助词】105

後方付加性の"提頓詞"【后附性的提顿词】122, 124

後方付加成分【后加成分】36, 141, 271

後方付加の軽声音節【后附轻声音节】126

コーパス【语料】7, 17, 30

語感【语感】9, 22, 72, 124, 184, 279, 305

語気【语气】109, 110, 183-185, 192, 274, 279, 341, 350

語義解釈の項目【义项】189

語気詞【语气词】17, 18, 82, 98, 104, 106-112, 123, 125, 133, 136, 139-141,
　　176, 300, 301

語気助詞【语气助词】17, 18, 27, 30, 36, 37, 42, 101, 106, 110, 172, 181, 183,
　　188, 193, 257, 300, 301, 341

語気副詞【语气副词】174, 176, 274

国際音声記号【国际音标注音】6

語形【词形】242

語源となる意味【语源义】111

語構成機能【构词功能】353

語構成成分【构词成分】49

語構成の形態【构词形态】348

語構成法【构词法】14, 352

呉語型主題【吴语式话题】145, 146, 176

語順【语序】3-5, 12, 17, 35, 44, 66, 76, 89, 93, 99-101, 115, 190, 235, 251, 275,
　　280, 292, 293, 305, 306, 308, 309, 322, 328-336, 338-341, 344, 345,
　　347- 349, 351, 353, 356, 358, 360, 362, 365, 367

語順の変異体（word order variation）【语序变体】44

語順類型学（word order typology）【词序类型学】328

語順類型の分析【语序类型分析】335

個体【个体】144, 201, 225, 226, 232, 253, 342, 442, 443, 447, 448, 456

固定した語【凝固词】152

古典的理論（Classical Theory）【经典理论】2

異なる指示【异指】60, 223, 231

語尾【词尾】258

コミュニケーション【交际】11-13, 17, 194, 259, 262, 344, 351

コミュニケーション機能【交际功能】6

コミュニケーション力学（dynamics of communication）【交际动力学】11,
　　344

語用【语用】3, 10, 29, 33, 44, 151, 152, 249, 274, 275, 305, 312, 315, 336, 337,
　　345, 348-350, 358, 364, 365

語用的意味【语用意义】152, 274, 275, 299

語用的成分【语用成分】3, 44, 429

語用レベル【语用平面】3, 29, 35, 143, 179, 191

語用論【语用】25, 30, 43, 311

さ

再帰構造【反身结构】16

最大投射（maximal projection）【最大投射】75, 97

391

削除（deletion）【删除】26, 41, 59, 104, 105, 129, 142, 150, 212, 295, 297, 430, 431, 438

参加者【参与者】262, 463

参与者【参与者】16, 248, 268

し

使役【使令】153, 303

使役の対象【致使对象】303

時間言語使用領域型主題【时间语域式话题】237

時間・場所【时间处所】101, 129, 158, 160, 262

時間・場所言語領域型主題【时地语域式话题】282

時間・場所語【时地词语】【时间地点词语】158, 159

時間・場所主題【时地话题】158, 160

時間・場所フレーズ【时地短语】160

時間・場所名詞【时间处所名词】17, 85, 86

時間・場所を表す語句【时间处所词语】101, 129

時間量を表す補語【时量补语】96

自己矛盾文（contradiction）【自相矛盾句】172

指示（reference）【指称】194

指示距離（reference distance）【指称距离】35

指示詞【指示词】148, 204, 205, 227, 243, 246, 247, 352, 445, 458

指示性【指称性】144, 155, 157, 158, 189, 190, 194, 199, 216, 217, 218, 221, 226, 238, 287, 442

指示代詞【指代】87, 90, 198

指示代詞的なフレーズ【指代性短语】90

指示対象【所指】【所指对象】8, 9, 12, 13, 21, 22, 38, 39, 57, 144, 194, 197, 208, 211, 216, 219, 232, 250, 361, 423

指示対象の認識【指认】8

指示代名詞性の語句【指代性词语】147

指示代名詞成分【指代性成分】157

指示的意味【指称义】【指称语义】37, 143, 165, 194-197, 205-208, 210, 211, 215, 216, 218, 221, 223-226, 231, 304, 311, 312, 316, 321-323, 342, 354, 455

指示的機能【指称功能】217

指示的な意味論【指称语义学】224

指示範疇【指称范畴】196-198, 211

自主性【自主性】250

時制（tense）【时】64, 66, 338, 351, 362, 423, 424, 432, 442, 448

時制範疇のマーカー【时范畴标记】338

自然焦点【自然焦点】114-117, 121, 224, 275, 280, 316, 322, 323, 450

自然ストレス【自然重音】30, 37, 102, 103, 114, 115, 239, 244

実際に存在している語句【实体词语】149

指定辞（Spec）（specifier）【标志语】63, 66, 67, 94, 99, 141

自動詞【不及物动词】32, 60, 441

支配される【下属】40, 137

事物化【事物化】17

島【孤岛】55-57, 161

島の条件（island condition）【孤岛条件】55-57, 146

弱化【弱化】104

弱形式（weak form）【弱式】35

修辞的意味【修辞意义】171

修飾関係【修饰关系】135, 136, 174, 338

修飾・限定関係【修饰限定关系】158

修飾制限成分【修饰限制成分】366

修飾成分【修饰成分】121, 131, 135, 136, 158

修飾＋被修飾【偏正】288

従属性節【从属性子句】332

従属節【从句】【子句】21-23, 62, 288, 289, 292, 332, 433, 452, 458

自由度【自由度】208

受益者【承受者】【与事】303

主格【主格】105, 129, 179, 258, 330, 348, 359, 361-363

主格語尾【主格词尾】258

主格マーカー【主语格标记】【主格标记】105, 258

樹形図【结构树】40, 41, 53, 65-67, 70, 72, 78, 80, 81, 88, 90, 92, 94

主語【主语】1

主語化【主语化】359, 360, 362

主語・主題がともに重要な言語【主语话题并重型语言】36

主語・主題同等論【主语话题等同论】1

「主語－主題」類型学【"主语－话题"类型学，主语－话题类型学】1

主語卓越（subject-prominent）【主语优先】1, 4, 6, 14, 25, 42-45, 47, 48, 50, 99, 102, 143, 144, 166, 240, 250, 270, 293, 335, 351, 359, 364-366, 425, 455, 456

主語卓越型言語【主语优先型的语言】14, 43-45, 50, 102, 189, 270, 293, 335, 351, 359, 364-366

主語卓越言語【主语优先语言】25, 42-45, 47, 48, 50, 51, 99, 143, 144, 166, 240, 335, 425, 455, 456

「主語＋動詞＋補語」文【"主动宾"句】191

主語と主題がともに重要な言語【主语和话题并重型的语言】105, 141

主語文【主语句】6, 15, 29, 73, 102, 141, 151, 152, 158, 201

主語マーカー【主语标记】36, 105, 106, 141, 251

主語――目的語非対称（subject-object asymmetry）【主－宾不对称，主宾语不对称】57

主語を表す助詞【主语助词】105, 141

「主従」複文【"主从"复句】288

主主題【主话题】47

主述型【主谓式】362, 364

主述関係【主谓关系】2, 28, 42, 93, 95, 132, 282, 326, 361-364

主述構造【主谓结构】93, 94, 97, 143, 167, 177, 361, 362

主述構造の節【主谓小句】93, 97

主述述語文【主谓谓语句】3, 15, 29, 32, 73, 167, 202

主述複合文【主从复合句】25

主述文【主谓句】13, 29

主節【主句】21, 59, 92, 136, 288, 434

主題【话题】1

主題化（topicalization）【话题化】9, 20, 23, 25, 26, 34, 44-46, 49, 53, 71, 130, 145, 147, 179, 190, 271, 307, 327, 345, 357, 359, 360, 449, 461

主題が卓越した【话题优先】14, 15, 28, 42, 263, 303

主題がない【无话题】106, 446

主題語【话题语】1, 39

主題構造【话题结构】5

主題後方付加成分【话题后加标记】36

主題語句（topic expression）【话题词语】39

主題指示対象（topic reference）【话题所指】39

主題・主語同等重視型言語【话题主语并重型语言】53, 250, 270

主題・主語同等説【话题主语等同说】3, 27-30, 34, 239, 290

主題主部【话题主位】17

主題―照応文型【话题－复指句式】156

主題焦点【话题焦点】39, 107, 108, 112, 114, 117-122, 125, 127, 128, 138, 175, 224, 275, 276, 279-281

主題性のポーズ【话题性停顿】111

主題節【话题小句】130, 134, 135, 172

主題第一原則（The Theme First Principle）【主位居先原则】35, 344

主題卓越（topic-prominent）【话题优先】1, 5, 6, 14, 42, 45, 46, 157, 169, 175, 250, 265, 285, 365

主題卓越型言語【话题优先型语言】4-6, 14, 36, 42-45, 53, 76, 103, 108, 109, 146, 169, 186, 250-252, 264, 270, 303, 335, 339, 344, 360, 361, 364-366

主題卓越言語【话题优先语言】5, 14, 15, 25, 42, 45-48, 50, 51, 60, 99, 103, 108, 112, 143, 145, 161, 177, 181, 238, 241, 248, 335, 365, 423, 424, 455, 456

主題と評言の関係【话题－述题关系】27, 255

主題の性質【话题性质】36, 97, 100, 124, 130, 134, 145, 173, 175, 228, 233, 237, 287, 303, 441

主題の多層化【话题的多层化】47

主題―評言構造【话题－述题结构】13

主題―評言というフレーム【话题－述题框架】17

主題標識【话题标记】6, 42, 66, 67, 186, 190, 193

主題文【主题句】19, 20, 23, 29, 35, 50, 57, 58, 61, 63, 66, 67, 74, 119, 125, 141, 152, 154, 161, 163, 166, 209, 243, 257, 297, 335, 353

主題変換【话题转换】268

主題マーカー【话题标记】31

主題連鎖（topic chain）【话题链】15, 25

主題を表す助詞【话题助词】105

述語性【谓语性】95-97, 341, 448, 449, 451, 456

述語性成分【谓词性单位】130, 195, 428, 447, 448, 451, 453

述語性の主題【谓词性的话题】161

述語性フレーズ【谓词短语】98, 436, 447, 448

述語動詞【谓语动词】115

述語フレーズ【谓语短语】135, 428, 451

出発点【起点】9, 21, 56, 239, 249, 255, 256

述部（rheme）【述位】9, 17, 18, 35, 38, 39, 44, 136, 140, 164, 171, 173, 190, 217, 223, 224

受動構造【被动结构】15, 16

受動者【受事】12

受動者主語【受事主语】177, 358, 360

受動者性【受事性】303, 304, 306, 310, 318, 322, 346, 349, 351, 357, 358

受動者成分【受事成分】241, 304, 305, 308, 312, 314, 316-318, 320-323, 331, 334

受動者マーカー【受事标记】129

受動者名詞句【受事名词短语】203

受動者類主題【受事类话题】303, 304

受動態【被动态】【被动语态】15, 362

受動文【被动句】43, 150-152, 157, 203, 357, 359, 360

受動マーカー（標識）【被动标记】152, 203

主部構造【主位结构】17, 18

主部一述部（中国語では"主位—述位"）というフレーム【主位－述位框架】17

「主部一述部」という分け方【主位－述位切分】44

主部マーカー（標識）【主位标记】106, 109, 139, 140

主文【主句】21, 92, 132, 134, 138, 144, 146, 148, 153, 332

主要部【核心】【中心语】【中心语动词】64-67, 109

主要部動詞【核心动词】63

主要部名詞【中心语名词】63

受領者【与事】303, 437

準主部標識【准主位标记】106

順序【次序】67, 88, 330, 332, 333, 337, 344

上位言語使用域型主題【上位语域式话题】163, 230

上位語【上位词】164, 165, 230

上位レベルの主題【上层话题】23

上・下位関係【上下位关系】230

昇格する（raise）【提升】26, 27, 37, 105, 112

情景活性化【情景激活】264

情景性活性化【情景性激活】262, 263, 268

上下の位置関係【上下位关系】163

条件節【条件小句】175, 290, 292-303, 423, 424, 439, 440-443, 451, 456

条件節主題【条件句话题】298-301

条件文【条件句】290-294

条件文マーカー【条件句标记】291

常識【常识】26, 34, 104, 166, 245, 254, 255

小主語【小主语】3, 167

小主題（mini-topic）【小话题】3, 106, 191

状態語【情态词】80

状態補語【状态补语】115

焦点（focus）【焦点】4

焦点主題【焦点话题】39, 51

焦点ストレス（focus stress）【焦点重音】37, 39, 102, 115, 118, 341, 347

焦点選択システム【焦点选择系统】120

焦点マーカー【焦点标记】102, 116, 128, 359, 450

小評言【小述题】191

小文（microsentence）【小句】270

情報【信息】8

情報機能【信息功能】53

情報構造【信息结构】9, 13, 195, 259, 273, 280, 344, 362, 462

情報伝達【信息传递】12

情報の重点【信息重点】【信息重心】120

情報の焦点【信息的焦点】30

譲歩節【让步小句】172-175, 180, 451, 452

譲歩複文【让步复句】175

譲歩を表す接続詞【让步连词】192

常用性【常见性】【常用性】5, 110, 182, 295, 303, 351

助詞【助词】105

叙事的な文【叙事性句子】208

叙述【陈述】【述谓】50, 83, 97, 195, 275

叙述詞【表语】116, 147, 225, 304, 307

助数詞【量词】204

女性（名詞）【阴性】349

所属関係【领属关系】163

書面語【书面语】6, 18, 126, 141, 185, 186, 234, 237, 243, 244, 247, 248, 253,
　　271, 272, 296, 306

書面語資料【书面材料】265, 276, 278, 314

所有格【领属格】329

新・旧情報【新旧信息】136

新情報【新信息】4, 8, 9, 17, 29, 140, 210, 246, 259, 260, 262, 263, 270, 271,
　　274, 298, 304, 342

深層構造【深层格】【深层结构】58, 129

深層の【深层的】340

深層文法【深层语法】58

親族関係【亲属关系】161

心理言語学【心理语言学】54

心理的プロセス【心理过程】54

す

数量語句【数量词语】197, 221, 223, 225, 231, 243, 244, 314, 316, 320

数量詞【数量词】198, 202, 223, 243, 282, 458

数量修飾語【数量修饰语】245

数量成分【数量成分】96, 211, 221, 224, 225, 245, 314, 316

数量的に限定された名詞句　NNP（numerically quantified noun phrase）【为
　　带数量词的名短语】201

数量フレーズ【数量短语】95, 97, 240, 314, 445, 446

数量連体修飾語【数量定语】97

数量を強調しない名詞句【不强调数量的名词短语（非量化的 NNP）】221

数量を強調する名詞句【quantity NP（强调数量的名词短语）】211

すでに指示された情報【已指信息】38

ストレス【重音】14, 30, 37, 39, 102, 103, 114, 115, 118, 121, 137, 215, 227,
　　239, 243, 244, 245, 273, 285, 286, 341, 347, 355, 359

ストレスをつけて発音する【重读】227

せ

性質を定めない【不定性】49

生成された【生成】141

生成文法【生成语法】2, 26, 40, 54, 55, 57, 67, 69, 88, 92, 98, 99, 163, 330, 331, 362

声調組み合わせ【连调组】126

声調値【调值】126

成分順序類型学（constituent order typology）【成分顺序类型学】328

成分分析【成分分析】53

生命度【生命度】206, 207, 324, 325

西洋文法学【泰西葛郎玛（西方语法学）】361

節【小句】46

節主題【小句话题】88, 89, 110, 132, 145, 163, 287, 292, 298, 299-301

節主題成分【小句话题成分】132

節性目的語【小句性宾语】87

接続【连接】4, 281, 283, 288, 423, 452

接続語句【关联词语】283

接続詞【连词】30, 106, 192, 239, 281, 293, 294, 451, 452

絶対格（absolutive）【通格／绝对格】363, 364

節の分析法【小句分析法】93

接尾辞【后缀】【词尾】291, 348, 349

ゼロ指示の形式【零指称形式】227

ゼロ主語【零主语】160

ゼロ主題（評言しかない）文【零话题（只有述题）句】35

ゼロ文【零句】290

前景（foreground）【前景】12, 224, 225

先行詞【先行语】15, 267

潜在的（な）【隐性】95, 200, 201, 276, 447

全称【全称】235

線状的【线性】62, 176

全称量化【全量】232, 233

全称量化語句（universal quantifier）【全量词语】231

全称量化の意味【全量义】233

全称量化副詞【全量副词】232

全称量化名詞句【全量名词短语】197

全体指示的主語文【周遍性主语句】29, 102

全体指示的成分【周遍性成分】239

全体集合【全集】83, 144, 163, 443, 444

全体と部分の関係【整体和部分的关系】161, 164, 230

全体―部分の関係【整体－部分关系】163, 164, 202, 443, 444, 458

全体―部分型主題構造【整体－部分式话题结构】165

前置（する）【前置】16

前置詞【前置词】64, 108, 329

前置性接続詞【前置性连词】239

前置の性質の「強形式」（strong form）【前置性质的"强式"】35

前提【预设】42, 114, 115, 118, 128, 229, 285

前提条件【假设条件】154

全文主題（text topic）【全文话题】12

前方指示【前指】235

前方照応【回指】4, 145, 146, 148, 156, 449

前方照応的指示成分【复指成分】156

前方照応的指示代名詞（proform）【复指代词】156, 449

前方付加【前附】104, 124, 271

前方付加性の機能語【前附性虚词】278

前方付加性の副詞【前附性的副词】124

全量【全量】232-240, 242, 244, 282, 304, 308, 318, 323, 342, 351, 354

全量成分【全量成分】232-240, 242, 323, 351, 354

全量の範囲副詞【全量范围副词】233

そ

総記性【穷尽性】242

操作性【操作性】250

総称（する）【泛指】15

総称化【类指化】212

総称性【类指性】225, 227, 231, 242, 320, 446, 447

総称成分【类指成分】223, 225, 227, 229-231, 242, 320, 342, 425

総称的（generic）【类指】【通指】194, 196, 197, 199-202, 223-231, 233, 238,
　　　240, 241, 271, 292, 315, 316, 354, 424, 425, 428, 432, 445, 447, 450, 454

総称的な名詞【类指性名词】241, 424, 432, 447

挿入語【插入语】17, 111

属種関係【属种关系】90

属格【领格】【领属格】160-163, 165, 329, 330

属格フレーズ【领格短语】329

属格連体修飾語【领格定语】165

存現文【存现句】159, 160

存現目的語文【存现宾语句】159

存在量化語句（existential quantifier）【存在量化词语】231, 232, 240, 242

存在量化名詞句【分量名词短语】197

た

対応性【对待性】279

対格言語（accusative）（非能格言語）【宾格语言（非作格语言）】32, 34, 363

大主語【大主语】61, 77, 167, 202

対象マーカー【对象标记】129

代替物【替代物】127

第二主題【第二主题】191

対比（contrastive）【对比】15, 39, 53, 79, 82, 86, 91, 105, 106, 108, 113-115,
117, 119, 120, 139, 172, 181, 215, 224, 260, 270, 271, 275, 276, 278-281,
283-287, 296, 298, 308, 317, 346, 350, 356

対比機能【对比功能】260, 275-277, 279, 281, 285, 286, 301, 452, 453, 458

対比主題【对比话题】215, 452

対比焦点【对比焦点】105, 114-118, 120, 121, 122, 137, 138, 224, 275, 279,
281, 285, 286, 316, 322, 323, 341, 355, 356, 450

対比焦点文【对比焦点句】120

対比ストレス（contrast stress）【对比重音】39, 102, 115, 121, 137

対比性【对比性】106-108, 118, 119, 175, 181, 209, 212, 214, 224, 242, 243,
265, 275, 285-287, 298, 302

対比性機能【对比性功能】279

対比性主題【对比性话题】172, 209, 212, 221, 242, 280, 283, 287, 291, 297,
303, 318

対比性の節【对比性小句】276, 277

対比性複文【对比性复句】276, 280

対比複文【对比复句】277, 278

代名詞（代词）【代词】16, 42, 58, 84, 87, 91, 92, 113, 150, 151, 155, 218, 238,
241, 242, 304, 316, 319, 331, 354

代名詞化（pronominalization）【代词化】104

題目【主目】171, 172

多音節声調【连调组】126

多義文【歧义句】104

諾否疑問文【是非问句】327

多項並列【多项并列】281, 283, 350

多項並列の複文【多项并列的复句】281

多項並列文【多项并列句】283

多主題文【多话题句】257

他称指示名詞【他指名词】312

多層主題【多层话题】47, 68

多層主題構造【多层话题结构】68

多層的な【多层性】46

他動詞【及物动词】32, 332, 333, 363, 435

他動詞性の述語【及物性谓语】363

単音節【单音节】126

単音節声調【单字调】126

短期記憶【短时记忆】263

単語【词】【单词】100, 135, 180, 186, 256, 441, 453

単語だけの文【独语句】256

単純判断（thetic judgment）50

単数【单数】155, 156, 225, 227, 240, 244, 362

男性（名詞）【阳性】349

単文（simple sentence）【单句】15, 28, 139, 183, 288, 289

談話【谈话】【篇章】3

談話起点機能【话语起点功能】270

談話機能【话语功能】37

談話実際切り分け（actual division of the sentence）理論【话语实际切分理论】
　　136

談話主題【话语话题】29, 39, 51

談話（ディスコース）成分【篇章成分】17, 113, 117, 209, 248, 251, 252, 253,
　　271, 424

談話制約【话语制约】137

談話の場【谈话现场】208, 261

談話分析【话语分析】10, 12, 293

談話レベル【话语层次】【话语平面】3, 16, 44, 53, 69, 136, 209, 258, 259, 292,

293, 364

談話連鎖【话语链】16

ち

中国語型主題【汉语式话题】144, 145, 166, 176, 423, 424, 455

中心語【中心语】【中心词】【中心】【核心】2, 63, 164, 171, 174, 241, 246,
329, 330, 333, 338, 341, 357, 358, 366, 441

中心語が後に位置する（head-final）【中心语居后】330

中心語が前に位置する（head-initial）【中心语居前】329, 330

中心語動詞【核心动词】2, 341

中性（名詞）【中性】349

中性疑問節【中性问小句】316, 317

中性疑問文【中性问句】【中性疑问句】44, 305-307, 309, 313-317, 319, 320,
323, 326, 343, 351

中性焦点【中性焦点】114

超分節音素【超音段成分】99

直接活性化（された）【直接激活】262-265, 270, 271

直接生成された【直接生成】141

直接目的語【直接宾语】93, 95, 432

陳述関係【陈述关系】136

陳述性成分【陈述性成分】140

陳述の語気詞【陈述语气词】104

つ

通時的変遷【历时演变】335

強い形式の全量成分後置【强式全量成分后置】233

て

定冠詞【定冠词】194, 198, 225, 226, 244, 315

定形動詞【定式动词】291, 362

提示語【提示语】29

定指示【定指】197, 198, 204, 207, 211-213

定指示化【有定化】212

提示助詞【提示助词】274

ディスコース【话语】【篇章】17, 342

403

定性【定性】【有定性】17, 28, 198, 199, 205, 213, 214, 229, 238, 241, 242, 259, 320

定の（definite）【有定】37, 38, 44, 53, 196, 198, 200, 204-206, 208, 209, 213, 215, 218-221, 227-230, 233, 242, 246, 247, 260, 261, 268, 271, 282, 308, 309, 318, 320, 321, 342, 343, 352, 354

定の指示詞【定指指示词】227, 352

定のマーカー【有定标记】228

転移（する）（dislocation）【错位】【移位】【易位】【转移】102, 106, 265, 270, 291

転移主題【转移话题】106

転化（する）【转化】141, 160, 206, 207, 208, 313

転換【转折】172, 175, 273, 274, 299

転換節【转折小句】175

転換文【转折句】172

伝達機能【交际功能】2

伝統言語学【传统语言学】31

伝統文法【传统语法】2, 15, 27, 32, 68, 105, 159, 361

と

等位【联合】72, 288

同意語【同义词】109

等位構造【并列结构】72

同一指示【共指】4, 15, 21, 37, 60, 83, 84, 92, 112, 113, 143, 144, 146-158, 160-163, 167, 168, 189, 190, 195, 210, 229, 238, 287, 304, 319, 331, 354, 447, 450

同一指示主題【共指话题】148, 150

同格フレーズ【同位性短语】149

同義形式【同义形式】174

同義反復（tautology）【同义反复】169, 171, 172

同義反復文【同义反复句】171, 172

道具【工具】12, 146, 152, 236, 248, 358, 362

道具格【工具格】152

統語学【句法学】72, 73

統語形式【句法形式】33, 46, 287, 342, 361, 452

統語構造【句法结构】2, 23, 33, 39, 44, 45, 48, 50, 53, 64, 72, 73, 107, 108, 112, 115, 116, 126, 136, 153, 189, 215, 248, 287, 304, 312, 353, 358, 361, 446, 456

同語省略構造【同语省略结构】16

統語的意味【句法语义】33, 146, 173, 189, 190, 248

統語的語順類型【句法语序类型】17

統語的再帰性【语法递归性】132

統語的（な）主語【句法主语】118, 344, 457

統語的制約【句法制约】17, 136, 150

統語的な音声システム【句法音系】13

統語的な専用の主題マーカー【句法性专用话题标记】108

統語的両義文（syntactically ambiguous sentence）【句法歧义句】72

統語分析【句法分析】72, 85, 97, 171, 357

統語レベル【句法平面】3, 20, 25, 29, 69, 179, 191, 195, 209, 243, 248, 293, 365, 439, 453

統語論【句法】25, 30, 43, 73, 175, 365

統語論的な範疇【句法范畴】43

動作主【施事】11, 12, 27, 29, 32, 34, 53, 74, 76, 104, 120, 129, 146, 150-152, 159, 160, 177, 189, 203, 225, 235, 236, 241, 248-252, 306, 319, 324, 325, 343-347, 349, 350, 355, 357-360, 362, 363, 364

動作主主語【施事主语】151, 152, 177, 306, 319, 324, 359

動作主主語文【施事主语句】151, 152

動作主性疑問代詞【施事性疑问代词】345, 346

動作主の意味役割【施事性论元】225, 241, 251, 347

動作主マーカー（標識）【施事标记】129, 150, 151

動作主名詞句【施事名词短语】203

動作動詞【动作动词】172

動作の回数を表す補語【动量补语】96

動詞【动词】3

動詞 (V)【动词】328

動詞句（VP）【动词短语】2, 9, 17, 34, 40, 46, 62, 63, 74, 86, 87, 89, 90, 97, 98, 148, 173, 174, 177, 195, 324, 427, 428, 432, 442, 450, 453, 458

動詞―項の関係【动词―论元关系】147

動詞コピー構造（verb-copying construction）【动词拷贝结构】89, 427, 432

405

動詞性の主題【动词性话题】163

動詞中心説【动词中心说】2

動詞の重ね型【动词重叠式】204, 309, 320, 323

動詞の項【动词论元】2, 146, 149, 152, 153, 160, 165, 180, 181, 220

動詞の主題化（verb topicalization）【动词的话题化】49

「動詞＋目的語」型の文（VO 文）【动宾式句子 (下称 VO 句)】306

投射（projection）【投射】75, 97, 149

統率【统摄】55, 253, 254

統率と束縛理論（Government and Binding Theory, 简称 GB）【管辖与约束理
　　论（简称 GB）】55

統率範囲【辖域】253

動態【动态】18, 297, 336, 348

動態分析法【动态分析法】18

導入（する）【引导】【引进】2, 38, 39, 84, 85, 108, 139, 259, 264-266,
　　268-271, 273, 279, 280, 284, 298, 299, 315, 329, 331, 334, 351, 357, 365,
　　440

道理を表す関係【事理关系】145

特殊性【个性】80, 211, 283

特定的【特指】【有指】143, 196, 197, 216,-218, 220, 425, 448

特定的成分【有指成分】218, 221-223

特定的な【特定的】143, 165, 200, 216, 217, 219, 220, 223-225, 230, 311, 427,
　　432

特定的な定【有指有定】200

特定的な不定【有指无定】200

独立性【独立性】331

突出（した）(prominence)【突出】43, 99, 101, 102, 113-115, 117, 119, 128,
　　160, 275

共に知っている【共知】250, 261

な

内包【内涵】33, 171, 216, 218, 219, 288

内容語【实词】64, 99, 103, 129, 132, 337, 347, 423

に

二音節【双音节】110, 126

二重主語文【双主语句】【双主语结构 (主谓谓语句)】15, 73

二重主題【双层话题】74-76, 89, 243

二重目的語【双宾语】91-94, 132, 334

二重目的語構造【双宾结构】【双宾语结构】91, 93, 334

二重目的語文【双宾语句】92, 93

～について（aboutness）【关于】10, 34

二分【二分】196, 445

人称代名詞【人称代词】15, 83, 156, 207, 291, 311, 312, 325, 361

認知機能【认知功能】2

認知成分【认知成分】113, 117

の

能格（ergative）【作格】32, 34, 362, -364

能格型言語【作格型语言】363

能格言語（ergative language）【作格语言】32, 362-364

能願助動詞【能愿助动词】147

は

背景（background）【背景】12

背景言語使用域型主題【背景语域式话题】166-168, 229, 230

背景言語使用域型の主主題【背景语域式主话题】169

背景言語使用域型の副主題【背景语域式次话题】169

背景知識【背景知识】34, 104, 118, 150, 166

排除性【排斥性】199, 200, 202, 203, 208, 209, 213, 215, 345

排他的に（eclusively）【排他性地】228

配列順序【排列顺序】99, 328, 335, 454

始まりの文【起发句】【始发句】160

場所【处所】【地点】17, 18, 22, 26, 34, 73, 77, 82-86, 101, 102, 107, 115, 128-130, 158-160, 186, 233, 235, 236, 248, 262, 282, 288, 341, 346, 347, 434, 443

場所代詞【处所代词】84

場所補語【处所补语】115

派生（する）【派生】19, 48, 55, 188, 189, 247, 281, 285, 301, 348-350, 457

派生語【派生词】352, 353

裸動詞【光杆动词】324

407

裸名詞（bare nouns）【光杆名词】206, 227, 354, 425, 432, 445, 446, 453, 458

話し手【说话人】【说话者】8, 11-13, 28, 38, 72, 86, 109, 113, 140, 159, 171,
　　　183, 194, 197, 198, 208, 210, 211, 216, 229, 250, 253-256, 259-261, 267,
　　　268, 270, 281, 284, 292, 311, 320, 327, 446, 449-453

パラメータ【参数】【参项】7, 42, 55, 328, 340, 362

パラレル（な）【平行性的】24, 117, 139, 211, 212, 296, 321, 428

範囲（domain）【范围】1, 15, 18, 24, 25, 33, 44, 46, 112, 128, 139, 143, 144,
　　　157, 158, 165, 166, 197, 214, 233, 253, 259, 260, 262, 274, 337, 348, 442

反意疑問文【反意问句】306, 307, 316, 317

範囲副詞【范围副词】233

範囲を表す連用修飾語【范围性状语】165

反語【反问】318, 323

判断述部【判断谓项】173

判断文【判断句】171-173, 199, 208, 225

判断命題文【判断命题句】164, 171, 225

半独立した【半独立】336, 348, 349

半独立性の【半独立性】331

ひ

非移動説【非移位说】54

非疑問節【非疑问小句】111

非指示性【非指称性】217, 218, 221, 226

非指示的【非指称性】143, 216-223, 225, 226, 260, 311, 432, 442, 445

非指示的成分【非指称性成分】216, 218-221, 226, 260

被修飾制限成分【被修饰限制成分】366

被修飾節【正句】280, 288, 289

非主題構造【非话题结构】224

非主題成分【非主题成分】36, 63, 96, 298

非主題文【非话题句】14

非述語（述語ではない）形式【非谓形式】362

非常に特別な語順（a very special word order）【非常特别的语序】44

非叙述性の文【非叙事性句子】208

非生物【非生物】206, 325

非絶対格動詞（unaccusative verb）【非宾格动词】364

非総称的【非类指的】196, 226

非対比性焦点【非对比性焦点】114

非他動性【非及物性】363

非定（non-definite）【非定】196-198, 208-214, 260, 304, 323

否定焦点【否定焦点】121

非定（定ではない）成分【非定成分】198, 209, 210, 212, 214, 260

否定節【否定小句】317

否定のスコープ【否定辖域】311

否定副詞【否定副词】312, 355

否定文【否定句】44, 121, 122, 172, 231, 233, 261, 305, 310-313, 315-317, 322

被動作主【受事】150

非特定性【无指性】226

非特定的（nonspecific）【无指】【非特定的】143, 165, 194, 196, 197, 210,
　　216-219, 221-223, 225, 304, 427, 432, 448

非能格言語【非作格语言】34, 364

非能格動詞（unergative verb）【非作格动词】364

比喩的【比喻性】54, 129, 169, 174

評言（comment）【述题】1

標示【标示】43, 63, 88, 105, 140, 431

標識（marker）【标记】13, 14, 30, 42, 52, 64, 65, 67, 102, 106, 108, 128, 129,
　　158, 193

描写文（叙事的な文）【描写句（叙事性句子）】208

表層【表层】198

表層構造【表层结构】9, 23, 105, 129

標題【标题】255

評論文【评论句】8, 208

非量化成分【非量化成分】231

非量化の NNP【非量化的 NNP】221, 225

品詞【词类】46, 70, 84-86, 233, 297, 423, 428

品詞性【词性】173

ふ

付加【嫁接】67, 68, 85, 103, 227, 228, 229

付加語【附加语】68, 123, 333, 366, 443

付加成分【附加成分】36, 44, 68, 85, 115, 141, 271, 324, 436, 450

複合語【复合词】49

複合判断（categorical judgment）50

副詞【副词】68, 78, 79, 82, 96, 106, 110, 120, 124, 125, 128, 135, 141, 193, 237, 274

複式構造【复式结构】75

副詞性成分【副词性成分】107, 129, 131, 428

副詞性の修飾成分【副词性的修饰成分】131

副詞性の連用修飾語【副词性状语】136

副次的情報【次要信息】118, 139, 140

副主題（subtopic）【次话题】44

複数【复数】16, 156, 227, 338

複数形式【复数形式】198, 226

複製（copy）【复制】145, 445

副副主題（sub-subtopic）【次次话题】47, 62, 91-97, 106, 107, 112, 132, 166, 167, 169, 174, 213-215, 243, 253, 257, 259, 280, 281, 341, 355, 424

複文【复句】30, 130, 145, 172, 175, 182, 254, 276-278, 280, 281, 288, 289, 292, 350, 434

符号【符号】5, 24, 40, 41, 63, 336

不定冠詞【不定冠词】194, 198, 225, 226, 244, 315

不定形式【无定形式】198, 201, 203, 205, 227, 229, 231, 240, 244, 246

不定主語文【无定主语句】6, 102, 201

不定主題文【无定话题句】209

不定性の存在量【无定性分量】242

不定ではない【非无定】242

不定の指示形式【不定指形式】227

不定の主語【无定主语】199, 201, 203, 430

不定の主題【无定话题】208

不定の新情報【无定新信息】246, 271

不定の成分【无定成分】37, 53, 195, 200, 201, 209, 228

不定・非定成分【无定非定成分】213, 214

不定マーカー【无定标记】221, 244

不定名詞【无定名词】206, 246

部分項【子项】172, 453

部分集合【子集】83, 144, 163, 443, 444

不変化詞【小品词】16

普遍性【普遍性】【共性】45, 146, 161, 182, 186, 314, 329, 330

普遍文法【普遍语法】2, 337, 461

プラーグ学派【布拉格学派】9, 17, 44, 136, 364

フレーズ（phrase）【词组】【短语】63, 71, 87, 90, 106, 129, 135, 149, 204, 243, 246, 304, 306, 317, 348, 367

プロトタイプ【原型】249, 347, 349, 357, 358, 362, 363

プロトタイプ的意味（prototypic meaning）【原型意义】【原型义】248-253, 343, 344, 349, 350

分割型存在量化【瓜分式分量】240, 241

分割型存在量化語句【瓜分式分量词语】242

分割型存在量成分【瓜分式分量成分】242, 243

分割する【瓜分】240- 242

文型【句型】20

分節音素【音段】99, 103, 126

分節音素標識【音段标记】128

文中語気詞【句中语气词】82, 106-110, 140, 300

文中語気助詞【句中语气助词】36, 37, 101, 301

文頭【句首】9

文頭にない主題【非句首话题】91

文の末尾【句子末尾】109, 114, 291

文の類型【句子类型】29

分文【分句】28, 30, 124, 239, 287-290, 292, 294, 295, 326

分文型関係（呉語型主題）【分句式关系（吴语式话题）】145

分文型主題【分句式话题】144, 189, 269, 274, 287, 289, 292, 294, 298, 300-302, 352, 424

文法化【语法化】43

文法化の程度（degree of grammaticalization）【语法化程度】43, 44, 110, 112, 123, 170, 300, 337, 339, 341, 343-345, 347-349, 351, 352, 366, 429, 440, 449, 451, 455

文法観【句子观】182, 361-364, 366

文法機能語【语法功能词】49

文法的適格性【合语法性】51

411

文法的要素【语法要素】52

文法範疇【语法范畴】109, 132, 312, 318, 336

文法範疇記号 IP【语类符号 IP】88

文法標識【语法标记】115, 126, 127

文法フレーム【语法框架】72

文法プロセス【语法程序】94, 189, 190

文法モデル【语法模式】54

文末【句末】100, 114, 115, 124, 133, 176, 180, 305, 306, 339, 344, 450

文末語気（助）詞【句末语气词】110, 123, 133, 188, 257, 300, 301, 341

文末動詞【句末动词】114

文脈【语境】26, 74, 113, 114, 117, 118, 120, 166, 244, 245, 255, 275, 439, 449, 452, 453

文モデル【句子模式】335

分量【分量】232, 242, 342

分量語句【分量词语】232

分類型命題【归类式命题】230

分類をしない【不归类】49

分裂文（cleft-sentence）【分裂句】116, 450

へ

閉鎖区域【封闭区域】55, 56

平叙文【陈述句】56, 231, 306-309, 315-319, 322, 323, 332, 339, 343, 351

並列型複文【并列性复句】350

並列項【并列项】106, 289

並列構造【并列结构】72, 75

並列主題【并列话题】47

並列性の節【并列性小句】242

並列節【并列小句】171, 241

並列複合文【并列复合句】25

並列複文【并列复句】172, 182, 281, 289, 434

並列文【并列句】242, 281, 283, 288, 453

並列列挙【并列列举】308, 346, 350

変化する【转移】51, 52, 120, 279, 335, 451, 456, 457

変換【变换】【转换】3, 33, 54, 55, 71, 205, 268, 271, 272, 336, 355, 438

変換・移動【转移】54

変換する【转化】54, 205, 268, 355

変項（variable）【变项】19, 20, 63

変体【变体】351, 440, 441, 449

変調【变调】126

ほ

方位フレーズ【方位短语】64, 165

方向【方向】129, 247, 249, 330, 361, 462

抱合語【多式综合语】337

ポーズ【停顿】15, 17, 18, 27, 30, 31, 36, 71, 74, 99, 101, 102, 104, 109-111, 122, 125-130, 141, 142, 149, 158, 160, 186, 227, 251, 263, 268, 275, 278, 289, 312, 341, 345, 347, 349, 429, 431

ポーズとなる助詞【停顿助词】289

ポーズ標識【停顿标记】126

ポーズを表す標点（句読点）【停顿标点】141

補語（complement）【补语】【补足语】63, 96, 115, 116, 132, 133, 153, 175, 184, 188, 191, 225, 307, 319-321, 324, 356

補語節【补语小句】132

補語を導く助詞【补语助词】153

補部【补足语】64, 65

補文標識（complementizer）【标句词】64

本字（旧字体）【本字】6, 141

ま

マーカー（marker）【标记】17, 18, 31, 32, 36, 37, 43, 101, 103, 104, 107-110, 198, 221, 228, 230, 251, 263, 270, 290, 295, 338, 347, 348, 355, 359

マークする【标记】298, 429

み

見出し【标题】253, 255

未知【未知】29, 195

未知情報【未知信息】29

三つの階層の構造分析【三层结构分析】67

三つのレベル【三个平面】3, 25, 27, 29, 191

ミニマリスト・プログラム（Minimalist Program）【最简方案】75

む

無主語文【无主语句】158

無主題【无话题】29, 35, 438

無主題文【无主题句】29, 35

無生物【无生命物】57, 148, 206, 207

無評言文【无述题句】36

無標性【常规性】44

無標の（unmarked）【常规】【无标记的】43, 47, 342

無標の主題【无标记话题】16

無標の焦点【常规焦点】114

無標の文型【常规句式】44, 108, 109

め

名詞【名词】27

名詞化【名物化】177, 195, 432, 445, 448

名詞句【名词词组】2, 9, 10, 16, 17, 40, 41, 46, 50, 56, 58, 63, 65, 70, 72, 73,
　　　82-88, 97, 98, 135, 148, 155, 156, 171, 173, 195, 197-199, 201-204, 206,
　　　211, 212, 215, 217, 221, 224, 226, 227, 229, 231-233, 243, 244, 246, 256,
　　　425, 428, 432, 442, 445-447, 453, 458

名詞主題【名词话题】289, 301

名詞性コピー型主題【名词性拷贝式话题】231

名詞性主題【名词性话题】88, 89, 176, 287, 297-303, 326, 428, 448

名詞性成分【名词性成分】34, 86, 143, 173, 179, 235, 428, 432, 445, 447, 448,
　　　450, 453, 462

名詞性の単位【名词性单位】12

名詞性目的語【名词性宾语】87, 173

名詞フレーズ【名词词组】【名词短语】296, 297, 314, 329, 330, 332, 340, 424,
　　　425, 428, 436, 439, 447, 448

名詞目的語【名词宾语】97, 445

命題【命题】12, 13, 173, 230, 272, 311, 318, 443

命令文【祈使句】16, 156, 306, 307, 309, 316, 319-321, 323, 354

目立った（salient）【显眼】224

目に見えない【不见的】55, 59, 339

も

目的格（accusative）【宾格】249, 330, 361, 363

目的格介詞【宾格介词】52

目的語（O）【宾语（O）】3, 15, 21-23, 34, 40, 44, 47, 51-53, 55, 57, 58, 65, 83, 87, 91-97, 99, 100, 104, 105, 107, 115, 121, 132-134, 136, 138, 141, 146-149, 152, 154, 156, 159, 162, 163, 169, 173, 179, 190, 191, 194, 198, 199, 204, 205, 213, 214, 221, 223-225, 230, 236, 241, 243, 248, 249, 251, 260, 267, 282, 288, 304, 306, 307, 311-316, 319, 320, 322, 323, 325, 328-335, 338, 340, 349, 354-357, 360-366, 425, 427, 432, 435, 445-447, 458

目的語となる節【小句宾语】44, 47, 133, 134, 138, 329

目的語標識【宾语标志】141

目的語を表す助詞【宾语助词】141

目標【目标】248, 303, 438, 449

ゆ

有生性（animacy）【生命度】95

有生物第一原則（Animated First Principle）【有生居先原则】344

融通性【灵活性】100, 345

有標性【特殊性】44

有標の（marked）【有标记的】【特殊】43, 458

よ

呼びかけ語【呼语】10

り

リズム【节律】【节奏】110, 186, 356

量化（quantification）【量化】197, 215, 232, 233, 243, 260

量化語句（quantifier）【量化词语】231, 232, 240, 242

量化成分【量化成分】231-234, 237, 240-243, 246

量化範囲【量化范围】197

量化名詞句（quantificational noun phrase，ONP）【量化名词短语】197, 211, 215, 231, 233

両義文（syntactically ambiguous sentence）【歧义句】72, 104

量詞【量词】121, 198, 202, 223, 227, 228, 233, 234, 237, 243, 244, 246, 247,

282, 445, 458

量詞の重ね型【量词重叠式】233, 234, 237

領属関係【領属关系】47, 164

領属性【領属性】47

理論言語学界【理论语言学界】105, 258

臨場性【現場性】260

る

類化（新しい観念を古い観念と結びつけて取り入れる）【类化】309

類型学【类型学】1, 2, 4, 5, 10, 14, 43, 45, 46, 51, 95, 328, 330, 332, 335, 361, 364, 365, 425, 449, 453, 455, 461, 462, 463

類型学的分類【类型学划分】330

類属（ある種類に属する）【类属】202

類別【类别】158, 163, 190, 228, 303, 305, 445

類別詞（語）【指别词】228, 230, 247

れ

歴史言語学【历史语言学】52, 336

レベル【层面】【层次】【等级】3, 12, 16, 20, 23, 25-27, 29-31, 35, 39-41, 44, 47, 53, 69, 91, 119, 136, 138, 143, 144, 179, 188-191, 195, 209, 211, 238, 243, 247, 248, 253, 257-259, 281, 292, 293, 337, 339, 364, 365, 436, 439, 442, 453

連続述語【连动】174

連体修飾語（modifier）【定语】10, 56, 57, 61, 62, 64, 78, 80, 82, 85, 97, 134, 135, 161, 165, 307, 366

連体修飾語となる節【定语小句】56

連体修飾語マーカー【定语标记】135

連体修飾節【定语从句】62, 132

連動式【连动式】16

連用修飾語【状语】17, 47, 68, 72, 82, 85, 100, 105, 108, 109, 135, 136, 149, 158, 160, 165, 174, 182, 239, 273, 329, 330, 340, 357, 358, 359, 360, 362, 366, 428

連用修飾語化【状语化】357, 358, 359, 360, 362

連用修飾語性成分【状语性成分】239

連用修飾語＋中心語【状中】358

「連用修飾語＋中心語」構造【状语－中心语结构】【状中结构】357, 358
連用する【连用】139, 140, 311

ろ
論理―意味述語構造【逻辑－语义谓词结构】50
論理関係【逻辑关系】145, 288, 289, 294, 330

わ
話題（topic）【话题】2

言語索引

【 】は汉语（原語）表記を示す

▨▨▨は初出箇所のみ掲載

あ

アイルランド語【爱尔兰语】51, 344

アルタイ語【阿尔泰语言】365

い

イタリア語【意大利语】329, 364

印欧語【印欧语】29, 66, 338, 361, 362, 363

う

ウェールズ語【威尔士语】【威尔斯语】51, 344

え

英語【英语】1

エスキモー語（Eskimo）【爱斯基摩语】363

粤語【粤语】48, 49, 93, 134, 204, 228, 247, 458

お

オジブワ語（Ojibwa）【奥吉布瓦语】99, 344

か

高山族〔ガオシャン族〕【高山族】101, 259

韓国・朝鮮語【朝鲜语】36, 105, 106, 108, 251, 258, 270, 271, 275, 330, 344, 348, 365, 366, 457

韓国語【韩国语】258, 270

贛語客家語【赣语客家语】247

広東語【广东话】5, 7, 90

き

旧派（1920年以前に生まれた人）の上海語【老派上海话】180, 193, 294, 352

近代中国語【近代汉语】48, 49, 169, 191, 302, 426, 428

こ

古アイルランド語【古爱尔兰语】344

呉語【吴语】109, 123, 124, 126, 141, 145, 146, 176, 192, 193, 204, 228, 271,
　　306, 326, 353

古代ロシア語【古代俄语】43

呉方言【吴语】【吴语方言】5, 169, 306, 424, 426

さ

サンスクリット語【梵语】43

し

上海語【上海话】5

常熟語【常熟话】141

ジョージア語［旧グルジア語］（Georgian）【格鲁吉亚语】363

ジルバル語（Dyirbal）【德伊尔巴尔语】364

す

スコットランド語【苏格兰语】51

せ

西寧方言【西宁方言】367

セブアノ語（Cebuano）【塞布瓦诺语】344

そ

蘇州語【苏州话】141, 178, 204, 228, 247, 305, 313, 326

た

タイ語【泰语】329

タガログ語【塔加禄语】36, 456, 457

タヒチ語（Tahitian）【塔希提语】344

ち

チェコ語【捷克语】99

チベット語【藏语】366, 367, 423, 426

チベット・ビルマの言語【藏缅语言】365, 423, 426, 435

壮侗語［チワン・トン語］【壮侗语言】365

壮侗語［チワン・トン語］族の"布依語"【壮侗语族的布依语】101

つ

ツェルタル語（Tzeltal）【泽尔塔尔语】344

と

ドイツ語【德语】10, 332, 349, 442, 455
東南アジアの言語【东南亚语言】50

な

南方方言【南方方言】204, 228, 247, 425, 446

に

日本語【日语】36, 51, 105, 106, 108, 110, 141, 161, 251, 258, 270-272, 274,
　　275, 280, 288, 314, 330, 344, 345, 348, 365, 366, 375, 457, 461, 463
寧波語［ニンポー語］【宁波话】327

は

バスク語（Basque）【巴斯克语】363
パプア言語のホア語（Hua）【巴布亚语言话阿语】290
ハングル【谚文】258

ひ

閩南語【闽（语）】204, 228

ふ

普通話【普通话】5
布農語［ブヌン語］（Bunun）【布农语、布嫩语】101, 104, 108, 259, 270,
　　271, 344, 365

へ

北京語【北京话】17, 19, 106, 107, 108, 110, 123, 126, 130, 133, 136, 139, 140,
　　142, 145, 153, 157, 300, 301, 319, 327, 354, 360, 367

ほ

北部呉語【北部吴语】141, 228, 271
ポルトガル語【匈牙利语】114

ま

マダガスカル語（Malagasay）【马尔加什语】344

む

無錫語【无锡话】141

ゆ

ユトゥ語（Ute）【尤特语】35

ら

拉祜語［ラフ語］【拉祜语】161

り

傈僳語［リス語］【傈僳语】36, 103, 104, 141, 161
傈僳族［リス族］集団【傈僳族社团】103
傈僳語［リス語］方言【傈僳语方言】103
傈僳語方言【傈僳语方言】103, 104, 141

ろ

ロシア語【俄语】43, 99, 100, 332, 349, 362, 446

わ

ワルピリ語（Walpiri）【沃尔比利语】332
ワルマジャリ語（Walmatjari）【瓦尔马佳利语】364

同一性主題：主題卓越言語のより典型的な属性 *

刘 丹青 原作　　強 星娜 中国語訳

　要　旨：本文は普通話及び上海語における同一性（コピー型）主題構造を考察したものである。同一性主題構造はシナ・チベット語族では広く見られ、また中国語の古今東西に広がっている。同一性主題は名詞・動詞・形容詞などの内容語（中国語では"実詞"）によって担われ、様々な品詞がこの位置に現れるが、その特徴としては、名詞は指示対象がない成分で、述語は時制・アスペクトマーカーがない成分である。同一性主題は空義（意味を持たない）成分であり、通常、無界成分に属し、「フレームは内容よりも大きい」原則に適合している。同一性主題構造は同一成分が主題と焦点の位置に同時に現れる文型であり、肯定・強調・譲歩などの語用的機能を引き起こし、また主題の対比性から並列・接続などの談話機能へと発展した。同一性主題は条件節の文法化によるものである。このタイプの主題は経済原則に違反しているが、主題卓越言語の中でのみ存在するので、それは、いわゆる中国語型主題、即ち空位（空範疇）を持たない主題よりも典型的な主題卓越言語の特徴なのである。

　キーワード：同一性主題、無界成分、「フレームは内容よりも大きい」原則、主題卓越言語、文法化

1. 前言

1.1 序

　同一性主題（identical topics、"同一性話題"）とは、評言中の意味と相関関係がある成分（corresponding element、「相関成分（"相关成分"）」と略す）で、完全に、あるいは部分的に同形の主題を指す。

　主題の類型として、同一性主題はすべての中国語の方言及び多くの（すべてになるかもしれないが）チベット・ビルマ言語で検証をすることができ、これらの言語現象は今なおしっかりと記録されるが、統一された範

---

　* 本稿は本来英文であり、Identical topics: A moer characteristic property of topic-prominete languages というタイトルで、Journal of Chinese（《中国语言学报》）, 2004, Vol.32, No.1 に記載されたものを、強星娜氏が中国語に翻訳し、原作者である刘丹青が校正したものである。

疇での研究はなされてはいない。同一性主題は空位のない主題（non-gap topic）を含む他の主題類型よりも典型的な主題卓越言語の特徴である。Chafe（1976）以来、空範疇を持たない主題は「中国語型主題」（Chinese style topic）と呼ばれ、主題卓越言語の主要な特徴と見なされてきた（Li & Thompson 1976, Xu & Langendoen 1985, Gasde 1998）。同一性主題構造の研究では、普遍的な意味における主題構造をよりはっきりと、より完全に認識することが必要であり、同時にそれは、主題卓越言語が一つの言語類型として存在することを確信する手助けとなる。我々の理解によれば、上海語などの呉方言における同一性主題の種類は非常に多く、使用頻度も極めて高いので、本稿の研究は普通話と上海語の資料を基礎とする。

本文は徐・刘（1998）が打ち立てた主題構造のフレームを踏襲している。主題卓越言語では、主題は談話成分であるだけでなく、基本的な統語成分である。主題は多くの統語的位置に現れることができ、主語の前（主主題）、主語と述語の間（副主題）、さらにはそれよりさらに低い位置（副副主題）を含む。我々は少なくとも四種類の主題類型を指摘することができる。すなわち、項同一性主題（空位主題）、背景言語領域型主題（空位のない主題）、コピー型主題（本稿における「同一性主題」）、そして分文型主題（主に条件節）である。これらの主題の統語的なモデルは非常に近く、例えば、主題の後に同じ主題マーカーを使用する。

徐・刘（1998 : 141 － 157, 本書（原著書）の 121 － 135 頁), 徐・刘（1998b）はすでに、普通話と上海語のいわゆるコピー型主題構造について初歩的な記述を行っており、本文ではそれを基礎としてさらに説明を行う。我々は統語・意味・談話機能の角度から同一性主題、特に、主題と項構造の間の意味関係及び主題の指示的特徴について順を追って検討を行う。また、同一性主題が他の主題の空義（意味を持たない）成分とは異なることの説明を試みる。その外に、同一性主題は総称的な名詞フレーズや時制・アスペクトマーカーがない動詞フレーズのような無界成分を選択する傾向があり、このような特徴は同一性主題を「フレーム設置主題」（Gasde（1999）の術語）と関連づけている。本稿では、「フレーム設置主題」、特に同一性主題が総称的成分である傾向があり、また「関係主題」（Gasde の術語）が

定の成分である傾向がある、というより総括的な提案を行う。これは我々が言うところの「フレームは内容よりも大きい」原則（Principle of Frame Being Bigger, 略称は PFBB）に符合する。指示的には、総称名詞フレーズはそれに相応する特定的フレーズや定フレーズよりも大きいのである。

　本稿ではさらに、同一性主題構造の統語法や主語─主題類型学における重要な問題について検討を行う。英語などの主語卓越言語では、同一性主題に対応する成分を見つけることはあまりできない。これに対し、中国語では定の項が主題を担い、総称成分はフレーム設置主題を担う傾向があり、後者の傾向は南方方言では特に顕著であると説明できるであろう。中国語には二種類の項構造内部でフレームを「創造」する方策がある。その一つは、目的語名詞句を二つに分け、裸名詞句が総称的な主題を担い、残りの部分が特定的あるいは定の目的語を担うもの。もう一つは、名詞性あるいは動詞性の同一性主題を作り、フレーム設置主題を担うものである。この二つの方策は、主題卓越ではない言語にも存在しているであろう。

1.2 同一性主題の用例

　まず、いくつかの同一性主題を含む普通話と上海語の例を見てみる。例1－9は徐・刘（1998）からとったものである [1]。

　　　1. **星星**还是那个**星星**，**月亮**还是那个**月亮**。
　　　　星はやはりあの星で、月はやはりあの月だ。

　　　2. 他**主任**倒也是**主任**，但是……
　　　　彼は主任は主任だが、しかし……。

　　　3. 他儿子**聪明**倒挺**聪明**，就是太粗心。
　　　　彼の息子は賢いのはとても賢いが、ただそそっかしすぎる。

　　　4. **去**就**去**。
　　　　行くなら行け。

　　　5. **姘头**末**姘头**勒嗳，讲啥个朋友。　　'就是姘头么，说什么好朋友'
　　　　ただの同棲相手で、友だちというわけではない。

　　　6. **水**末**水**紧张，**电**末**电**紧张。　　'水又紧张，电又紧张'
　　　　水も不足していて、電気も不足している。

7. **办法**总有**办法**好想的。 ‘办法呢，总可以想出来的’
   方法は、何とか考え出せるものだ。

8. 老王**热心**（是）真个**热心**个。 ‘老王可真的是很热心的’
   王さんは本当に熱心だ。

9. 考试**结束**也结束了。 ‘考試早已經結束了’
   試験はとっくに終わった。

　上の例文中の同一性主題である例 1, 4, 5, 6, 7 は主主題で、例 2, 3, 8, 9 は副主題である。評言部分の意味相関成分には意味役割を持つ項を担うものもあれば、述語を担うものもある。

　同一性主題は古代中国語、近代中国語（徐・刘（1998：159）注釈 [4]、本書（原著書）の 136 頁の注釈 [4]）、普通話、そしておそらくすべての中国語方言及び多くのチベット・ビルマ言語にすべて存在する。以下の例 10, 11 は近代中国語と呉方言の例で、例 12, 13, 14, 15 と例 16, 17 はそれぞれ景頗語［チンポー語］と克倫語［クールン語］とチベット語の例で（景頗語は戴庆厦教授に提供していただき、克倫語は戴庆厦等（1991）に、ラサチベット語は王志敬（1994）による）、これらの言語事実は同一性主題のチベット・ビルマ語における広範な分布を表している。

10. **好**是他家**好**，人非著意人。 （《游仙窟》）
    好みは是れ他家の好み、人は人の意を著くるに非ず

11. **吃**局索性**吃**局，**睏**局索性**睏**局，那个烦难介。 （《三笑》）
    ‘吃索性就吃，睡索性就睡，有什么难的’
    食べるなら食べればいいし、寝るなら寝ればいいし、何も難しくはない。

12. **pum**^{31} ko^{31} 　wo^{55}ʒa^{31} **pum**^{31} ʃe 　ʒe^{51}.
    　山　主題マーカー　それ　山　ただ　である
    ‘山还是那座山’
    山はやはりあの山である。

13. shi^{33} po^{31} luŋ^{55} **ka̠**^{31} **jat**^{31} ai^{33} ko^{31} 　kʒai^{31} tʃe^{33} **ka̠**^{31} **jat**^{31} ai^{33}.
    それ　玉　遊ぶ　**助詞 主題マーカー** とても　上手い　遊ぶ　**助詞**
    ‘他打球打得很好’
    彼は球技がとても上手い。

14. **bɔ**^{31}　　　dɛʔ^{55}　**bɔ**^{31},　　　**wa**^{55}　dɛʔ^{55}　**wa**^{55}.

　　太っている　も　太っている　白い　も　白い

　　'（有人）胖，也白'

　　（ある人は）太っていて、白い。

15. **ɔ**^{31}　　　lɛ^{55}　　　**ɔ**^{31}　　　li^{55}

　　食べる　十分な　食べる　〜してしまった。

　　'至于吃，（有人）已经吃够了'

　　食べることについては、（ある人は）すでに十分に食べた。

16. **nøʔ**^{11}　　　ni^{53}　　　　**nøʔ**^{11}　ts 'a:^{53} pare.

　　買う　主題マーカー　買う　完了助詞

　　'至于买东西，（有人）已经买了'

　　買い物については、（ある人は）すでに買った。

17. **loʔ**^{53}　　　ta^{53}　　　　**loʔ**^{51}　　pare.

　　読む　主題マーカー　読む　助詞

　　'至于看书，（有人）确实已经看了'

　　本を読むことについては、（ある人は）確かにすでに読んだ。

1.3 同一性主題の主題としての地位

　一見すると、上の例文中の同一性主題の統語機能や意味役割は同じではないが、何に基づいてそれらをすべて主題と見なすのであろうか。曹逢甫（Tsao 1987）ではすでにこの問題に部分的な回答をしているが、氏が注目しているのは次の例 18 の「動詞コピー構造」（verb-copying construction）のみである。

　　　18. 他看书看了三个钟头。

　　　　彼は本を 3 時間読んだ。

　徐・刘（1998）によれば、最初の動詞句"看书"［本を読む］は主題であり、同一性主題の下位範疇に属するとしている。曹逢甫氏は、これを"次要主题"（副次的主題）と考えているが、それは次の根拠による。

　(1)「動詞コピー」構造の最初の動詞句はいかなるアスペクトマーカーも
　　伴うことができず、さらに、目的語の典型的な状況は非特定的な成

分である。全体から見ると、動詞句は総称的名詞句である（曹逢甫
氏は、動詞句が「動詞化し」名詞句になると考えている）。

(2) 最初の動詞句はすべて「主要基本主題」に格上げすることができる。
実際、曹逢甫氏の上の観察は本稿で検討する同一性主題にすべて適
用される。その外に、同一性主題とその他の主題は同一の主題マー
カーを共有する。主題敏感演算子（"話題敏感算子"）はこのタイプ
の主題に対しても同様に効果がある。

これらの事実は、我々が同一性主題を一種の主題類型と見なす根拠を十
分に説明している。

2. 同一性主題の統語的類型と形態的特徴

2.1 同一性主題の統語類型：名詞フレーズと述語フレーズの特徴中和

同一性主題は、上の例 1, 2, 5, 6, 7 のように名詞性成分であってもよく、
また例 3, 4, 8, 9 のように述語性成分であってもよいが、次の上海語の例の
ように副詞性成分であってはならない。

19. 伊刚刚末刚刚勿去（*马上末马上勿去），晏歇末晏歇勿去。

'他刚才不去，过一会儿也不去'

彼はさっきは行かず、しばらくしてからも行かない。

例 19 の"刚刚"［さっき］、"马上"［すぐに］、"晏歇"［しばらくして］は
すべて時間を表す連用修飾語（中国語では"状语"）であるが、"马上"は
副詞なので、文は不適格となる。この品詞による選択制限は中国語の主題
の普遍的な状況と一致している（詳細は徐・刘（1998:108 － 111）、本書（原
著書）の 93 － 96 頁を参照）。

興味深いことに、名詞性成分と述語性成分は同一性主題の位置では特徴
が中和される現象が見られるので、通常必要な構造調和のパラレルな関係
を構築することが容易で、一つの節が名詞性主題を含み、もう一つの節が
動詞性主題を含む。この点では、前の例文 10 は近代中国語におけるよい
例である。さらに上海語の例を見てみよう。

20. 伊电影末电影勿欢喜，着象棋末着象棋勿欢喜。

'他不喜欢电影，也不喜欢下象棋'

彼は映画は好きではなく、将棋も好きではない。

21. 辝条裙子**料作末料作**蛮好，**漂亮末也**蛮漂亮。

'这条裙子布料很好，也很漂亮'

このスカートは生地がよく、きれいでもある。

実際、例 20 の"电影"［映画］を入れ替えて"看电影"［映画を見る］としたり、"下象棋"を"象棋"と入れ替えることもでき、そうしても文の意味や語用的機能は変わらない。

本稿の 4.4 節では特徴中和現象について説明を行う。

2.2 同一性主題のマーカー：ポーズ、主題マーカー、主題敏感演算子

上の例文が示すように、すべての同一性主題の後にポーズが現れることは、他の主題と違いはない。確かに、ポーズには談話機能があるが、統語手段としては文法化の程度が低い。中国語の同一性主題は常にポーズによってマークされるわけではないことは、主題が語用的成分であるだけでなく、ある種の統語的な身分を持っていることを説明している。言い換えれば、同一性主題はすでに高度に文法化・統語化されているのである。

ポーズと比べると、主題マーカーの文法性はより高く、主題の後に従う機能的な形態素である。もし、主題の後に主題マーカーが現れポーズを必要としないならば、それらの主題マーカーは常にポーズを伴うマーカーの文法化の程度よりも高いはずである。前の例 5, 6, 8, 9 のように、同一性主題の後には常に他の主題に適用される同様のマーカーが現れ、ポーズを必要としていない。このことは、同一性主題の統語的性質をさらに証明している。

主題マーカー以外に、主題敏感演算子は同一性主題構造において非常に重要な役割をする。主題敏感演算子と主題、特に同一性主題との密接な関係から見ると、それらを一種の間接的マーカーと見なすことができる。そこで、同一性主題について引き続き検討する前に、まず中国語における主題敏感演算子について見てみる。

主題敏感演算子は独立した語（多くは副詞）であり、その出現は文中の主題とある程度密接な関係がある。主題敏感演算子には次の二つのタイプ

がある。

　一つは、「主題指示語」（topic indicator）と呼ばれ、常に主題（同一性主題だけではない）と共に現れ、ふつう主題の後にぴったりとくっついているが、例22の"昨天"のように、他の成分によって隔てられることもある。主題指示語がある所に主題がある、ということもできる。

　　　22a. 这个小孩儿昨天病了。

　　　　　この子どもは昨日病気になった。

　　　b. 这个小孩儿昨天**还是**病了。

　　　　　この子どもは昨日やはり病気になった。

　　　c. 一个小孩儿昨天病了。

　　　　　一人の子どもが昨日病気になった。

　　　d.*一个小孩儿昨天**还是**病了。

　　　　　（一人の子どもが昨日やはり病気になった。）

"还是"［やはり］は例22bの主題の"这个小孩儿"［この子ども］と共に現れることができるが、例22dの不定の主語である"一个小孩儿"と一緒に使用することはできない。これは、後者が主題性を備えていないからであり、このことから、"还是"は主題指示語であることが分かる。また、主題指示語と主題が常に共に現れる関係を考慮すれば、それらを主題の間接的なマーカーと見なすことができ、普通話の主題指示語にはさらに"还、也、倒、都"がある。主題指示語と主題との関係はかなり密接で、上海語の"也"や"倒"のように、それらは新たな分析を行うことで真の主題マーカーとさえなるかもしれない[2]。

　もう一つのタイプの主題敏感演算子は主題許可語（topic licenser）で、これは常に主題と共に現れるとは限らないが、文中のある成分が主題を担うことを許可することができる。主題許可語を削除すると、文は不適格となってしまう。普通話の主題許可語には否定語の"不"、"没（有）"や多機能副詞の"就"、"偏"がある。以下は普通話の例である。

　　　23a. 他白酒**不**喝。　　彼は白酒は飲まない。

　　　b.^{??} 他白酒喝。　　彼は白酒は飲む。

　　　c. 他喝白酒。　　彼は白酒を飲む。

同一性主題：主題卓越言語のより典型的な属性

24a. 他危险的事情*（**就 / 偏**）爱做。

　　　彼は危険なことはしたがる。

　b. 他爱做危险的事情。

　　　彼は危険なことをしたがる。

　ここで同一性主題についてもう一度見てみる。前の例 1 － 4 のように、中国語、特に普通話では主題マーカーの使用は強制的ではないが、普通話の同一性主題の多くは主題敏感演算子と共に現れる。徐・刘（1998：142 － 143、本書（原著書）の 122 － 123 頁）が挙げる 11 個の普通話の例文では、8 つの文に主題指示語が、2 つの文に主題許可語があり、主題敏感演算子を持たない文は 1 つだけである。そして、もし文中の敏感演算子を削除すれば、ほとんどの文は不適格となってしまう。

　普通話の同一性主題の後には主題マーカーが現れることができるが、マーカーが現れるかどうかは文の容認度に基本的に影響しない。従って、普通話の同一性主題構造について言えば、主題敏感演算子は主題マーカーやポーズよりも重要なのである。

　これに対し、上海語の状況は少し異なる。徐・刘（1998）は、上海語の同一性主題構造は意味表現が広範で、統語的な変化が多様であり、談話機能が豊富で、出現率が極めて高いと指摘している。主題敏感演算子は同一性主題構造を成す積極的な要素であるが、主題敏感演算子がない多くの状況では、主題マーカーが同様に文中のある成分を主題として標示することができる。

25. 姘头**末**姘头勒嘞，讲啥个朋友。　'就是姘头么，说什么朋友'

　　　ただの同棲相手で、友だちなどではない。

26. 伊高兴**末**高兴得来。　'他非常高兴'

　　　彼は非常に喜んだ。

例 25, 26 には主題マーカーの"末"しかなく、主題敏感演算子は現れていない。普通語でこのタイプの文と完全に対応する形式を見つけることは難しい。さらに、上海語の主題敏感演算子のいくつかは、新たに「疑似主題マーカー」（"准话题标记"）と分析され、それらの標示機能はすでに主題マーカーシステムの中に取り入れられているのである。

同一性主題：主題卓越言語のより典型的な属性

2.3 同一性主題の指示とアスペクトの特徴

Li & Thompson（1981：447）は、「動詞コピー構造」において前方の動詞の直接目的語の典型的な状況は非指示的な成分であることを観察している。また、曹逢甫（Tsao 1987：17）は、この種の構造の最初の動詞はアスペクトマーカーを伴わないことを指摘し、同時にゼロアスペクトマーカーの動詞と非特定的な目的語が構成する動詞句は副主題の位置ですでに名詞化され総称的な名詞句へ変わっていると考えている。曹逢甫氏の名詞化の分析についてはここでは取り上げないが、彼らの発見も同一性主題に普遍的に適用される。簡単に言えば、同一性主題を担う名詞性成分は非特定的であり、動詞性成分はアスペクトマーカー（中国語には純粋な時制を表すマーカーはない）を伴わないということである。言い換えれば、同一性主題は名詞句と動詞句の裸形式を選択する傾向があるのである。一方、評言部分の意味相関成分にはそのような制限はない。以下は、Li & Thompson、曹逢甫氏らが言及していない名詞性成分が主題となる状況である。

27. 他（*一个 / *这个）主任倒是一个主任。

　　　彼は主任と言えばまあ主任である。

28. 他（*一所 / *这所）大学么也上了这所大学。

　　　我は大学はこの大学に上がった。

　評言部分の意味相関成分が不定である例 27 のようなものであろうと、定である例 28 のようなものであろうと、同一性主題は必ず裸名詞句となる。さらに動詞性成分が担う同一性主題について見てみよう。

29a. 他答应倒答应了三次。

　　　　彼は返事は三回した。

　b. *他答应了三次倒答应了三次。

　c. *他答应了倒答应了三次。

30. 站（*着）么我也站着。　　立つなら私も立っている。

例 29, 30 は、たとえ相関成分がアスペクトマーカーを伴っても、同一性主題となることはできず、この点は名詞性同一性主題の指示的特徴と非常に類似していることを説明している。

3. 同一性主題の統語的位置と語順

3.1 同一性主題は主主題、副主題である

　　以下の例文は、同一性主題が異なった統語的位置に現れることを説明している。

　　　　31. 山己不是那座山。

　　　　　　山はすでにあの山ではなくなった。

　　　　32a. (从前) (在数学系) **主任**他也当过**主任**。

　　　　　　　(昔) (数学科では) 主任は彼も務めたことがある。

　　　　　b. 他**主任**也当过**主任**。

　　　　　　　彼は主任は務めたことがある。

　　　　　c. 当他也当过主任。

　　　　　　　務めるのは、彼も主任を務めたことがある。

　　　　　d. 他当也当过主任。

　　　　　　　彼は務めるのは主任を務めたことがある。

例 31 には主題はあるが主語はなく、その中の同一性主題が主主題となっている。例 32 は基本的に同義の文であるが、主題の位置がそれぞれ異なる。例 32a の主題は主主題で、主語の前に位置し、文頭に位置することもできれば時間/空間を表す成分の後に位置することもできる。例 32b の主題は名詞性副主題で、32c, d の中のものはそれぞれ動詞性主題と動詞性副主題である。

　　同一性主題は従属節、主に結果を表す従属節の中に現れることもできる。例 33, 34 が示すように、これらの文の階層において、副主題となる動詞性主題はより重要であるが、主主題と副主題の間の区分は依然として存在している。また例 35 のように。上海語のみが従属節の中で名詞性同一性主題が主主題となる状況を許す。

　　　　33. 他醉得**站**都**站**不起。

　　　　　　彼は酔って立っていられなくなった。

　　　　34. 我故意写得他**看**也**看**不出。

　　　　　　私はわざと彼が読めないように書いた。

　　　　35. 伊醉得来人末人也立不起。

　　　　　　彼は酔って立っていられなくなった。

3.2 同一性主題と意味相関成分との距離

同一性主題と評言の中の意味相関成分との距離は、長いものもあれば短いものもあり、隣接することもできれば、いくつかの文を隔てることもできる。例36, 37は両者の極端な表現の例である。

36a. **水水**呒没，**电电**呒没，**煤气煤气**呒煤。　'没有水，没有电，也没有煤气'

水はない、電気はない、ガスもない。

b. **伊老实老实**个。　'他可真是很老实的'

彼は本当にまじめだ。

37. **药**未依还是药请医生开一张方子配眼**药**来吃。

'你还是要请医生开张方子配些药来吃'

あなたはやはり医者に処方箋を書いてもらい薬を調合してもらって飲みなさい。

同一性主題は例36a, 36bではそれぞれ主主題と副主題となっており、相関成分はどちらも主題の後に隣接している。例37では主節の主主題は同一性主題であるが、相関成分は主節よりも低い階層である補足埋め込み文の中に現れており、両者の間はいくつかの節の境界で隔てられている。

同一性主題と相関成分の間の距離には幅があるが、両者が隣接しなければならない状況が多い。同一性主題は並列複文の分文中に現れ、例38のように相関成分の理想的な位置はそれと隣り合う場所である。

38. **水水**紧张，**电电**紧张（**煤气煤气**紧张）。

水は不足しており、電気は不足している（ガスは不足している）。

このような位置の選択は、さらに一つの面白い現象を引き起こす。つまり、評言部分に位置する意味相関成分自身もある種の主題機能を持っているということである。

39a. 伊会得烧饭，也会得汰衣裳。　'他会做饭，也会洗衣服'

彼はご飯を作ることができ、服を洗うこともできる。

b. 伊饭末饭会得烧，衣裳末会得汰衣裳。

彼はご飯は作ることができ、服は洗うことができる。

c. *伊饭末会得烧饭，衣裳末会得汰衣裳。

例 39a は正規の中国語の他動詞文—VO 語順である。例 39b の同一性主題は副主題で、目的語は動詞の前に移動しなければならず、そうしなければ、例 39c のように不適格文となってしまう。徐・刘（1998）の主題フレームによれば、例 39b の中の意味相関成分（二番目の"饭"［ご飯］、"衣裳"［服］）も副主題である。このことから、文には合わせて二つの副主題があることが分かる。

　この分析は不可解に思われるかもしれないが、このような現象は中国語の中ではそれほど珍しくはない。Gasde（1999）は、フレーム設定主題（frame-setting topic）と関係主題（aboutness topic）という二つの異なる意味・語用機能を持つ主題類型の存在を指摘している。両者が共に現れる場合、フレーム設定主題は外側にあり、常に関係主題の前に位置する。Gasde 氏の分類によれば、同一性主題と相関成分がどちらも主題である時には、同一性主題はフレーム設定主題であり、相関成分は関係主題であると言うことができる。

　動詞性成分が担う同一性主題は別の類型の主題に属し、意味相関成分に隣接する傾向があるが、その制限はそれほど厳格ではない。次の例 40a と40b を比較してみる。

　　　40a. 辪搭个物事贵末贵得来。　　'这里的东西很贵'
　　　　　ここの品物はとても高い。

　　　　b. 辪搭个物事贵末老早辰光＊(也)贵得来.'这里的东西以前也很贵'
　　　　　ここの品物は以前もとても高かった。

例 40a は上海語によく見られる表現形式である。主題は相関成分（"贵"［値段が高い］）と密接に隣り合い、例 40b のように、もしその間に時間副詞を挿入すれば、主題敏感演算子である"也"を加える場合を除き、不適格文となる。これは動詞性の同一性主題が副主題を担う傾向にある状況に符合している。相関成分と副主題の距離は確かにそれと主主題との距離に近い。実際、我々が集めた普通話、中国語方言、古漢語、チベット・ビルマ語のデータの中では、主語と動詞性の同一性主題を含むことが確かに認められる文は、例 32b のように、そのほとんどすべてが主題が副主題である状況に属するが、例 32c のように、動詞性の同一性主題が主語に前置され

るようなまれな形式も見受けられる。

　同一性主題についてさらに検討をする前に、我々には次のようなおおまかな印象がある。それはつまり、同一性主題と意味相関成分との距離は比較的自由であり、ある構造では両者が隣接する傾向にあるということである。もし、それらが遠く隔たるならば、文中に主題敏感演算子が現れるような、一定の条件を満たしてはじめて適格としなければならない。従って、このような構造のマーカー性はより強く、動詞性の同一性主題で黙認される位置は副主題ということである。

4. 同一性主題の意味的性質

4.1 小序

　普通話、特に上海語の同一性主題の類型は非常に多く、意味も異なり、このタイプの主題の意味的性質は複雑である。本節では主に、項構造と関係がある主題の意味役割、及び主題の指示的属性という二つの意味的要素に注目をする。説明に便利なように、我々は意味役割と動詞の述語的機能を合わせて"语义角色"（意味役割）で表す。

4.2 同一性主題の空義性

　同一性主題は名詞フレーズや述語性フレーズによって担われ、原則としてそれらはすべて文に実際の意味を添加することができる言語単位である。しかし、多くの状況では、このタイプの主題は意味役割に少しの影響も与えず、また文にいかなる意味内容も添加しない。従って、文の意味への貢献ということでは、同一性主題は項や付加成分とは異なる。その外に、同一性主題が動詞性成分である場合、評言中の意味相関成分は主題に代わって文レベルで述語を担う。主題は相関成分と完全に、あるいは部分的に同形なので、両者のうち一つだけが文の意味として必要なものである。この事は、文中で「正常な」統語機能を担い、意味的な働きを発揮するのは述語の中の意味相関成分であり、主題ではないことを説明している。従って、文の意味に対する同一性主題の貢献度は実際にはゼロであり、それは一種の空義（意味を持たない）成分であると言うことができる。主題には

同一性主題：主題卓越言語のより典型的な属性

他の面で多くの共通点が存在するが、同一性主題の空義性はその他の主題とは異なる点である。ここでは、その空義性についていくつかの実例を見てみることにする。

4.2.1 意味役割を分配する位置

評言部分の意味相関成分は意味役割を得ることができる統語的位置を占め、あるいはそれ自身が述語を担う。

41. 香烟么我以前也抽过香烟。

タバコは私は以前も吸ったことがある。

42. 小王么我已经给了小王一张票了。

王君は私はすでに王君に切符を一枚あげた。

43a. 跳舞么我以前也喜欢跳舞。

ダンスは私は以前もダンスが好きだった。

b. 跳舞么，我以前也经常跳舞。

ダンスは、私は以前もよくダンスをした

相関成分の統語的位置から見れば、例41の"香烟"［タバコ］は受動者、例42の"小王"は受領者、また、"跳舞"［ダンス］は例43aでは動詞"喜欢"［好きである］の対象、例43bでは述語を担っている。従って、意味の働きをするものは相関成分で、主題ではなく、同一性主題の意味は空であるという仮説を立てることができるのである。

4.2.2 否定詞の文の意味に対する影響

相関成分の中に否定詞を加えると文の真の値の条件を変えることになるが、同一性主題は常に自由に否定詞を加えることができる。言い換えれば、主題の中に否定詞が存在するかどうかで文の真の値を変えることはないのである。

44a. 他参加也参加会议，（但是不会提交论文）。

彼は会議には参加はするが、論文は提出しないだろう。

b. 他参加也不参加会议，（但是不会提交论文）

c. 他不参加也不参加会议，（但是不会提交论文）。

437

同一性主題：主題卓越言語のより典型的な属性

　それぞれの文の前半部分に注意すると、例44a の相関成分に"不"を加え例44b のように変えると、二つの文の意味は反対になる。一方、例44b の主題の中に否定詞を加えると例44c となるが、二つの文の表す意味は同じとなる[4]。

　上述の結果は以下の公式で表すことができる（IT は同一性主題を表し、CE は評言中の相関成分を表す）。

　　　45a. Neg ＋ VP（as CE） ≠ VP（as CE）
　　　　b. Neg ＋ VP（as IT） ＝ VP（as IT）

例45 は同一性主題が空義成分となる有力な証拠である。

4. 2. 3　同一性主題及び意味相関成分の省略

　一般的に言えば、すべての同一性主題はみな省略することができ、また、このような省略は主題構造を無主題構造へ向かわせる統語的変換をもたらすであろうが、文の適格性や意味は変わることはない。実際、同一性主題を含む中国語の文を翻訳する場合、もし目標言語（原語に対する訳文の言語）に対応する構造がないならば、より自然な文とするために最もよい方法は、すべての主題を削除することである。

　では、評言部分の意味相関成分も削除してよいのであろうか。

　相関成分が意味役割を持つ項である場合、通常は省略できるが、主題類型に変化が生じることとなり、いわゆる空位主題へと変わる。

　　46. 香烟么我以前也抽过香烟。（＝例41）
　　　　タバコは私は以前にもタバコを吸ったことがある。
　　47. 香烟 i 么我以前也抽过 [i]。
　　　　タバコは私は以前にも吸ったことがある。

例47 には空位や痕跡は存在しないと言う人もいるかもしれないが、もし削除するのが主題であるならば、例48 のように正規の VO モデルを得ることとなり、痕跡の存在を論じることができなくなる。

　　48. [?i] 我以前也抽过香烟 i。

　また、例49 のように意味相関成分が評言部分で述語を担う場合、省略することはできない。

同一性主題：主題卓越言語のより典型的な属性

49. 抽么我以前也*（抽过）香烟。

上の例は、同一性主題と意味相関成分の非対称性を気付かせてくれる。また意味的には、同一性主題の使用は選択可能であるが、相関成分の使用は強制的であると言うこともできる。このことも前者が空義成分であることを証明している。

4.2.4 条件節から形態化した同一性主題へ：文法化の連続体

　実際には、すべての同一性主題が空義的であるわけではなく、我々は確かにこのタイプの主題の意味の多様性について観察をしている。この種の多様性はおそらく「談話→統語法→形態」という文法化の連続性を反映しているであろう。

　同一性主題及び多くの他の類型の主題は、すべて条件節の文法化をその源としている。また、同一性主題は緊縮条件分文と分析できる場合がある。前の例 4 を再度記載する。

50. 去就去。

　　　行くなら行け。

添加並列分文の形式を借りれば、この条件的な意味を次のように明確に表現できる。

51. 去就去，不去就不去。行くなら行け、行かないなら行くな。

　より適した文脈では、名詞フレーズも条件的な意味を表すことができる。

52. A：这儿只有面条，没有米饭。

　　　　ここには麺類しかなく、ご飯類はない。

　　B：面条就面条。

　　　　麺類なら麺類でいい。

意味的に言えば、条件節、特に前置された条件節には本来主題性がある（Haiman1978, Ford & Thompson1986, Schiffrin1992）。たとえ統語レベルであっても、中国語の条件節を主題と見なすこともできる（Gasde & Paul1994；徐・刘 1998：237 － 250，本書（原著書）の 203 － 214 頁）ので、短縮された条件節が同一性主題を担うことはおかしなことではない。しかし、条件の意味を備えた同一性主題を空義成分であると言うことは難しい。

439

また、このタイプの主題は自由に否定詞を加えることはできず、主題と相関成分の間の肯定型式は常に一致しなければならない。例 53 と例 45 を比較してみる。

53. 去就去 / 不去就不去 / *去就不去 / *不去就去。

このことから、条件の意味を含む同一性主題の文法化の程度は相対的に低いことが分かる。一方、文法化の程度が高い同一性主題は条件節に戻すことができるものもある。前の文で触れた空義で省略可能な同一性主題は、主題を導入する語句として解釈される以外に、条件を表すマーカーとして用いられるとも解釈される。

54. 香烟么我以前也抽过香烟。（＝例 41）

　　　　至于香烟，我过去也抽过。　　　〜　　如果提到香烟，我过去也抽过。
　　　　タバコについては、私は過去にも吸ったことがある。　〜　もし
　　　　タバコについて述べるなら、私は過去にも吸ったことがある。

同一性主題が文法化の程度がより高い副主題である場合、条件の意味と解釈することは難しい。

55. 我香烟么以前也抽过香烟。

　　　　私はタバコは以前にもタバコを吸ったことがある。

　以上をまとめると、条件節から緊縮条件節までを担う主題、さらに統語的な主題までは、一つの文法化の連続体となっているということである。これはまさに、同一性主題の程度が異なる空義性を表す原因にもなっているのである。

　実際、上海語の同一性主題のいくつかは、すでに文法化の過程を進んできており、それらは統語成分と見なすことができず、意味相関成分の形態的な変体であり、明確な空義性を表している。

56. 老王热（心）是真个热心个。（＝例 8）

　　　　王さんは本当に熱心だ。

57. 考试结（束）也结束了。（＝例 9）

　　　　試験は終わった。

注意すべきはそれぞれの例文で（　）を付けている部分で、これらの例は、たとえ第一音節が語や形態素ではなく、さらには何ら意味を持たなくても、単独で同一性主題を担うことを説明している。このことは、このタイプの

主題構造は性質的により形態素に近く、統語的ではないことを暗示している。なぜならば、単語にならない単独の音節は統語法のプロセスには入れないからである。また一方では、評言の中の意味相関成分は類似した短縮型を作ることができないが、もしそれを行えば、文は不適格となる。

58. 老王热心是真个热*（心）个。

　語とならない身分と一致して、例 56, 57 の同一性主題はすでに部分的な主題性を失い、"至于"［……について］という解釈ができなくなってしまっている。例 56 の "热（心）……热心" は全体を動詞 "热心"［熱心である］の変体と分析することができる。しかし、それらはある面では依然として主題の性質を保持しており、典型的な主題マーカーを伴うだけでなく、統語表現もその他の主題と似ている。徐・刘（1988：113、本書（原著書）の 97 頁）は、マーカーを伴う主題は関係節の中には現れることができないと指摘しているが、例 56, 57 がまさにその例である。中国語の形容詞は述語を担うことができ、その統語的表現は自動詞に似ているので、すべての名詞を修飾する形容詞フレーズは実質的にはすべて関係節と見なすことができる。この点を明確にするために、さらに例 56 と例 59 を比較する。

59a. 一个热心个人。　　一人の熱心な人。

　　b. 一个真个热心个人。　　一人の本当に熱心な人。

　　c. *一个热心是真个热心个人。

例 59a, b のように、形容詞 "热心" や "热心" を中心語とする形容詞フレーズはすべて関係節となることができるが、もし形容詞フレーズが例 56 のような構造であれば、関係節となることができなくなる。これはその構造の主題の性質によって決まるため、そのような構造を一種の同一性主題と見なすことができるのである。

　以上をまとめると、同一性主題の文法化の過程を以下のように表すことができ、これはほとんどの状況に適用できる。

60. 条件節＞条件の意味を含む主題＞統語的主題＞形態的主題

現在の文献では上述のような変遷過程についてはほとんど触れられていないが、これは確かに文法化の慣例となっている。Hopper & Traugott（1993：95）は、文法化の主な経路を「特定の前後の文中の語彙項目＞統語＞形態」

と表している。Comrie（1988：266）は、多くの統語現象が意味と / や語用から始まり、同時にそれはすでにその中から離脱している現象であり、言い換えれば、統語法とは意味─語用の文法化（より正確にいえば統語法化である）である、と指摘している。従って、文法化の普遍的なモデルを「意味 / 語用＞統語＞形態」とまとめることができるのである。中国語の条件節の短縮型が主題となる状況は、その中間段階に位置している。上海語では、同一性主題は統語的な成分から形態的な成分へとさらに発展しているが、これは「統語＞形態」という文法化の第二段階なのである。

4.3 同一性主題がフレーム設置主題となる指示性
4.3.1 同一性主題の無界性

より高次の概念のレベルでは、名詞句の指示と動詞句の時制 / アスペクト（特に中国語の中ではアスペクトであり、基本的に時制システムがない）は二つの類似した現象であり、それらはどちらも、聞き手が言語単位と現実世界の対応物間にある関係を打ち立てる手助けをすることができる。説明に便利なように、本文でこの二つの現象を検討する場合には、"指称性"（指示性）という同一の術語を使用する。

次に、2.3 節で言及した同一性主題の特徴、つまり、この種の主題の位置に現れるものは常に非指示的名詞成分やアスペクトマーカーを伴わない動詞成分であることについて説明を行う。

4.3.2 フレーム設置主題と「フレームは内容より大きい」原則

Chafe（1976）以来、多くの言語学者が、中国語のような言語では主題の基本的な機能は「主要述語がコントロールする範囲で、空間・時間・個体の背景を設置する」ことであると考えている。Gasde（1999）はよりはっきりとした分類を提案しており、主題をフレーム設置主題（frame-setting topics）と関係主題（aboutness topics）という二つの大きなグループに分けている。前者は空間主題・時間主題・中国語式主題（空位のない主題）・ドイツ語式主題（いわゆる「自由主部（free themes）」）・介詞として表現される個体的フレームと条件節を含んでいる。

同一性主題：主題卓越言語のより典型的な属性

　Gasde が確定したすべての下位分類を考察することで、それらに共通点があることが分かる。つまり、フレームは常にその中の内容よりも大きいか、または広いということである。内容とは主題の後の述語が表すイベント・状態、あるいは命題を指し、特に主題と意味的に関連した言語成分である。例えば、ある人が“在中国，Heinrich 说汉语”［中国では、ハインリッヒが中国語を話す］と言ったならば、単に文について言えば、ハインリッヒが中国語を話す空間は中国や中国国内のある場所である。なぜならば、その人は中国の隅々まで歩き回ることはできないからである。“在中国”［中国では］とはつまり、ある空間的なフレーム設置主題（≠空間付加語、Gasde（1999）を参照）なのである。また、時間フレーム設置主題も同様の特徴を持っている。さらに個体的フレームを見てみると、もしある人が“对弗利茨来说，世界太大了”［フリッツにとっては、世界は大きすぎる］と言ったならば、“世界太大了”［世界は大きすぎる］という命題は“弗利茨”［フリッツ］よりも小さいと断言できるであろうか。もちろん、それは可能である。この命題はフリッツの観念の世界の中で成立しており、彼の頭の中にさらに多くの他の考えや信念が詰まっているのであれば、フリッツ全体から言えば、この命題は小さい。さらに問題なのは、条件節が主題となる状況である。もし、ある人が“你去，我就去”［あなたが行くなら、私は行く］と言ったならば、前の節が言うことは後の節よりも大きいのであろうか。答えはもちろん、そうである。前の節は自由で無界のイベントを表し、発生したり発生しなかったりと、多くの可能性を含んでいる。一方、後の節は有界のイベントを表し、完全に前のイベントが発生するかどうかに頼っている。この意味から見ると、後の節は前の節よりも意味的に確かに小さいのである。

　以上の分析から、「フレームは内容より大きい」原則を提案する。「〜より大きい―〜より小さい」という関係は主に「全体集合―部分集合」、「全体―部分」、あるいは「有効域―命題」といった対立を指しているのである。

4.3.3「フレームは内容より大きい」原則の各種主題における応用

　徐・刘（1988）は Gasde 氏のように二つのグループに明確には分けてい

ないが、主題が評言中の意味相関成分よりも常に大きいという事実については暗に指摘している。ここではまず、「フレームは内容より大きい」原則が他の主題にどのように適用されるかについて簡単に考察を行う。そうすることで、実は同一性主題も同様の方法でこの原則を守っていることがよりはっきりと理解できるのである。

徐・刘（1988：68 − 75、本書（原著書）の58 − 64頁）は、主題と評言中の意味相関成分（もしそれがある場合には）の間には、常に「全体集合—部分集合」や「全体—部分」といった交替不可能な関係が存在していることを指摘している。以下の例はすべて徐・刘（1988）からの引用である。

61a. 水果，我最喜欢苹果。

　　果物は、私はリンゴが一番好きだ。

b. *苹果，我最喜欢水果。

62a. 火车上，乘客可以在餐车里用餐。

　　列車の中では、乗客は食堂車で食事をすることができる。

b. *餐车里，乘客可以在火车上用餐。

63a. 明天下午，我三点钟在办公室等你。

　　明日の午後、私は三時に事務室であなたを待っています。

b. *三点钟，我明天下午在办公室等你。

64a. 他烧菜不过炒鸡蛋、煮白菜而已。

　　彼は料理はスクランブルエッグと白菜の煮物だけだ。

b. *他炒鸡蛋、煮白菜不过炒菜而已。

65a. 小张会骗人么，我想他只好骗骗老婆。

　　張君が人をだますとは、私は彼が奥さんをだますしかなかったのだと思う。

b. *小张会骗老婆么，我想他只好骗骗人。

以上の例文の主題はすべて評言中の相関成分よりも大きく、次のような関係になっている：水果＞苹果（名詞）、火车＞餐车（空間）、明天下午＞三点钟（時間）、烧菜＞炒鸡蛋・煮白菜（動詞）、小张骗人＞小张骗老婆（節）。これらの関係を逆にすると、文は成立しなくなる。

フレーム設置主題は主語の前に現れる必要はなく、副主題の位置が選択

同一性主題：主題卓越言語のより典型的な属性

されてもよい。例 66 は同様に適格文となる。

　　66. 我**水果**最喜欢苹果。　　私は果物はリンゴが一番好きだ。

　フレーム設置主題はふつう文の項構造の外にあるので、Gasde（1999）は、それは IP の外に位置する主題であると述べている。しかし、中国語は項構造内部でフレーム設置主題を生成することが可能であり、それには、分裂項と主題の位置で主題を複製する同一性主題という二種類の方法がある。次にそれぞれについて見てみる。

4.3.4 分裂項設置主題

　これは名詞目的語が動詞に二分された構造の一つである。分裂された裸名詞句は動詞の前に位置し主題となり、その他の部分は動詞の後に残って目的語となる。ここでは前に移動した名詞句を「分裂型主題」（"分裂式话题"）と呼ぶことにする。移動する統語的条件は、動詞の後の成分が、数量フレーズ（典型的なもの）・「指示詞＋量詞」フレーズ・"的"フレーズ（"的"は修飾語のマーカーでもあり、関係化 / 名詞化のマーカーでもある）といった統語的に自立した名詞性成分でなければならず、これらを DP（限定フレーズ：訳者注）構造と呼ぶことができる。

　　67a. 我（**蓝**）衬衫 买了**三件**。　　私は（青い）シャツは三枚買った。

　　　b. 我衬衫买了**这件**。　　私はシャツはこれを買った。

　　　c. 我衬衫买了**蓝***（的）。　　私はシャツは青いのを買った。

　　　d. 我**这种**衬衫买了**三件**。　　私はこの手のシャツを三枚買った。

例 67 では、分裂型主題を担うのはふつう、裸名詞句や例 67a の "（蓝）衬衫" のような非指示的な修飾語を伴う名詞句であることを示している。量詞としては、例 67d の "种" のような類別を表す量詞であってはじめて、「指示詞＋量詞」フレーズが分裂型主題となることができる[5]。裸名詞句や類別を表す量詞を伴う名詞句はすべて総称的であり、例 67a, c のように目的語が指示的なものであったり、あるいは例 67b のように目的語が定のもの（あまり見られないが）であったりする。従って、分裂型主題と目的語の間には常に「型（大）—例（小）」という関係が存在するのである。例 67 の中の主題はすべて副主題であり、それらはみな主主題となることもでき

445

同一性主題：主題卓越言語のより典型的な属性

る。

分裂型主題は中国語の方言に広く存在し、ある南方方言ではより明確に
表れる。上海語では、例 67 に類した表現の使用頻度が非常に高い。その
外に、南方方言を研究する多くの学者たち（李如龙・张双庆主編 1997）は、
彼らが考察した方言には受動者名詞は動詞に前置するが、数量フレーズは
動詞に後置する傾向があることを指摘している。温州語では分裂型は VP
型よりも優勢を占めており、次の例 68a は 68b よりもよく見られる構造で
ある。

　　　68a. 我饭吃爻了两碗。　　私はご飯は二杯食べた。

　　　　b. 我吃爻两碗饭。　　私はご飯を二杯食べた。

普通話及び中国語方言の分裂型主題の分析の詳細については刘丹青
（2001）を参照いただきたい。

項の分裂は、「統語法と意味がより近い成分は統語構造における位置も近
い」（Croft 1990:174 － 183）という重要な認知言語学の原則に違反している。
Foley の例（Croft1990：179 より）は、ロシア語の中にも類似の分裂構造が
あることを説明しており、Croft 氏は、この種の構造は語順を決める語用的
要素と言語構造を決める距離的類像性の原則（the iconic-distance principle）が
競い合った結果の産物であると考えている。しかし、多くの中国語の南方方
言では、分裂型主題構造は通常のモデルであり、明確な語用的動機を必要と
はしない。従って我々は、このような主題構造の広範な使用はフレーム設置
主題の統語化によるものであることを望むものである。主題が高度に統語化
された位置である以上、話し手はできるだけその位置を空位としないように
するであろう。目的語の中から取り出した総称性の裸名詞句はこの位置を埋
めるための候補となる項の一つであり、IP の外にフレーム設置主題がない
場合、このタイプの名詞句が特に歓迎されるのである。

4.3.5 名詞性同一性主題と動詞性同一性主題の指示的性質

分裂型主題以外に、中国語、特に南方方言のいくつかでは、さらに項内
部の成分をフレーム設置主題の位置に挿入することができ、そうすること
で同一性主題（コピー型主題）を生成する。興味深いのは、分裂型主題は

446

距離的類像性の原則に違反しているのに対し、空義の同一性主題は言語経済性の原則に違反していることである。同一性主題の存在は、フレーム設置主題の中国語における統語的重要性を再度証明している。

名詞性成分が担う同一性主題と分裂型主題には、多くの共通点が存在する。

69a 分裂型主題： 我衬衫 i 也买了三件 [i]。

私はシャツも三枚買った。

b. 同一性主題： 我衬衫 i 也买了三件衬衫 i。

例 69a と 69b は構造が近い同義文であり、唯一の違いは 69b の目的語の位置に"衬衫"［シャツ］が現れることである。言い換えれば、分裂型主題は痕跡と同一指示 (co-indexed) であるが、同一性主題はそれ自身のコピー形式と同一指示となる。この二種類の主題構造はどちらも項構造内部でフレーム設置主題を生成する手段なのである。

分裂型主題と同一性主題のより重要な類似点は、それらがどちらも「フレームは内容より大きい」原則に従っていることにある。この二種類の主題構造中の主題と評言は顕在的、あるいは潜在的な方式で、同一の名詞句を共有している。従って、ここには"水果—苹果"のような異なる語彙項目の「〜より大きい」という関係は存在しない。ここでの「〜より大きい」という関係は主題の類属性と意味相関成分の特定性や定性との間に打ち立てられるものである。言い換えれば、同一性主題構造と分裂型主題構造は同様の方式で「フレームは内容より大きい」原則に従っているのである。4.3.3 節で検討したように、項の外部にあるフレーム設置主題として、それらは「フレームは内容より大きい」原則に完全に従っており、両者はただその方式が異なっているだけである。

「フレームは内容より大きい」原則によれば、述語性成分によって担われる同一性主題も意味相関成分よりも大きくなければならない。前の文で観察したように、無界の総称名詞フレーズは同一性主題を担う傾向がより強い。これに対し、無界の述語性フレーズは中国語では裸形式を取る (2.3 を参照)。総称的な名詞フレーズはある種 / 類（グループ）の人や物を表し、個別の人や物を表さない。つまり、総称性名詞フレーズは非個体集合を表すと言うこともできる。これと類似して、無界の述語性フレーズは現実世

界の中のあるグループの動作や状態を表し、それらは同様に非個体集合であり、いかなる個別の動作や状態ではない。どちらかと言えば（違いがあるとすれば）、意味相関成分はアスペクトマーカーを伴い、ふつう具体的な動作や状態を指す。集合はその内部のいかなる個体よりも大きい。これらのことから、述語性同一性主題も「フレームは内容より大きい」原則に上手く従っているということが分かる。

4.4 名詞性と動詞性同一性主題の特徴中和現象

　第4節の観察に基づき、ここでは2.1節で言及した名詞性と述語性同一性主題の特徴中和現象について説明を行う。

　同一性主題は空義成分であり、項や述語を担うことはできない。名詞と述語の形態・統語的な違いは、根本的にそれらが項や述語を担う機能的対立にある[6]。定／不定、あるいは特定的／非特定的という特徴は主に項（意味役割）に対するもので、過去／現在時制や完了／未完了態という特徴は主に述語に対するものである。しかし、同一性主題の位置にある成分は項でもなければ述語でもない。つまり、名詞性成分や述語性成分は、この位置ではどちらも典型的な名詞性フレーズや述語性フレーズのように表すことはできないと言うこともできる。無界の名詞性フレーズと述語性フレーズは性質的に異なっているが、両者の違いは同一性主題には顕著に現れない。従って、名詞性成分と述語性成分にはこのような主題の位置では特徴中和現象が起こると考えられる。Tsao（1987）は、いわゆる「動詞―コピー構造」の中の最初の動詞フレーズはすでに動詞化や名詞化が失われていると考えている。Tsao 氏の分析は動詞フレーズの「脱動詞化」についてうまく説明しているが、このことで同一性主題の位置における名詞フレーズの「脱名詞化」を説明することはできない（Tsao（1987）の考察は名詞性主題には言及していない）。従って、特徴中和の分析はこのような現象をより詳細に説明することができると考えられる。その外に、より多くの状況で同一性主題が述語性成分によって担われるので、このような分析は名詞化の分析よりもうまくいくようである。

5. 同一性主題の談話及び語用的機能

5.1 語用的要因と文法化の程度

　同一性主題を含むすべての主題は統語的な概念であり、それらは談話や語用とも密接な関係がある。もし、同一性主題および類型学におけるその重要性をさらに理解したいのであれば、談話や語用と関係付ける必要がある。しかし、この目標は本文の主旨とは大きく異なり、同一性主題と主題敏感演算子が共起する関係のように、多くの問題がさらに深く考察される必要がある。その外に、徐・刘（1988）が記述しているように、同一性主題は種類が多く、それを生成する談話的要因も異なっている。従って、各タイプの同一性主題について詳細な研究を行わずして、このタイプの機能に対して満足を得られるような総括をすることはできない。

　一方、談話的要因の重要度は各タイプの同一性によっても異なる。同一性主題の文法化や形態化の程度がより高ければ、必要となる談話的条件はより少なく、マーカーの必要性もより低い。例えば、例 56, 57 のように、上海語の述語性の同一性主題は述語の語幹の形態的な変体のようであり、このタイプの主題の出現は特殊な文脈をほとんど必要としない。

　次に、同一性主題の生成を促し、同時にその文法化のプロセスを決定するいくつかの要因について簡潔に分析を行う。

5.2 焦点、強調、肯定と譲歩

　多くの言語では、主題化された項はふつう、そのいつもの位置に痕跡や前方照応的指示代名詞を留めているが、これは中国語の事実に部分的に符合しているだけである。中国語ではさらに他の方式を選ぶことができ、評言の部分に主題化された成分を重複させることで、本文で検討する同一性主題構造を生成する。このような主題構造が生成される重要な動機の一つとして、話し手が主題化される成分を強調したいということがある。意味を持つ語彙項目は空範疇や指示代名詞よりも多くの情報を伝えなければならない。これは、「より長く、より重い言語成分にはより強い情報力がある」という言語の「類像性の原則」に符合している。上の例 46, 47 を再度取り上げ、例 70 とする。

70a. 香烟么我以前也抽过香烟。

タバコは私は以前にもタバコを吸ったことがある。

b. 香烟 i 么我以前也抽过 [i]。

タバコは私は以前にも吸ったことがある。

"香烟"［タバコ］は例 70a では二度現れ、前のものが主題で、後のものが評言中の強調された部分である。例 70b の"香烟"は主題として一度しか現れておらず、評言部分にはそれと同一指示である空範疇があり、文が強調するのは"抽过"［吸ったことがある］となる。実際、例 70a の相関成分である"香烟"は中国語の自然焦点がある文末の位置を占めている（刘・徐 1998a）。その外に、例 70a のように相関成分も常に焦点マーカーである"是"や"也"などの焦点敏感演算子と共起する。もし、相関成分が自然焦点の位置に現れないならば、例 71 のように焦点マーカーや焦点敏感演算子が必ず現れなければならない。

71. 香港老王＊（是／也）到香港去过。

香港は王さんは香港には行ったことがある。

"香港"は自然焦点のある文末の位置に現れていないので、"是"や"也"がそれと共起しなければならないのである。相関成分と焦点マーカー"是"（＜繋辞）が同時に現れる場合、相関成分は対比焦点となる（刘・徐 1998a）。以上の分析は次のようにまとめられる。

72. 中国語の同一性主題構造における意味相関成分は、常に自然焦点や対比焦点である。同じ言語成分が文中で主題と焦点という二つの位置を占めるので、それは特に強調されるのである。

中国語の同一性主題構造の強調機能は動詞性成分にとってより重要となる。話し手が名詞性成分を強調したい場合は、"是……的"という疑似分裂構造を用いることができ、その構造は英語の分裂文と同じ強調機能を持っており、さらに項や付加成分を伴う動詞句にも適用されるが、その場合、強調される成分はふつう項や付加成分であり、動詞自身ではない（朱德熙 1978 を参照）。その外に、白梅丽（Paris 1998）が述べるように、"是……的"構造はイベント性述語（＋イベント）を属性述語（－イベント）に変えるので、動詞句は「総称的」あるいは本稿で言う「無界」の成分へ

同一性主題：主題卓越言語のより典型的な属性

と変化する。言い換えれば、"是……的"構造は動詞フレーズ、特に動詞自身を一つのイベントとして強調することはできないが、同一性主題構造はこの「欠点」を補っているのである。動詞性の同一性主題は無界成分の形式で現れるが、相関成分は有界述語フレーズのすべての特徴を残している。これは、中国語では同一性主題の多くが述語性成分によって担われる原因の一つである。そしてもう一つの原因はおそらく、同一性主題は主に短縮された条件節を源としており、条件節は往々にして述語性のものだからである。

同一性主題構造には強調の機能があるので、上海語ではすでに属性や状態やイベントを肯定したり強調するのによく見られる表現形式であり、頻繁に使用されたり、さらにはそれが統語から形態へと変わることを促す（4.2 を参照）。

普通話では、名詞性と述語性の同一性主題は、どちらも譲歩節の中に現れることができるので、例 2, 3 のように、同一性主題を含んだ文の後に"但是"などを含んだ節を加えることもある。述語性の同一性主題はすでに普通話口語における譲歩関係によく見られる表現形式に変わっているが、このことは高度に文法化されていることを明示している。例えば、例 73 の同一性主題"聡明"［賢い］は肯定形の述語であるが、相関成分では否定形が用いられていることから、同一性主題は完全な空義成分であることが分かる。

73. 他儿子**聡明**倒不**聡明**，但是很用功。

　　彼の息子は賢いのは賢いが、とてもよく勉強している。

4.2.4 節ですでに見たように、同一性主題は意味が捉えにくいほど、その文法化の程度は高いことになる。譲歩は本質的に肯定と関係があり、もし話し手が譲歩節を使用するならば、その人がある事に対して肯定的な立場であることを表している。自分の考えに不利な事実である A を肯定しているが、本当に強調したいのは B ということなのである。このことは、"虽然"、"纵然"、"固然"、"然而"のような譲歩の接続詞が肯定の形態素を含んでいる原因でもあり、同一性主題の譲歩用法がその肯定作用から生じていることを示唆している。

451

各タイプの同一性主題の中で、例 70a, 71 のような文はマーカーを持っていることが多い。なぜならば、主題は既知の活性化された情報、あるいは話し手が特に強調したいと思う情報であるように、それらは特殊な文脈や比較的強い談話的動機を必要とするためである。ここまでに本節で言及した他の同一性主題は、上海語における強調や肯定に用いられる動詞性主題や普通話の中の譲歩関係を表す主題を含め、すべてマーカーのない形式であり、特殊な文脈を必要とはしない。

5.3 対比・並列と同格

主題が持つ働きの一つは対比である。主題マーカーを伴う主題は、上海語の中の"末"を伴う主題のように、対比の機能を持っている[7]。そして、同一性主題も同様である。同一性主題の中には、前の例 19 − 21, 38, 39b のように明らかに対比機能を表すものがある。このような状況では、文は接続詞を使用しないが、並列する節の間の関係が緊密であり、それぞれの節は単独では存在できない。このような構造は並列する節の主題の間に対比が存在することを強く暗示しているので、少なくとも二つの主題が近い統語形式を持つことが要求される。その他の主題構造と同じように、同一性主題の対比機能も固定した並列であるという規則を生じさせる。徐・刘 (1988 : 233 − 234、本書 (原著書) の 199 − 201 頁) は、上海語の主題マーカー"末"は対比主題を標記すると同時に、並列従属節をつなぐ積極的な働きも持っていることに言及している。普通話口語及び多くの方言は純粋に (語彙的な意味を持たずに) 動詞成分を並列するのに用いられる接続詞に欠けているので[8]、接続機能を持つ対比主題、特に例 19 − 21, 38, 39b の中の同一性主題は、確かに談話の中に並列分文を構成する有効な主題となる。

本節と 5.2 節を比較すると、興味深い現象を見つけることができる。各種の同一性主題は異なる文法化のプロセスを経たために、最終的に異なる意味・語用的機能を持つ異なる形式を形成したということである。すでに強調や肯定の専用の表現形式へと発展したものもあり、その中にはさらに譲歩節の専用形式へと発展し、複雑文に属するものさえある。また別に、同格文形式へと発展し、複合文に属するものもある。

同一性主題：主題卓越言語のより典型的な属性

6. 結びと補足：主題類型学における同一性主題

6.1 結び

　同一性主題と評言中の意味相関成分は完全に、あるいは部分的に同形である。相関成分はある統語レベルにおける項・部分項、あるいは述語である。相関成分自身が主題であることもあり、また位置が内側に近い主題である。

　同一性主題は空義成分であり、文が相応の意味を増加させるのは評言部分の相関成分である。ある意味では、同一性主題の出現は言語経済性の原則に違反している。同一性主題の文法化は一つの連続体であり、両極の一端は明確な条件の意味を持った主題であり、もう一端は形態化した主題で、単語とならない形態素や意味を持たない音節として表される。分裂型主題と同様に、同一性主題は無界成分を選択する傾向にあり、通常は裸名詞句やアスペクトマーカーを持たない動詞句である。同一性主題が「フレームは内容より大きい」原則に従うのは、無界成分が指示の外延において相応する指示的あるいは定の成分よりも大きいからである。同一性主題は項でもなく述語でもないので、項や述語の制限的条件を満たす必要はない。本稿の分析からも、名詞性成分と述語性成分のこの種の主題の位置における特徴中和現象を説明することができる。

　同一性主題には特殊な文脈や談話的動機を必要とするものがある。最も顕著な動機は、話し手がある言語成分を特に強調させたいためであり、同一性主題構造ではちょうど同一の言語成分が主題や焦点の位置に二度現れる。なぜならば、それには強調の機能があり、主題の中にはすでに高度に文法化され強調や肯定や譲歩といったよく見かける形式となったものもあり、特殊な文脈や談話的動機は必要なくなるからである。一方、主題の対比機能も同一性主題を談話の中で並列文を構成するという積極的な役割を発揮する。

6.2. 同一性主題の帰属問題

　同一性主題構造は、現在の言語学の文献の中では非常に新鮮なもののようで、どのようにそれを分類するか、つまり、普遍的な主題フレームの中で同一性主題のために他の主題に対するふさわしい位置をどのように探

453

すかは、依然として非常に困難な任務であると言うこともできる。フレーム設置主題と関係主題に分けること（Gasde1999）はよい分類法ではあるが、このような分類により同一性主題を処理しようとすると、困難にぶつかってしまうであろう。関係主題は項であるべきなので、空義の同一性主題は関係主題であるはずはない。その外に、関係主題は意味・語用的に顕著なために文の支点となる（Foley・Van Vanlin 氏によるとそのようになる、Sasse（1995）を参照）が、多くの同一性主題、特により広く分布している動詞性の同一性主題はそのような機能を果たすことはできない。一方、Gasde 氏によれば、フレーム設置主題は IP の外にあるために、主語の後に位置することはできない。残念なことに、同一性主題は主語の前に現れることができるが、そこは副主題が最も好む位置である。従って、統語的位置という原因のために、同一性主題をフレーム設置主題の分類の中に入れることも難しいのである。

この分類は多くが意味を基礎とし、統語を基礎としていない以上、統語的な障害を脇において、意味の上により多くの注意を払うこととする。そうすることで、同一性主題をフレーム設置主題に分類することが、関係主題と比べてより適切となる。その他のフレーム設置主題と同様、同一性主題は「フレームが内容より大きい」原則に従っている。その外に、関係主題は定の成分である傾向があるが、同一性主題は総称的成分を好む。前の文で述べたように、評言部分の意味相関成分が主題である場合もある（3.2節を参照）。もし、同一性主題がフレーム設置主題であると言うのであれば、「フレーム設置主題＋関係主題」というソート（配列順序）を得ることができ、それは「関係主題＋フレーム設置主題」よりも満足できる結果となる。Gasde 氏の分類には同一性主題はなく、我々は同一性主題がフレーム設置主題の特殊な下位分類であり、主語の後に位置することができると言うことができるかもしれない。その他のフレーム設置主題は項構造の外側だけに現れることができるが、同一性主題は項構造内部の材料を利用して「人為的に」一つのフレームを製造するので、それは確かに特殊だと言える。同一性主題は空位主題とは異なり、項の中からいかなる成分も「持ち出す」ことはない。同一性主題の特殊な位置はそれが関係主題になることを阻止

しているのである。この点において、分裂式主題は空所主題と同一性主題の間に位置している。

6.3 同一性主題の主題類型学における重要性

　主語 / 主題卓越言語という類型学の分類を受け入れる言語学者たちの多くは、空位のないフレーム設置主題、すなわち中国語型主題は主題卓越言語の特徴であると考えているが、多くの面で中国語型主題に類似しているドイツ語の「自由主部」のように（Gasde（1999）を参照）、この観点は新しい発見による挑戦に直面している。

　もし、中国語は英語やドイツ語などと主題構造においてどのような違いがあるのかと尋ねられたなら、同一性主題と分裂型主題は別の物である、と言うことができる。

　一種の談話的主題や方策として、同一性主題が属するフレーム設置主題には言語横断的な共通性がある。その鍵は、フレーム設置主題がどの程度文法化されているか、あるいはどの程度真の統語的成分に変わっているかにある。

　同一性主題と分裂型主題の存在及びその出現方式について我々はすでに有力な証拠を提出しているが、中国語の主題の統語的地位は主語卓越言語とは次の点で明らかに異なっている。

　1) 中国語の主題は統語的位置で、指示的意味に見合った成分であり、定・総称、あるいは指示的に評言の相関意味成分よりも大きい言語単位を含めて、すべてこの位置に現れることができる。Shibatani（1991）によれば、高度に文法化された統語的位置であってはじめて、より多くの種類の意味を受け入れることができるのである。英語の主語の位置には仮主語 it や there のような空義成分が現れることができ、中国語の主題の位置にも空義の同一性主題が現れることができる。このことから明らかに言えることは、英語の主語は高度に文法化された統語的位置であるのに対し、中国語では主題が文法化の程度が高い統語的位置なのである。

　2) ある言語のフレーム設置主題には、意味や語用的要素から影響を受

けて発生した成分もある。英語のように、主題は IP の外、つまり文の左端に位置しなければならない。これに対し、もし主題が統語的成分であるならば、比較的内側に位置することができるはずである。しかし実際には、中国語の同一性主題の多く、特に述語性主題は副主題の位置を好むので、それ自身の統語的性質をよりはっきりと表している。

3) 意味から見ると、フレーム設置主題は空間背景・時間背景・個体背景・条件節などのように項構造の外部に位置しなければならない。主題がすでに統語的な成分へ変化している言語においてのみ、同一性主題や分裂型主題のように、項構造内部に「人為的に」フレーム設置主題を生成することができる。また、同一性主題と分裂型主題はどちらも項を担うことができないので、関係主題となることはできない。

4) 主題構造が一種の語用的配置から統語構造へと文法化されてはじめて、主題は譲歩・並列のようなより多くの統語機能へと、さらには形態的な現象へと発展することができる。中国語の同一性主題及びその他の主題は確かに文法化の第二段階を経ているが、英語のような言語に見られるような現象を望むことは決してできない。

つまり、中国語、特に上海語のような方言を主題卓越言語と見なすことができるのは、それらの言語 / 方言の主題が英語の主題よりも文法化された機能を多く持つからなのである。

6.4 主題の文法化の経路及び終着点

Li & Thompson（1976）は、主題卓越言語が主語卓越言語に至るまでの歴史的循環についての仮説を提案している。彼らは、主語は本質的にすでに動詞の格のフレームに統合された主題であると考えている。これに関連して、Shibatani（1991）はタガログ語（オーストロネシア語族）の資料に基づき、主題がどのような文法化の通時的プロセスをたどり、主語に変化していったかをうまく説明している。しかし本稿では、主題の文法化には異なる終着点があると考えている。中国語の同一性主題にはすでに強調・肯定・譲歩を表す通常の手段に変化したものがあり、本来の主題はさらなる文法化を経た後に一種の形態的成分に変わることさえできるのである。

我々の理解によれば、少なくとも三種類の主な文法化の経路がすでに検証されている。第一に、タガログ語のように、主題が次第に主語に変化したもの。第二に、日本語、韓国・朝鮮語・ブヌン（Bunun）語（Cheng1991）のように、主題が固定された統語的地位を持つ統語的主語に変わるが、その言語の主語とは異なり、依然として主題の談話機能を保持しているもの。そして第三に、中国語の同一性主題であり、このタイプの主題はおそらくある統語機能を担う形態的成分に変わるであろう。前の二種類の主題は関係主題と関連があり、後の一種は基本的にフレーム設置主題に属するのである。

注釈

＊本文の初校は筆者が 1999 年にベルリンの社会科学院普通言語学研究所（Zentrum für Allgeneine Sprachwissenschaft, ZAS）を訪れて学んだ期間に書いたものである。ZAS の手厚い招請、特に H.-D. Gasder 博士の私の訪問・学習に関する様々な手配と本文の初校に対する意見に感謝したい。また、徐烈炯教授、陆丙甫博士、张宁博士及び匿名で評価をいただいた方々の深い見識と貴重なご意見に感謝したい。なお、本文の内容に問題がある場合はすべて筆者本人の責任によるものである。

[1]　この注は元々方言をローマ字で書き、代用記号を用いて説明したものであるが、中国語版にはこの問題はないので、注を省略する。

[2]　"末" [məʔ] は上海語では最も重要で、最も典型的な主題マーカーである。文中に現れる他の上海語の主題マーカーにはさらに、関係動詞から派生した "是" [zɿ]、副詞から派生した "也" [a]、副詞から派生した "倒" [tɔ] がある。新たな分析を通して、それらはすべて原義をいくらか残した後置主題マーカーに変化したが、普通話の中には相応する形式は見られない。

[3]　Gasde の体系の中では、フレーム設置主題は IP の外にある主題のはずなので、主語の後に現れることはない。従って、例 39b はフレーム設置主題の文ではあり得ないが、同一性主題を関係主題と分析するこ

とも難しい。4.3 節では、同一性主題とその他のフレーム設置主題が多くの共通性を持つことを見ていく。

[4]　例44c は適格文であるが、有標の形式に属する。例44a, b と比べ、例44c は談話の中で検証することがあまりできない。なぜならば、否定は一種の有界的手段であるが、同一性主題は無界の成分を選択する傾向があるからである。(2.3, 4.3.5 を参照)

[5]　もし、主題と目的語の間に「全体―部分」の関係が存在するならば、"我（这）三个梨吃了两个" のように、主題はふつう指示詞と / や数量詞を含む。これはフレーム設定主題構造であるが、分けられた二つの部分は一つのフレーズに合わせることができないので、分裂型には属さない。

[6]　これが、「ロマンス語では裸名詞句が述語である」と言語学者が考える原因である。なぜならば、それらは項を担うことができないからである（Chierchia1998 参照）。

[7]　主題の対比機能及び対比機能とその他の主題との間の関係については、徐・刘 (1988：228 － 237、本書（原著書）の 195 － 203) を参照。

[8]　粤語の "同埋" は例外で、名詞句・動詞句・従属節に用いることができる。

参考文献

戴庆厦・刘菊黄・傅爱兰 1991. 克伦语，戴庆厦等编《藏缅语 15 种》，燕山出版社。

李如龙・张双庆主编 1997.《动词谓语句》（中国东南部方言比较研究系列第三卷），暨南大学出版社。

刘丹青 2001. 论元分列式话题结构初探，《语言问题再认识庆祝张斌先生从教五十周年暨八十华诞》，上海教育出版社。

刘丹青・徐烈炯 1998a. 焦点与背景、话题及汉语 "连" 字句,《中国语文》第 4 期。

—— 1998b. 普通话与上海话中的拷贝式话题结构,《语言教学与研究》第 2 期。

王志敬 1994.《藏语拉萨口语语法》，中央民族大学出版社。

徐烈炯・刘丹青 1998.《话题的结构与功能》，上海教育出版社。

朱德熙 1978. "的" 字结构和判断句, 《中国语文》第 1, 2 期。

Chafe, Wallace 1976. Givenness, contrastiveness, definiteness, subject, topics and point of view. In Charles N. Li(ed.) *Subject and Topic*, 25 － 55. New York : Academic Press.

Cheng, Heng-hsiung 1991(1977). Topic and Focus in Bunun. Taipei : Monograph 72 of Institute of History and Philology, Acadimia Sinica.

Chierchia, Gennaro 1998. Reference to kinds across languages. *Natural Language Semantics*. Vol.6, No.4.

Comrie, Bernard 1988. Topics, grammaticalized topics and subjects. *Berkeley Linguistics Sosiety* 14: 265 － 279 .

Croft, William 1990. T*ypology and Universals*. Cambridge : Cambridge University Press.

Ford, C. & S. Thompson 1986. Conditionals in discourse: a text-based study from English. In E. Traugott et al. （eds.） *On Conditionals*. Cambridge : Cambridge University Press.

Gasde, Horst-Dieter 1998.Topics foci and sentence structure in Mandarin Chinese. *Sprachtypol. Univ. Forsch*. Berlin(51), 43 － 94.

── 1999. Are there "Topic-Prominence" and "Subject-Prominence" along the lines of Li & Thompson （1976）. Konstanz : 21st Conference of German Linguistic Society.

Gasde, Horst-Dieter & Waltraud Paul 1994. Functional categories, topic prominence and complex sentences in Mandarin Chinese. *Linguistics* 34: 263 － 294.

Haiman, John 1978. Conditionals are topics. Language 54: 564 － 589.

Hopper, Paul J. & Elizabeth Closs Traugott 1993. *Grammaticalization*. Cambridge : Cambridge University Press.

Li, Charles N. & Sandra A. Thompson 1976. Subject and topic: a new typology of language. In Charles N. Li. （ed.） *Subject and Topics*, 457 － 489. New York : Academic Press.

── 1981. *A Functional Reference Grammar in Mandarin Chinese*. Berkuley :

University of California Press.

Paris, Marie-Claude 1998. Focus operators and types of predication in Mandarin. Paris : Cahiers de Linguistique-Asie Orietale 27(2), 139 − 159.

Sasse, Hans-Jürgen 1995. Prominence typology. In Jacobs, Joachim et al. (eds.) *Syntax: An International Handbook of Contemporary Research*. Berlin & New York : Walter de Gruyter.

Schiffrin, Deborah 1992. Conditionals as topics in discourse. *Linguistics* 30: 165 − 197.

Shibatani, Masayoshi 1991. Grammaticalization of topic into subject. In Traugett & Heine (eds.) *Approaches to Grammaticalization*, Vol. II , 93 − 133. Amsterdam : Benjamins.

Tsao, Feng-fu 1977. *A Functional Study of Topic in Chinese*: the First Step towards Discourse Analysis. PhD. Dissertation. University of Southern California.

—— 1987. On the so-called "verb-copying" construction in Chinese. *Journal of Chinese Language Teacher's* Association 22(2): 13 − 43.

Xu, Liejiong & D. Terence Langendoen 1985. Topic structures in Chinese. *Language* 61: 1 − 27.

訳者後書き

木村　裕章

　本書『主題の構造と機能』は「中国語をベースとした言語類型論・認知言語学研究叢書」（日中言語文化出版社）の一部であり、徐烈炯・劉丹青著《话题的结构与功能（增订本）》（上海教育出版社、2007 年）の日本語訳である。《话题的结构与功能》は 1998 年に出版され、それまでの「主題」研究の集大成となる内容で、中国語文法学界に大きな影響を与え、その後の「主題」研究の基礎を打ち立てたと言っても過言ではない大作である。この書は 1990 年に企画された「中国当代语言学丛书」の一部であるが、この叢書の出版の趣旨は「中国現代言語学の各分野・領域の研究成果をまとめ、特に最新の研究の発展を反映して、先人の成果を集大成してその偉業を受け継ぎ、新しい分野を切り開き将来の発展に道を開いて、中国言語学の現代化を促進するものとなるものを望んだものである」（本書「出版社前書き」より）となっており、まさにその趣旨に則った内容とボリュームとなっている。

　なお、その後に〈增订本〉として作者 2 名による新作《同一性话题：话题优先语言一项更典型的属性》（劉丹青原作・强星娜訳）と《亚洲语言中的话题化现象》（徐烈炯作）が巻末に追加記載され、新しい内容が補足された。但し本書では、上記の新作のうち、劉丹青氏の論文のみを翻訳・記載し、後者の徐烈炯氏の論文は記載しないこととした。その理由は、前者は特に本書の内容と深く関連があり、中国語・上海語について主に認知的（機能的）な観点から説明を詳しく分析しているのに対し、後者はアジアの国々の主題化現象を広く取り上げており、その分析が主に統語的な手法によっており、本叢書の「中国語をベースとした」「認知言語学研究」という趣旨とは異なるからである。

　本書の特徴は、主に普遍文法や言語類型学的理論背景による「主題」の分析であり、機能的な観点から世界の言語とも比較しながら、中国語及び方言（特に上海語）の主題構造とその機能について説明していることである。特に、第 1 章では「主題の概念」について、第 3 章では「主題マーカー」

について、第5章では主題と深く関連する名詞性成分の「指示的特徴」について、これまで比較的拡散していた概念をとりまとめ、それらを整理し発展させた内容となっている。また、各章において上海語の主題についての詳細な分析を行い、普通話では説明が不十分な主題の構造と機能について分かりやすく説明を行っている。これらの分析は、これまで不明瞭であった「主題」および主題に関連した問題をより明確にし、その後の分析・研究の新たな基礎を打ち立てるものであり、「偉業を受け継ぎ、新しい分野を切り開く」内容となっており、中国語文法学界における本書の果たす役割は大きなものであると言える。

　ここで、本書の翻訳に至った経緯を少しお話したい。2014年の夏に、先に出版された「中国語をベースとした言語類型論・認知言語学研究叢書」の第3巻である『中国語名詞性フレーズの類型学的研究』（原著：劉丹青主編　唐正大副主編《名词性短语的类型学研究》商務院書館、2012年、北京）の翻訳・編集をご担当された山田留里子先生と共に長崎にて翻訳の打ち合わせをした際、私は初めて張麟声先生とお会いした。張先生はその時に、本叢書出版の主旨とその完成に向けた強いお気持ちについて話をされた。ご一緒に食事を取りながら、そして食事の後も、それに関連した新しい内容の話を次々となされ、その勢いと熱意に私と山田先生はすっかり飲み込まれてしまった。特に「自己を後へ回し、他者を表に出す」という献身的なお姿を会話の端々から感じることができ、叢書の完成に向けて協力させていただきたいという気持ちを強くした。

　その後1年ほど過ぎ、第3巻の翻訳作業を進めていた頃、張先生から《话题的结构与功能（增订本）》の翻訳作業についてのお話をいただいた。私の修士論文は『中国語の情報構造』というタイトルで、その一部で中国語の主題についての分析を行った。その後も主題に関連する論文を作成する中で、普通話における分析に限界を感じ、研究の方向を転じて「主題」から遠ざかることとなった。突然のお話であったが、本来の研究に立ち戻るチャンスでもあると感じ、お引き受けすることとした。そして、今回このお話をいただき翻訳作業をすることで、「主題」に対する新たな問題や分析方法について私自身再認識することが多々あった。

訳者後書き

　張先生は昨年 2016 年 4 月より大阪にて「言語の類型的特徴をとらえる
対照研究会」を主宰されており、様々な言語の研究者らに参加を呼びかけ、
日本における言語類型学的研究の推進と発展に寄与されている。昨年 8 月
に開催された第 2 回公開発表会では「主題マーカー」がテーマとなり、様々
な国の「主題マーカー」について発表があった。その一部として、私は「中
国語の主題マーカーについて―徐烈炯・劉丹青氏の研究の紹介を中心に―」
というタイトルで発表をさせていただき、本書における中国語の主題マー
カーの特徴と上海語の実例を紹介し、発表を通して、他言語における研究
状況を知ると同時に、参加者からの質問などを参考にして翻訳内容をさら
に深めることができた。張先生のお話では、本叢書の刊行はこの対照研究
会立ち上げのための準備の一環でもあったとのことで、中国語の類型的特
徴の紹介と解明について、本叢書の果たす役割は非常に大きい。その中の
一冊である本書の翻訳作業に携わることは、中国語以外の言語の研究を
されている先生方へのサポートともなり、研究会の発展につながるものであ
ると考え、その流れに微力ながらもご協力させていただくことを非常に光
栄に感じている。

　日本語訳にあたっては、巻末に掲げる文献を参照させて頂いた。また、
小見出しの変更などの局部的修正は、便宜上本翻訳に反映させており、原
著と訳書の間に若干の相違があることをお断りしておきたい。

　本書及び叢書全体の完成を目指し、お忙しい中を編集作業に従事いただ
いた日中言語出版者の関谷一雄氏、そして本文及び索引等の初校作成から
校正を通して詳細に作業いただいた江口真由美氏のご努力に、心より感謝
の意を表したい。

　そして最後に、未熟な私を信頼いただき、このような大著の翻訳という
得難い機会を与えて頂いた上海教育出版社と張麟声先生に深く感謝を申し
上げる。

木村　裕章（訳者）

2017 年 3 月 14 日、福岡県古賀市にて記す

著者紹介

徐烈炯（ジョ　レツケイ）

　1937年生まれ、上海市出身。北京大学、上海外国語学院で学ぶ。復旦大学教授・外国言語文学系主任、香港城市大学言語学講座教授・中文・翻訳及び言語学系主任等の職を歴任し、《当代语言学》顧問委員会委員を務める。専門は言語学理論・統語論・意味論で、中国における生成文法研究の第一人者として国内外の雑誌に多くの論文を発表し、『语义学』（1990、1995）、『生成语法理论』（1998）、『生成语法理论：标准理论到最简方案』（2009）などの著書がある。

劉丹青（リュウ　タンセイ）

　1958年生まれ、江蘇省無錫市出身。香港城市大学中国語翻訳及び言語学系修了、博士（言語学）。南京師範学院（現南京師範大学）中文系准教授、上海師範大学言語研究所教授・同所長等を歴任し、中国社会科学院言語研究所所長・同大学院言語学系主任を務める。専門は中国語学、言語類型論を主たる理論的ベースとし、研究対象は通時的なものから共時的なものまで幅広く、『语序类型学与介词理论』（2003）、『名词性短语的类型学研究』（2012 主編）などの著書がある。

翻訳者紹介

木村裕章（キムラ　ヒロアキ）

　1961年生まれ、福岡県福岡市出身。北九州大学（現北九州市立大学）大学院外国語学研究科中国言語文化専攻修了、修士（文学）。現在、東亜大学人間科学部（国際交流学科）教授。専門は現代中国語文法で、特に中国語の「情報構造」における主題・焦点などの分析を行ってきた。最近は、「他動性」に基づく動詞の分類や「主題」を含む目的語前置文の分析などを行っている。

主題の構造と機能

2017 年 12 月 25 日　初版第 1 刷発行

著　者　徐　烈炯・劉　丹　青
訳　者　木　村　裕　章
発行者　関　谷　一　雄
発行所　日中言語文化出版社
　　　　〒531-0074 大阪市北区本庄東 2 丁目 13 番 21 号
　　　　ＴＥＬ　０６（６４８５）２４０６
　　　　ＦＡＸ　０６（６３７１）２３０３
印刷所　有限会社 扶桑印刷社

©2017 Printed in Japan
ISBN978 － 4 － 905013 － 94 － 5